职业教育汽车类专业“互联网+”创新教材

汽 车 构 造

主编 李娇娇 张德虎
参编 满国军

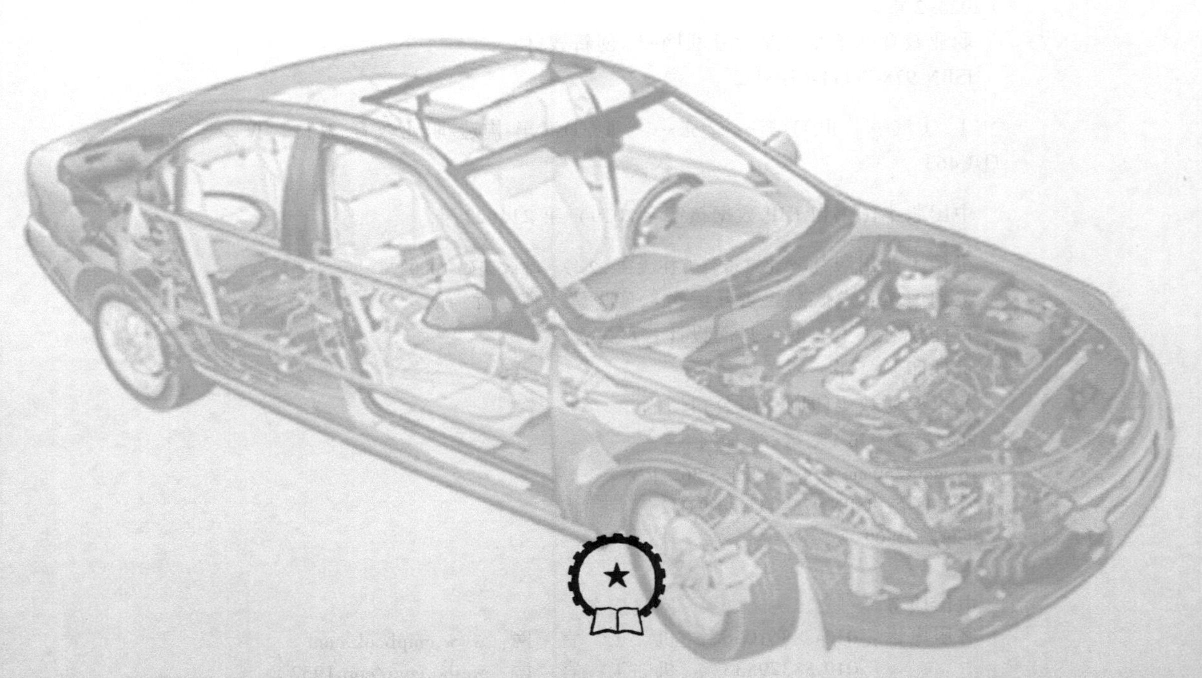

机 械 工 业 出 版 社

本书根据常见汽车的结构组成，共分为12个项目，30个学习任务，详细介绍了整车认知、发动机工作原理、曲柄连杆机构、配气机构、发动机燃料供给系统、冷却系统与润滑系统、发动机电子控制系统、传动系统、行驶系统、转向系统、制动系统和汽车车身与附属设备等知识，在人才培养过程中注重职业能力的培养，注重创新意识和创业能力的培养，能充分利用校内实训基地，体现“教学做一体化”的教学理念。

本书可供高职院校汽车制造与装配技术、汽车检测与维修技术等专业使用，也是汽车装调工、汽车修理工和二手车鉴定评估师的培训学习必备材料。

本书配有电子课件及试卷，凡选用本书作为授课教材的教师均可以教师身份登录 www.cmpedu.com，注册免费下载，或咨询相关编辑，咨询电话：010-88379756。

图书在版编目（CIP）数据

汽车构造/李娇娇，张德虎主编. —北京：机械工业出版社，2019.9（2025.2重印）

职业教育汽车类专业“互联网+”创新教材

ISBN 978-7-111-63931-2

Ⅰ.①汽… Ⅱ.①李… ②张… Ⅲ.①汽车-构造-职业教育-教材 Ⅳ.①U463

中国版本图书馆CIP数据核字（2019）第214627号

机械工业出版社（北京市百万庄大街22号 邮政编码100037）

策划编辑：葛晓慧 责任编辑：葛晓慧 师 哲

责任校对：王 欣 封面设计：严娅萍

责任印制：邓 博

北京盛通数码印刷有限公司印刷

2025年2月第1版第7次印刷

184mm×260mm · 14.75印张 · 362千字

标准书号：ISBN 978-7-111-63931-2

定价：45.00元

电话服务

客服电话：010-88361066

010-88379833

010-68326294

网络服务

机 工 官 网：www.cmpbook.com

机 工 官 博：weibo.com/cmp1952

金 书 网：www.golden-book.com

机工教育服务网：www.cmpedu.com

前言

本书是在深入调研辽宁曙光汽车集团、大众汽车自动变速器（大连）有限公司等整车制造企业岗位要求和人才结构需求基础上，通过组织企业专家和高职院校汽车专业教师共同讨论，以“成果导向”为建设标准，创新教学目标、教学内容、教学方法，使本书达到“工学结合、理实一体”的教学思想，体现了“校企合作，工学交替，生产与教学相结合”的人才培养理念。

1）本书为汽车领域“1+X”书证融通教材，以职业岗位的“典型工作过程”为导向，融入行动导向教学法，将教学内容与职业能力相对接、单元项目与工作任务相对接。

本书根据常见汽车的结构组成，分为整车认知、发动机工作原理、曲柄连杆机构、配气机构、发动机燃料供给系统、冷却系统与润滑系统、发动机电子控制系统、传动系统、行驶系统、转向系统、制动系统和汽车车身与附属设备，共计12个项目。每个项目中，按照“学习目标”“工作任务”展开，在每个项目后加入“思考与练习”；按照汽车实际结构，将每个项目分若干个学习任务，采取“知识准备”“任务实施”“任务评价”和“思考与练习”模式，体现了本书的科学性、实用性和创新性。

2）在编写过程中，本书注重职业能力培养，注重创新意识和创业能力的培养，充分利用校内实训基地，教学过程中体现“教学做一体化”的职业培养理念。

本书根据学生认知规律，由浅入深，从感性到理性，科学合理组织教材体系，理论知识难易适度，实践技能叙述条理清晰，实现“学中做、做中学”的教学模式。

3）本书是“互联网+”新形态立体化教材，除配有电子课件、视卷等，还采用书内配二维码的形式对动画、视频、微课等数字化资源进行展示，提升了教材的学习趣味性，可使学生随时、主动、反复地学习相关内容。

本书由辽宁机电职业技术学院的李娇娇、张德虎担任主编，辽宁曙光汽车集团黄海客车股份有限公司满国军参编。具体编写分工如下：项目一~项目六由张德虎编写，项目七~项目十二由李娇娇编写，全书部分图片、案例资源由满国军负责提供。由张德虎承担全书的统稿和定稿工作。

在本书编写过程中，参考了相关教材和资料、汽车构造的真实案例，谨向这些作者表示诚挚的谢意。

限于编者水平，书中不妥之处在所难免，恳请读者指正。

编　者

二维码清单

目　录

项目1

整 车 认 知

【学习目标】

知识目标：

1. 掌握汽车的分类方法。
2. 理解汽车的整体结构、车身参数的含义。

技能目标：

1. 通过学习汽车分类能正确识别汽车类型。
2. 通过学习整车构造会识读汽车参数表。

任务1 汽车的主要参数介绍

【知识准备】

一、汽车定义

汽车是指由动力驱动，具有4个或4个以上车轮的非轨道承载的车辆，主要用于载运人员和（或）货物；牵引载运人员和（或）货物的车辆；特殊用途等。

二、汽车的分类

1. 按用途分类

汽车按用途可分为乘用车和商用车，如图1-1所示。

（1）乘用车　在设计和技术特性上主要用于载运乘客及其随身行李和临时物品的汽车，包括驾驶人座位在内最多不超过9个座位。它也可以牵引一辆挂车。

（2）商用车　在设计和技术特性上用于运送人员和货物的汽车，并且可以牵引挂车。

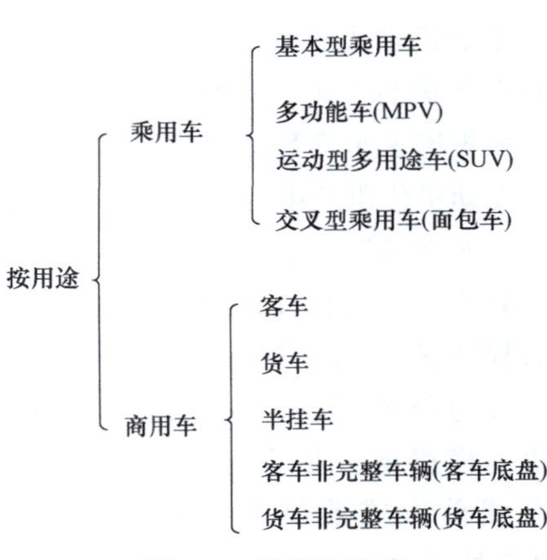

图1-1　按用途分类

2. 按发动机布置和驱动方式分类

（1）前置前驱（FF）　发动机前置，前轮驱动，如图1-2所示。优点：结构紧凑、动力传递效率高；

舒适性、燃油经济性、方向稳定性好；行李舱空间大。缺点：起动、加速、爬坡时，牵引力下降；制造维修成本高；高速转弯时，易出现转向不足。中、小型轿车常采用该驱动方式。

（2）前置后驱（FR） 发动机前置，后轮驱动，如图 1-3 所示。优点：起动、加速、爬坡时，牵引性能好；操控性能好；轮胎使用寿命长；便于维修。缺点：传动效率下降，影响燃油经济性；湿滑路面容易转向过度。大多数货车、豪华轿车、跑车常采用该驱动方式。

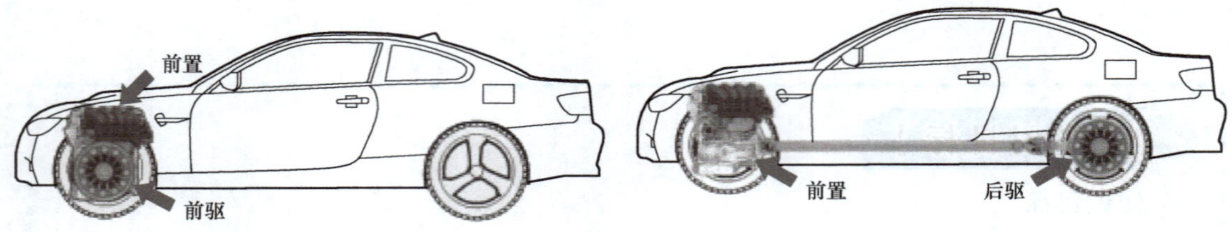

图 1-2 前置前驱　　图 1-3 前置后驱

（3）后置后驱（RR） 发动机后置，后轮驱动，如图 1-4 所示。优点：良好的起动和爬坡性能、操纵灵活、前悬架构造简单、转向轻便。缺点：直线行驶性能一般；冰面行驶，转向困难；转向过度明显；冷却困难；噪声大。大、中型客车流行的布置型式，乘用车仅有保时捷 911 系列和 Smart fortwo 采用后置后驱。

（4）中置后驱（MR） 发动机中置，后轮驱动，如图 1-5 所示。优点：最佳的轴荷分配，操纵稳定性好；具有较高的传动效率；转向特性最佳。缺点：车厢内只能安放 2 个座椅；对发动机的隔声和绝热效果差，乘坐舒适性有所降低。F1 赛车、超级跑车常采用该驱动方式。

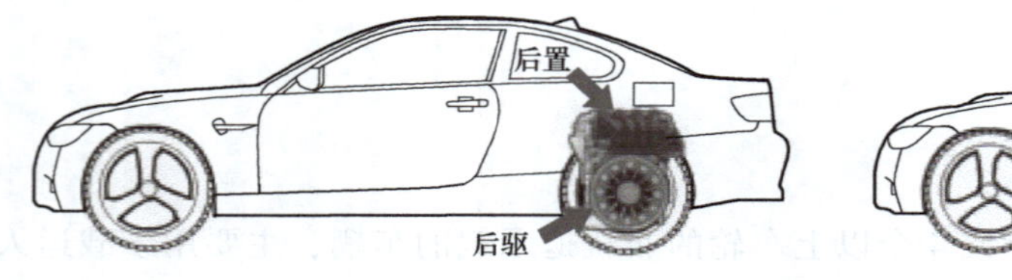

图 1-4 后置后驱

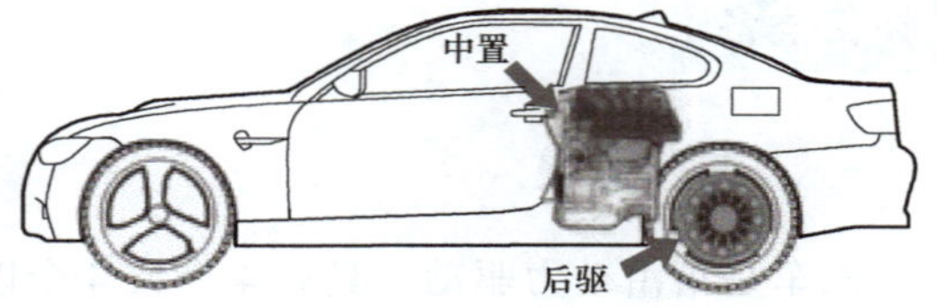

图 1-5 中置后驱

三、车辆识别代码

车辆识别代码（又称 VIN 码）由 17 位字符组成，也称 17 位编码，是国际上通行的标识机动车辆的代码，具有在世界范围内对一辆车的唯一识别性，如图 1-6 所示。

根据国家车辆管理标准确定，VIN 码包含了车辆生产厂家、年代、车型、车身型式及代码、发动机代码及组装地点等信息。新行驶证在“车架号”一栏一般都打印 VIN 码。

VIN 码一般位于易于看到并且能够防止磨损或替换的部位。所选择的部位一般在仪表与前风窗玻璃左下角的交界处、发动机前横梁上、左前门边或立柱上、驾驶人左腿前方或前排左座椅下方等处，如图 1-7 所示。

图 1-6 车辆识别代码

为了与国际标准接轨，我国颁布了国家标准 GB 16735—2004《道路车辆识别代号（VIN）》。此标准为我国汽车生产的强制性标准，在每一辆出厂的汽车上必须标有 VIN 码。VIN 码由三部分组成，如图 1-8 所示。

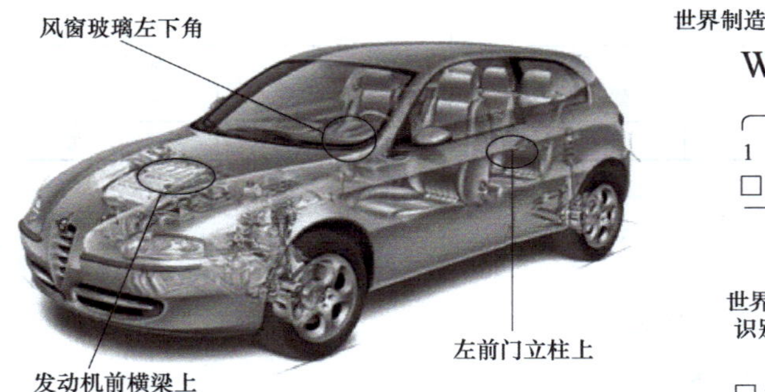

图 1-7　VIN 码常见位置

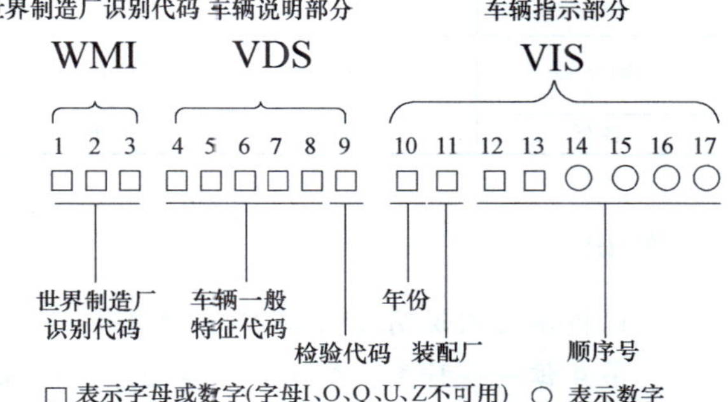

图 1-8　VIN 码的组成

（1）WMI——世界制造厂识别代码（1~3 位） 第 1 位是由国际代理机构分配的、用以标明一个地理区域的一个字母或数字字码，见表 1-1。

表 1-1　常见汽车制造国家代码举例

代码	国家/地区	代码	国家/地区
1	美国	J	日本
2	加拿大	S	英国
3	墨西哥	K	韩国
4	美国	L	中国
6	澳大利亚	V	法国
9	巴西	R	中国台湾
W	德国	Y	瑞典
T	瑞士	Z	意大利

WMI 代码应通过第 1 位和第 2 位字码的组合保证国家识别标志的唯一性，应通过第 1、2、3 位字码的组合保证制造厂识别标志的唯一性，见表 1-2。

表 1-2　常见汽车制造厂代码

代码	制造厂	代码	制造厂
LHG	中国广本汽车有限公司	LFW	中国一汽集团
LJN	中国郑州日产汽车公司	LSV	中国上海大众汽车公司
LVT	中国奇瑞汽车制造厂	LGW	中国长城汽车公司
WAU	德国奥迪汽车公司	LMZ	中国长安福特马自达汽车
1HG	美国本田汽车有限公司	KMH	韩国现代汽车公司
JHM	日本本田汽车有限公司	1LN	美国福特汽车公司
WDB	德国戴姆勒-奔驰公司	JNI	日本日产汽车有限公司

（2）VDS——车辆特征代码（4~9 位） 主要由六位组成，其中 4~8 位表示汽车一般特征，第 9 位为检验代码，具体含义见表 1-3。

表 1-3 车辆一般特征代码

车辆类型	第 4 位	第 5 位	第 6 位	第 7 位	第 8 位
轿车 MPV SUV	种类	系列	车身类型	发动机类型	约束系统
载货车	型号或种类	系列	底盘 驾驶室类型	发动机类型	制动系统 额定总重
客车	型号或种类	系列	车身类型	发动机类型	制动系统

小知识

以轿车为例说明 VIN 码 VDS 部分 4~8 位含义：

第 4 位——种类：微型车、普通车、高级车、豪华车等。

第 5 位——系列：奔驰有 A 系列、B 系列、C 系列等。

第 6 位——车身类型：两门轿车、四门轿车等。

第 7 位——发动机类型：汽油发动机、柴油发动机等。

第 8 位——约束系统：车辆安全保护装置。

第 9 位——校验位：由数字 0~9 或字母“X”组成，主要用作核对 VIN 码的准确性。由其他 16 位数字或字母决定其数值（用于防止 VIN 码造假）。

（3）VIS——车辆指示部分（10~17 位） 制造厂为区别不同车辆而指定的一组字符，其中后四位应该是数字。VIN 码的第 10 位表示车辆生产年份，30 年为一个周期。省略字母 I、O、Q、U、Z 不用，数字 0 不用，如图 1-9 所示。

VIN 码第 11 位可用来指示装配厂，若无装配厂，制造厂可以指定其他内容。

代码	年份	代码	年份	代码	年份	代码	年份
B	1981	K	1989	V	1997	5	2005
C	1982	L	1990	W	1998	6	2006
D	1983	M	1991	X	1999	7	2007
E	1984	N	1992	Y	2000	8	2008
F	1985	P	1993	1	2001	9	2009
G	1986	R	1994	2	2002	A	2010
H	1987	S	1995	3	2003	B	2011
J	1988	T	1996	4	2004	以此类推，30年一周期	

图 1-9 车辆生产年份

四、汽车参数

1. 车身主要参数

（1）长×宽×高（单位：mm） 车辆的长、宽、高是一辆车的基本外形尺寸，如图 1-10 所示。

（2）轴距（单位：mm） 轴距是指汽车前轴中心到后轴中心的距离。

（3）轮距（单位：mm） 指左右车轮中心线之间的距离。通常来说，轮距较大的车辆会拥有更好的横向稳定性。由于 SUV 车型的重心偏高，所以其轮距也要比一般轿车更大。

（4）最小离地间隙（单位：mm） 汽车在满载情况下，底盘最低点距离地面的距离。这项数据反映了车辆的通过性，在不考虑其他因素的前提下，离地间隙越大，车辆的通过性

就越好，如图 1-11 所示。

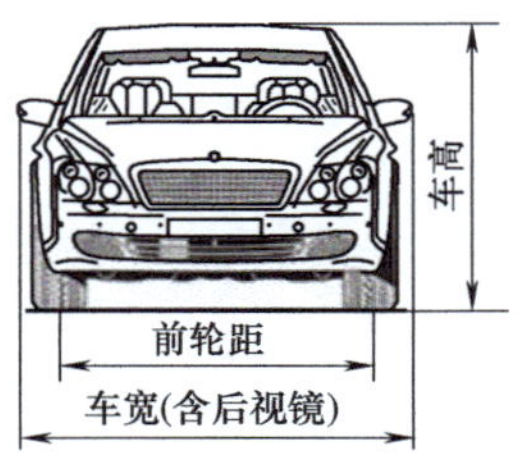

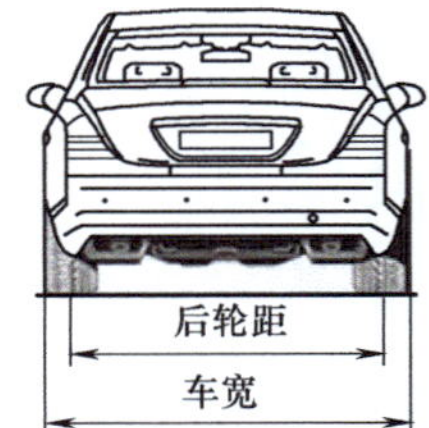

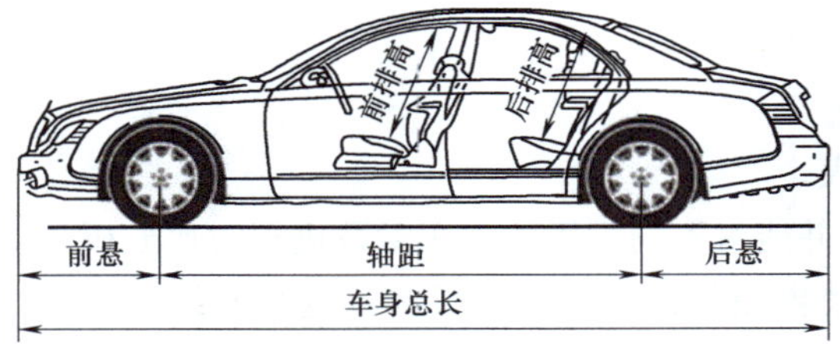

图 1-10　车辆外形尺寸

图 1-11　最小离地间隙

(5) 接近角（单位：°）　在汽车满载静止时，汽车前端突出点向前轮所引切线与地面的夹角，即水平面与切于前轮轮胎外缘（静载）的平面之间的最大夹角，如图 1-12 所示。

(6) 离去角（单位：°）　汽车满载静止时，自车身后端突出点向后车轮引切线与路面之间的夹角，即水平面与切于车辆最后车轮轮胎外缘（静载）的平面之间的最大夹角，如图 1-12 所示。它表征了汽车离开障碍物（如小丘、沟洼地等）时，不发生碰撞的能力。离去角越大，汽车的通过性越好。

(7) 爬坡度　汽车满载时在良好路面上用一档克服的最大坡度角，它表征汽车的爬坡能力，如图 1-13 所示。爬坡度用坡度的角度值（以度数表示）或以坡度起止点的高度差与其水平距离的比值（正切值）的百分数来表示，通常用百分比来表示（%）。

图 1-12　通过角

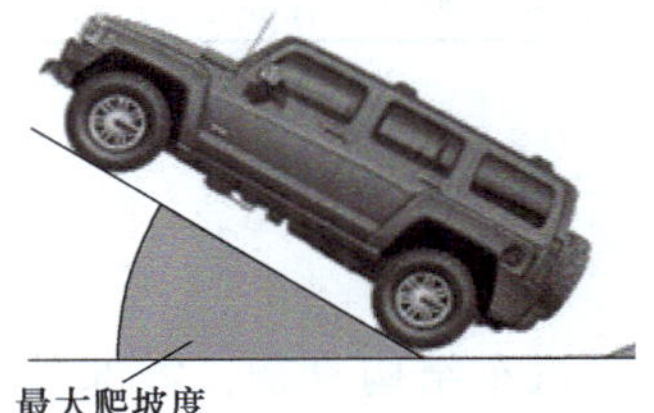

图 1-13　爬坡度

2. 整车质量参数

(1) 汽车整备质量　汽车装备齐全，即冷却液、机油、燃油、备胎、必要的随车工具等均按要求装好的情况下，未载人、未装货时汽车整车的质量。

(2) 汽车最大装载质量　汽车在硬质良好路面上行驶时，所允许的额定装载质量，驾驶人质量包括在内。对运营汽车来说，最大装载重量直接关系到汽车在运营中的效益。

(3) 汽车额定总质量　汽车整备质量与最大装载质量之和就是汽车额定总质量。通常行驶条件下，汽车的实际质量介于整备质量与额定总质量之间。

(4) 汽车轴荷分配　前轴、后轴承受的重量。前、后轴负荷的情况对汽车的动力性、操纵稳定性、制动性等都有显著影响。

【任务实施】

一、准备工作

1）不同配置的帕萨特轿车参数表若干份。

2）实车一辆。

二、实施步骤

1）将学生分成四组，每组发一份汽车参数表。

2）学生根据参数表，讨论学习各参数意义，并能对不同配置的汽车参数进行对比分析。

3）教师组织进行购车模拟，学生扮演汽车销售顾问，对汽车配置参数进行介绍。

【任务评价】

购车模拟训练评价表

学生姓名					
测评日期		测评地点			
测评内容	购车模拟				
考评标准	内　　容	分值	自评	互评	师评
	参数解释是否准确	30			
	语言表达是否流利	30			
	仪容仪表是否得体	20			
	现场表现	20			
	合　　计	100			
最终得分(自评30%+互评30%+师评40%)					
说明：测评满分为100分，60～74分为及格，75～84分为良好，85分以上为优秀，60分以下的学生，需重新进行知识学习、任务训练，直到任务完成达到合格为止					

任务2　汽车总体构造认知

汽车结构复杂，零部件数以万计。概括地讲，汽车基本构造都是由发动机、底盘、车身、电气设备四大部分组成。图1-14为典型轿车的总体构造。

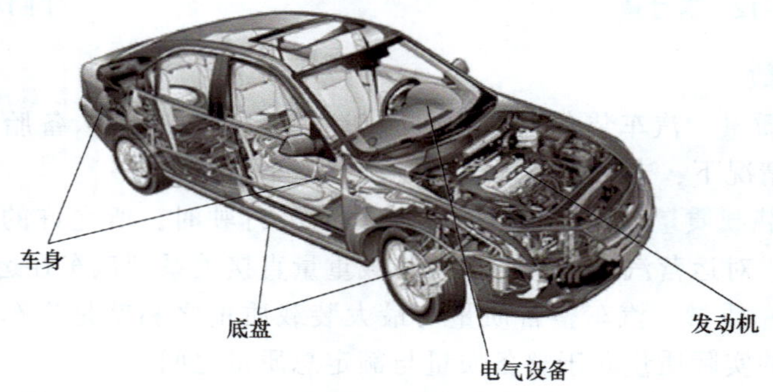

图1-14　轿车的总体构造

【知识准备】

一、发动机

汽车发动机是为汽车提供动力的装置，常见的汽油机和柴油机都属于往复活塞式发动机，是将燃料的化学能转化为活塞运动的机械能并对外输出动力，如图 1-15 所示。

汽油发动机由两大机构和五大系统组成，即由曲柄连杆机构、配气机构、燃料供给系统、润滑系统、冷却系统、点火系统和起动系统组成；柴油发动机由两大机构和四大系统组成，即由曲柄连杆机构、配气机构、燃料供给系统、润滑系统、冷却系统和起动系统组成，柴油机是压燃的，不需要点火系。

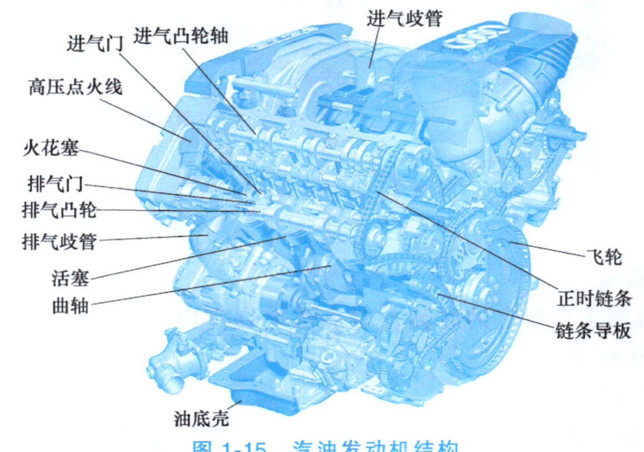

图 1-15 汽油发动机结构

发动机的组成

1. 曲柄连杆机构

曲柄连杆机构是发动机实现工作循环，完成能量转换的主要运动零件。它由机体组、活塞连杆组和曲轴飞轮组等组成。在做功行程中，活塞承受燃气压力在气缸内做直线运动，通过连杆转换成曲轴的旋转运动，并从曲轴对外输出动力。而在进气、压缩和排气行程中，飞轮释放能量又把曲轴的旋转运动转化成活塞的直线运动，如图 1-16 所示。

2. 配气机构

配气机构的功用是根据发动机的工作顺序和工作过程，定时开启和关闭进气门和排气门，使可燃混合气或空气进入气缸，并使废气从气缸内排出，实现换气过程。配气机构一般由气门组、气门传动组和气门驱动组组成，如图 1-17 所示。

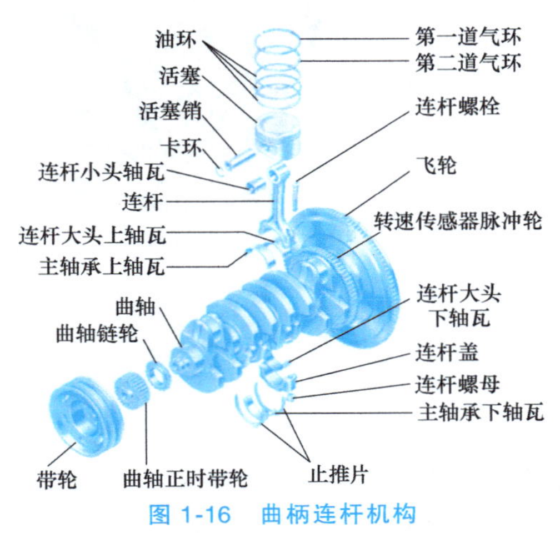

图 1-16 曲柄连杆机构

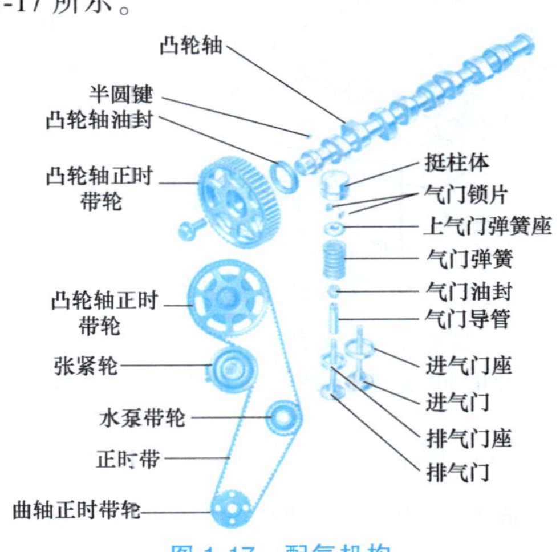

图 1-17 配气机构

3. 冷却系统

及时散发零部件的热量，保证发动机适宜的工作温度，如图 1-18 所示。

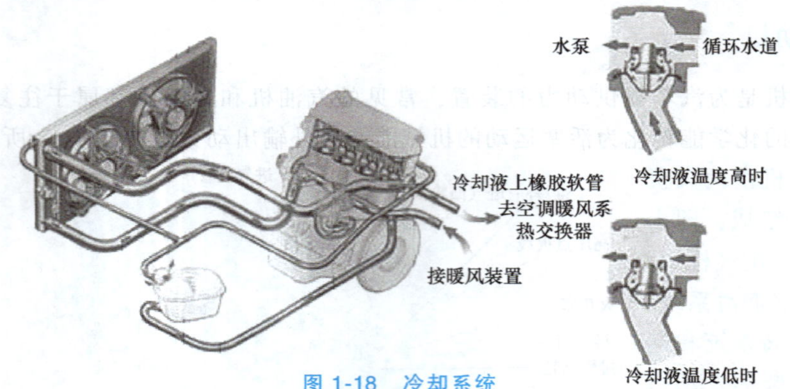

图 1-18　冷却系统

4. 点火系统

按发动机要求在规定的时刻及时点燃燃烧室内被压缩的可燃混合气，使发动机正常工作，如图 1-19 所示。

5. 起动系统

使发动机由静止状态进入转动状态，如图 1-20 所示。

6. 润滑系统

减少摩擦阻力和磨损，冷却和清洗摩擦表面，如图 1-21 所示。

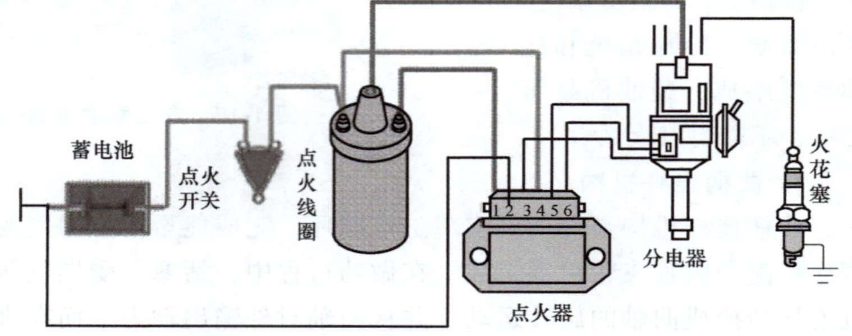

图 1-19　点火系统

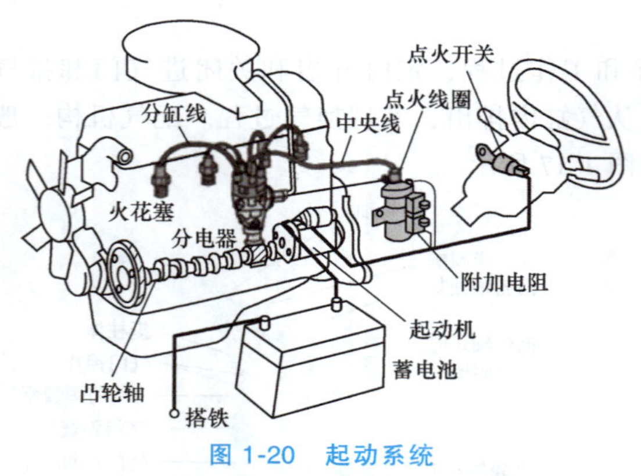

图 1-20　起动系统

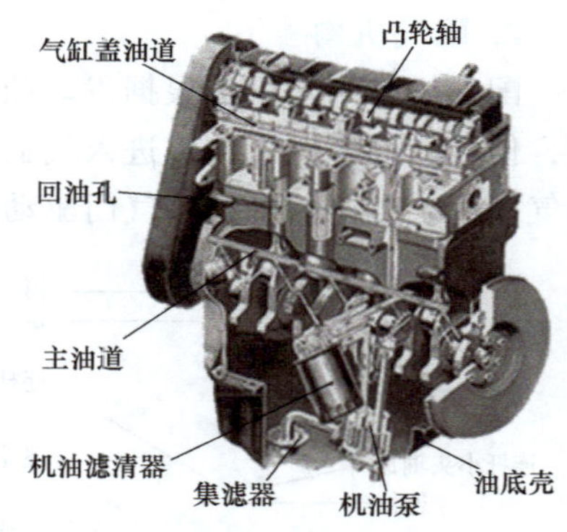

图 1-21　润滑系统

7. 燃油供给系统

及时向发动机提供清洁的燃料，如图 1-22 所示。

二、底盘

底盘的功用是支撑、安装汽车发动机及其各部件、总成，形成汽车的整体造型，接受发动机的动力，使汽车运动并按驾驶人的操纵正常行驶。一般由传动系统、行驶系统、转向系

统和制动系统四部分组成，如图 1-23 所示。

(1) 传动系统　将发动机的动力以一定的关系和要求传递到车轮，如图 1-24 所示。

(2) 行驶系统　接受发动机传递的转矩，并通过驱动轮与地面的附着作用，产生驱动力保证车辆的正常行驶，如图 1-25 所示。

(3) 转向系统　按照驾驶人（或其他设备）规定的方向行驶，改变和恢复汽车行驶方向，保证良好的可操纵性、安全性和轻便性，并缓和因转向引起的冲击，如图 1-26 所示。

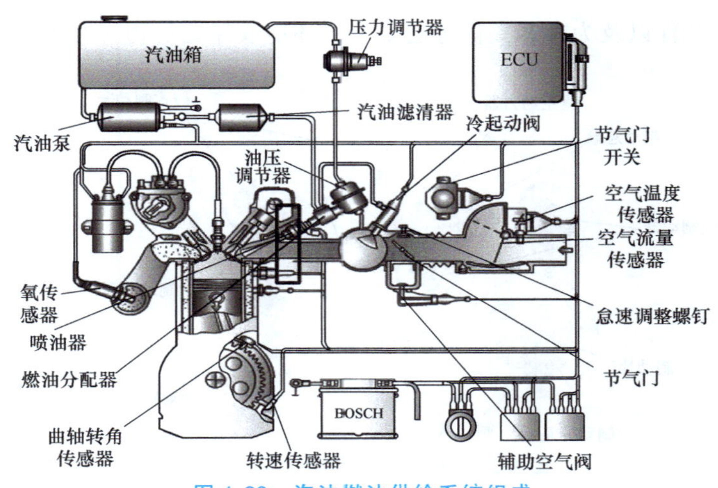

图 1-22　汽油燃油供给系统组成

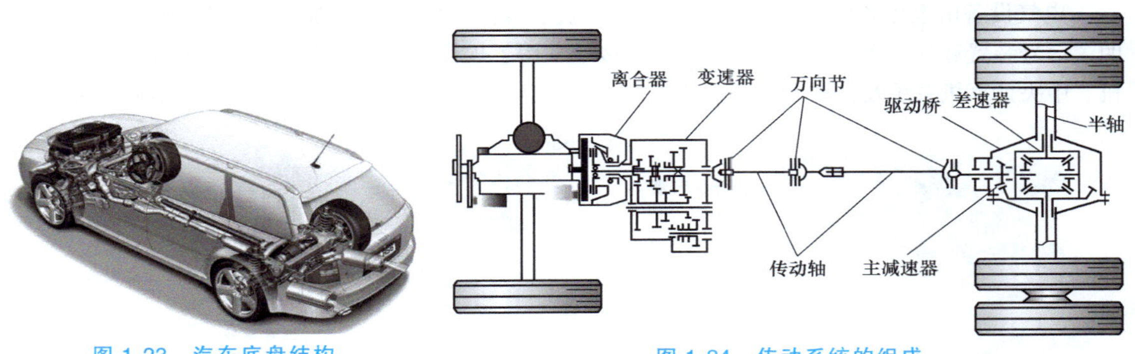

图 1-23　汽车底盘结构

图 1-24　传动系统的组成

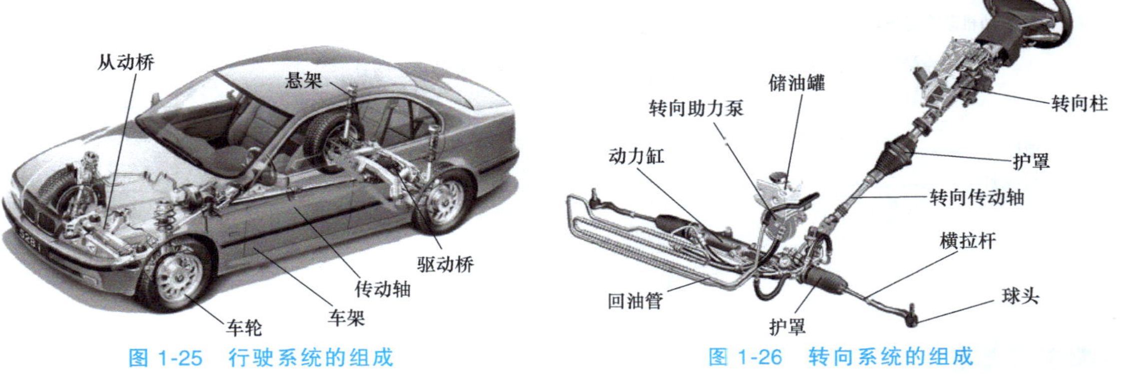

图 1-25　行驶系统的组成

图 1-26　转向系统的组成

(4) 制动系统　按照驾驶人（或其他设备）的要求，在车轮上产生一定的力矩，使行驶中的车辆减速、停车，并达到驻车等功能，如图 1-27 所示。

三、车身

车身是驾驶人工作的场所，也是装载乘客和货物的场所。车身应为驾驶人提供方便的操

作条件以及为乘客提供舒适安全的环境或保证货物完好无损，如图 1-28 所示。

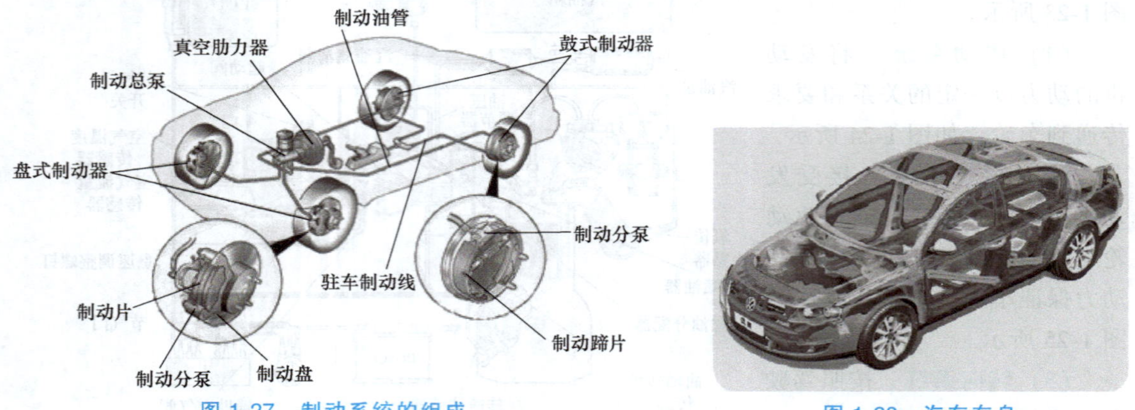

图 1-27 制动系统的组成

图 1-28 汽车车身

四、电气设备

电气设备由电源和用电设备组成，包括发电机、蓄电池、起动系统、点火系统以及汽车的照明、信号装置和仪表等。对于高级轿车，更多地采用了现代新技术，尤其是电子技术，如微处理机、中央计算机系统及各种人工智能装置等，从而显著地提高了汽车的性能，如图 1-29 所示。

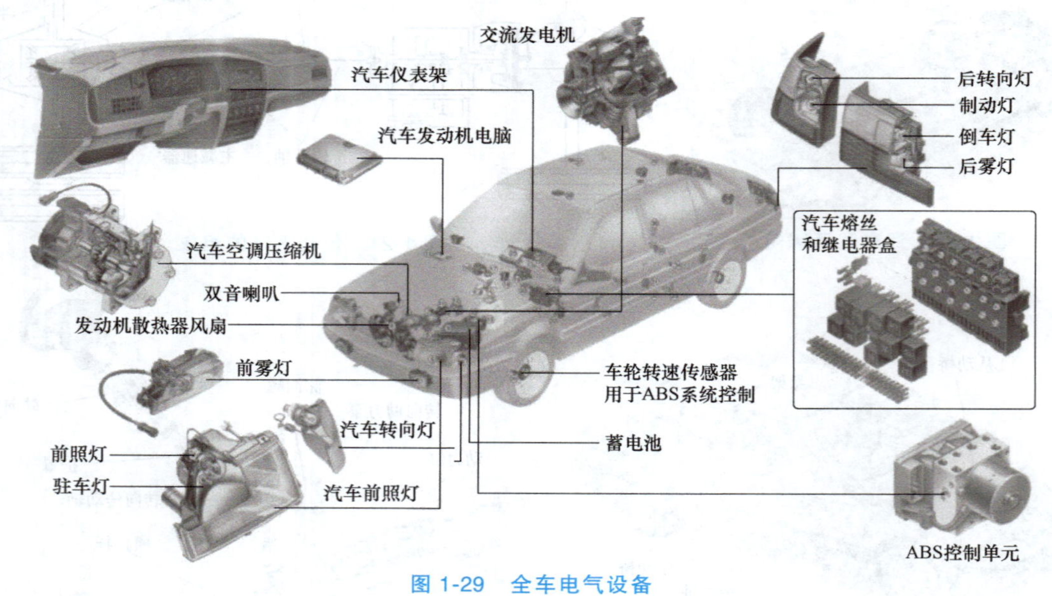

图 1-29 全车电气设备

【任务实施】

一辆普通的汽车大约由 2 万个零部件组合而成，当汽车运行时，有超过 1500 个零部件同步运转。日常行车，可能会碰到的突发情况很多，例如冷却液温度突然升高、喷水口喷不出清洁剂、机油警告灯亮起等。汽车出了问题，很多人都是首先打开发动机舱盖，又不知道具体的问题究竟出现在哪儿，甚至不少新手驾驶人打开发动机舱盖后，各种标记一概不知。下面来了解一下汽车的总体构造和发动机舱里的主要部件。

一、准备工作

工具的使用

1）实车一辆，如图 1-30a 所示。

2）发动机教学模型一台，如图 1-30b 所示。

3）多媒体课件。

二、实施步骤

1）将学生分成两组，观察实训车辆整车结构。

2）教师讲解实训车辆发动机舱的内部结构。

3）教师利用发动机教学模型，动态演示发动机的工作过程。

4）分组观察底盘教学模型，了解底盘结构，如图 1-31 所示。

a)

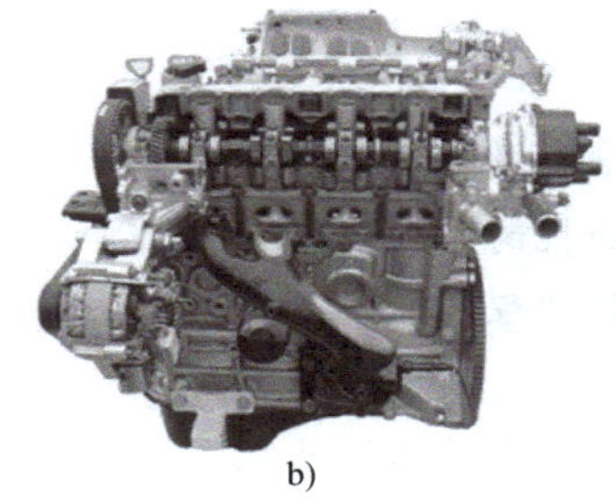

b)

图 1-30 实训车辆与发动机教学模型

图 1-31 底盘教学模型

【任务评价】

整车认知训练评价表

学生姓名					
测评日期		测评地点			
测评内容	整车认知				
考评标准	内　　容	分值	自评	互评	师评
	发动机舱内部件的识别	40			
	底盘零部件的识别	30			
	发动机主要结构的识别	30			
合　　计		100			
最终得分(自评 30%+互评 30%+师评 40%)					
说明:测评满分为 100 分,60~74 分为及格,75~84 分为良好,85 分以上为优秀。60 分以下的学生,需重新进行知识学习、任务训练,直到任务完成达到合格为止					

【思考与练习】

简答题

1. 简述汽车的类型。
2. 简述汽车的组成。
3. 汽车技术参数主要有哪些？它们是如何定义的？
4. 汽车行驶过程中的阻力主要有哪些？

项目2

发动机工作原理

汽车发动机是为汽车提供动力的装置，是汽车的心脏，决定着汽车的动力性、经济性、稳定性和环保性。

【学习目标】

知识目标：

1. 掌握汽车发动机的基本结构及相关术语。
2. 理解四冲程汽油机、柴油机的工作原理。
3. 了解二冲程发动机的工作过程。

技能目标：

1. 通过学习发动机的工作原理能总结汽油机、柴油机工作异同点。
2. 通过学习发动机构造会正确评价发动机性能。

任务1　发动机的基本知识认知

【知识准备】

发动机的基本术语如图 2-1 所示。

（1）上止点　活塞顶部离曲轴中心的最远处，即活塞最高位置。

（2）下止点　活塞顶部离曲轴中心的最近处，即活塞最低位置。

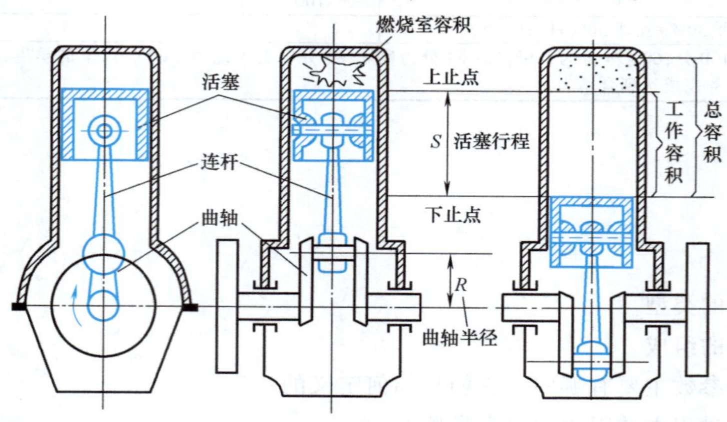

图 2-1　发动机示意图

（3）活塞行程（S）　上、下止点间的距离。

（4）曲轴半径（R）　曲轴与连杆下端的连接中心至曲轴中心的距离。

（5）气缸工作容积（V_h）　活塞从上止点到下止点所扫过的容积称为气缸排量，用符号 V_h 表示。多缸发动机各气缸工作容积的总和，称为发动机工作容积或发动机排量，用符号 V_L（单位为 L）表示。

$$V_L=\frac{\pi D^2}{4\times10^3}\times S\times i$$

式中　D——气缸直径，单位为 cm；

S——活塞行程，单位为 cm；

i——气缸数。

（6）燃烧室容积（V_c）　活塞在上止点时，活塞顶上面的空间为燃烧室，它的容积叫作燃烧室容积（单位为 L）。

（7）气缸总容积（V_a）　活塞在下止点时，活塞顶上面整个空间的容积（单位为 L）。它等于气缸工作容积与燃烧室容积之和，即：$V_a=V_h+V_c$。

（8）压缩比（ε）　气缸总容积与燃烧室容积的比值，即：$\varepsilon=\frac{V_a}{V_c}=1+\frac{V_h}{V_c}$。

它表示活塞由下止点移动到上止点时，气缸内气体被压缩的程度。压缩比越大，压缩终了时气缸内的压力和温度越高。

目前，一般车用汽油机的压缩比为 6~10，也有高达 10 以上的。如一汽奥迪 A6 轿车的六缸 2.4L 发动机的压缩比为 10.5。柴油机的压缩比为 15~22。

【任务实施】

讨论

汽车排量，大家都不陌生，买车时必须对比的一个参数，1.6L/1.8L，有人只知道数字越大越好，但你知道其中真正的含义吗？

一、准备工作

1）不同类型发动机结构图。

2）实训车辆一辆。

3）发动机教学模型一台。

4）多媒体课件。

二、实施步骤

1）教师结合发动机结构图讲解当前主流发动机类型特点。

2）学生分组观察实训车辆发动机舱内部结构。

3）教师利用发动机教学模型，结合多媒体课件，讲解发动机术语。

4）学生分组观察发动机工作过程。

【任务评价】

发动机的基本知识认知训练评价表

学生姓名					
测评日期		测评地点			
测评内容	发动机类型				
考评标准	内　容	分值	自评	互评	师评
	各类型发动机特点	40			
	当今主流发动机类型举例	30			
	发动机术语解释	30			
合　计		100			
最终得分(自评 30%+互评 30%+师评 40%)					
说明:测评满分为 100 分,60~74 分为及格,75~84 分为良好,85 分以上为优秀。60 分以下的学生,需重新进行知识学习、任务训练,直到任务完成达到合格为止					

任务 2　发动机的工作原理介绍

【知识准备】

发动机气缸内每产生一次动力，都要经过进气、压缩、做功和排气四个工作过程。这四个工作过程称为发动机的一个工作循环。

若发动机的一个工作循环曲轴旋转两周（720°），完成四个工作过程，则称为四冲程发动机；若发动机的一个工作循环曲轴旋转一周（360°），完成四个工作过程，则称为二冲程发动机。现代汽车大多采用四冲程发动机。

发动机原理

一、四冲程发动机的工作原理

1. 四冲程汽油机的工作原理

图 2-2 为单缸四冲程汽油机的结构示意图，其工作原理与工作过程如图 2-3 所示。

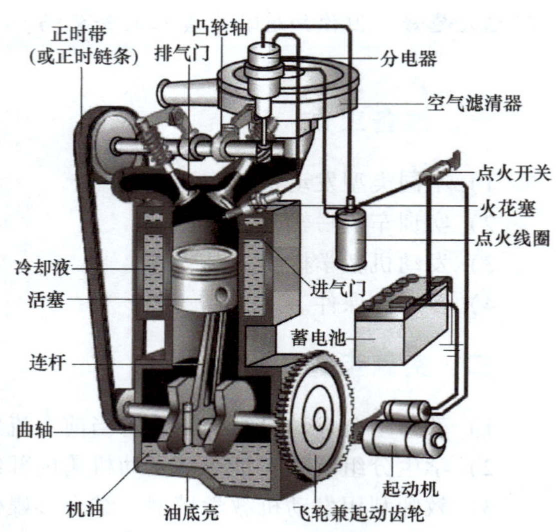

图 2-2　单缸四冲程汽油机的结构示意图

（1）进气冲程　进气门打开，排气门关闭。曲轴旋转，通过连杆带动活塞由上止点向下止点运动，活塞顶上部容积逐渐增大，气缸内压力逐渐降低，产生真空吸力，将可燃混合气经进气管、进气门吸入气缸。进气冲程结束时，气缸内部压力略低于外界大气压力。

（2）压缩冲程　进、排气门均保持关闭状态。活塞由下止点向上止点运动，气缸内部容积减小、压力增大，可燃混合气被压缩。当活塞到达上止点时，压缩冲程结束。压缩冲程结束时，燃烧室内的气体压力达到 0.6~

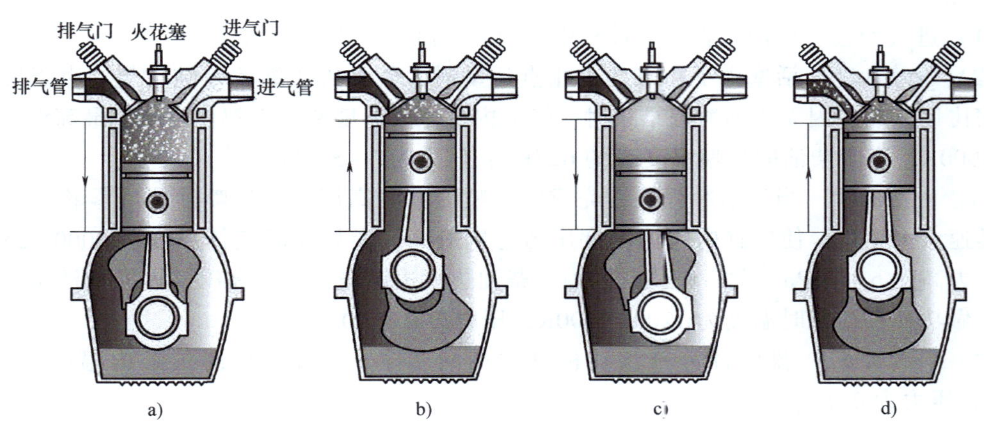

图 2-3　单缸四冲程汽油机的工作过程

a）进气行程　b）压缩行程　c）做功行程　d）排气行程

1.5MPa，温度达到 600～700K。

(3) 做功冲程　压缩冲程接近终了时，点火系统通过火花塞产生高压电火花，点燃燃烧室内的可燃混合气（进、排气门仍保持关闭状态）。混合气迅速燃烧，缸内气体温度、压力急速升高。到上止点后燃烧室压力达 3～5MPa，温度可达 2200～2800K。

(4) 排气冲程　在做功冲程接近完成时，排气门开启。气缸内做功后的废气在残余压力作用下，大部分经排气门自行排出。活塞从下止点向上止点运动时，进一步将废气排出。活塞到达上止点，曲轴转过第四个半圈（720°）。排气冲程结束，排气门关闭，进气门开启，活塞继续向下运动，又开始下一个工作循环。

2. 四冲程柴油机的工作原理

由于柴油的密度比汽油大，不易蒸发，自燃温度低，所以，可燃混合气的形成方式和着火方式与汽油机不同。其工作原理与工作过程如图 2-4 所示。

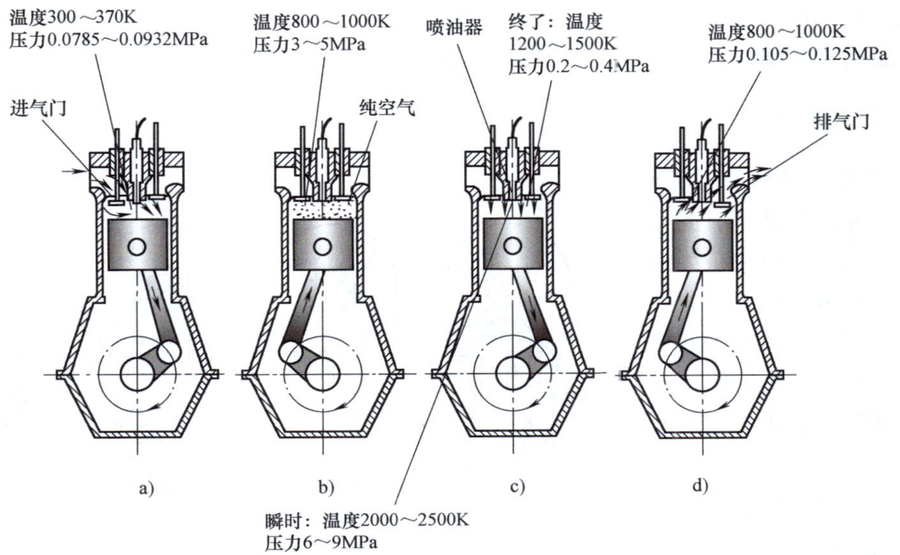

图 2-4　单缸四冲程柴油机的工作过程

(1) 进气冲程　柴油机在进气冲程中，吸入气缸的是新鲜空气。

(2) 压缩冲程　活塞由下止点向上止点运动时，气缸内压缩的是纯空气。由于柴油机的压缩比比较高，因而压缩冲程结束时，气缸内气体的温度和压力都比较高，最高温度可达800~1000K，高于柴油的自燃温度（约627K）；压力为3~5MPa。

(3) 做功冲程　当压缩冲程接近完成时，喷油泵将高压柴油经喷油器呈雾状喷入燃烧室中迅速点火燃烧，使气缸内气体温度压力急剧升高。燃烧瞬时气体温度达2000~2500K，瞬时压力高达6~9MPa。此后一段时间内，柴油边喷边燃烧，高温高压气体推动活塞下行而做功。做功冲程结束时温度为1200~1500K，压力为0.2~0.4MPa。

(4) 排气冲程　排气冲程与汽油机基本相同。排气冲程结束时气缸内温度为800~1000K，压力为0.105~0.125MPa。

3. 四冲程发动机的工作特点

四冲程发动机一个工作循环，曲轴转两圈，每一个行程曲轴转半圈（即转过180°）。

单缸四冲程发动机只有做功冲程产生动力，其他三个行程则消耗动力，但不可或缺地为做功冲程做准备。因此，单缸发动机的工作很不平稳，为了提高发动机转速的均匀性，一般采取在单缸发动机的曲轴上安装一个质量和尺寸均较大的飞轮，或采用多缸发动机。

4. 四冲程汽油机和四冲程柴油机工作循环的异同点

(1) 共同点

1）每个工作循环曲轴旋转两圈（720°）。

2）四个行程中只有做功行程产生动力，其余三个行程是为做功行程做准备的辅助行程。

3）发动机起动的第一个循环，必须有外力将曲轴转动，依靠曲轴和飞轮储存的能量，便可维持以后的行程和循环得以继续进行。

(2) 主要区别

1）混合气形成方式不同。汽油机的燃油和空气一般在气缸外混合；而柴油机进气行程进入气缸的是纯空气，在气缸内形成可燃混合气。

2）着火方式不同。汽油机用电火花点燃混合气，而柴油机是用高压将燃油喷入气缸内，靠高温空气加热自行着火燃烧。因而汽油机需要一个专门的点火系统，柴油机则没有。

二、二冲程发动机的工作原理

1. 二冲程汽油机的工作原理

所谓二冲程发动机，是指曲轴旋转一周，即可完成发动机的进气、压缩、做功、排气四个工作过程。单缸二冲程汽油机的工作如图2-5所示。

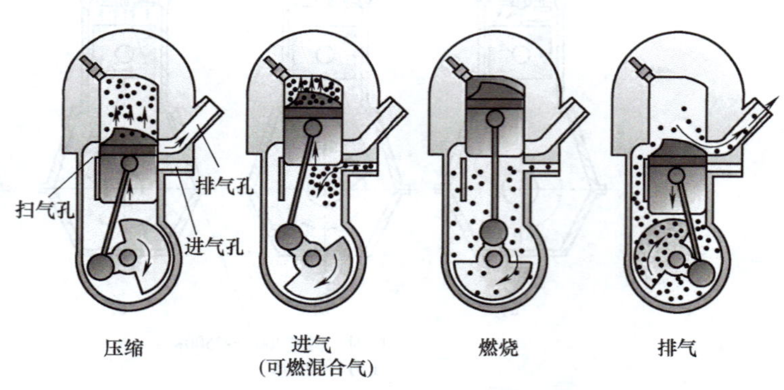

图2-5　单缸二冲程汽油机的工作示意图

由二冲程汽油机工作过程可知：第一个行程中活塞上方进行换气、压缩工作，活塞下方进行进气工作；第二个行程中活塞上方进行做功、换气工

作，活塞下方进行预压缩工作。换气过程跨越两个行程。

2. 二冲程柴油机的工作原理

图 2-6 为带有换气泵的二冲程柴油机工作示意图，新鲜空气经换气泵提高压力后经气缸外部的空气室和气缸壁上的进气孔进入气缸，废气由专门的排气门排出。它与二冲程汽油机的主要区别是：换气过程由换气泵辅助完成，吸入气缸的是纯空气。

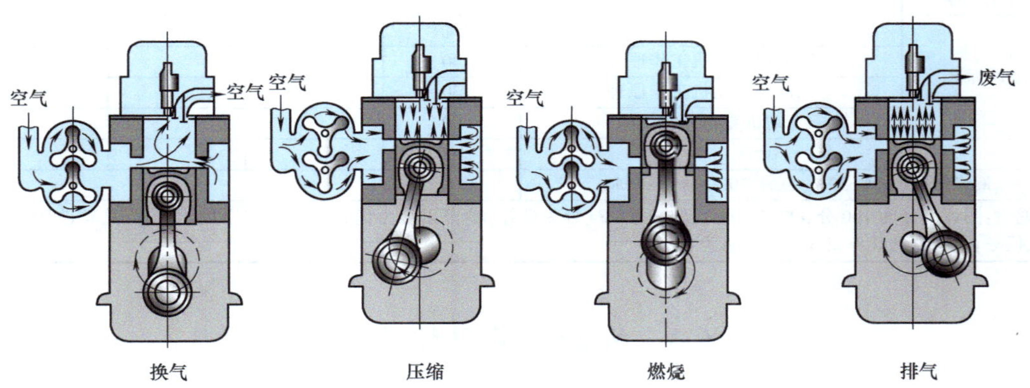

图 2-6　带换气泵的二冲程柴油机工作示意图

(1) 第一行程　活塞从下止点向上止点运动。行程开始前，进气孔和排气门均开启，由扫气泵提高空气的压力，高压空气进入气缸进行换气。当活塞上行至进气口、排气门关闭时，开始压缩。活塞接近上止点时，高压柴油经喷油器以极细雾状喷入气缸自行着火燃烧。

(2) 第二行程　活塞到达上止点，着火燃烧的高温高压气体推动活塞向下运动对外输出动力，当活塞下行到三分之二行程时，排气门开启，将做功后的废气在残余压力作用下排出气缸外。此时进气口开启，进入换气过程。

【任务实施】

讨论

有的同学有时一定感到很奇怪，汽车的发动机为什么自己就会转起来呢？今天就带领大家，去看看发动机内部的奥秘，探究一下发动机的工作原理。

一、准备工作

1）发动机教学模型一台。

2）多媒体课件。

二、实施步骤

1）教师利用发动机教学模型，动态演示四冲程发动机的工作过程。

2）教师利用多媒体动画演示二冲程发动机工作原理。

3）学生分组，自己总结四冲程汽油机、柴油机工作原理及异同点，并查阅资料，举例说明现代先进的发动机技术。

【任务评价】

发动机的工作原理介绍训练评价表

<table>
<tr><td>学生姓名</td><td colspan="5"></td></tr>
<tr><td>测评日期</td><td></td><td>测评地点</td><td colspan="3"></td></tr>
<tr><td>测评内容</td><td colspan="5">汽车发动机工作原理</td></tr>
<tr><td rowspan="4">考评标准</td><td>内　　容</td><td>分值</td><td>自评</td><td>互评</td><td>师评</td></tr>
<tr><td>四冲程发动机工作原理</td><td>40</td><td></td><td></td><td></td></tr>
<tr><td>二冲程发动机工作原理</td><td>30</td><td></td><td></td><td></td></tr>
<tr><td>发动机零部件的认知</td><td>30</td><td></td><td></td><td></td></tr>
<tr><td colspan="2">合　　计</td><td>100</td><td></td><td></td><td></td></tr>
<tr><td colspan="2">最终得分(自评 30%+互评 30%+师评 40%)</td><td colspan="4"></td></tr>
<tr><td colspan="6">说明:测评满分为 100 分,60~74 分为及格,75~84 分为良好,85 分以上为优秀。60 分以下的学生,需重新进行知识学习、任务训练,直到任务完成达到合格为止</td></tr>
</table>

任务 3　发动机的总体构造认知

【知识准备】

汽油机主要由“两大机构和五大系统”组成，“两大机构”指曲柄连杆机构和配气机构，“五大系统”指燃料供给系统、冷却系统、润滑系统、点火系统和起动系统。

图 2-7 所示为 W12 汽油机结构图。

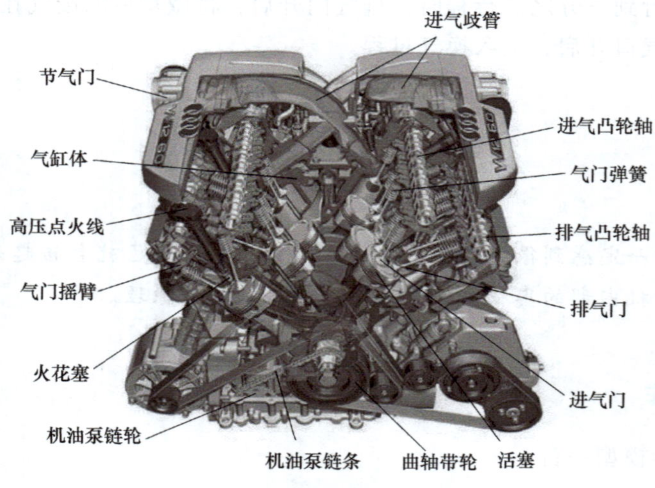

图 2-7　W12 汽油机的总体构造

【任务实施】

一、准备工作

1）发动机教学模型一台，实车一辆。

2）多媒体课件。

3）发动机拆装台及实训发动机。

二、实施步骤

1）教师利用发动机教学模型，讲解发动机各机构组成部件。

2）教师利用实训车辆，讲解发动机外围件结构。

3）学生分组，拆装发动机外围件，并正确认知零部件名称和结构特点。

【任务评价】

发动机的总体构造认知训练评价表

学生姓名					
测评日期		测评地点			
测评内容	发动机的总体构造认知				
考评标准	内　　容	分值	自评	互评	师评
	外围件拆卸步骤是否正确	30			
	外围件零部件认知是否正确	20			
	外围件组装步骤是否正确	20			
	工具的使用	30			
合　　计		100			
最终得分(自评 30%+互评 30%+师评 40%)					
说明:测评满分为 100 分,60~74 分为及格,75~84 分为良好,85 分以上为优秀。60 分以下的学生,需重新进行知识学习、任务训练,直到任务完成达到合格为止					

【思考与练习】

一、填空题

1. 汽油机一般由________、________、________、________、________、________和________组成。

2. 二冲程发动机每完成一个工作循环，曲轴旋转________周，活塞在气缸内由下止点向上止点运行时，完成________行程，由上止点向下止点运行时，完成________行程。

二、简答题

1. 简述四冲程汽油机的工作过程。
2. 柴油机与汽油机在总体构造上有何异同？它们之间的主要区别是什么？
3. 与四冲程发动机比较，二冲程发动机有何优缺点？
4. 举例说明国产发动机的型号编制规则。

项目3

曲柄连杆机构

【学习目标】

知识目标：

1. 掌握曲柄连杆机构的功用与组成。
2. 理解曲拐的位置与发动机工作顺序的关系。
3. 了解扭转减振器的工作原理。

技能目标：

1. 通过学习能正确认知曲柄连杆机构零部件。
2. 通过学习会判断不同类型发动机的点火次序。

任务1 机体组的结构与拆装

【知识准备】

一、曲柄连杆机构的功用和组成

曲柄连杆机构的功用是将活塞的往复运动转变为曲轴的旋转运动，同时将作用于活塞上的力转变为曲轴对外输出的转矩，以驱动汽车车轮转动。

曲柄连杆机构由机体组、活塞连杆组和曲轴飞轮组组成，见表3-1。

表3-1 曲柄连杆机构的组成

项目	说 明	图 示
机体组	主要包括气缸体、气缸盖、气缸盖罩、气缸垫、油底壳等	气缸体 气缸盖罩 气缸盖 油底壳 气缸垫

（续）

项目	说　明	图　　示
活塞连杆组	主要包括活塞、活塞环、活塞销和连杆等	活塞环 活塞销 活塞 连杆 连杆轴瓦
曲轴飞轮组	主要包括曲轴、飞轮、扭转减振器等	带轮 正时齿轮 齿圈 扭转减振器 止推瓦 主轴瓦 飞轮 曲轴 止推瓦

二、机体组

机体组是发动机的支架，是曲柄连杆机构、配气机构和发动机各系统主要零部件的装配基体。气缸盖用来封闭气缸顶部，并与活塞顶和气缸壁一起形成燃烧室。另外，气缸盖和机体内的水套、油道以及油底壳又分别是冷却系统和润滑系统的组成部分。

1. 气缸体

(1) 气缸体的工作条件及要求　气缸机是发动机的主体，它将各个气缸和曲轴箱连成一体，是安装活塞、曲轴以及其他零部件和附件的支撑骨架。气缸体的工作条件十分恶劣，它要承受燃烧过程中压力和温度的急剧变化以及活塞运动的强烈摩擦，如图3-1所示。

气缸体应具有足够的强度和刚度，且耐磨损和耐腐蚀。为减轻整机的重量、减少整机尺寸，应结构紧凑、质量轻。

(2) 气缸体材料　气缸体一般用高强度灰铸铁或铝合金铸造。最近，在轿车发动机上采用铝合金气缸体的越来越普遍。

(3) 气缸体的结构与特点　气缸体的结构与特点见表3-2。

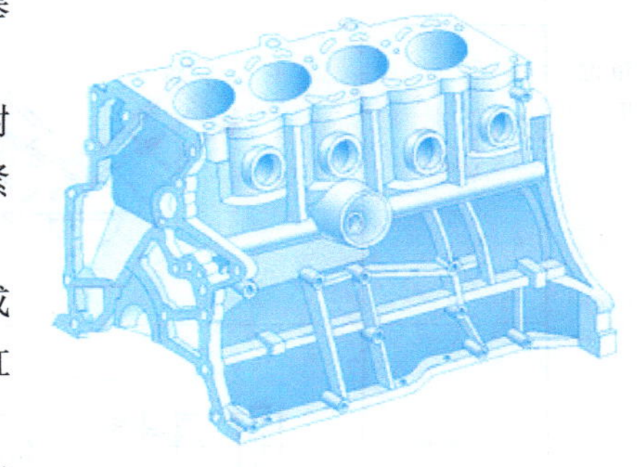

图3-1　水冷发动机的气缸体

表 3-2　气缸体的结构与特点

项目	分类	图　示	描　述
结构形式	一般式		特点：油底壳安装平面和曲轴旋转中心在同一高度 优点：机体高度低、质量轻、结构紧凑、便于加工、曲轴拆装方便 缺点：刚度和强度较差
	龙门式		特点：油底壳安装平面低于曲轴的旋转中心 优点：强度和刚度好，能承受较大的机械负荷 缺点：工艺性较差，结构笨重，加工较困难
	隧道式		特点：这种形式的气缸体曲轴的主轴承孔为整体式，采用滚动轴承，主轴承孔较大，曲轴从气缸体后部装入 优点：结构紧凑、刚度和强度好 缺点：加工精度要求高，工艺性较差，曲轴拆装不方便
布置形式	直列式		发动机的各个气缸排成一列，一般是垂直布置的。为了降低高度有的也把气缸布置成倾斜甚至水平的。六缸以下发动机多采用直列式
	V 型		发动机将气缸排成两列，其气缸中心线的夹角 $\gamma<180^\circ$，这样缩短了发动机的长度，降低了发动机高度，增加了气缸体的刚度，但形状复杂，加工困难，八缸以上发动机多采用 V 形
	对置式		对置式发动机的高度比其他形式的小得多，在某些情况下，使得汽车（特别是轿车或大型客车）的总布置更为方便

（续）

项目	分类	图　　示	描　　述
气缸套	干式		特点：气缸套装入气缸体后，其外壁不直接与冷却液接触，而是和气缸体的壁面直接接触，壁厚较薄，一般为1~3mm。它具有整体式气缸体的优点，强度和刚度较好 缺点：加工比较复杂，内、外表面都需要进行精加工，拆装不方便，散热不良
	湿式		特点：气缸套装入气缸体后，其外壁直接与冷却液接触，气缸套仅在上、下各有一圆环地带和气缸体接触，壁厚一般为5~9mm。它散热良好，冷却均匀，加工容易，通常只需要精加工内表面，与水接触的外表面不需要加工，拆装方便 缺点：强度、刚度都不如干式气缸套，而且容易产生漏水现象。应采取一些防漏措施
冷却方式	水冷		在气缸体的内部制有冷却液道，利用冷却液散热 优点：散热性能好 缺点：结构复杂，加工困难
	风冷		在气缸体的外表面制有散热片，利用散热片散热 优点：结构简单 缺点：散热性能较差

2. 气缸盖和气缸垫

(1) 气缸盖　气缸盖用来封闭气缸的上部，并与活塞顶、气缸壁共同构成燃烧室，如图 3-2 所示。

常用汽油机燃烧室（图 3-3）有以下几种：

1）楔形燃烧室。结构较简单、紧凑，进气道较平直，进气阻力小。在压缩终了时能形成涡流，用于每缸两气门发动机上。

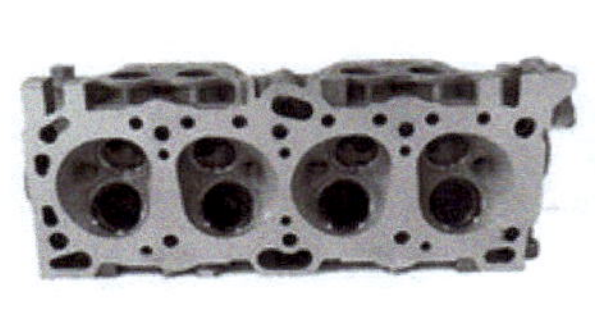

图 3-2　各种形式的气缸盖

2）盆形燃烧室。结构较紧凑、简单，气门与气缸轴线平行，进气弯道较大。燃烧速度快，热效率高，在压缩终了时能形成涡流。一般用于每缸两气门发动机上。

3）半球形燃烧室。这种燃烧室结构最为紧凑、散热面积小，有利于促进燃料的完全燃烧及排气净化，但配气机构较复杂。目前国外轿车发动机多采用这种形式的燃烧室。

4）多球形燃烧室。是由两个以上半球形凹坑组成的，其结构紧凑，面容比小，火焰传播距离较短，气门直径较大，且能产生涡流。

5）篷形燃烧室。是近年来高性能多气门轿车发动机上广泛应用的燃烧室。特别是小气门夹角的浅篷形燃烧室得到了较大的发展。

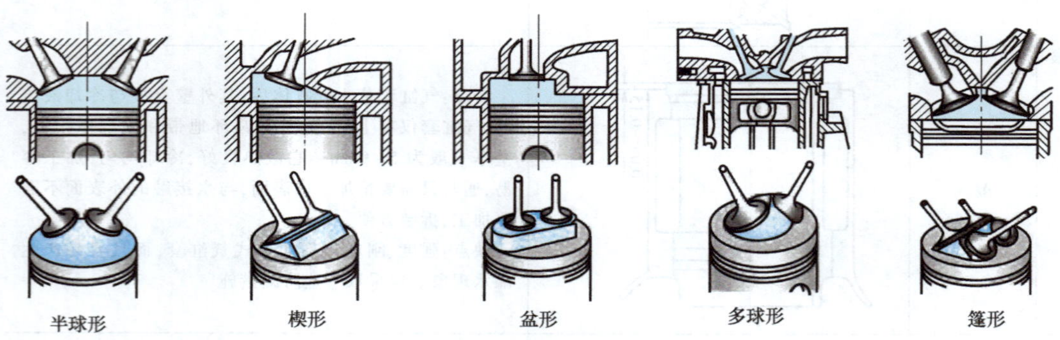

图 3-3　汽油机燃烧室

（2）气缸垫　气缸垫用来保证气缸体与气缸盖接合面间的密封。按所用材料的不同，气缸垫可分为金属-石棉气缸垫、金属-复合材料气缸垫和全金属气缸垫（图 3-4）。

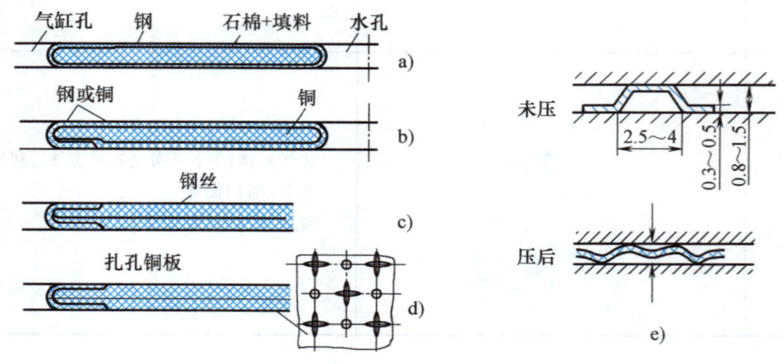

图 3-4　气缸垫的种类与结构

a)～d）金属-石棉气缸垫　e）全金属气缸垫

3. 油底壳

油底壳的作用是储存机油并封闭曲轴箱，一般由薄钢板冲压而成，如图 3-5 所示。

【任务实施】

一、准备工作

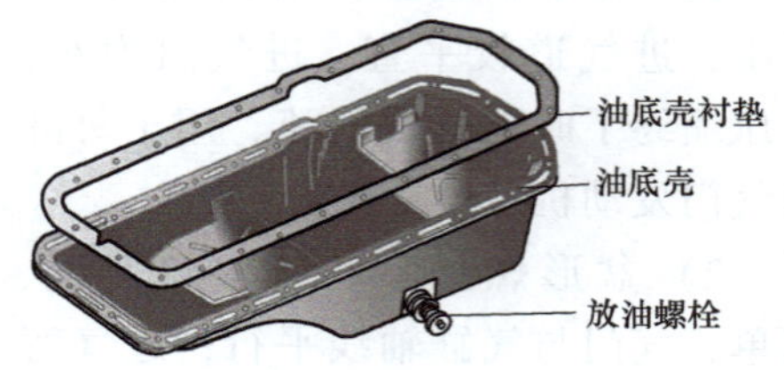

图 3-5　油底壳的结构

1）发动机若干台。

2）维修专用工具若干套。

3）多媒体资料。

二、实施步骤

1）利用多媒体资源，讲解机体组的结构。

2）学生分成四组，进行发动机机体组的拆装。

3）主要拆卸步骤：

① 拆卸气门室罩盖，如图 3-6 所示。

② 拆下气缸盖。按顺序分几次均匀地旋松 10 个气缸盖螺栓，如图 3-7 所示。如果螺栓不按正确顺序拆除，有可能损坏气缸盖。

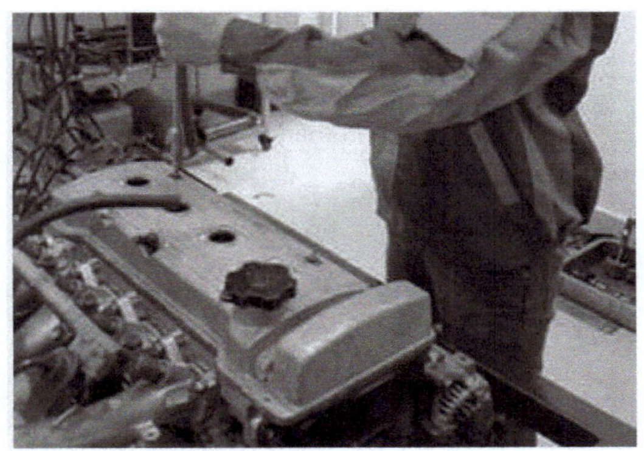

图 3-6　拆卸气门室罩盖

图 3-7　气缸盖螺栓拧紧顺序（与拆卸顺序相反）

③ 从气缸体上的定位销处撬起气缸盖。为了易于拆下气缸盖，在气缸体和气缸盖之间的间隙插入螺钉旋具撬起气缸盖。小心不要损坏气缸体和气缸盖接触表面。

④ 将气缸体放置在长形木块上。

⑤ 拆下气缸垫，如图 3-8 所示。

图 3-8　拆下气缸垫

【任务评价】

机体组的结构与拆装训练评价表

学生姓名					
测评日期		测评地点			
测评内容	机体组的结构与拆装				
考评标准	内　　容	分值	自评	互评	师评
	机体组拆卸前的准备工作	20			
	机体组的拆装	50			
	工具的使用	30			
合　　计		100			
最终得分(自评 30%+互评 30%+师评 40%)					
说明:测评满分为 100 分,60~74 分为及格,75~84 分为良好,85 分以上为优秀。60 分以下的学生,需重新进行知识学习、任务训练,直到任务完成达到合格为止					

任务2　活塞连杆组的结构与拆装

活塞连杆组将活塞的往复运动变为曲轴的旋转运动，同时将作用于活塞上的力转变为曲轴对外输出转矩，以驱动汽车车轮转动。它是发动机的传动件，它把燃烧气体的压力传给曲轴，使曲轴旋转并输出动力。活塞连杆组主要由活塞、活塞环、活塞销、连杆及连杆轴瓦等组成，如图3-9所示。

【知识准备】

一、活塞

1. 活塞的功用

与气缸盖及气缸壁共同组成燃烧室，承受气缸内气体压力，并将此压力通过活塞销传给连杆，以推动曲轴旋转。

2. 活塞的结构

活塞由顶部、头部和裙部三部分组成，如图3-10所示。

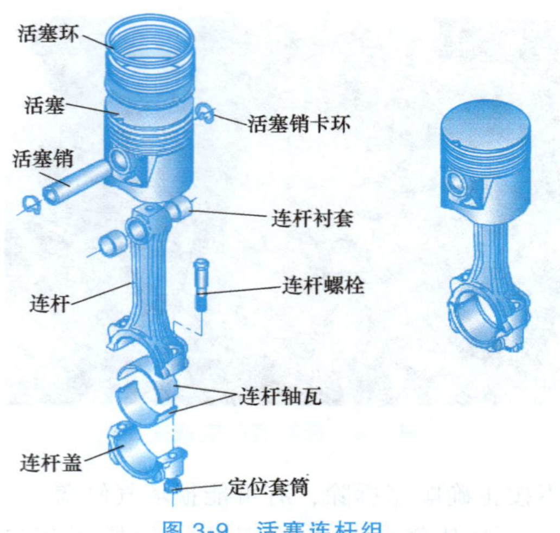

图3-9　活塞连杆组

(1) 顶部　活塞顶部是燃烧室的组成部分。汽油机活塞顶部可分为平顶、凸顶和凹顶三种。

大多数汽油机采用平顶活塞和凹顶活塞。平顶活塞结构简单、制造容易、受热面积小、应力分布较均匀，多用在汽油机上；凹顶活塞的凹坑的形状、位置必须有利于可燃混合气的燃烧，提高压缩比，防止碰气门。凸顶活塞的凸起呈球状、顶部强度高，起导向作用、有利于改善换气过程，如图3-11所示。

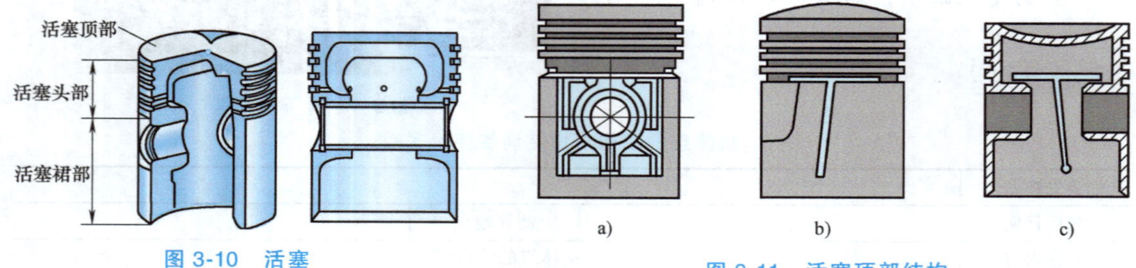

图3-10　活塞

图3-11　活塞顶部结构

a）平顶活塞　b）凸顶活塞　c）凹顶活塞

现在有的发动机上，为了减轻活塞顶部的热负荷，在活塞顶部喷镀0.2~0.3mm厚度的陶瓷，起耐高温、防腐蚀和减少吸热的作用。但陶瓷与铝接合性能欠佳，高温运转后，陶瓷层易于龟裂剥落。因此，这种镀有陶瓷层的活塞，目前在汽车发动机上应用较少。

(2) 头部　活塞销轴孔以上的部分即为活塞头部。其主要用于承受气体压力，并传给连杆，与活塞环一起实现气缸密封，将活塞顶所吸收的热量通过活塞环传导到气缸壁上。

头部切有若干道用以安装活塞环的环槽。汽油机一般有2~3道环槽，上面1~2道安装

气环，下面1道安放油环。在油环槽底面上钻有许多径向小孔，使被油环从气缸壁上刮下来的多余机油，得以经过这些小孔流回油底壳。

（3）裙部　从油环槽下端面起至活塞底面部分称为活塞裙部，为活塞在气缸内进行往复运动起导向作用并承受侧压力。

二、活塞环

1. 活塞环的种类与作用

活塞环是具有一定弹性的金属开口圆环，自由状态下的外径大于气缸直径，装入气缸后其外圆面紧贴气缸壁。按活塞环的主要作用不同分为气环和油环，如图3-12所示。

气环又称为压缩环，其作用是保证活塞与气缸壁间的密封，防止气缸中的高温、高压混合气漏入曲轴箱，同时还将活塞顶部的大部分热量传导给气缸壁，再由冷却液或空气带走。油环的作用：一是密封；二是刮除气缸壁上多余的机油，并在气缸壁上铺涂一层均匀的机油膜，这样既可以防止机油窜入气缸燃烧，又可以减小活塞、活塞环与气缸的磨损和摩擦阻力。

2. 气环的结构与封气原理

（1）气环的封气原理　工作时，活塞顶部的混合气绕流到活塞环的背面，并发生膨胀，其压力下降。经降压后的混合气，从第一道气环的切口漏到第二道气环的上平面时，又使第二道气环压贴在第二环槽的下端面上，混合气又绕流到这个环的背面，再次发生膨胀，其压力又进一步降低。几道气环的切口相互错开，构成的“迷宫式”封气装置，足以对气缸中的高压混合气进行有效的密封。气环密封原理及各环间隙处的气体压力如图3-13所示。

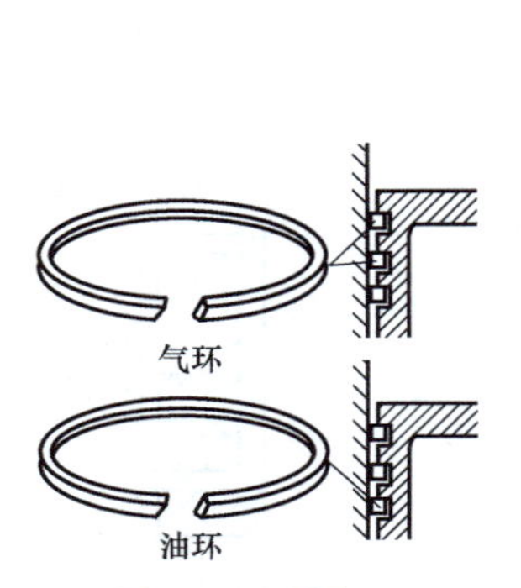

图3-12　活塞环

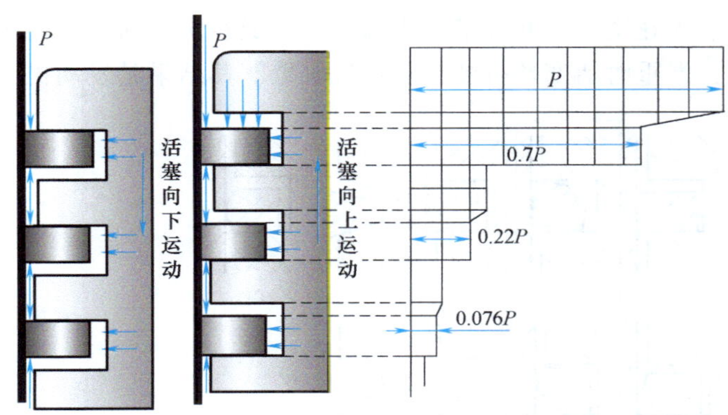

图3-13　气环密封原理及各环间隙处的气体压力

（2）气环的切口（或开口）形状和活塞环的间隙　如图3-14和图3-15所示。

1）端隙Δ_1：又称开口间隙，是活塞环装入气缸后开口处的间隙，一般为0.25～0.50mm。

2）侧隙Δ_2：又称边隙，是环高方向上与环槽之间的间隙，第一道气环0.04～0.10mm，其他气环0.03～0.07mm。油环一般侧隙较小，约0.025～0.07mm。

3）背隙Δ_3：是活塞环装入气缸后，活塞环背面与环槽底部的间隙，约0.5～1mm。

4）气环切口形状如图3-15所示。直角形切口工艺性好，密封性差；阶梯形切口密封性好，工艺性差；斜切口密封性和工艺性介于上述两者之间。带防转销钉槽切口活塞环一般只在单缸小型发动机上使用。

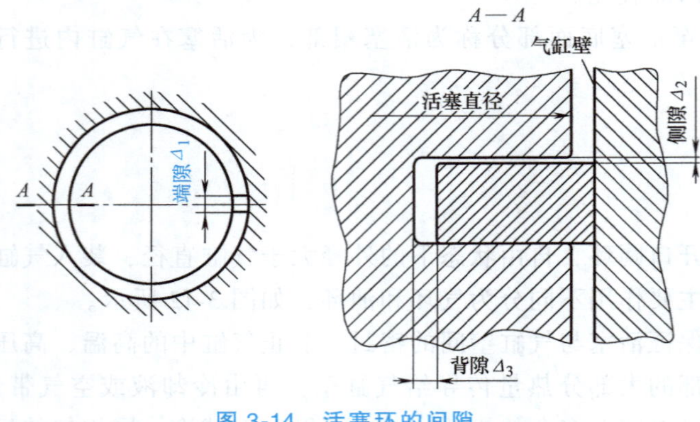

图 3-14　活塞环的间隙

图 3-15　气环切口

气缸内的混合气漏入曲轴箱的主要通路是：活塞环外圆面与缸壁之间、环侧面与环槽之间、环的端间隙。所以在选择气环时，必须保证环应有的弹性、侧隙和端隙；安装时各环开口应互相错开。

(3) 气环的断面形状　如图 3-16 所示。其中矩形断面是常用的，其他形状断面的活塞环都是在矩形环的基础上衍生而来。

1）矩形环。矩形环的工艺性和导热效果较好，但矩形环随活塞做往复运动时，会产生“泵油作用”。矩形环的泵油作用如图 3-17 所示。矩形环下部及背隙被从气缸壁下刮下的机油所填充，结果就像油泵的作用一样，将气缸壁上的机油压入燃烧室。在与燃烧相关的气门、火花塞、活塞环槽等零部件上形成积炭，活塞环槽积炭导致活塞环卡滞，失去其密封作用；严重时活塞环折断，划伤气缸壁。其结果是发动机工作条件恶化，机油消耗增加。

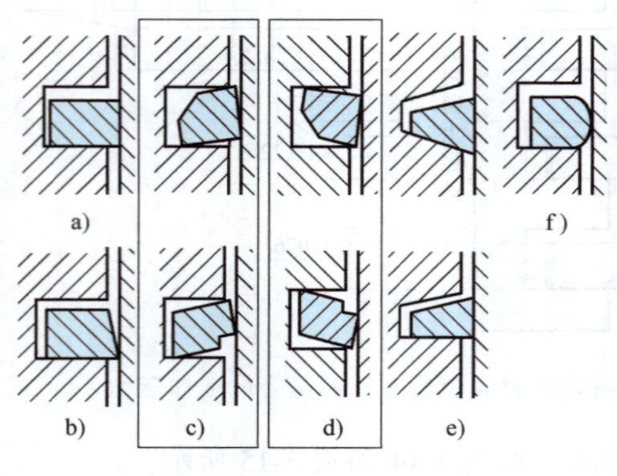

图 3-16　气环的断面形状

a）矩形环　b）锥面环　c）正扭曲环
d）反扭曲环　e）梯形环　f）桶形环

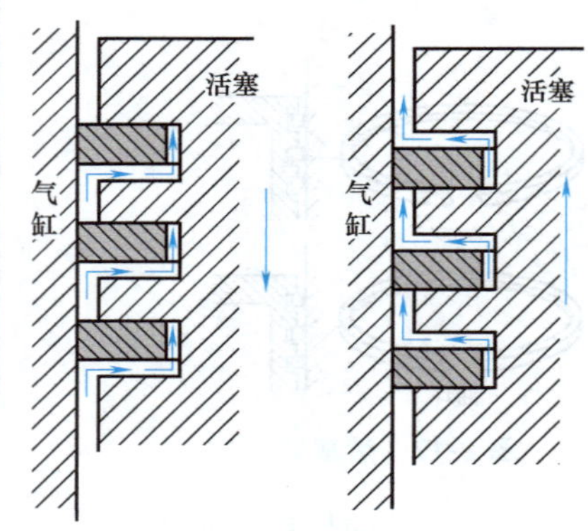

图 3-17　矩形环的泵油作用

2）锥面环。外圆面为锥面，可以改善环的磨合。这种环在气缸内，向下可刮油，向上滑动时由于斜面的油楔作用，不泵油；活塞环可在油膜上浮起，减少磨损。

3）扭曲环。正扭曲环是指在内圆上边缘切槽或外圆下边缘切槽的气环。这种环随同活塞装入气缸后扭曲成碟形。反扭曲环是指在内圆下边缘切槽或外圆上边缘切槽的气环，这种

环随同活塞装入气缸后扭曲成盖子形。目前，扭曲环在发动机上已经得到了广泛的应用。

4）梯形环。当活塞在侧压力作用下左、右换向时，环侧隙和背隙将不断变化，使胶状油焦不断地从环槽中被挤出。用于热负荷较大的柴油机第一道环。

5）桶形环。外圆面为外凸圆弧形。桶形环上下运动时，均能形成楔形油膜，将环浮起，减轻环与气缸壁的磨损，其密封性、磨合性、对气缸表面的适应性都比较好，其缺点是凸圆弧表面加工较困难。

梯形环、桶形环常用于强化柴油机的第一、第二道气环。

3. 油环

油环用于刮除气缸壁上多余的机油，同时在气缸壁上均匀地布上一层油膜。此外，油环也具有封气的辅助作用。油环分为普通油环和组合油环两种，如图 3-18 所示。

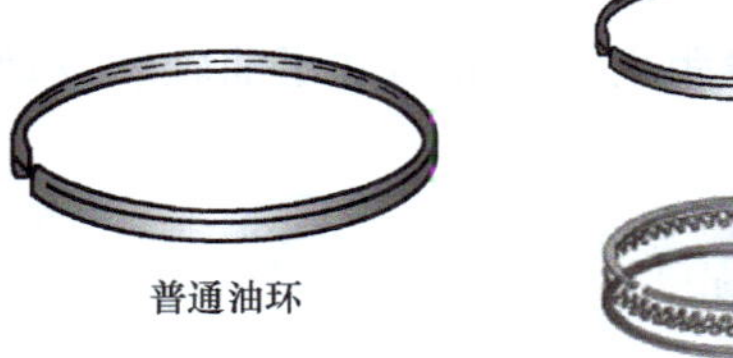

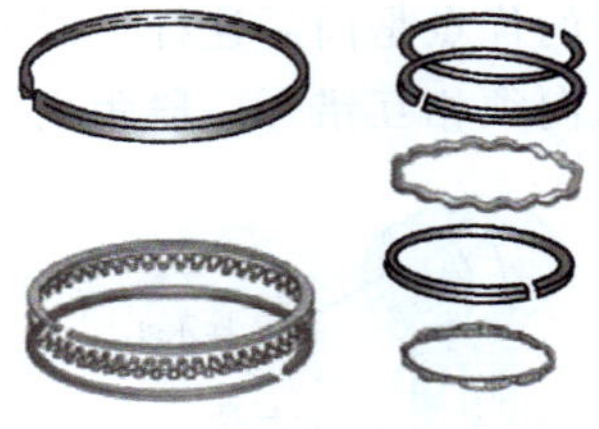

图 3-18　油环

（1）普通油环　结构简单、加工容易、成本低。

（2）钢带式组合油环　在高速发动机上得到较广泛的应用。其缺点是片环的外表面必须镀铬，制造成本高。

三、活塞销

活塞销的功用是连接活塞和连杆小头，将活塞所承受的气体压力传递给连杆。

活塞销在高温下，承受极大的周期性冲击载荷，润滑条件差。因此要求活塞销具有足够的强度、刚度和耐磨性，且质量要小。活塞销的形状为管状，如图 3-19 所示。

活塞销与活塞销座孔和连杆小头衬套孔的连接配合方式有两种，即全浮式和半浮式，如图 3-20 所示。

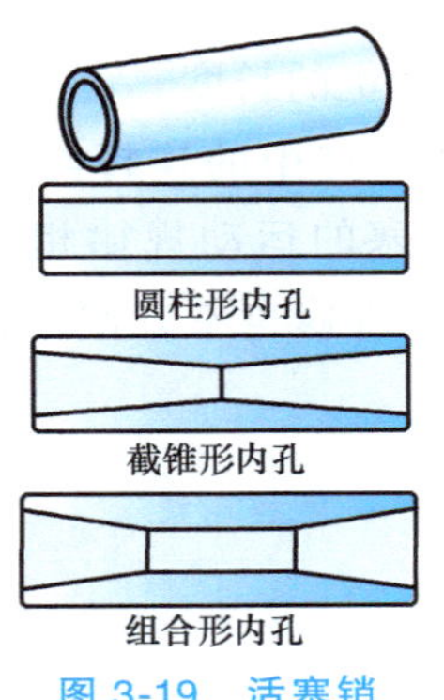

图 3-19　活塞销

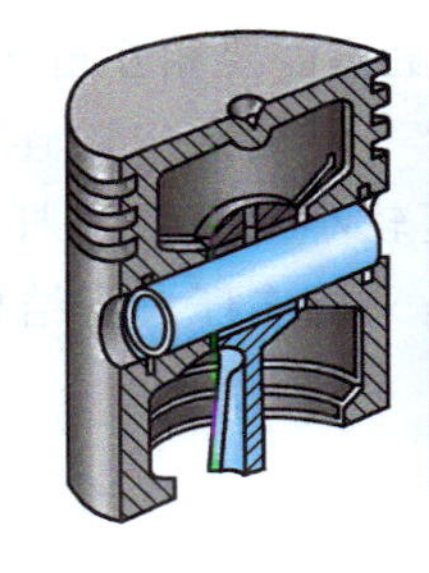

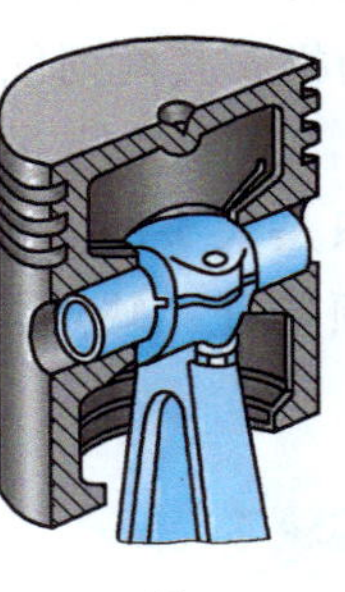

图 3-20　活塞销的连接方式

a）全浮式　b）半浮式

四、连杆

连杆的功用是将活塞承受的力传给曲轴，推动曲轴转动。连杆一般采用中碳钢（如上海桑塔纳发动机连杆）或中碳合金钢经模锻或辊锻制成。对于小型发动机的连杆常用高强度铝合金。

连杆可分为连杆小头、杆身和连杆大头三部分，如图 3-21 所示。

连杆大头的切口形式有直切口和斜切口两种。直切口连杆多用于汽油机；斜切口连杆多用于柴油机。

现代汽车发动机用的连杆轴承是由钢背和减磨层组成的分成两半的薄壁轴承。

V 形发动机连杆的结构通常有并列连杆、主副连杆和叉形连杆三种，如图 3-22 所示。

(1) 并列连杆　两个完全相同的连杆一前一后并列地安装在同一个曲柄销上。并列连杆的优点是前后连杆可以通用，左右两列气缸的活塞运动规律相同；缺点是两列气缸沿曲轴纵向须相互错开一段距离，从而增加了曲轴和发动机的长度。

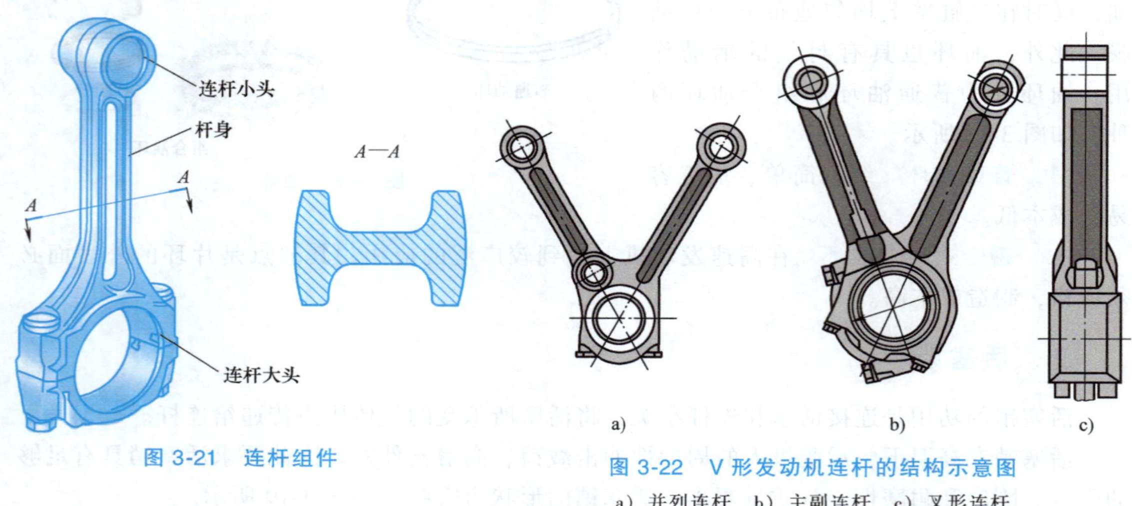

图 3-21　连杆组件

图 3-22　V 形发动机连杆的结构示意图
a) 并列连杆　b) 主副连杆　c) 叉形连杆

(2) 主副连杆　一个主连杆一个副连杆组成主副连杆，副连杆通过销轴铰接在主连杆体或主连杆盖上。主副连杆不能互换，且副连杆对主连杆作用以附加弯矩。采用主副连杆的 V 形发动机，其两列气缸不需要相互错开，因而也就不会增加发动机的长度。

(3) 叉形连杆　指一列气缸中的连杆大头为叉形；另一列气缸中的连杆与普通连杆类似，只是大头的宽度较小。叉形连杆的优点是两列气缸中活塞的运动规律相同，两列气缸无须错开；缺点是叉形连杆大头结构复杂，制造比较困难，维修也不方便，且大头刚度较差。

【任务实施】

一、准备工作

1) 发动机若干台、维修专用工具若干套。
2) 多媒体资料。

二、实施步骤

1) 教师利用多媒体资源，讲解活塞连杆组的结构。

2）学生分成四组，进行发动活塞连杆组的拆装。

① 主要拆卸步骤

a. 确认各气缸活塞方向标记。

b. 调整发动机翻转架至机体倒置位置（边操作边口述）。

c. 旋转发动机曲轴，使（待拆）气缸处于活塞下止点位置。

d. 检查各气缸连杆轴承盖的位置记号（边操作边口述）。

e. 交替分次旋松连杆轴承盖螺栓（边操作边口述）。

f. 拆卸连杆轴承盖螺栓（边操作边口述）。

g. 取下连杆轴承盖及螺栓（边操作边口述）。

h. 用锤子柄从连杆大头处往气缸上部方向推出活塞连杆总成（边操作边口述）。

② 主要安装步骤

a. 转动曲轴，使1、4缸连杆轴颈处于上止点位置（边操作边口述）。

b. 调整气环开口位置（边操作边口述）。

要点

调整气环开口位置，使第二道气环开口和第一道气环开口错开180°，形成“迷宫式”密封。

c. 调整油环开口位置（边操作边口述）。

要点

两刮油片开口错开180°。

d. 用工具夹紧所有活塞环（边操作边口述）。

e. 从气缸上部放入相应气缸内（边操作边口述）。

要点

活塞顶部的方向记号应朝向发动机前部。

f. 用锤子柄将活塞轻轻敲入气缸（边操作边口述）。

要点

套上活塞环夹后，活塞环夹和活塞间不得相互旋转，以免破坏活塞环开口位置。

g. 推至连杆大头完全进入曲轴连杆轴径内（边操作边口述）。

h. 调整发动机翻转架至机体倒置位置（边操作边口述）。

i. 安装连杆轴承盖（带下瓦）（边操作边口述）。

j. 预紧连杆紧固螺栓（边操作边口述）。

要点

对角分次预紧。

k. 拧紧连杆轴承盖紧固螺栓至 30N · m。(边操作边口述)。

l. 在连杆轴承盖紧固螺栓上做记号（边操作边口述）。

m. 拧转连杆轴承盖紧固螺栓 90°（边操作边口述）。

【任务评价】

活塞连杆组的结构与拆装训练评价表

<table>
<tr><td>学生姓名</td><td colspan="5"></td></tr>
<tr><td>测评日期</td><td></td><td>测评地点</td><td colspan="3"></td></tr>
<tr><td>测评内容</td><td colspan="5">活塞连杆组的结构与拆装</td></tr>
<tr><td rowspan="4">考评标准</td><td>内　　容</td><td>分值</td><td>自评</td><td>互评</td><td>师评</td></tr>
<tr><td>安全文明操作</td><td>20</td><td></td><td></td><td></td></tr>
<tr><td>活塞连杆组的拆装步骤(工艺)</td><td>50</td><td></td><td></td><td></td></tr>
<tr><td>工具的使用</td><td>30</td><td></td><td></td><td></td></tr>
<tr><td colspan="2">合　　计</td><td>100</td><td></td><td></td><td></td></tr>
<tr><td colspan="2">最终得分(自评 30%+互评 30%+师评 40%)</td><td colspan="4"></td></tr>
<tr><td colspan="6">说明:测评满分为 100 分,60~74 分为及格,75~84 分为良好,85 分以上为优秀。60 分以下的学生,需重新进行知识学习、任务训练,直到任务完成达到合格为止</td></tr>
</table>

任务 3　曲轴飞轮组的结构与拆装

曲轴飞轮组的功用是把活塞的往复运动转变为曲轴的旋转运动，为汽车的行驶和其他需要动力的机构输出转矩。同时还储存能量，用以克服非做功行程的阻力，使发动机运转平稳。曲轴飞轮组主要由曲轴、飞轮和正时齿轮（正时带轮或正时链轮）等组成，如图 3-23 所示。

【知识准备】

一、曲轴的结构

曲轴的功用是将活塞连杆组传来的气体压力转变成转矩对外输出，还用来驱动发动机的配气机构及水泵、发电机、空气压缩机等其他附属装置工作。

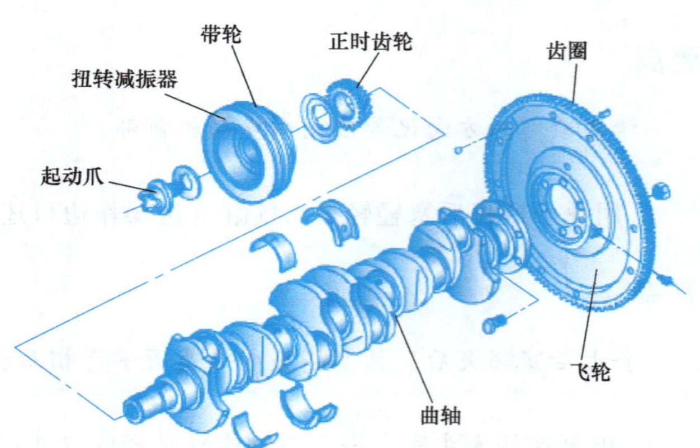

图 3-23　曲轴飞轮组的组成

1. 曲轴的结构

曲轴一般由主轴颈、连杆轴颈、曲柄、平衡块、前端轴和后端轴等组成。一个连杆轴颈和它两端的曲柄及相邻两个主轴颈构成一个曲拐。曲轴的曲拐数取决于气缸的数目和排列方式。

按曲拐连接方式的不同，曲轴可分为整体式曲轴和组合式曲轴两种。整体式曲轴是将曲轴制成一个整体，如图3-24所示，车用发动机多采用这种形式。组合式曲轴是将曲轴的各部分分段加工，然后组装在一起构成完整的曲轴，如图3-25所示，用于连杆大头为整体式和主轴承为滚动轴承的发动机上。

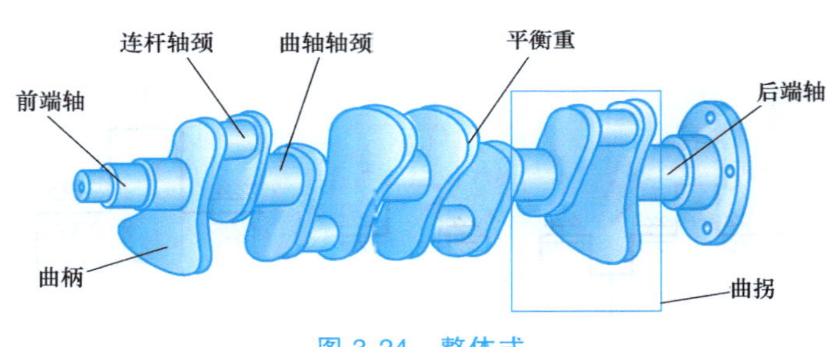

图3-24　整体式

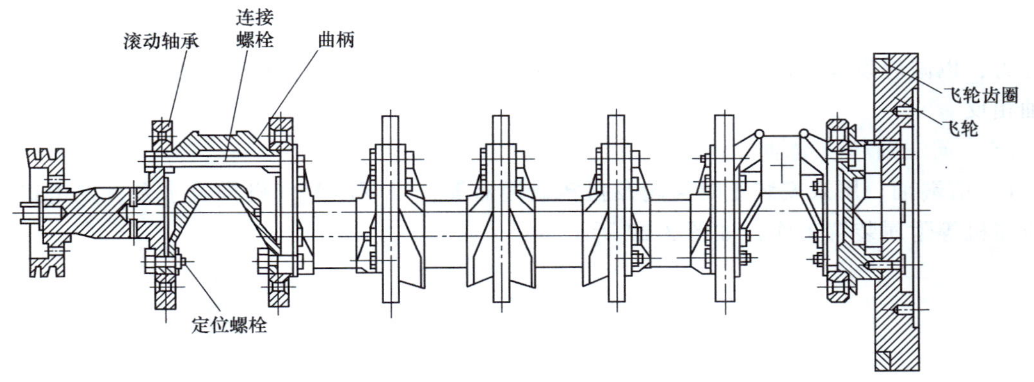

图3-25　组合式曲轴

(1) 主轴颈　主轴颈是曲轴的支撑部分，通过主轴承支撑在曲轴箱的主轴承座孔中。曲轴按其主轴颈数分为全支撑曲轴和非全支撑曲轴，如图3-26所示。

全支撑曲轴的主轴颈数比连杆轴颈数多一个，曲轴刚度好、抗弯强度高、主轴承的负荷小，常用于柴油机和大负荷的汽油机；非全支撑曲轴的主轴颈数等于或少于连杆轴颈数，这种支撑方式的曲轴结构简单且长度较短，常用于小负荷的汽油机。

(2) 连杆轴颈　连杆轴颈也称曲柄销，与连杆大头装配在一起。在多缸直列发动机上，连杆轴颈数等于气缸数，在V形发动机上，由于一个连杆轴颈上安装两个连杆，故连杆轴颈数等于气缸数。连杆轴颈一般制成实心轴，有时为减轻质量也采用空心轴。

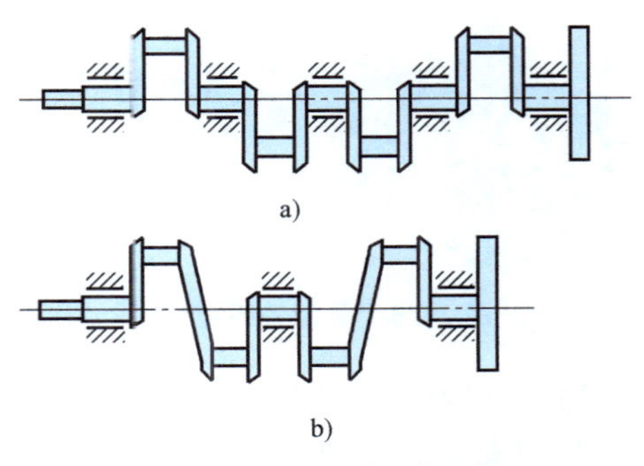

图3-26　曲轴的支撑形式

a) 全支承曲轴　b) 非全支承曲轴

(3) 曲柄　曲柄是主轴颈和连杆轴颈之间的连接部分，其长度取决于活塞行程。曲柄是曲轴最薄弱的部分，曲柄断裂是曲轴常见的损坏形式。

(4) 平衡重及平衡轴系统

1) 平衡重。发动机工作时会产生往复惯性力和离心力。为使发动机运转平稳，减轻主轴承负荷，需要对曲轴进行平衡，如图3-27所示。

2) 平衡轴系统。部分轿车发动机装有平衡轴系统，其功用是平衡曲柄连杆机构产生的

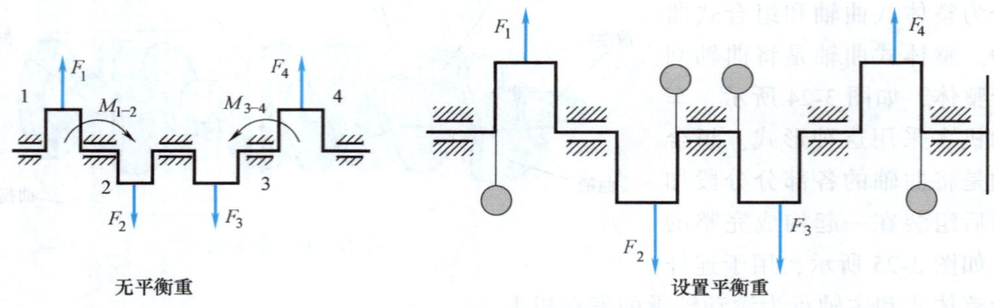

图 3-27　曲轴平衡重的作用示意图

惯性力，以减轻发动机的振动，如图 3-28 所示。平衡轴的转速与曲轴相同，而旋转方向与曲轴相反。

（5）前端轴和后端轴

1）前端轴。用来安装正时齿轮及扭转减振器等，以驱动配气机构及水泵、发电机和空气压缩机等附属装置工作，如图 3-29 所示。

图 3-28　平衡轴系统

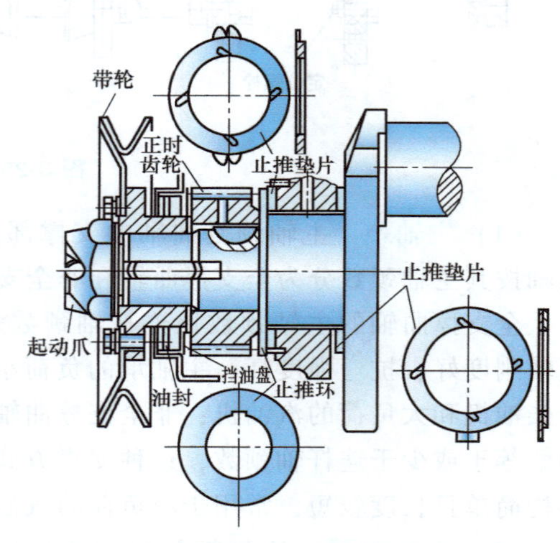

图 3-29　前端轴

2）后端轴。用来安装飞轮。有的后端轴没有凸缘盘，飞轮用螺栓紧固于曲轴后端面。

2. 曲轴轴向定位

曲轴的轴向窜动将影响曲柄连杆机构各零部件之间的相互位置，所以曲轴必须有轴向定位装置。同时，为保证曲轴在受热膨胀时能自由伸长，故曲轴的轴向定位只能有一处。

3. 多缸发动机的工作顺序

对于缸数为 i 的四冲程直列发动机而言，发火间隔角为 720°/i，即曲轴每转 720°/i 时，就有一个气缸做功，保证了发动机平稳运转。

几种常见的多缸发动机曲拐布置及发火顺序如下。

（1）四冲程直列四缸发动机　发火间隔角为 720°/4＝180°。其曲拐布置如图 3-30 所示，4 个曲拐布置在同一平面内，发火顺序一般为 1—3—4—2 或 1—2—4—3 两种，工作循环见表 3-3。

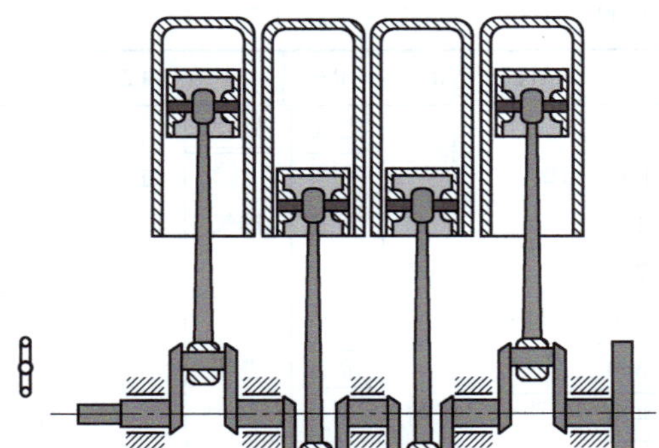

图 3-30 四冲程直列四缸发动机的曲拐布置

表 3-3 四冲程直列四缸发动机工作循环表

（工作顺序 1—3—4—2）

曲轴转角(°)	第 1 缸	第 2 缸	第 3 缸	第 4 缸
0~180	做功	排气	压缩	进气
180~360	排气	进气	做功	压缩
360~540	进气	压缩	排气	做功
540~720	压缩	做功	进气	排气

（工作顺序 1—2—4—3）

曲轴转角(°)	第 1 缸	第 2 缸	第 3 缸	第 4 缸
0~180	做功	压缩	排气	进气
180~360	排气	做功	进气	压缩
360~540	进气	排气	压缩	做功
540~720	压缩	进气	做功	排气

（2）四冲程直列六缸发动机　发火间隔角为 720°/6 = 120°。其曲拐布置如图 3-31 所示，6 个曲拐分别布置在 3 个平面内，各平面夹角为 120°。发火顺序般为 1—5—3—6—2—4，其工作循环见表 3-4。

图 3-31 四冲程直列六缸发动机的曲拐布置

表 3-4 四冲程直列六缸发动机工作循环表

（工作顺序 1—5—3—6—2—4）

<table>
<tr><th colspan="2">曲轴转角(°)</th><th>第 1 缸</th><th>第 2 缸</th><th>第 3 缸</th><th>第 4 缸</th><th>第 5 缸</th><th>第 6 缸</th></tr>
<tr><td rowspan="3">0~180</td><td>0~60</td><td rowspan="3">做功</td><td rowspan="2">排气</td><td>进气</td><td>做功</td><td rowspan="2">压缩</td><td rowspan="3">进气</td></tr>
<tr><td>60~120</td><td rowspan="3">压缩</td><td rowspan="3">排气</td></tr>
<tr><td>120~180</td><td rowspan="3">进气</td><td rowspan="3">做功</td></tr>
<tr><td rowspan="3">180~360</td><td>180~240</td><td rowspan="3">排气</td><td rowspan="3">压缩</td></tr>
<tr><td>240~300</td><td rowspan="3">做功</td><td rowspan="3">进气</td></tr>
<tr><td>300~360</td><td rowspan="3">压缩</td><td rowspan="3">排气</td></tr>
<tr><td rowspan="3">360~540</td><td>360~420</td><td rowspan="3">进气</td><td rowspan="3">做功</td></tr>
<tr><td>420~480</td><td rowspan="3">排气</td><td rowspan="3">压缩</td></tr>
<tr><td>480~540</td><td rowspan="3">做功</td><td rowspan="3">进气</td></tr>
<tr><td rowspan="3">540~720</td><td>540~600</td><td rowspan="3">压缩</td><td rowspan="3">排气</td></tr>
<tr><td>600~660</td><td rowspan="2">进气</td><td rowspan="2">做功</td></tr>
<tr><td>660~720</td><td>排气</td><td>压缩</td></tr>
</table>

（3）四冲程 V 形六缸发动机　发火间隔角仍为 120°，3 个曲拐互成 120°，其曲拐布置如图 3-32 所示。工作顺序 R1—L3—R3—L2—R2—L1。面对发动机的冷却风扇，右列气缸用 R 表示，由前向后气缸号分别为 R1、R2、R3；左列气缸用 L 表示，气缸号分别为 L1、L2 和 L3，工作循环见表 3-5。

（4）四冲程 V 形八缸发动机　发火间隔角为 720°/8 = 90°，其曲拐布置如图 3-33 所示，其工作循环见表 3-6，工作顺序一般为 1—8—4—3—6—5—7—2。

表 3-5　四冲程 V6 发动机工作循环表
（工作顺序 R1—L3—R3—L2—R2—L1）

<table>
<tr><th colspan="2">曲轴转角(°)</th><th>R1</th><th>R2</th><th>R3</th><th>L1</th><th>L2</th><th>L3</th></tr>
<tr><td rowspan="3">0~180</td><td>0~60</td><td rowspan="3">做功</td><td rowspan="2">排气</td><td>进气</td><td>做功</td><td rowspan="3">进气</td><td rowspan="2">压缩</td></tr>
<tr><td>60~120</td><td rowspan="3">压缩</td><td rowspan="3">排气</td></tr>
<tr><td>120~180</td><td rowspan="3">进气</td><td rowspan="3">做功</td></tr>
<tr><td rowspan="3">180~360</td><td>180~240</td><td rowspan="3">排气</td><td rowspan="3">压缩</td></tr>
<tr><td>240~300</td><td rowspan="3">做功</td><td rowspan="3">进气</td></tr>
<tr><td>300~360</td><td rowspan="3">压缩</td><td rowspan="3">排气</td></tr>
<tr><td rowspan="3">360~540</td><td>360~420</td><td rowspan="3">进气</td><td rowspan="3">做功</td></tr>
<tr><td>420~480</td><td rowspan="3">排气</td><td rowspan="3">压缩</td></tr>
<tr><td>480~540</td><td rowspan="3">做功</td><td rowspan="3">进气</td></tr>
<tr><td rowspan="3">540~720</td><td>540~600</td><td rowspan="3">压缩</td><td rowspan="3">排气</td></tr>
<tr><td>600~660</td><td rowspan="2">进气</td><td rowspan="2">做功</td></tr>
<tr><td>660~720</td><td>排气</td><td>压缩</td></tr>
</table>

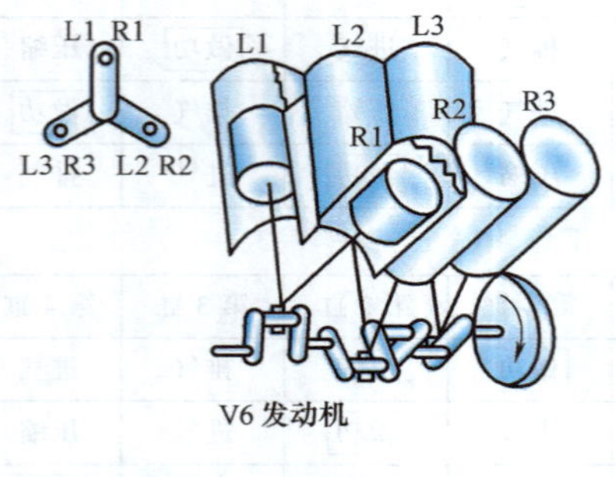

图 3-32　四冲程 V 形六缸发动机的曲拐布置

表 3-6　四冲程 V 形八缸发动机工作循环表
（工作顺序 R1—L1—R4—L4—L2—R3—L3—R2）

<table>
<tr><th colspan="2">曲轴转角(°)</th><th>R1</th><th>R2</th><th>R3</th><th>R4</th><th>L1</th><th>L2</th><th>L3</th><th>L4</th></tr>
<tr><td rowspan="2">0~180</td><td>0~90</td><td rowspan="2">做功</td><td>做功</td><td>排气</td><td rowspan="2">压缩</td><td>压缩</td><td rowspan="2">进气</td><td rowspan="2">排气</td><td>进气</td></tr>
<tr><td>90~180</td><td rowspan="2">排气</td><td rowspan="2">进气</td><td rowspan="2">做功</td><td rowspan="2">压缩</td></tr>
<tr><td rowspan="2">180~360</td><td>180~270</td><td rowspan="2">排气</td><td rowspan="2">做功</td><td rowspan="2">压缩</td><td rowspan="2">进气</td></tr>
<tr><td>270~360</td><td rowspan="2">进气</td><td rowspan="2">压缩</td><td rowspan="2">排气</td><td rowspan="2">做功</td></tr>
<tr><td rowspan="2">360~540</td><td>360~450</td><td rowspan="2">进气</td><td rowspan="2">排气</td><td rowspan="2">做功</td><td rowspan="2">压缩</td></tr>
<tr><td>450~540</td><td rowspan="2">压缩</td><td rowspan="2">做功</td><td rowspan="2">进气</td><td rowspan="2">排气</td></tr>
<tr><td rowspan="2">540~720</td><td>540~630</td><td rowspan="2">压缩</td><td rowspan="2">进气</td><td rowspan="2">排气</td><td rowspan="2">做功</td></tr>
<tr><td>630~720</td><td>做功</td><td>排气</td><td>压缩</td><td>进气</td></tr>
</table>

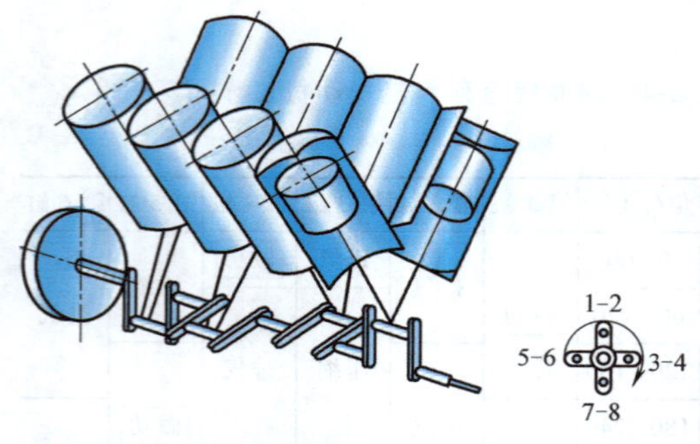

图 3-33　四冲程 V 形八缸发动机的曲拐布置

二、扭转减振器

发动机工作时，飞轮安装在曲轴的后端，造成曲轴相对于飞轮转动时快时慢，使曲轴产生扭转振动。为减轻和消除曲轴的扭转振动，有些发动机在曲轴前端装有扭转减振器。

扭转减振器的作用是吸收曲轴扭转振动的能量，使曲轴转动平稳，可靠工作。

扭转减振器有橡胶式、摩擦式、硅油式等多种形式，如图 3-34 所示。

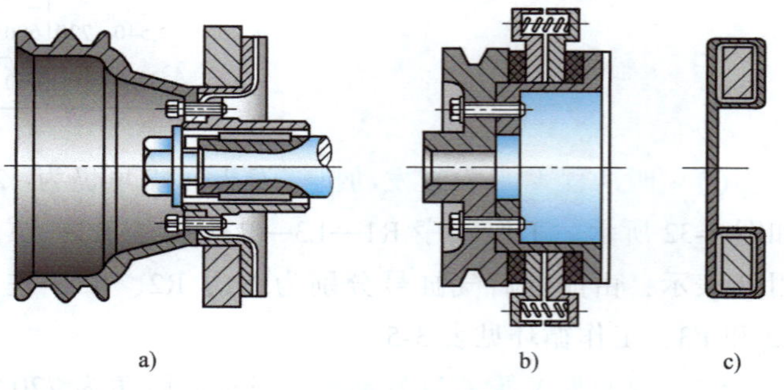

图 3-34　扭转减振器类型
a）橡胶式　b）摩擦式　c）硅油式

1. 橡胶式

橡胶式减振器的壳体与惯性环（或惯性盘）黏接在硫化橡胶层上。当曲轴发生扭转振动时，通过带轮毂带动减振器壳体振动，而惯性

环的转动惯量较大，所以橡胶层发生扭转变形，曲轴扭转振动能量被橡胶层的内摩擦阻尼吸收，从而减轻和消除曲轴的扭转振动。

橡胶式扭转减振器结构简单，工作可靠，制造容易，在汽车上广为应用。但其阻尼作用小，橡胶容易老化，故在大功率发动机上较少应用。

2. 硅油式

由钢板冲压而成的减振器壳体与曲轴连接。惯性质量与封闭腔之间留有一定的间隙，里面充满高黏度硅油。减振效果好、工作可靠、结构简单、维修方便，所以在发动机上的应用日益普遍。但它需要良好的密封和较大的惯性质量，致使减振器尺寸较大。

3. 硅油-橡胶式

硅油-橡胶式减振器的橡胶环主要作为弹性体，并用来密封硅油和支撑扭转振动惯量。在封闭腔内注满高黏度硅油。硅油-橡胶式集中了硅油式和橡胶式的优点，即体积小、质量轻和减振性能稳定等。

三、飞轮

1. 飞轮的功用

飞轮的主要功用是储存做功行程中的一部分能量，以便在其他行程带动曲柄连杆机构工作；保证曲轴均匀运转，具备克服短时超负荷的能力；通过飞轮起动齿圈与起动机小齿轮啮合，以便起动发动机；通过飞轮将发动机动力传递给离合器或自动变速器。

2. 飞轮的结构

飞轮是一个转动惯量较大的金属圆盘，飞轮外缘较厚，以保证在转动惯量足够的前提下尽可能减小飞轮质量。飞轮外缘压装有起动齿圈，以便在发动机起动时与起动机小齿轮啮合，带动曲轴旋转。飞轮通过螺栓与曲轴后端凸缘连接，一般用定位销或不对称的螺栓孔来保证飞轮和曲轴之间准确的安装位置。

【任务实施】

一、准备工作

1）发动机若干台。

2）维修专用工具若干套。

3）多媒体资料。

二、实施步骤

1）教师利用多媒体资源，讲解曲轴飞轮组的结构。

2）学生分成四组，进行发动机曲轴飞轮组的拆装。

① 拆卸飞轮。对角分 2~3 次拧下飞轮上的 6 个固定螺栓，取下飞轮。

② 拆卸曲轴。

a. 拆下曲轴后油封凸缘。对角分 2~3 次拧下曲轴后油封凸缘的 6 个固定螺栓。用橡皮锤轻击并取下曲轴后油封凸缘。

b. 拆下曲轴主轴承盖。主轴承盖共有 5 道，每道 2 个固定螺栓，共 10 个。拆卸螺栓时

应按顺序分 2~3 次均匀地拆下主轴承盖螺栓，如图 3-35 所示。

前后撬动并拆下主轴承盖和下止推垫片。止推垫片的作用主要是防止曲轴的轴向移动。将拆卸下来的主轴承盖，按顺序摆放一起。抬下曲轴，取下曲轴上轴瓦。

③ 安装曲轴。

a. 安装曲轴轴瓦。将清洁好的气缸体转至下平面朝上，依次装上 5 个下轴瓦。

b. 在轴瓦与曲轴摩擦表面涂抹一层机油，安放曲轴时，注意曲轴前后方向，动作要轻。

c. 安装曲轴轴承盖。安装时应注意轴承盖的顺序和方向，不能互换。每个轴承盖都有代号和向前标记。

d. 按图 3-36 中顺序分 2~3 次均匀拧紧 10 个主轴承盖螺栓。

图 3-35 拆下主轴承盖螺栓

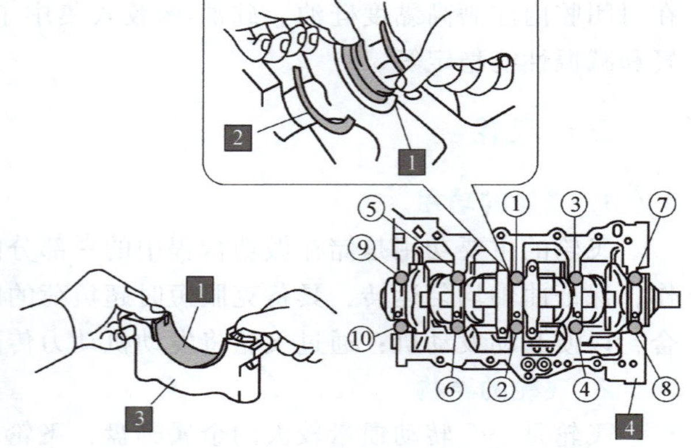

图 3-36 按顺序拧紧主轴承盖螺栓

④ 安装飞轮。

a. 安装发动机后油封座圈，螺栓的拧紧力矩为 10N · m。

b. 安装飞轮。飞轮安装时应对正定位孔，否则无法安装。对角分 2~3 次拧紧 6 个飞轮螺栓。螺栓的拧紧力矩为 75N · m。

【任务评价】

曲轴飞轮组的结构与拆装训练评价表

学生姓名					
测评日期		测评地点			
测评内容	曲轴飞轮组的结构与拆装				
考评标准	内　　容	分值	自评	互评	师评
	曲轴的拆卸	20			
	曲轴的安装	30			
	飞轮的安装	30			
	工具的使用是否正确	20			
合　　计		100			
最终得分(自评 30%+互评 30%+师评 40%)					
说明:测评满分为 100 分,60~74 分为及格,75~84 分为良好,85 分以上为优秀。60 分以下的学生,需重新进行知识学习,任务训练,直到任务完成达到合格为止					

【思考与练习】

简答题

1. 试说明曲柄连杆机构的作用、组成和工作条件。
2. 发动机机体的结构形式有哪些？各有何优缺点？
3. 燃烧室的结构形式有哪些？
4. 活塞的形状有何特点？
5. 活塞环有哪几种？各自作用是什么？
6. 曲拐布置形式与发动机工作顺序有何关系？
7. 曲轴为什么要加平衡重？
8. 飞轮的作用是什么？

项目4

配气机构

配气机构的功能是按照发动机的工作顺序和工作循环的要求，定时开启和关闭各缸的进、排气门，使新鲜可燃混合气式空气进入气缸，废气从气缸排出。

【学习目标】

知识目标：

1. 掌握配气机构的组成。
2. 理解配气相位图的含义。
3. 了解可变气门正时技术。

技能目标：

1. 通过学习能认识配气机构的类型。
2. 通过学习会解释发动机技术参数。

任务1　配气机构的拆装

为了保证发动机每个气缸均排气彻底，进气充分，要求气门具有尽可能大的通过能力。新鲜空气或可燃混合气被吸进气缸越多，发动机可发出的功率就越大。

新鲜空气或可燃混合气充满气缸的程度，用充气效率 η_v 来表示。所谓充气效率就是指在进气过程中，实际进入气缸的新鲜空气或可燃混合气的质量与在理想状况下充满气缸工作容积的新鲜空气或可燃混合气的质量之比。其公式如下：

$$\eta_v = M/M_0$$

式中　M——进气过程中，实际充入气缸的新鲜空气或可燃混合气的质量；

M_0——理想状态下，充满气缸工作容积的新鲜空气或可燃混合气的质量。

充气效率 η_v 是衡量发动机换气质量的参数。充气效率越高，表明进入气缸内的新鲜空气或可燃混合气的质量越大，可燃混合气燃烧时可能放出的热量越高，发动机发出的功率也就越大。对于一定工作容积的发动机而言，充气效率与进气终了时气缸内的压力和温度有关。此时压力越高，温度越低，则一定容积的气体质量就越大，因而充气效率就越高。

【知识准备】

一、配气机构的组成

配气机构主要由气门组和气门传动组两部分组成，如图 4-1 所示。气门组主要零部件包

括气门、气门座、气门弹簧和气门导管等；气门传动组包括驱动气门动作的所有零部件，其组成取决于配气机构的形式，主要零部件包括正时齿轮（或正时带轮和同步带或正时链轮和链条）、凸轮轴和挺杆等。有些配气机构还包括推杆、摇臂和摇臂轴等。

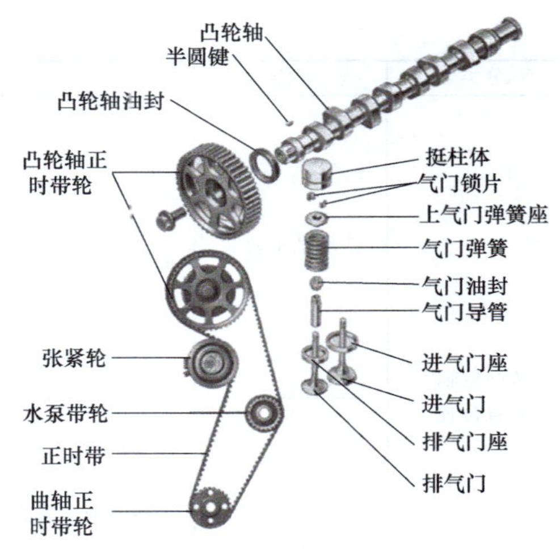

图 4-1　配气机构的组成

二、配气机构的分类

现代汽车发动机均采用顶置气门，即进、排气门置于气缸盖内，倒挂在气缸顶上。按凸轮轴的布置位置可分为下置式、中置式和上置式三种；按凸轮轴与曲轴的传动方式可分为齿轮传动式、链条传动式和同步带传动式；按每个气缸气门数及其排列方式可分为二气门式、四气门式、五气门式等形式。配气机构的分类见表 4-1。

表 4-1　配气机构的分类

分类	类型	说　明	图　示
按气门安装位置	气门顶置式	气门位于气缸盖上，称为气缸顶置式配气机构，国产车发动机大都采用气门顶置式配气机构	
	气门侧置式	气门位于气缸体侧面，称为气门侧置式配气机构，这种配气机构已经逐渐被淘汰	
按凸轮轴布置位置	凸轮轴下置式	其主要缺点是气门和凸轮相距较远，因而气门传动零部件较多，结构较复杂，发动机高度也有所增加	

（续）

分类	类型	说　明	图　示
按凸轮轴布置位置	凸轮轴中置式	凸轮轴位于气缸体的中部，由凸轮轴经过挺柱直接驱动摇臂	
	凸轮轴上置式	凸轮轴布置在气缸盖上。凸轮轴上置式有两种结构，一种是凸轮轴直接通过摇臂来驱动气门；另一种是凸轮轴直接驱动气门	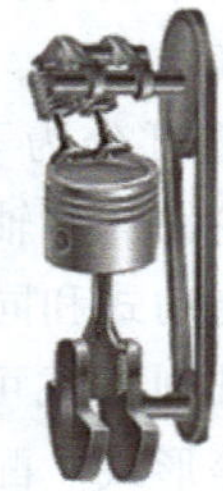
按凸轮轴与曲轴的传动方式	齿轮传动式	凸轮轴下置、中置的配气机构大多采用圆柱形正时齿轮传动	
	链条传动式	链条与链轮的传动适用于凸轮轴上置的配气机构	
	同步带传动式	近年来高速汽车发动机上广泛采用同步带来代替传动链	
按每缸气门数及其排列方式	二气门式	一个进气门和一个排气门的结构	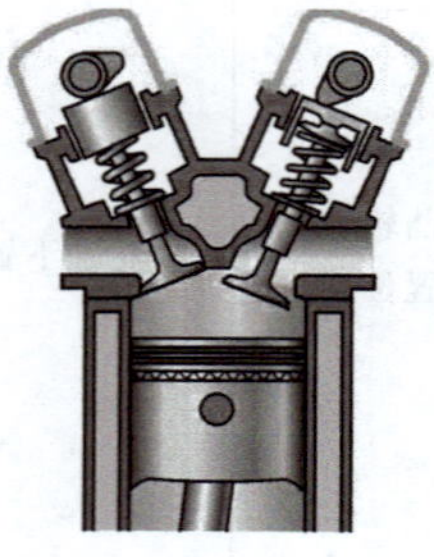

（续）

分类	类型	说　明	图　示
按每缸气门数及其排列方式	多气门式	在很多新型汽车发动机上多采用每缸4个气门结构，即两个进气门和两个排气门。也有采用3个甚至更多气门的形式	

三、气门组

气门组包括气门、气门座、气门导管及气门弹簧等零部件，如图4-2所示。气门组应保证气门能够实现气缸的密封。

1. 气门

汽车发动机的进、排气门均为菌形气门，由气门头部和气门杆两部分构成。

（1）气门头部　气门头部的形状有平顶、喇叭形顶和球面顶，如图4-3所示。目前使用最多的是平顶气门头。

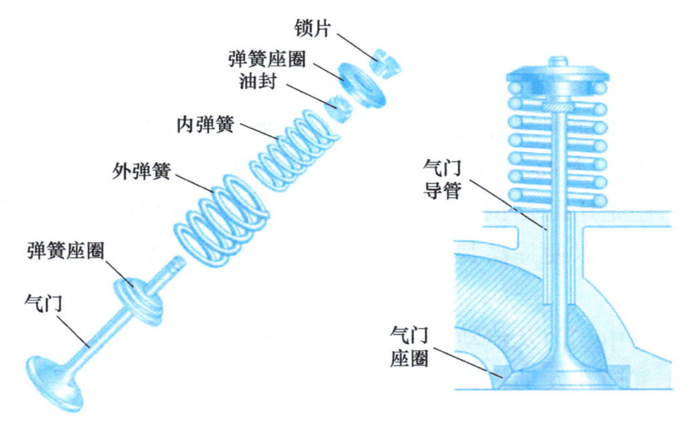

图4-2　气门组的组成

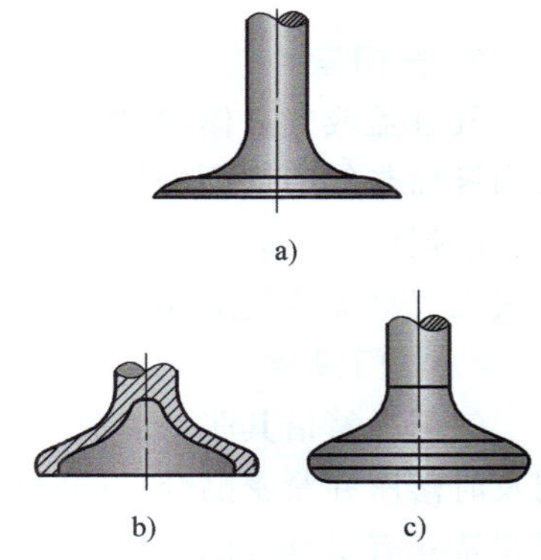

图4-3　气门头部的结构形式

a）平顶　b）喇叭形顶　c）球面顶

平顶气门结构简单，制造容易，吸热面积较小，质量小，进、排气门均可采用；喇叭形顶头部与杆部的过渡部分具有一定的流线型，气流流通较便利，可减小进气阻力，但其顶部受热面积较大，故多用于进气门；球面顶气门头部，其强度高，排气阻力小，废气清除效果好，适用于排气门，但球形气门顶部的受热面积大，质量和惯性力也大，加工较困难。

（2）气门锥角　气门头部与气门座圈接触的工作面，是与杆部同心的锥面，通常将这一锥面与气门顶部平面的夹角称为气门锥角，如图4-4所示，一般做成30°或45°。

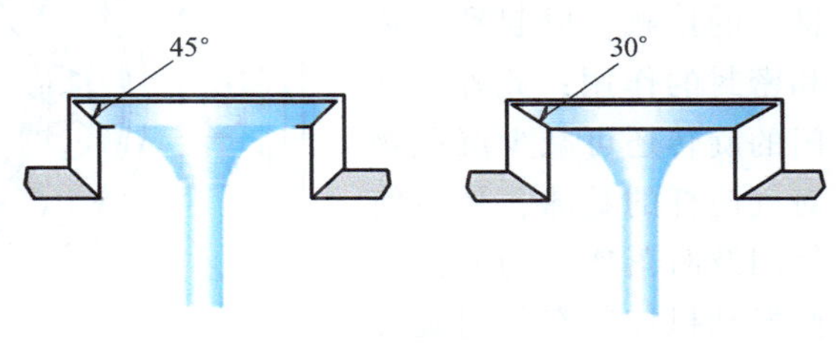

图4-4　气门锥角

气门头部直径越大，气门口通道截面就

越大，进、排气阻力就越小。由于最大尺寸受燃烧室结构的限制，考虑到进气阻力比排气阻力对发动机性能的影响大得多，为尽量减小进气阻力，进气门直径往往大于排气门。另外，排气门稍小些，还不易变形。

(3) 气门杆部　气门杆是圆柱形，在气门导管中不断进行上、下往复运动。气门杆部应具有较高的加工精度和较小的表面粗糙度值，以减小磨损并起到良好的导向、散热作用，如图 4-5 所示。

2. 气门导管

气门导管的功用是给气门的运动起导向作用，其结构如图 4-6 所示。气门杆与气门导管之间一般留 0.05~0.12mm 的间隙，以使气门杆能在导管中自由运动。

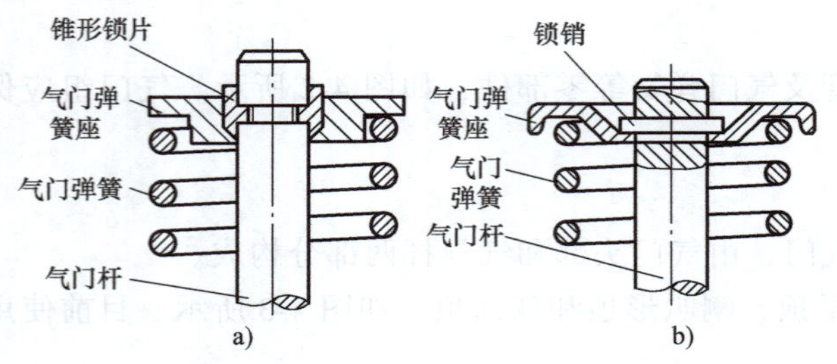

图 4-5　气门弹簧座的固定方式

a）用锥形锁片固定气门弹簧座　b）用锁销固定气门弹簧座

图 4-6　气门导管与气门座

3. 气门座

气缸盖或气缸体的进、排气道与气门锥面相结合的部位称为气门座。气门座的作用是靠其内锥面与气门锥面的紧密贴合密封气缸，并接受气门传来的热量。因气门座在高温下工作，磨损严重，故有不少发动机的气门座是用耐热钢材或合金铸铁单独制成气门座圈，然后镶嵌入气缸盖或气缸体上的气门座圈孔中，以便提高其使用寿命，同时便于更换。

4. 气门弹簧

气门弹簧借其张力克服气门关闭过程中气门及传动件因惯性力而产生的间隙，以保证气门及时落座并紧密贴合，同时也可防止气门在发动机振动时因跳动而破坏密封。因此要求气门弹簧具有足够的刚度和安装预紧力。

如果气门在工作中能相对于气门座缓慢地旋转，两者之间的密合和使用寿命可大为提高。这是因为气门旋转时，一方面可使气门头沿圆周温度均匀，减少了气门头部受热变形的可能性；另一方面还有助于清除密封锥面上的沉积物，使气门与气门座保持良好的接触，以起到散热和密封的作用；此外，气门的旋转还可减少沉积物对气门杆的黏滞，从而使气门及时落座。为此，有些发动机加装有气门旋转装置，如图 4-7 所示。

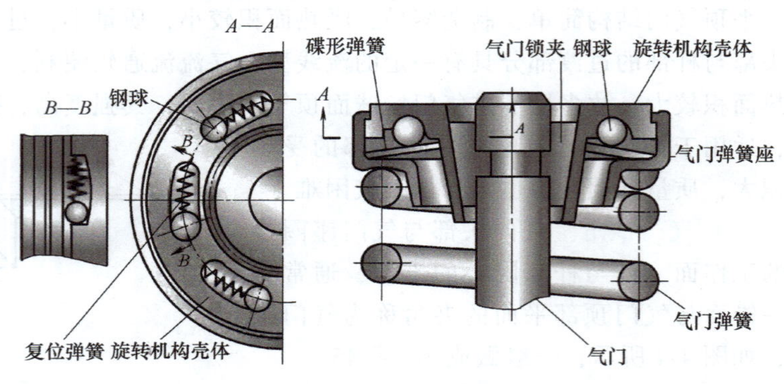

图 4-7　气门旋转装置

四、气门传动组

气门传动组主要包括凸轮轴、凸轮轴正时齿轮、挺柱等，如图 4-8 所示，其作用是使气门按发动机配气相位规定的时刻及时开、闭，并保证规定的开启时间和开启高度。

1. 凸轮轴

凸轮受到气门间歇性开启的周期性冲击载荷，因此要求凸轮表面要耐磨，凸轮轴要有足够的韧性和刚度。凸轮轴一般用优质锻钢或特种铸铁制成，凸轮和轴颈的工作表面经热处理后还要精磨和抛光，以提高其硬度及耐磨性。

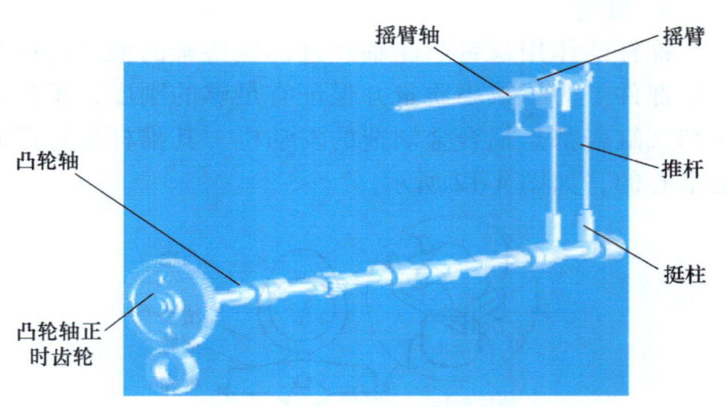

图 4-8 气门传动组的组成

四缸四冲程发动机，每完成一个工作循环，曲轴需旋转两周而凸轮轴只旋转一周，在这期间内，每个气缸都要进行一次进气或排气，且各缸进气或排气的时间间隔相等，即各缸进或排气凸轮彼此间的夹角均为 360°/4 = 90°。若六缸四冲程发动机的凸轮轴逆时针旋转，如图 4-9 所示，那么其点火次序为 1-5-3-6-2-4，任何两个相继点火的气缸进或排气凸轮间的夹角均为 360°/6 = 60°。

凸轮轴由曲轴通过传动装置驱动，如采用一对正时齿轮传动，如图 4-10 所示。小齿轮和大齿轮分别用键安装在曲轴和凸轮轴的前端，其传动比为 2 : 1。在装配曲轴和凸轮轴时，必须将齿轮正时标记对准，以保证正确的配气相位和点火时刻。

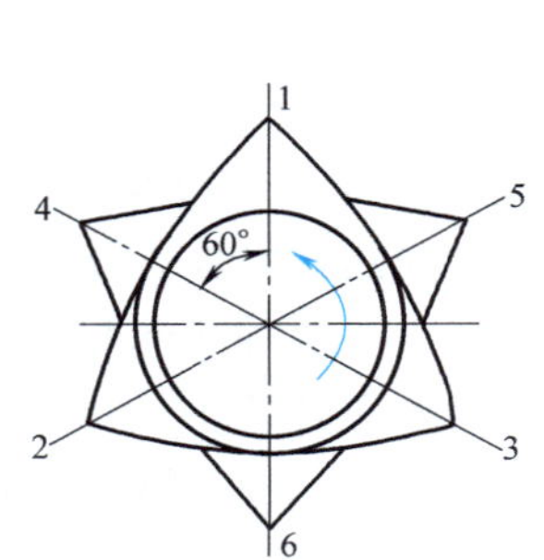

图 4-9 六缸发动机凸轮投影

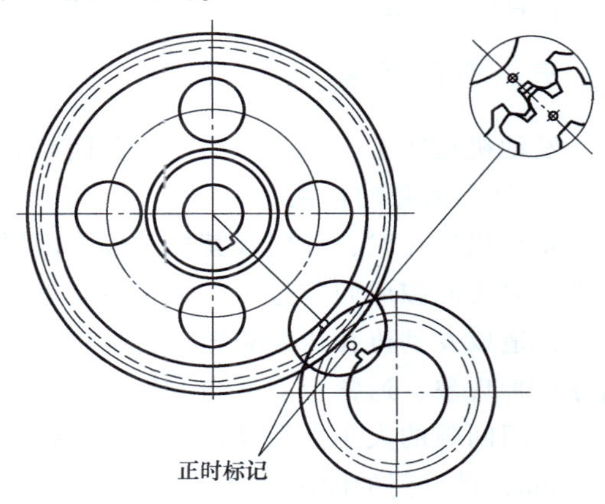

图 4-10 正时齿轮及正时标记

2. 液压挺柱

由于气门间隙的存在，发动机工作时，配气机构中的零部件将发生撞击而产生噪声。为解决这一问题，有些发动机采用了液压挺柱，如图 4-11 所示。挺柱的作用是将凸轮的推力传递给推杆或气门杆，并承受凸轮轴旋转时所施加的侧向力。发动机工作时，发动机润滑系统中的机油从主油道经挺柱体侧面的油孔流入，并经常充满柱塞内腔及其下面的空腔。

采用液压挺柱，消除了配气机构中的间隙，减小了各零部件冲击载荷和噪声，同时凸轮轮廓可设计得较陡一些，以便气门开启和关闭得更快，减小进、排气阻力，改善发动机的换气，提高发动机的性能，特别是高速性能。但液压挺柱结构复杂，加工精度要求较高，而且磨损后无法调整，只能更换。

3. 推杆

推杆的作用是将凸轮轴经过挺柱传来的推力传递给摇臂，它是配气机构中最易弯曲的细长零部件。为了减小质量并保证有足够的刚度，推杆通常采用冷拔无缝钢管制成，对于气缸体和气缸盖都是铝合金制造的发动机，其推杆最好用硬铝制造。推杆可以是实心的，也可以是空心的，如图 4-12 所示。

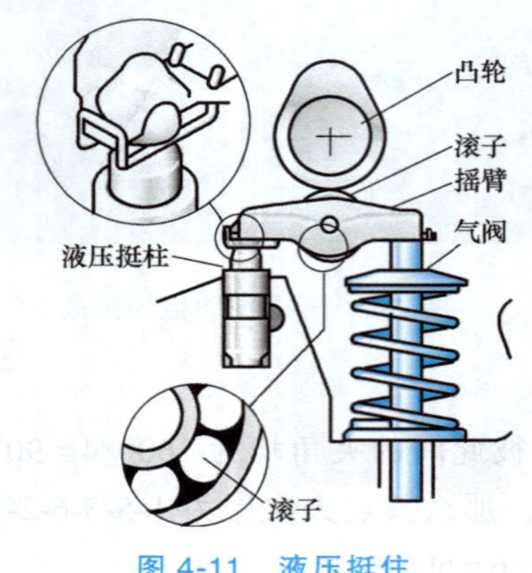

图 4-11　液压挺住

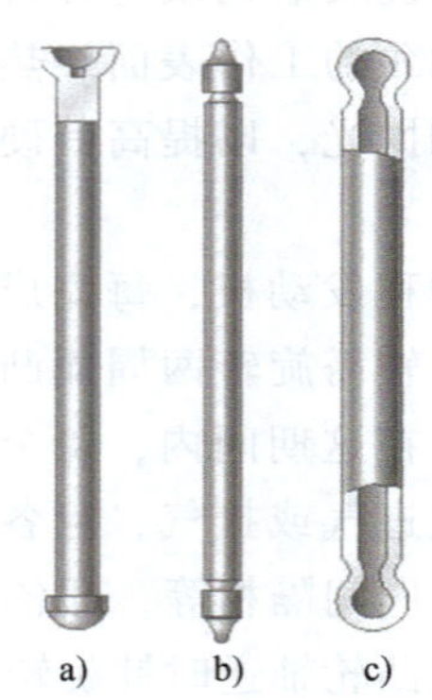

图 4-12　推杆

a)、b) 实心推杆　c) 空心推杆

4. 摇臂

摇臂的作用是将推杆传来的力改变方向，作用到气门杆尾部使其推开气门，如图 4-13 所示。

五、气门间隙

发动机在冷态下，当气门处于关闭状态时，气门与传动件之间的间隙称为气门间隙。

1. 气门间隙的作用

发动机工作时，气门及其传动件将因温度升高而膨胀伸长。如果气门及其传动件之间，在冷态时无间隙或间隙过小，则在热态下，气门及其传动件的受热膨胀势必会引起气门关闭不严，造成发动机在压缩和做功行程中漏气，从而使功率下降，严重时甚至不易起动。为了消除这种现象，通常留有适当的气门间隙，以补偿气门受热后的膨胀量。

气门间隙的大小由发动机制造厂根据试验确定，一般在冷态时，进气门的间隙为 0. 25~0. 30mm，排气门的间隙为 0. 30~0. 35mm。气门间隙过大，将影响气门的开启量，同时在气门开启时产生较大的冲击响声。为了能对气门间隙进行调整，在摇臂（或挺柱）上装有调整螺钉及其锁紧螺母。在装用液力挺柱的配气机构中，不预留气门间隙。气门间隙的测量及调整如图 4-14 所示。

2. 气门间隙的影响

1）气门间隙过大：进、排气门开启迟后，缩短了进、排气时间，降低了气门的开启高度，改变了正常的配气相位，使发动机因进气不足、排气不净而功率下降，还使配气机构零部件的撞击增加，磨损加快。

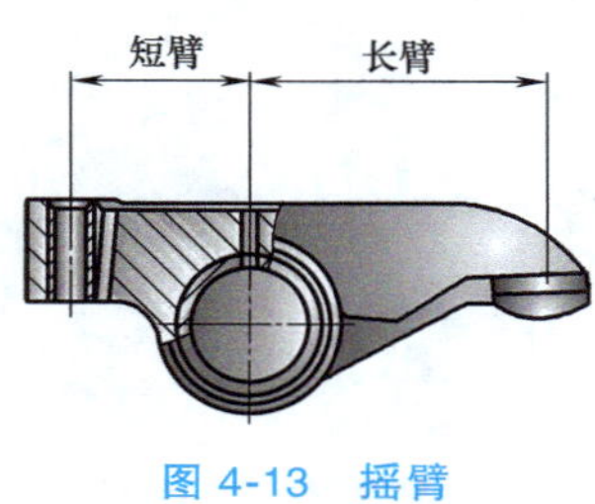

图 4-13　摇臂

图 4-14　气门间隙的测量及调整

2）气门间隙过小：发动机工作时，零部件受热膨胀，将气门推开，使气门关闭不严，造成漏气，功率下降，并使气门的密封表面严重积碳或烧坏，甚至气门撞击活塞。

【任务实施】

一、准备工作

1）双顶置凸轮轴配气机构发动机若干台。

2）维修专用工具若干套。

3）多媒体资料。

二、实施步骤

1）教师利用多媒体资源，讲解配气机构的结构。

2）学生分成四组，进行发动机配气机构的拆装。

① 凸轮轴的拆卸。

a. 拆卸气缸盖罩。

b. 拆卸正时带防护罩。转动曲轴使凸轮轴正时带轮位于第一缸上止点标记位置。凸轮轴正时带轮上的标记必须对准，如图 4-15 所示。

c. 松开半自动张紧轮，如图 4-16 所示，从凸轮轴正时带轮上拆下正时带。

d. 拆下凸轮轴正时带轮。

e. 先拆下排气凸轮轴第 1、3、5 号轴承盖，然后对角交替松开第 2、4 号轴承盖。然后用相同的方法拆下进气凸轮轴的轴承盖，如图 4-17 所示。

f. 取下凸轮轴。

图 4-15　第一缸上止点位置正时同步带轮标记

② 拆下液压挺柱。按拆卸配气机构的顺序拆下液压挺柱，将其顺序放置不可互换，且使工作面向下。

图 4-16　松开半自动张紧轮

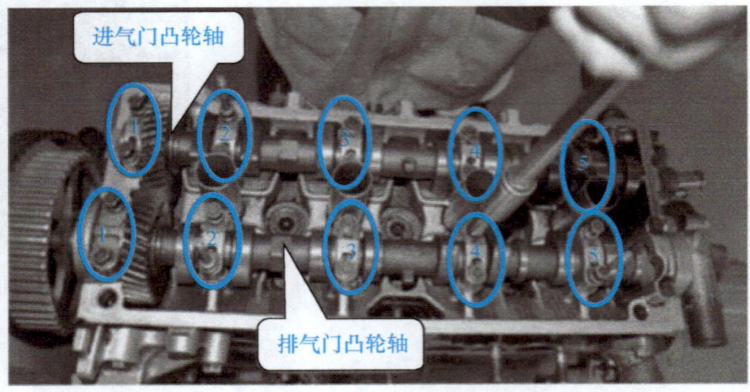

图 4-17　拆下凸轮轴承盖

③ 拆下气门组件，如图 4-18 所示。

a. 用气门弹簧拆卸钳，压紧气门弹簧，取出气门锁片。

b. 移开气门弹簧拆卸钳，取下气门弹簧座和气门弹簧，取出气门，并做好记号。按顺序排好。

④ 安装气门　按照与拆卸相反的顺序安装气门。

图 4-18　拆卸气门组件

小提示

1）在安装气门前，更换气门油封需要在气门杆部涂上一层机油。

2）安装气门时，要注意气门的记号，各缸的气门不可互换。

3）按顺序装回气门、气门弹簧和气门弹簧座。

4）用气门弹簧拆卸钳，压紧气门弹簧，装上气门锁片。

⑤ 凸轮轴的安装。安装凸轮轴前应更换凸轮轴油封。安装凸轮轴时，第一缸的凸轮必须朝上，安装轴承盖时要保证孔的上下部分对准。

a. 润滑凸轮轴轴承表面。

b. 按照凸轮轴上的正时记号对号。

c. 交替对角拧紧 2、4 号排气凸轮轴轴承盖螺栓，拧紧力矩为 20N · m。然后用同样的方法拧紧 5、1、3 号轴承盖螺栓，拧紧力矩为 20N · m。

d. 用相同的方法安装好进气凸轮轴轴承盖螺栓。安装好正时带，并拧紧张紧轮。

e. 安装正时齿轮罩和气门室罩盖。安装好凸轮轴后，发动机在约 30min 内不得起动，以便液压挺柱的补偿元件进入状态，否则气门将敲击活塞。

【任务评价】

配气机构的拆装训练评价表

学生姓名					
测评日期		测评地点			
测评内容	配气机构的拆装				
考评标准	内容	分值	自评	互评	师评
	配气机构的拆卸步骤是否正确	20			
	凸轮轴、气门的拆卸是否正确	30			
	凸轮轴、气门的安装是否正确	30			
	工具的使用是否正确	20			
合　计		100			
最终得分(自评 30%+互评 30%+师评 40%)					
说明:测评满分为 100 分,60~74 分为及格,75~84 分为良好,85 分以上为优秀。60 分以下的学生,需重新进行知识学习、任务训练,直到任务完成达到合格为止					

任务 2 配气相位及可变配气相位技术认知

【知识准备】

一、配气相位

用曲轴转角表示的进、排气门的实际开闭时刻和开启持续时间称为配气相位。通常用相对于上、下止点曲拐位置的曲轴转角的环形图来表示，这种图形称为配气相位图，如图 4-19 所示。

理论上，四冲程发动机的进气门当曲拐处在上止点时开启，下止点时关闭；排气门则当曲拐在下止点时开启，上止点时关闭。进气时间和排气时间各占 180°轴转角。但实际上发动机转速很高，活塞每一行程历时相当短，势必会造成进气不足和排气不净，从而使发动机功率下降。因此，现代发动机都采取延长进、排气时间的方法，以改善进、排气状况，提高发动机的动力性。

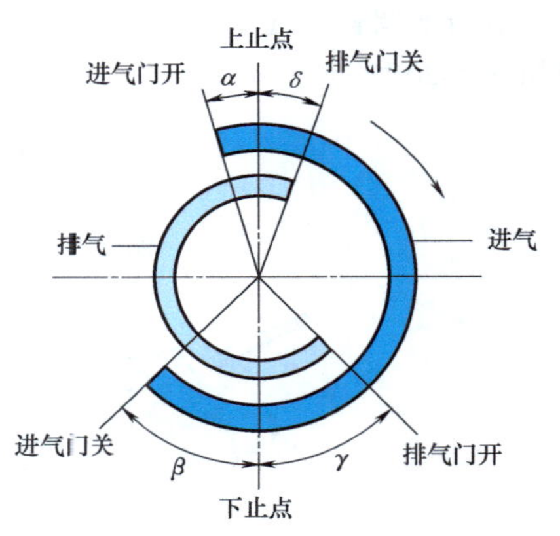

图 4-19 配气相位图

1. 进气相位

(1) 进气提前角　从进气门开启到活塞移到上止点所对应的曲轴转角 α。进气门提前开启的目的是：为了保证进气行程开始时进气门已开大，减小进气阻力，从而使新鲜气体或可燃混合气能顺利地充入气缸。

(2) 进气迟后角　从下止点到进气门关闭所对应的曲轴转角 β。进气门迟后关闭的目的是：由于活塞到达下止点时，气缸内压力仍低于大气压力，且气流还有相当大的惯性，可利用气流惯性和压力差继续进气。

由此可见，进气门开启持续时间内的曲轴转角，即进气持续角为 $\alpha+180°+\beta$。α 角一般为 10°~30°，β 角一般为 40°~80°。

2. 排气相位

（1）排气提前角　从排气门开始开启到活塞移到下止点所对应的曲轴转角 γ。排气门提前开启的目的是：使排气行程所消耗的功率大为减小，此外，使高温废气迅速地排出，还可以防止发动机过热。

（2）排气迟后角　从活塞在上止点到排气门关闭所对应的曲轴转角 δ。排气门迟后关闭的目的是：由于活塞到达上止点时，气缸内的残余废气压力高于大气压力，加之排气时气流有一定的惯性，仍可以利用气流惯性和压力差把废气排放得更干净。

由此可见，排气门开启持续时间内的曲轴转角，即排气持续角为 $\gamma+180°+\delta$。γ 角一般为 40°~80°，δ 角一般为 10°~30°。

3. 气门的叠开

在一段时间内，进、排气门同时开启的现象，称为气门叠开。曲轴转角 $\alpha+\delta$ 称为气门叠开角。

二、可变气门技术

可变气门技术发展至今主要有两大分支：

1）VVL（Variable Valve Lift）——可变气门升程技术。

2）VVT（Variable Valve Timing）——可变气门正时技术。

1. 可变气门正时和升程电子控制系统（VTEC）

VTEC 全称是可变气门正时和升程电子控制系统，是本田公司在 1989 年推出的，是世界上第一个能同时控制气门开闭时间及升程等两种不同情况的气门控制系统。

（1）VTEC 的工作原理。VTEC 能随发动机转速、负荷、冷却液温度等运行参数的变化，适当地调整配气正时和气门升程，使发动机在高、低速下均能达到最佳效率。其工作原理如图 4-20 所示。

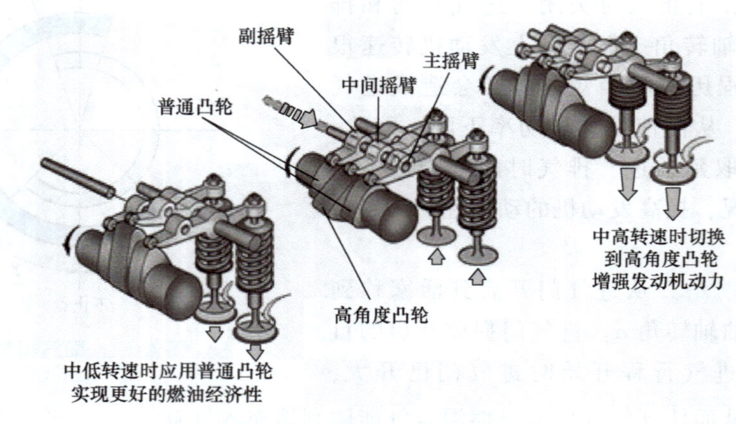

图 4-20　VTEC 的工作原理

（2）VTEC 的组成　VTEC 由控制部分、执行部分和传感器组成。发动机运转时，控制单元 ECU 根据各传感器的信号，判断是否需要改变配气相位和气门升程。

与其类似的还有奥迪AVS可变气门升程系统，如图4-21所示。发动机在高负载的情况下，AVS将螺旋沟槽套筒向右推动，使角度较大的凸轮得以推动气门。在此情况下，气门升程可达到11mm，以提供燃烧室最佳的进气流量和进气流速，实现更加强劲的动力输出。当发动机在低负载的情况下，为了追求发动机的节油性能，此时AVS将凸轮推至左侧，以较小的凸轮推动气门。

2. 可变气门正时技术VVT

目前，市面上可变气门正时技术，不同汽车厂商命名不同，如VVT、VCT、VVT-i、CVVT、DVVT、VCP、CVCP等。

目前，中国汽车市场上量产车型大部分采用的是液压驱动式（VVT），就是通过在凸轮轴的传动端加装一套液力机构，从而实现凸轮轴在一定范围内的角度调节，也就相当于对气门的开启和关闭时刻进行了调整，如图4-22所示。

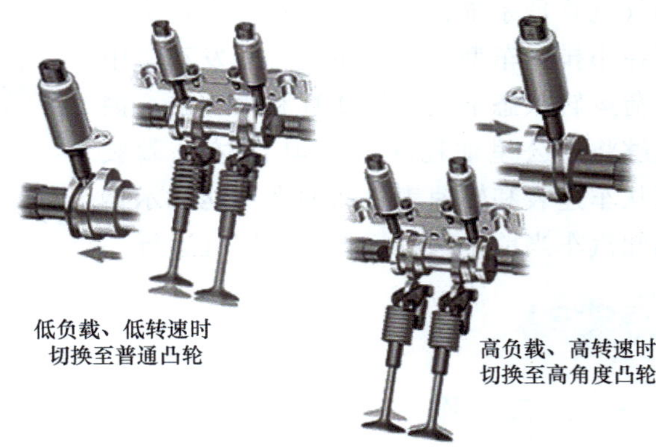

图4-21　AVS的工作原理

3. 可变气缸技术

1）本田的可变气缸技术（VCM）可以在行驶时将车辆的个别气缸关闭，让一台3.5L V6发动机在三、四、六缸之间变化，排量则在1.75~3.5L之间变化，从而大大地节省了燃油，其工作原理如图4-23所示。

车辆起步、加速或爬坡等任何需要大功率输出的情况下，该发动机将全部气缸投入工作。在中速巡航和低发动机负荷工况下，系统仅将运转一个气缸组，即3个气缸。在中等加速、高速巡航和缓坡行驶时，发动机将会用四个气缸来运转。

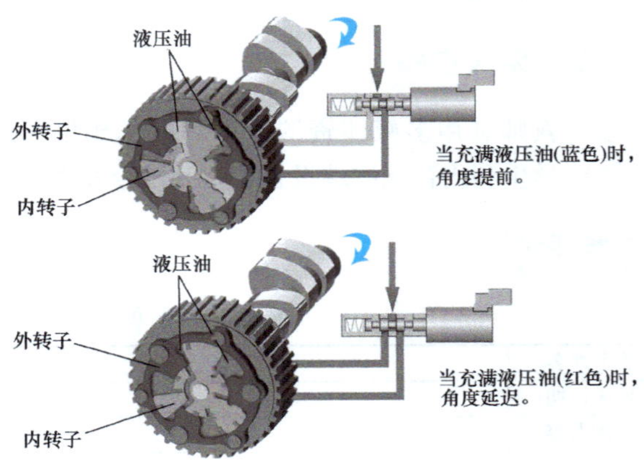

图4-22　VVT的工作原理

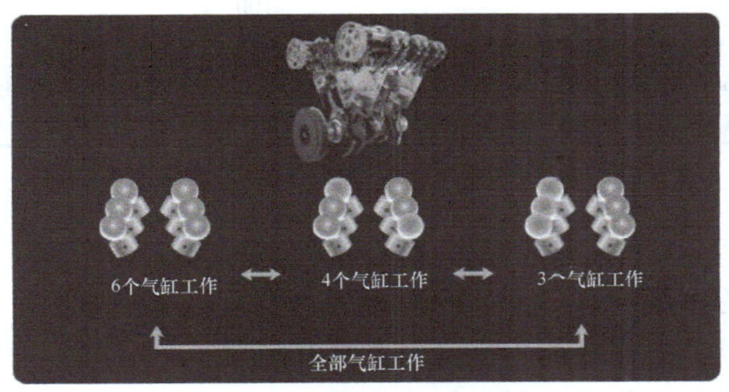

图4-23　VCM的工作原理

非工作缸的火花塞会继续点火，以尽量降低火花塞的温度损失，防止气缸重新投入工作时因不完全燃烧造成火花塞油污。最终，三、四、六缸工作模式间的过渡，会在驾驶人觉察不到的状态下完成。

2）克莱斯勒的可变气缸技术（MDS）依靠关闭相应的气缸来达到节油的效果，发动机也由原来的V8变成了V4，如图4-24所示。

3）大众的可变气缸技术（ACT），即主动气缸管理系统，是可变气缸技术首次被使用在小排量车型上。该系统可在发动机中低负荷运转状态下关闭第2缸和第3缸，因此能够将百公里油耗降低0.4L左右。驾驶人可从车速表和转速表之间的多功能显示器上得知汽车当前是两缸运行还是四缸运行。

图4-24　MDS的工作原理

【任务实施】

一、准备工作

1）可联网智能终端设备、iPad、智能手机等。

2）多媒体资料。

二、实施步骤

1）教师利用多媒体资源，讲解配气相位图画法，学生分组绘制配气相位图。

2）学生利用智能终端设备，查阅当今发动机应用的先进的配气技术，并进行原理讲解。

【任务评价】

配气相位及可变配气相位技术训练评价表

学生姓名					
测评日期		测评地点			
测评内容	可变配气相位技术				
考评标准	内　容	分值	自评	互评	师评
	配气相位图的绘制	50			
	最新配气相位技术的原理讲解	50			
合　计		100			
最终得分(自评30%+互评30%+师评40%)					
说明：测评满分为100分，60~74分为及格，75~84分为良好，85分以上为优秀。60分以下的学生，需重新进行知识学习、任务训练，直到任务完成达到合格为止					

【思考与练习】

1. 简述配气机构的作用。
2. 什么是配气相位？为什么进、排气门要早开晚关？
3. 什么是气门间隙？为什么要预留气门间隙？

项目5

发动机燃料供给系统

【学习目标】

知识目标：

1. 掌握汽油机燃油供给系统的组成。
2. 理解柴油机燃油供给系统的组成。
3. 了解柴油机调速器的工作原理。

技能目标：

1. 通过学习能认识电控汽油机燃油喷射系统的各部件结构。
2. 通过学习会识读柴油机燃油供给系统装配图。

任务1　电控汽油喷射系统的认知

汽油机燃料供给系统的任务是根据发动机各种不同工况的要求，配制出一定数量和浓度的可燃混合气，供入气缸，使之在临近压缩终了时点火燃烧而膨胀做功。燃油供给系统主要由油箱、油管、燃油泵、燃油滤清器、空气滤清器、燃油压力调节器、喷油器、冷起动喷油器、油压脉冲衰减器、进气管、排气管等组成。

【知识准备】

燃油供给系统

一、汽油

汽油是从石油中提炼出来的密度小而且又易于挥发的液体燃料。其主要性能指标为蒸发性、抗爆性和热值。

1. 蒸发性

汽油中必须含有足够比例的高蒸发性的成分，以得到良好的冷起动性能，其蒸发性的大小影响发动机正常工作。

2. 抗爆性

汽油的抗爆性是指汽油在气缸中避免产生爆燃的能力。“爆燃”是一种非正常燃烧，与发动机的温度、压缩比、燃油特性等有关，在压缩行程终了时产生。它将造成发动机过热、排气冒烟、功率下降、油耗增加，并伴有明显的敲缸声，甚至损坏机件。

汽油的抗爆性评价指标是辛烷值。辛烷值高，汽油抗爆性好。压缩比高的发动机选用辛烷值高的汽油，反之，选用辛烷值低的汽油。

3. 热值

汽油的热值是指单位质量（1kg）的汽油完全燃烧后产生的热量。汽油的热值约为44000kJ/kg。

二、可燃混合气成分及其形成

1. 可燃混合气成分

对汽油机而言就是汽油与空气混合形成的混合气。目前可燃混合气浓度的表示方法有过量空气系数和空燃比。中国采用过量空气系数，欧美采用空燃比。

(1) 过量空气系数　指燃烧1kg燃料实际供给的空气质量与理论1kg燃料完全燃烧所需的空气质量之比，用α表示。$\alpha=1$的可燃混合气定义为理论混合气；$\alpha<1$为浓混合气；$\alpha>1$为稀混合气。

(2) 空燃比　指实际吸入发动机中空气的质量与燃料质量的比值，用R或A/F表示。A/F=14.7表示理论混合气；A/F>14.7为稀混合气；A/F<14.7为浓混合气。

2. 可燃混合气成分对发动机性能的影响

(1) 理论混合气　当$\alpha=1$时，从理论上讲，气缸内空气与燃料充分混合后正好完全燃烧。但实际上，由于气缸内还存在废气、混合气混合不均匀等原因，使气缸内理论混合气不能完全燃烧。

(2) 稀混合气　当$\alpha>1$时，气缸内有足够的空气使燃料完全燃烧，当$\alpha=1.05\sim1.15$时，燃料消耗率最低，经济性最好，称燃料消耗率最低时对应的可燃混合气为经济混合气。当α更大时，由于空气过量，燃烧速度减少，发动机功率降低，出现进气管回火现象。

(3) 浓混合气　当$\alpha<1$时，气缸内可燃混合气中的汽油分子较多，使燃烧速度加快，发动机功率增大，称发动机输出最大功率时的可燃混合气为功率混合气，α一般为0.85~0.95。如果混合气太浓，将使燃烧不完全，产生大量的CO，同时在燃烧室内产生积炭，并发生排气管放炮和冒黑烟现象，导致发动机功率下降，燃油消耗率显著增加。

一般为了兼顾发动机的动力性和经济性，混合气浓度$\alpha=0.88\sim1.11$为宜。过浓或过稀（$\alpha<0.4$或$\alpha>1.4$）都将导致火焰传播无法进行，发动机运转不稳。

三、汽油机燃料供给系统的基本组成

汽油机燃料供给系统由空气供给系统、燃油供给系统、控制系统和废气排放装置等组成，如图5-1所示。

空气供给系统主要由空气滤清器、节气门体、进气管空气流量传感器、稳压器组成。

燃油供给系统主要由汽油箱（储存汽油）、电动汽油泵（泵油）、油管（输送）、汽油滤清器（清洁）、汽油压力调节器（恒定油压）组成。

控制系统主要由传感器、电控单元ECU、执行器等组成。

废气排放装置主要由排气管、排气消声器、三元催化装置等组成。

1. 汽油箱

汽油箱用来储存汽油，其容积大小与车型和发动机排量有关。汽油箱的结构如图5-2所

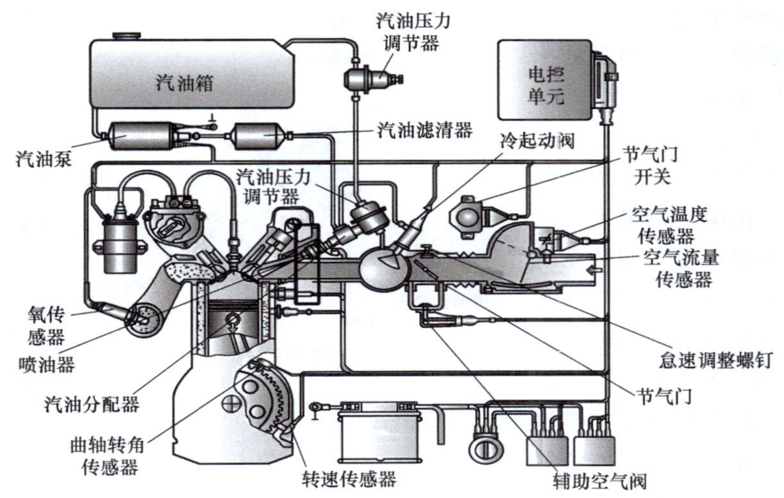

图 5-1 汽油机燃料供系统的组成

示。现代轿车汽油箱多数采用耐油硬塑料制成。

2. 电动汽油泵

电动汽油泵的作用是向发动机输送充足的汽油并维持足够的压力，以保证在所有工况下有效地喷射。

电动油泵有滚柱式、叶片式、齿轮式三种，均采用直流电动机驱动，如图 5-3 所示。只要发动机工作，电动汽油泵就一直工作，其过程是：电动汽油泵通电，直流电动机工作，带动泵体转动，吸入汽油。

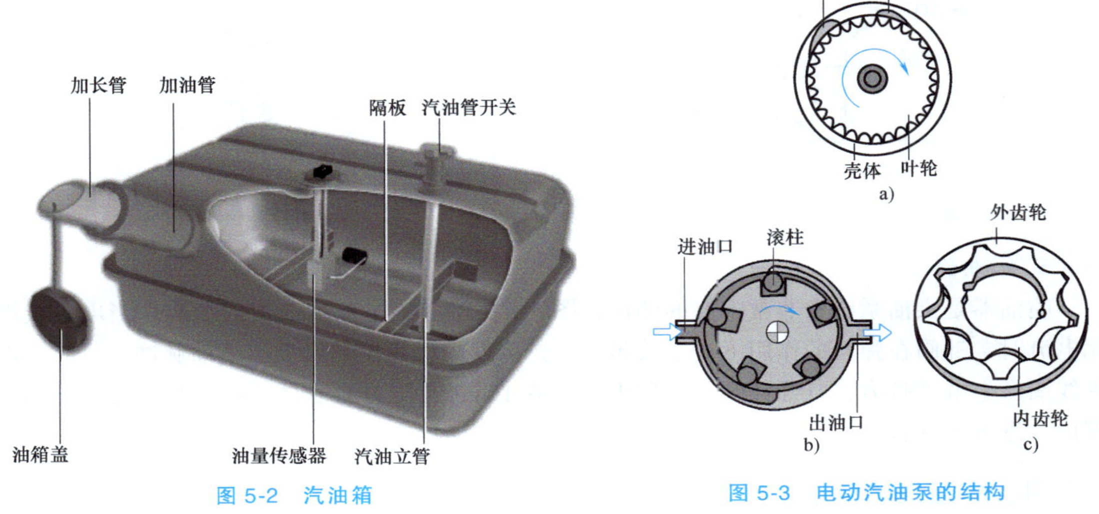

图 5-2 汽油箱

图 5-3 电动汽油泵的结构

a）叶片式 b）滚柱式 c）齿轮式

3. 汽油滤清器

汽油滤清器的作用是将汽油中的氧化铁、粉尘等杂质滤去，防止燃油系统堵塞，减少机件的磨损，确保发动机稳定工作，提高可靠性。

汽油滤清器的结构如图 5-4 所示。滤芯一般由滤纸制造，可滤去直径为 0.01mm 的杂质。汽油滤清器安装在汽油泵的出口侧，是一次性使用的。

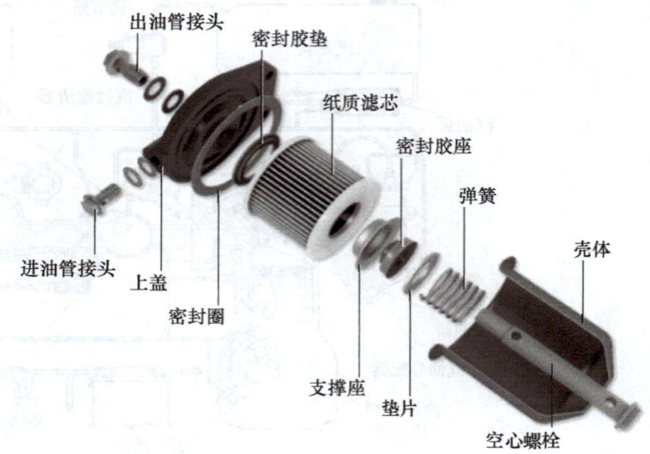

图 5-4　汽油滤清器

4. 汽油压力调节器

汽油压力调节器一般安装在燃油分配管上，其作用是根据进气歧管内的绝对压力的变化来调节系统油压（燃油总管油压），保持喷油器恒定的喷油绝对压力。汽油压力调节器的结构如图 5-5 所示。汽油压力调节器的输出特性反映了燃油分配管内油压与进气歧管压力的关系，其作用是保证喷油器的喷油量不受进气歧管负压和供油系统油压的影响，而只决定于喷油器阀门开启时间。

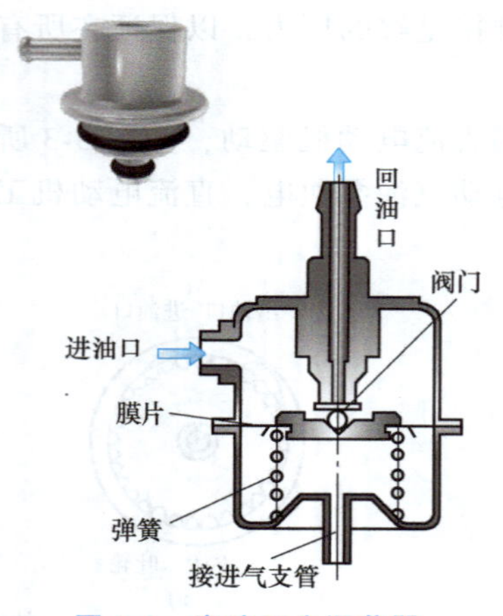

图 5-5　汽油压力调节器

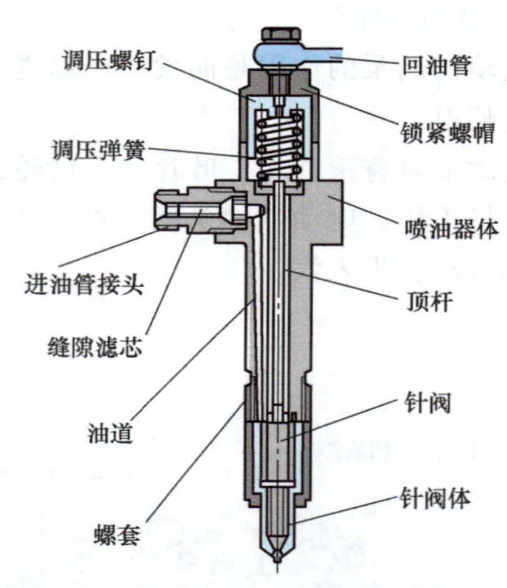

图 5-6　轴针式电磁喷油器

5. 喷油器

喷油器是供油系统中非常重要的部件。图 5-6 为轴针式电磁喷油器的结构。当电磁线圈无电流时，针阀在弹簧的作用下处于关闭状态。当发动机控制单元发出喷油脉冲信号时，电磁线圈产生电磁吸力，打开针阀（针阀上升约 0.1mm），压力油通过针阀与阀座之间的间隙喷出，进入进气管。

四、电控汽油喷射系统

20 世纪 60 年代后期，德国 BOSCH 公司成功研制出了电控燃油喷射系统 EFI（图 5-7），并历经晶体管、集成电路到微机处理三大发展进程。

1. EFI

EFI 利用安装在不同部位的传感器所测得的参数，输入到中央控制单元（ECU）；ECU

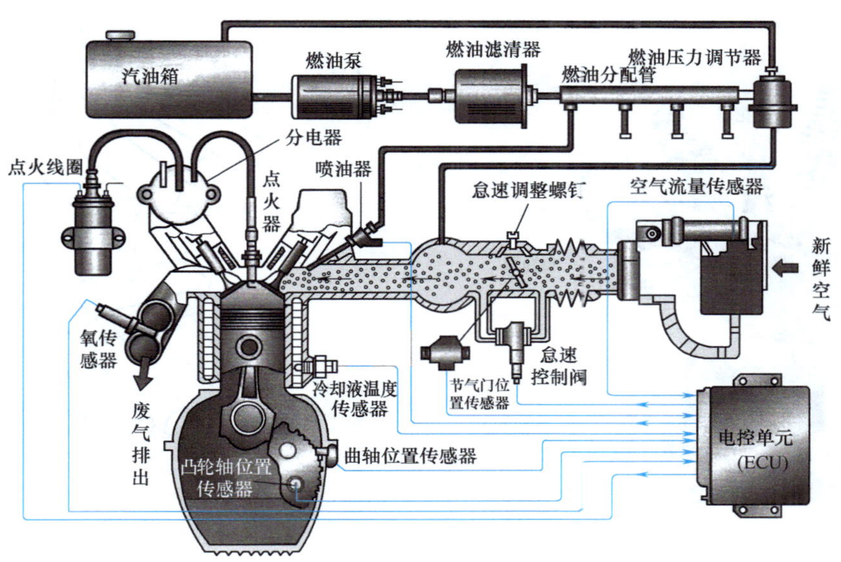

图 5-7　EFI

通过对汽油喷射时间的控制来控制喷油器的喷油量，从而改变混合气浓度；使发动机在各种工况下都能得到最佳空燃比。

EFI 由进气系统、汽油供给系统、排气系统、电子控制系统组成。

2. EFI 分类

（1）按喷射部位

1）缸内喷射（GDI）。如图 5-8 所示，将高压汽油直接喷到气缸内。这种喷射方式使混合气体积和温度降低，爆燃的倾向减小，发动机的压缩比可比进气道喷射时大大提高。但喷油器直接安装在气缸盖上，必须能够承受燃气产生的高温、高压，且受发动机结构的限制。

2）进气管喷射（PFI）。进气管喷射系统按喷油器的数量不同，又可分为单点喷射系统和多点喷射系统，如图 5-9 所示。

① 单点喷射系统（SPI）是在节气门体上安装一个或两个喷油器，向进气歧管中喷射汽油形成可燃混合气，控制精度比较低，各个气缸混合气的均匀性也较差，现已很少使用。

② 多点喷射系统（MPI）是在每一个气缸的进气门前安装一个喷油器。这种喷射系统能较好地保证各缸混合气总量和浓度的均匀性。

（2）按喷射方式

1）连续喷射系统。在每个气缸口均安装一个机械喷油器，只要系统给它提供一定的压力，喷油器就会持续不断地喷射出汽油，其喷油量取决于汽油计量槽孔开度，已不采用。

2）间歇喷射系统。在发动机运转期间间歇性地向进气歧管中喷油，其喷油量多少取决于喷油器的开启时间。这种喷射方式广泛地应用于 EFI。

间歇喷射系统根据喷射时序不同又可分为同时喷射、分组喷射和顺序喷射三种，如图 5-10 所示。

（3）电子控制系统的控制模式

1）开环控制：控制精度低，无氧传感器。通过实验室确定的发动机各工况的最佳供油参数预先存入 ECU。其精度直接依赖于所设定的基准数据和喷油器调整标定的精度，如图 5-11a 所示。

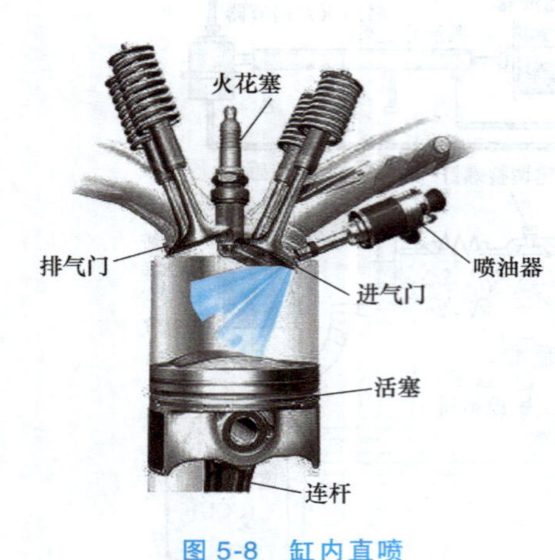

图 5-8　缸内直喷

图 5-9　SPI 和 MPI

a）SPI　b）MPI

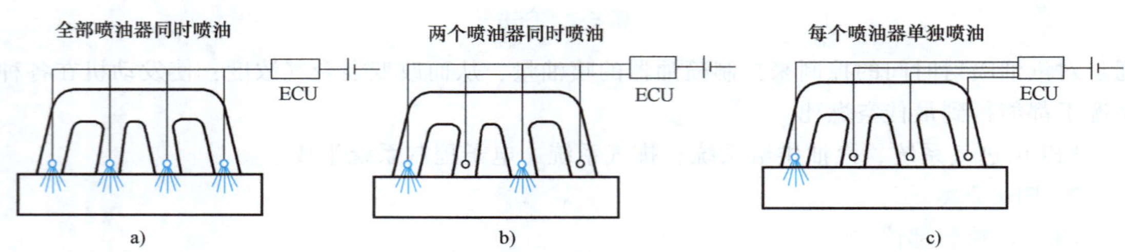

图 5-10　间歇喷射

a）同时喷射　b）分组喷射　c）顺序喷射

2）闭环控制：装有氧传感器，可达到较高的空燃比控制精度。在系统中，发动机排气管上加装了氧传感器，根据排气中含氧量的变化，判断实际进入气缸的混合气空燃比，再通过 ECU 与设定的目标空燃比进行比较，并根据误差修正喷油量，如图 5-11b 所示。

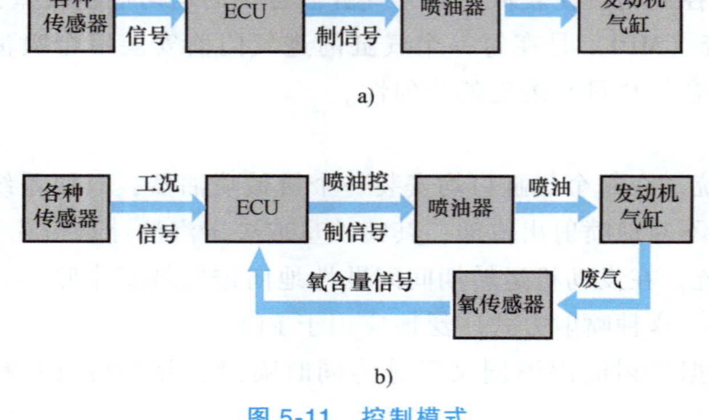

图 5-11　控制模式

a）开环控制　b）闭环控制

（4）空气量的检测方式

1）直接检测型（简称 L 型），如图 5-12 所示。

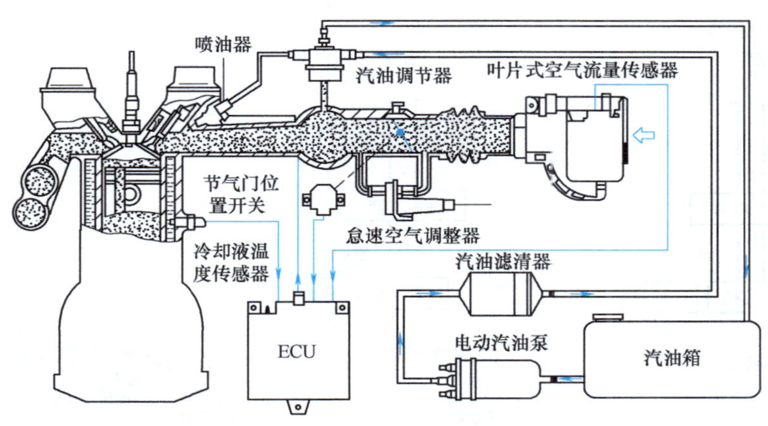

图 5-12 L 型喷射系统

2）间接检测型（简称 D 型）。如图 5-13 所示，在间接检测空气流量方式的汽油喷射系统中，利用进气歧管绝对压力传感器检测进气歧管内的绝对压力，ECU 根据进气歧管绝对压力和发动机转速，计算出发动机吸入的空气量，并由此计算出循环基本喷油量。这种方式测量方法简单，喷油量调整精度容易控制。

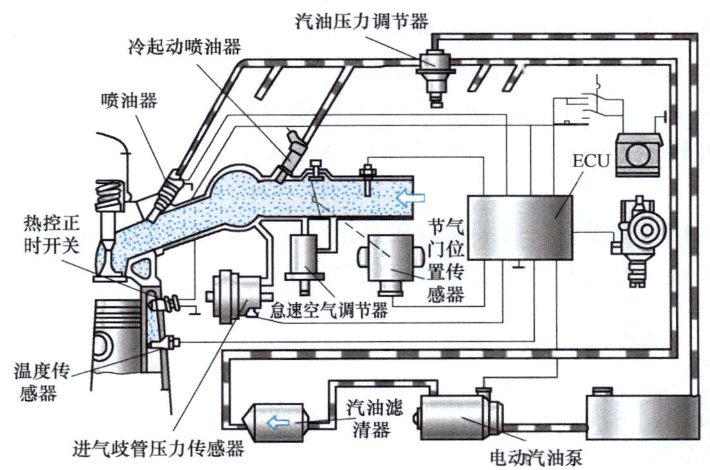

图 5-13 D 型喷射系统

L 型和 D 型喷射系统比较如图 5-14 所示。

3. 进气系统

发动机的进气系统不仅要对空气进行过滤、计量，还必须对进气实施各种电子控制，因此，进气系统中除了安装有空气滤清器、节气门体、进气管外，还设置了许多传感器和执行器。

（1）空气滤清器 空气滤清器的作用是滤去空气中的尘土和砂粒，以减少气缸、活塞和活塞环的磨损，延长发动机的使用寿命，空气滤清器的位置如图 5-15 所示。

（2）空气流量传感器 其作用是对进入气缸的空气量进行直接计量，并把空气流量的信息输送到 ECU。

1）热线式空气流量传感器。热线式空气流量传感器应用较广，其结构如图 5-16 所示。

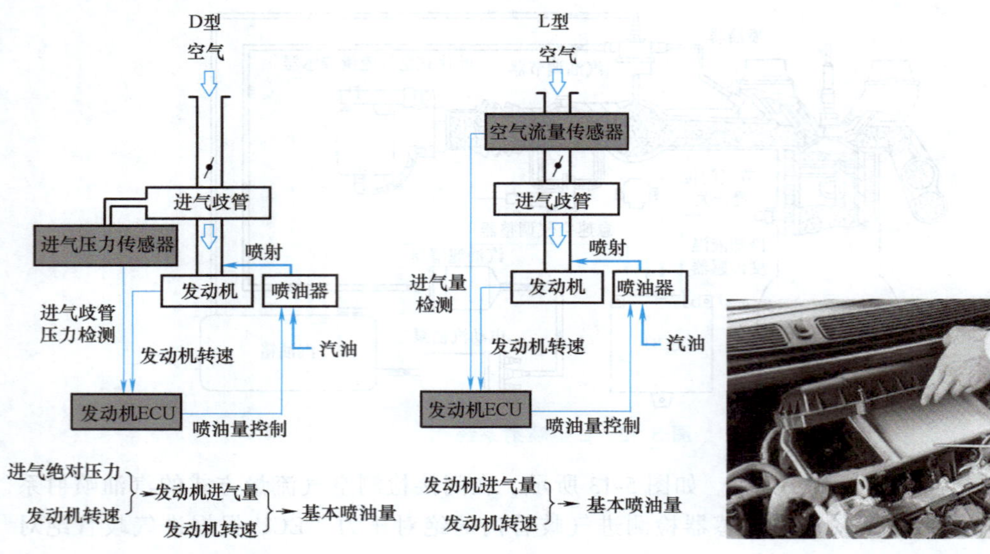

图 5-14　两种喷射系统比较　　图 5-15　空气滤清器位置

2）热膜式空气流量传感器。热膜式空气流量传感器是热线式空气流量传感器的改进产品，其结构及工作原理与热线式空气流量传感器基本相同，只是将感知元件由热线改为平面形铂金属膜电阻器（简称热膜），如图 5-17 所示。

（3）压力传感器　进气歧管绝对压力传感器根据发动机的负荷状态测出进气歧管内绝对压力的变化，并转换成电压信号，与转速信号一起输送到 ECU，作为汽油喷射和点火控制的主控信号。

进气歧管绝对压力传感器的安装位置较灵活，位于节气门体的后方，有的车型通过真空软管与进气总管连接；有的车型将进气歧管绝对压力传感器直接安装在进气总管上。

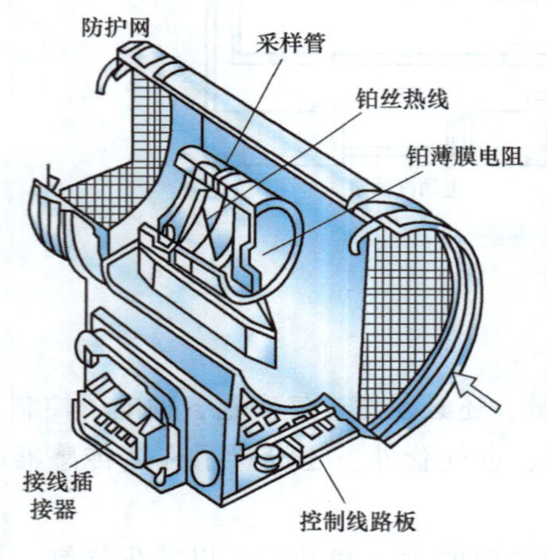

图 5-16　热线式空气流量传感器

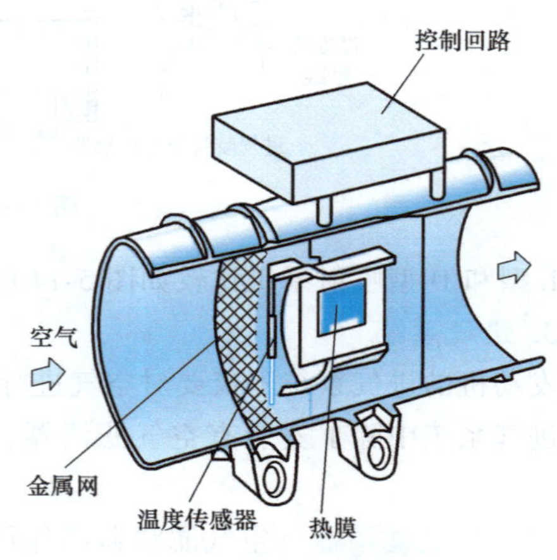

图 5-17　热膜式空气流量传感器

（4）温度传感器　电控汽油喷射系统中有两个温度传感器，即冷却液温度传感器和进气温度传感器，如图 5-18 所示。它们均采用负温度系数的热敏电阻作为传导元件。所谓负温度系数的热敏电阻，就是在允许的温度范围内，其电阻值随温度的升高而减小；而正温度

系数的热敏电阻，其电阻值随温度的升高而增大。

(5) 节气门体　节气门体安装在空气流量传感器之后的进气管上，用以控制发动机正常运行工况下的进气量。节气门体（图 5-19）主要由节气门和怠速空气道组成，在节气门体上还安装有节气门位置传感器、怠速控制阀等装置。

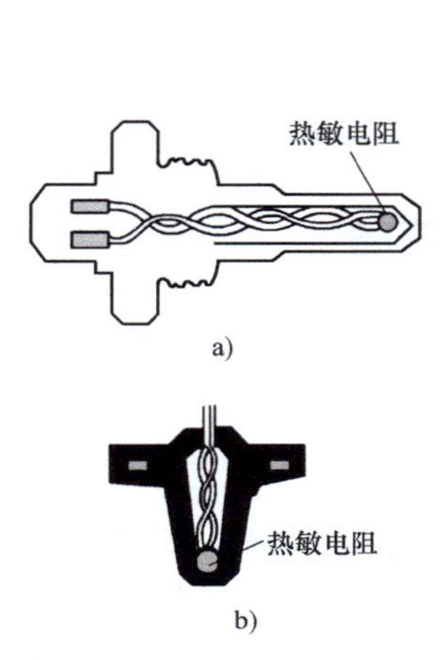

图 5-18　冷却液温度传感器和进气温度传感器

a）冷却液温度传感器　b）进气温度传感器

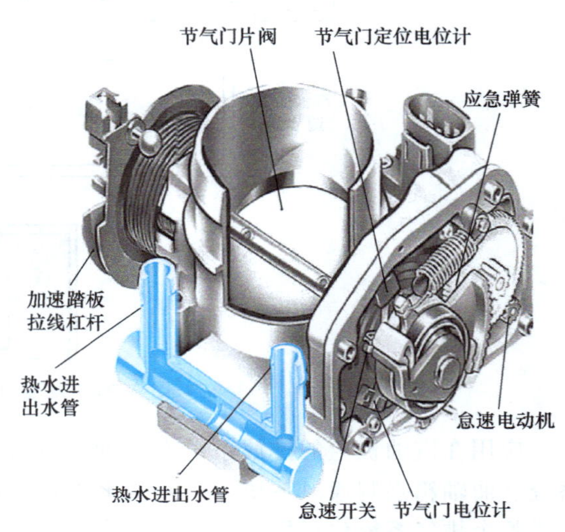

图 5-19　节气门体结构

怠速控制阀（怠速开关）是通过控制进入气缸的空气量来调整发动机怠速的。按照其控制方式可将怠速控制分为直接控制节气门最小开度的节气门直动式和控制节气门旁通气道截面积的旁通气道式两种类型。

(6) 爆燃传感器（KS）　在发动机将要产生爆燃时，将振动转变为电压信号，送给 ECM，来延迟点火时间，避免产生爆燃。

(7) 氧传感器　用来检测排气中的氧浓度，将电压信号送给 ECM，以修正喷油量，将供应给发动机的空燃比控制在理论空燃比附近的狭小范围内，使三元催化转换器对 CO、HC 与 NO_x 的净化比率保持在最佳状态。

(8) 进气管　进气管的作用是较均匀地分配可燃混合气到各气缸中，对汽油机来说，进气管的另一作用是使可燃混合气和油膜继续得到汽化，如图 5-20 所示。

4. 汽油供给系统

汽油供给系统由汽油箱、电动汽油泵、汽油滤清器、汽油压力调节器、汽油分配管、喷油器等组成，如图 5-21 所示。

5. 排气系统

发动机排放主要污染物有 HC、CO、CO_2、NO_x、PM（颗粒物）、SO_x。控制污染物排放方法：抑制生成；对排出污染物进行后处理。

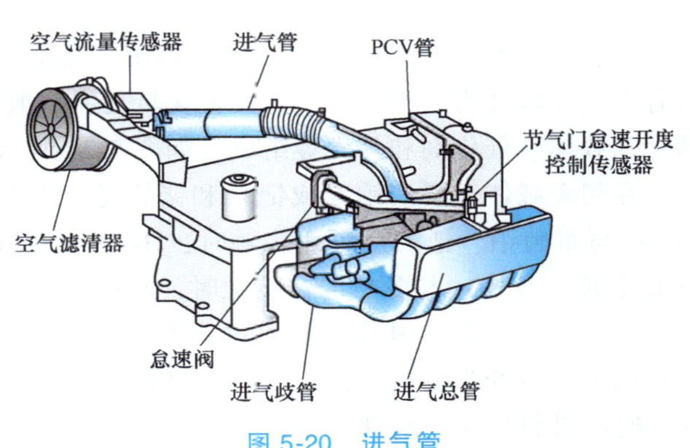

图 5-20　进气管

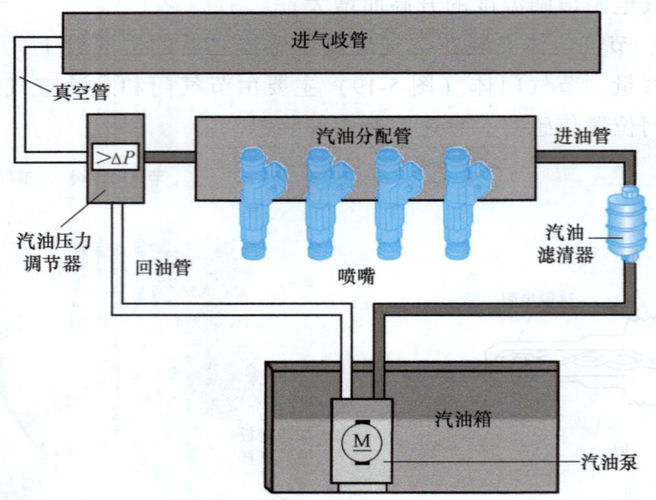

图 5-21 汽油供给系统的组成

应用在汽油机上的排放系统有汽油蒸汽排放（EVAP）控制系统、排气再循环（EGR）系统、曲轴箱强制通风系统、三元催化转换（TWC）系统、二次空气供给系统。

整个排气系统包括排气歧管、氧传感器、三元催化转换器、排气消声器、隔热装置等，如图 5-22 所示。

（1）排气歧管　一般由铸铁铸造，其形状十分重要。为了不使各缸排气互相干扰及不出现排气倒流的现象，并尽可能地利用惯性排气，应该将排气歧管做得尽可能长，且各缸支管相互独立、长度相等。图 5-23 为排气歧管结构。

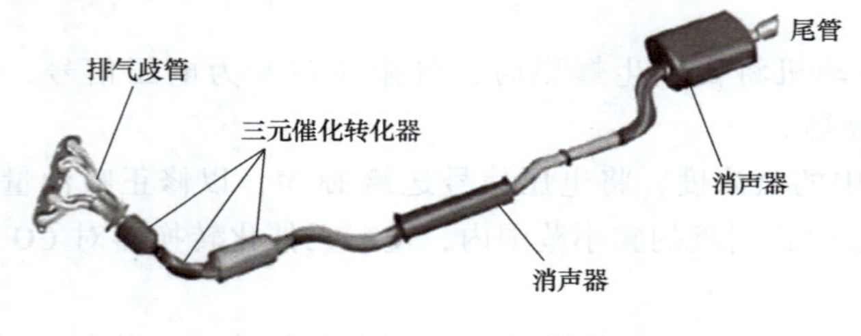

图 5-22 排气系统组成

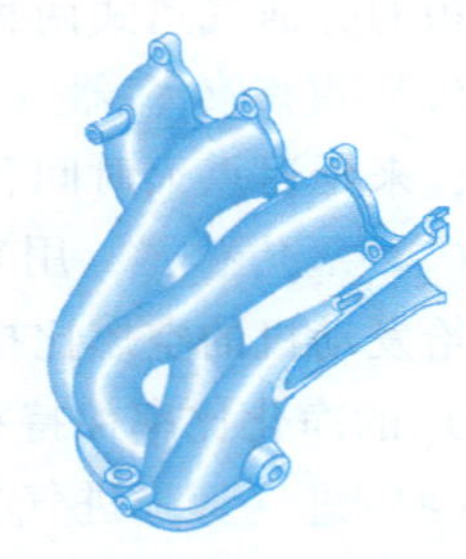

图 5-23 排气歧管

（2）三元催化转化器　其作用是利用转化器中的三元催化剂，将发动机排出的废气中的有害气体转变为无害气体。三元催化转化器一般安装在排气消声器前。三元催化转化器由催化剂载体、催化剂和外壳等组成，如图 5-24 所示。

在陶瓷载体上浸渍铂（或钯）和铑的混合物作为催化剂。铂和钯是氧化催化剂，当 HC 和 CO 与布满铂、钯的热表面接触时，HC 和 CO 就会分别氧气化合成 H_2O 和 CO_2。铑是还原催化剂，当 NO_x 与炙热的铑接触时，NO_x 就会脱去氧，还原为 N_2。

（3）氧传感器　其作用是通过监测排气中的氧含量来获得混合气的实际空燃比信号，并将该信号转变为电信号输入 ECU，其位置如图 5-25 所示。ECU 根据氧传感器信号，对喷油　时间进行修正，实现空燃比反馈控制，将 A/F 控制在 14.7，从而降低排放，节约燃油。

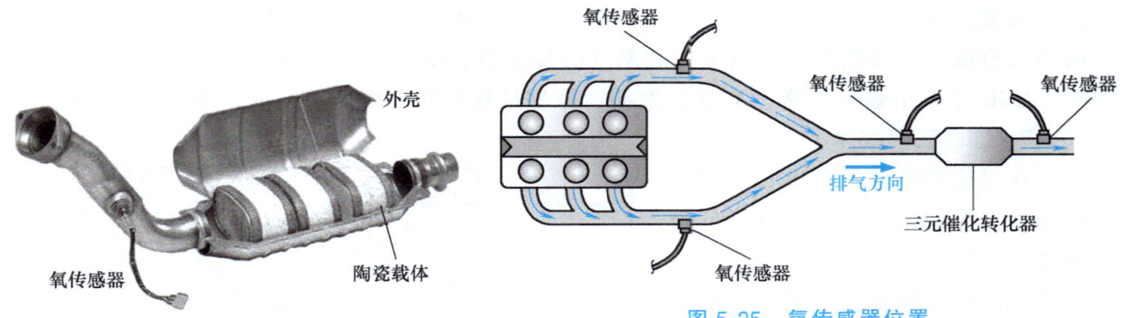

图 5-24　三元催化转化器

图 5-25　氧传感器位置

（4）排气消声器　其作用是抑制发动机的排气噪声，消除废气中的火焰和火星。轿车上流行的排气消声器由前消声器、中消声器、后消声器以及连接管等组成，并焊接成一个整体。

（5）排放控制

1）曲轴箱强制通风控制。其作用是防止从燃烧室窜入曲轴箱的窜缸混合气排入大气造成污染，同时达到节能和改善发动机机油工作条件的目的，如图 5-26 所示。其主要由通气软管、通风（PCV）软管和 PCV 阀等组成。发动机停机时，PCV 阀在弹簧作用下关闭。当发动机怠速运转时，进气歧管真空度大，PCV 阀被吸到最高位置，使通道较小甚至关闭，因而被吸入进气歧管的窜气也较少。当节气门开度增大时，进气歧管真空度降低，PCV 阀位置降低，使通道变大，较多的窜气被吸入气缸内再燃烧。

2）排气再循环控制 EGR（图 5-27）。其作用是将适量的废气重新引入气缸内参加燃烧，从而降低气缸内的最高温度，以减少 NO_x 的排放量。

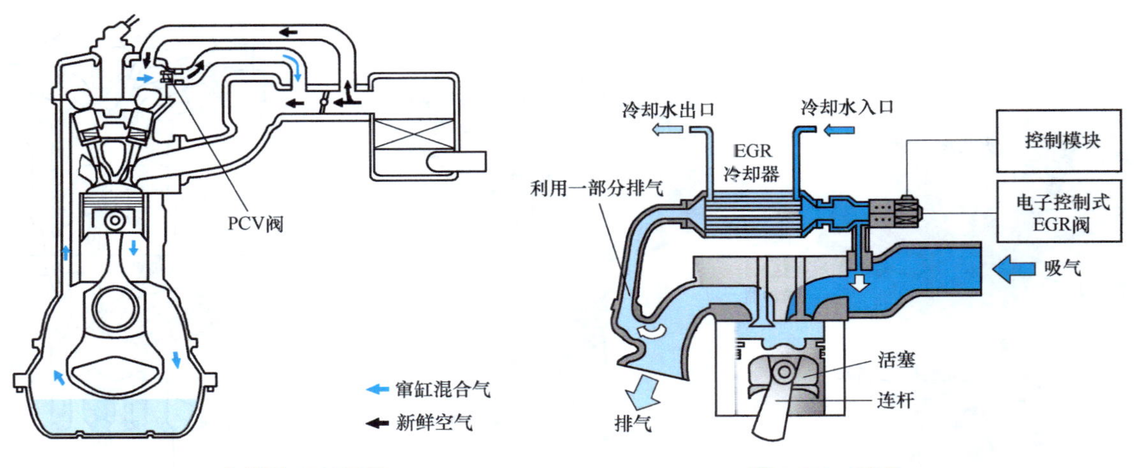

图 5-26　曲轴箱强制通风

图 5-27　EGR

排气再循环虽能减少 NO_x 的生成，但循环量过度将会影响正常运行，特别是在怠速、低转速小负荷及发动机处于冷态运行时将会明显降低发动机的性能。因此应选择 NO_x 排放量多的发动机运转范围，根据工况条件的变化自动调节参与再循环的废气量。

6. 电子控制系统

电子控制系统的主要作用是根据发动机和汽车不同的运行工况，确定并执行发动机最佳控制方案，保证发动机的动力性、经济性和排放性能在各种工况下都处于最佳工作状态，同时还具有故障自诊断功能。电子控制系统由传感器、ECU 和执行器三部分组成。

ECU 主要由输入回路、A/D 转换器、微型计算机和输出回路组成，如图 5-28 所示。

7. 缸内直喷技术

在对能源和环保要求日趋严格的今天，即使是多点喷射这样的技术也不能满足人们的要求，于是更为精确的汽油喷射技术诞生，就是缸内直喷技术。缸内直喷就是将汽油喷嘴安装于气缸内，直接将汽油喷入气缸内与空气混合，如图 5-29 所示。

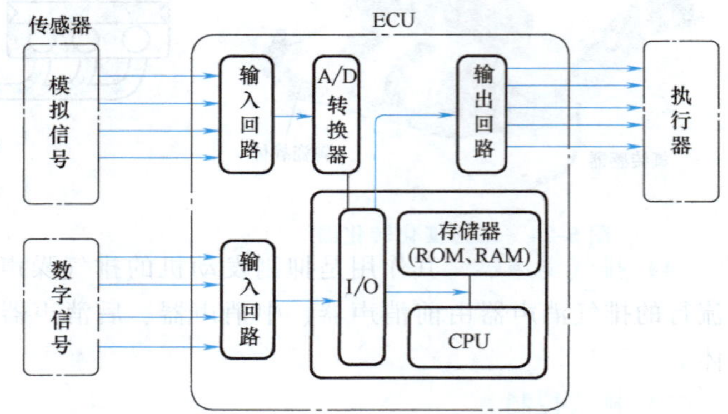

图 5-28 电子控制系统流程

（1）FSI 燃油分层喷射 FSI 是发动机稀薄燃烧技术的一种。所谓稀薄燃烧，就是让发动机采用较少的汽油量，使汽油充分燃烧，提高发动机燃烧效率，达到节省汽油的目的。在稀薄燃烧的条件下，爆燃不容易发生，可采用较高的压缩比，提高热能转换效率。稀薄燃烧使发动机混合气中的汽油含量低，汽油与空气比可达 1∶25 以上。大众的 FSI 发动机具有独特的燃烧室和活塞顶，发动机工作时，在一个工作循环过程中进行两次喷油，如图 5-30 所示。稀薄燃烧技术是将喷嘴喷出的少量汽油通过活塞头的特殊导流槽与空气混合，并使最高浓度的油气混合气在火花塞附近达到点燃浓度的下限，进而由火花塞引燃。随后周围的稀薄混合气也可被明火引燃，实现用最少的汽油达到燃烧的目的。

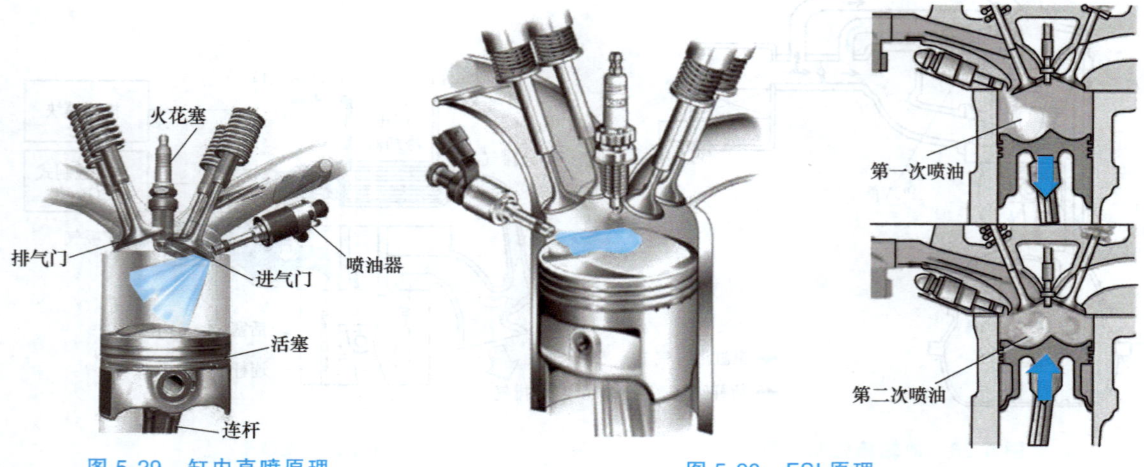

图 5-29 缸内直喷原理

图 5-30 FSI 原理

（2）TFSI 可以说是 FSI 发动机和涡轮增压器的接合。即涡轮增压（Turbocharger）+FSI。

（3）TSI TSI 是 Twincharged（双增压＝涡轮增压器 +机械增压器）Stratified Injection 的简写，T 指双增压，S 指分层，I 指喷射。TSI 比 FSI 更先进，属于大功率、低转速大转矩的发动机。TSI 发动机是在 FSI 技术的基础之上安装了一个涡轮增压器和一个机械增压器，鉴于涡轮增压和机械增压的特性，机械增压可以从怠速开始就能为发动机提供增压效果，弥补

了涡轮增压的延时缺点，所以 TSI 是一种极高效率的发动机形式，会是动力性与燃油经济性的完美统一。

【任务实施】

一、准备工作

1）电控燃油喷射系统示教板一台。

2）多媒体资料。

二、实施步骤

1）教师利用多媒体资源，讲解电控汽油喷射系统的组成与原理。

2）教师利用示教板，演示电控汽油喷射系统的工作过程。

3）学生分组，利用网络资源，学习汽油喷射系统传感器类型、功用，并进行讲解。

【任务评价】

电控汽油喷射系统的认知训练评价表

<table>
<tr><td>学生姓名</td><td colspan="5"></td></tr>
<tr><td>测评日期</td><td></td><td>测评地点</td><td colspan="3"></td></tr>
<tr><td>测评内容</td><td colspan="5">电控汽油喷射系统的认知</td></tr>
<tr><td rowspan="4">考评标准</td><td>内　　容</td><td>分值</td><td>自评</td><td>互评</td><td>师评</td></tr>
<tr><td>叙述电控汽油喷射系统的工作过程</td><td>40</td><td></td><td></td><td></td></tr>
<tr><td>掌握传感器的类型及功用</td><td>30</td><td></td><td></td><td></td></tr>
<tr><td>了解喷射新技术</td><td>30</td><td></td><td></td><td></td></tr>
<tr><td colspan="2">合　　计</td><td>100</td><td colspan="3"></td></tr>
<tr><td colspan="2">最终得分(自评 30%+互评 30%+师评 40%)</td><td colspan="4"></td></tr>
<tr><td colspan="6">说明:测评满分为 100 分,60~74 分为及格,75~84 分为良好,85 分以上为优秀。60 分以下的学生,需重新进行知识学习、任务训练,直到任务完成达到合格为止</td></tr>
</table>

任务 2　柴油机喷油泵的结构及拆装

柴油供给系统的功用是储存、滤清和输送柴油，并按各种不同工况的要求，定时、定量、定压地将柴油喷入燃烧室，使其与空气迅速良好地混合和燃烧，最后将废气排入大气。

喷油泵是柴油机上的一个重要组成部分。喷油泵总成通常是由喷油泵、调速器等部件安装在一起组成的一个整体。其中调速器是保障柴油机的低速运转和对最高转速的限制，确保喷射量与转速之间保持一定关系的部件；喷油泵则是柴油机最重要的部件，被视为柴油机的“心脏”部件。

【知识准备】

一、柴油

柴油是在 533~625K 的温度范围内从石油中提炼出来的碳氧化合物，其中各成分质量分

别是碳 87%、氢 12.6%、氧 0.4%。

柴油的使用性能指标主要是发火性、蒸发性、黏度和凝点。

1. 发火性

发火性是指柴油的自燃能力。柴油的发火性用十六烷值表示，十六烷值越高，发火性越好。一般汽车用柴油的十六烷值应在 40~50 范围内。

2. 蒸发性

蒸发性是指柴油汽化的特性。同一相对蒸发量的馏出温度越低，越有利于可燃混合气的形成与燃烧，越有利于起动，但同时也会使柴油机工作粗暴。

3. 黏度

黏度决定柴油的流动性。黏度过大的柴油，流动阻力越大，难以沉淀、滤清，影响喷雾质量；反之，黏度过小的柴油，将增加精密偶件工作表面间的柴油漏失量，并加剧这些表面的磨损。因此应选用黏度合适的柴油。

4. 凝点

凝点是表示柴油冷却到开始失去流动性的温度。柴油的凝点应比柴油机的最低工作温度低 5℃以上。凝点过高将造成油路堵塞。

柴油按其所含重馏分的多少分为重柴油和轻柴油。汽车用柴油机都是高转速的，因此，应采用轻柴油。轻柴油的牌号即根据凝点编定的，如 5 号、0 号和-35 号轻柴油的凝点分别为 8℃、0℃和-35℃。为降低柴油的凝点，改善其低温流动性，使用时可在其中掺入裂化煤油或添加降凝剂。

二、可燃混合气的形成与燃烧

目前柴油机可燃混合气的形成方法基本上有两种。

1. 空间雾化混合

将柴油以雾状喷向燃烧室，并在燃烧室蒸发形成混合气。为使混合均匀，要求柴油喷注与燃烧室形状相适应，并利用燃烧室中的空气运动促进混合。

2. 油膜蒸发混合

将柴油大部分喷射到燃烧室壁面上形成油膜，油膜受热并在强烈的旋转气流作用下，逐渐蒸发，与空气形成比较均匀的可燃混合气。

此外，在中小型高速柴油机中，使用了空间雾化和油膜蒸发两种方式兼用的混合方法，只是多少、主次各有不同。目前，多数柴油机仍以空间雾化混合为主，仅球形燃烧室以油膜蒸发混合为主。

3. 燃烧过程

燃烧过程如图 5-31 所示。

(1) 备燃期Ⅰ　喷油器喷油始点 *A* 到燃烧始点 *B* 之间的曲轴转角。这一期间进行着燃烧前的物理和化学准备过程。

(2) 速燃期Ⅱ　从燃烧始点 *B* 到气缸内压力达最高的 *C* 点之间的曲轴转角。火焰自火源迅速向四周推进，上一时期积存的柴油以及在此期间陆续喷入的柴油，在已燃气体的高温作用下，迅速蒸发、混合和燃烧，使气缸内的压力和温度急剧上升。这一时期的放热为每循环放热量的 30%左右。

（3）缓燃期Ⅲ　从最高压力点 C 到最高温度点 D 之间的曲轴转角。在此期间，燃烧以很快的速度继续进行，后期由于氧气缺少，废气增加，燃烧速度越来越慢。喷油是在 D 点以前结束的，缓燃期内的放热量为每循环放热量的 70%左右。

（4）后燃期Ⅳ　从最高温度点 D 到柴油已基本上完全燃烧的 E 点之间的曲轴转角，燃烧是在逐渐恶化的条件下缓慢进行直到停止。加强燃烧室内气体的运动，改善混合气的形成条件，是缩短后燃期的有效措施。

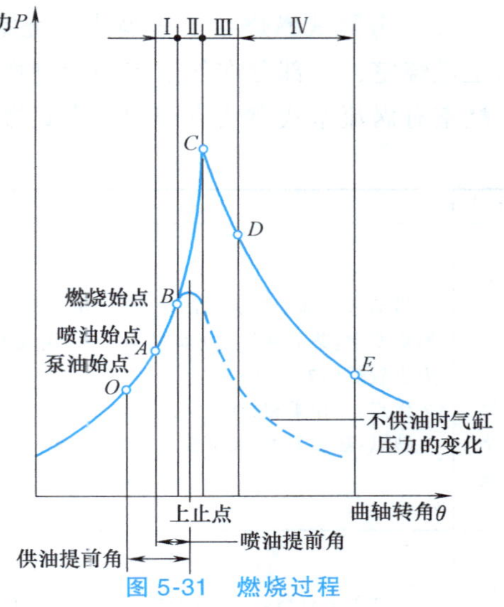

图 5-31　燃烧过程

综上所述，柴油机的工作特点是工作粗暴、噪声大。从喷油开始到燃烧结束，仅占 50°~60°的曲轴转角，可燃混合气形成的时间极短、空间极小。因此，在这段时间里，提高燃料的雾化程度、加强气流的运动强度、改善燃烧后期的燃烧条件，是提高柴油机动力性和经济性的有效途径。

4. 燃烧室

柴油机燃烧室按结构形式可分为统一式燃烧室和分隔式燃烧室两类。

（1）统一式燃烧室　统一式燃烧室是由凹向活塞顶部与气缸盖底部所包围的单一内腔，又叫直接喷射式燃烧室。气缸盖底面是平的，活塞顶部常见的燃烧室形状有 ω 形、球形、U 形、四角形。ω 形、球形、U 形燃烧室见表 5-1。

表 5-1　统一式燃烧室

形状	说　明	图　示
ω形	优点：形状简单，结构紧凑，燃烧室与水套接触面积小，散热少，可减少热损失，热效率高，经济性好 缺点：工作粗暴，喷射压力高，制造困难，喷孔易堵	
球形	绝大部分柴油直接喷射在燃烧室壁面上形成油膜。小部分柴油雾珠散布在压缩空气中，迅速蒸发燃烧 优点：工作柔和，噪声小 缺点：起动困难，螺旋形进气道结构复杂，制造困难	
U形	一部分燃油通过旋转的气流甩在燃烧室壁形成均匀油膜，然后蒸发形成混合气燃烧；另一部分分散在高温的空气中，首先形成混合气燃烧。柴油机在高速时，以油膜蒸发为主，类似于球形燃烧室，工作平稳；低速或起动时，类似于 ω 形燃烧室，雾化良好，易起动 优点：可单点喷射，喷射装置要求不高 缺点：制造困难	

(2) 分隔式燃烧室 分隔式燃烧室由两部分组成，一部分在活塞与气缸底面之间，称为主燃烧室；一部分在气缸盖中为副燃烧室（又称预燃室）。这两部分由孔道相连。分隔式燃烧室有涡流室式燃烧室和预燃室式燃烧室两种（表5-2）。

表5-2 分隔式燃烧室

形式	说明	图示
涡流室式燃烧室	借活塞顶部的双涡流凹坑，产生第二次涡流，促使进一步混合和燃烧要求；柴油顺气流方向喷射，可采用较大孔径的喷油器，喷射压力也较低（12~14MPa） 优点：工作柔和，空气利用率较高，喷射压力较低 缺点：热损失大，经济性差，起动困难	
预燃室式燃烧室	气缸盖上有预燃室，占燃烧室总容积的1/3，预燃室与主燃室有通道，活塞为平顶。压缩时不产生涡流。柴油大部分喷射在燃燃室的出口处，只有少部分与空气混合（出口处较浓，而上部较稀），上部着火后，产生高压，已燃的和出口处较浓的混合气一同高速喷入主燃烧室，在主燃烧室内产生强烈的燃烧扰流运动，使大部分燃料在主燃烧室内混合和燃烧。优缺点与涡流室式燃烧室基本相同	

三、柴油机燃料供给系统

1. 柴油机燃料供给系统的组成

柴油机燃料供给系统由燃油供给、空气供给、混合气形成及废气排出四部分组成。

(1) 柴油滤清器 除去柴油中的尘土、水分或其他机械杂质和温度变化及空气的接触过程从柴油中析出少量的石蜡，以降低对精密偶件的磨损，从而提高功率，降低油耗，如图5-32所示。

(2) 输油泵 如图5-33所示，输油泵的工作原理是保证低压油路中柴油的正常流动，克服柴油滤清器和管路中的阻力，并以一定的压力向喷油泵输送足够的柴油。主要有活塞式、转子式、滑片式、齿轮式等。

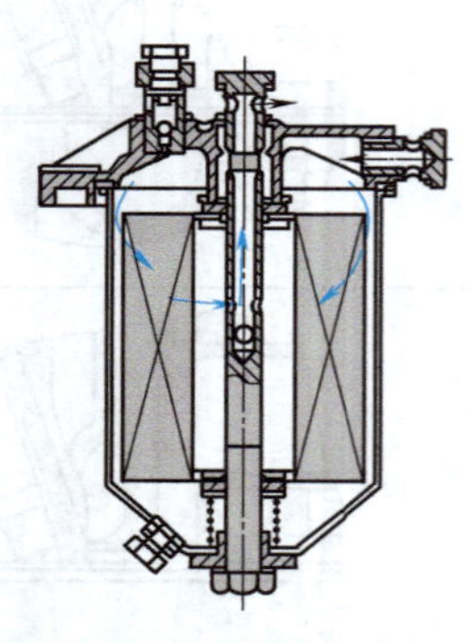

图5-32 柴油滤清器

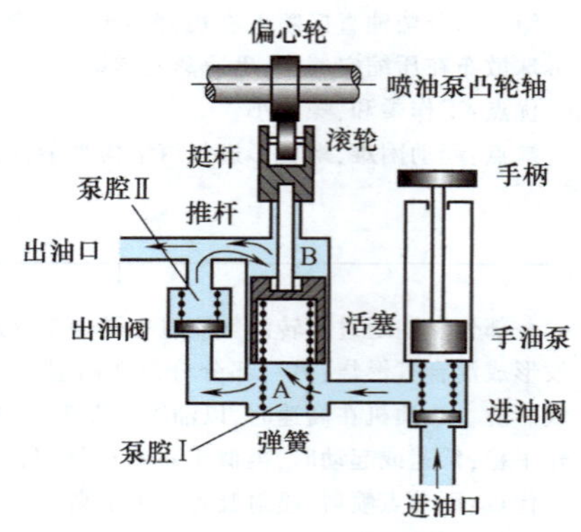

图5-33 输油泵的工作原理

A—进油泵腔 B—出油泵腔

2. 柴油机的工作过程

输油泵将柴油箱中的柴油泵出，经低压油管、柴油滤清器输入喷油泵。活塞接近压缩终了时，喷油泵泵出高压柴油，经高压油管供给喷油器，形成雾状柴油喷入燃烧室，与空气混合，迅速燃烧，废气经排气歧管及消声器排入大气。柴油机燃料供给系统油路如图 5-34 所示。

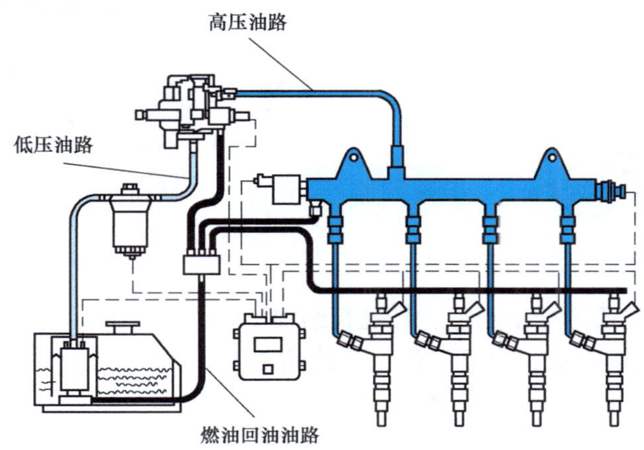

图 5-34 柴油机燃料供给系统油路

四、喷油泵

喷油泵是柴油机上的一个重要组成部分，由发动机曲轴齿轮带动凸轮轴转动以完成喷油功能。喷油泵上一般还都安装有调速器，用于保障柴油机的低速运转和对最高转速的限制，确保喷射量与转速之间保持一定的关系。

1. 喷油泵分类

喷油泵的结构型式较多，车用柴油机的喷油泵按作用原理不同，可分为三类，如图 5-35 所示。

(1) 柱塞式喷油泵　这种喷油泵应用的历史较长，性能良好，工作可靠，目前，为大多数汽车柴油机采用。

(2) 喷油泵—喷油器　将喷油泵和喷油器合为一体，直接安装在发动机气缸盖上，可以消除高压油管带来的不利影响。

(3) 转子分配式喷油泵　这种喷油泵只有一对柱塞副，依靠转子的转动实现燃油的增压与分配。它具有体积小、质量轻、成本低、使用方便等优点。

2. 柱塞式喷油泵

(1) A 型喷油泵　A 型喷油泵主要由泵体、分泵、油量调节机构、传动机构等组成，如图 5-36 所示。

1) 分泵（泵油机构）。分泵主要是由柱塞偶件、柱塞弹簧、出油阀偶件、出油阀弹簧等组成，如图 5-37 所示。

① 柱塞偶件。柱塞和柱塞套构成喷油泵中最精密的偶件，称为柱塞偶件，如图 5-38 所示。正是由于柱塞偶件的精密配合及柱塞的高速运动，以实现对燃油的增压。每台喷油泵的

柱塞偶件数和与其配套的柴油机气缸数相同。

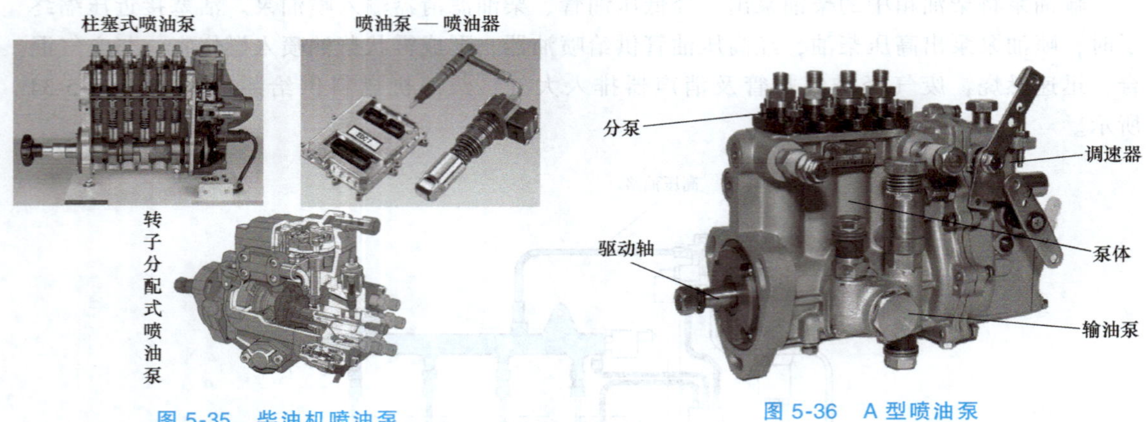

图 5-35　柴油机喷油泵

图 5-36　A 型喷油泵

一般柱塞偶件用优质合金钢制造，经过精细加工和配对研磨，使其配合间隙在 0.0015~0.0025mm 范围内。间隙过大，容易漏油，导致油压下降；间隙过小，对偶件润滑不利，且容易卡死。柱塞偶件在使用中不能互换。

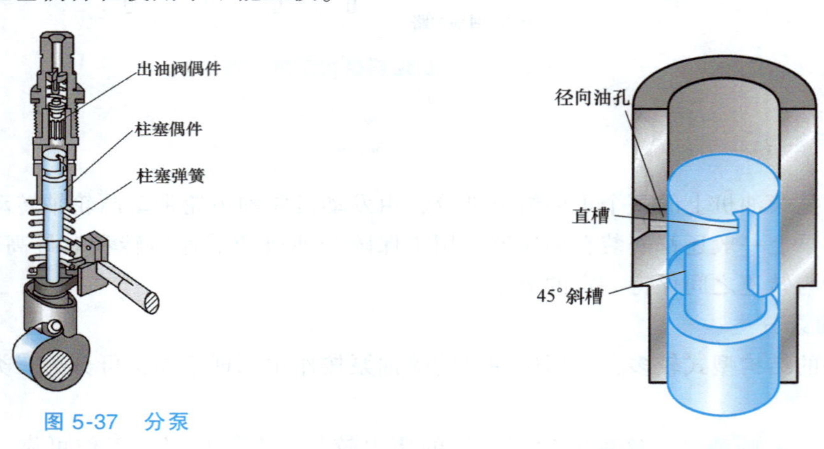

图 5-37　分泵

图 5-38　柱塞偶件

② 出油偶件。出油阀与出油阀座是喷油泵中另一对精密偶件。出油偶件位于柱塞偶件的上方，出油阀座的下端面与柱塞套的上端面接触，通过拧紧出油阀座使两者接触面保持密合。同时，出油阀弹簧将出油阀压紧在出油阀座上。出油阀的密封锥面与出油阀座的接触表面经过精细研磨。

2）泵油原理。如图 5-39 所示。

① 吸油过程：柱塞由凸轮轴的凸轮驱动，当柱塞向下移动时，油腔容积增大，柴油自低压油腔经柱塞套油孔被吸入并充满泵腔。

② 泵油过程：当凸轮的凸起部分将柱塞顶起时，泵腔内的容积减小，压力增大，柴油顺着柱塞套上的径向油孔流回低压油腔，出现回流；当柱塞上行到将柱塞套上的径向油孔完全堵上时，泵腔上的压力迅速增加；当此压力克服出油阀弹簧的预紧力时，出油阀上移；当出油阀上的减压环带离开阀座时，高压柴油便泵到高压油管中，经喷油器喷入气缸中。

③ 回油过程：随着柱塞的继续上移，当柱塞上斜槽与柱塞套上径向油孔相通时，泵腔中的柴油通过柱塞上的轴向油道、斜油道及柱塞套上的油孔流回到低压油腔，喷油泵停止供油。

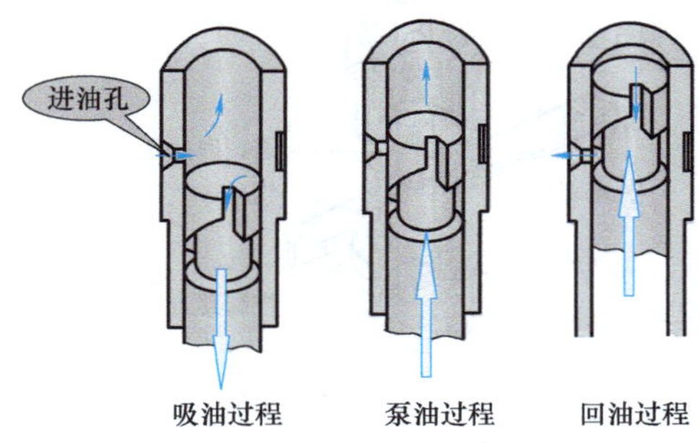

图 5-39　泵油原理

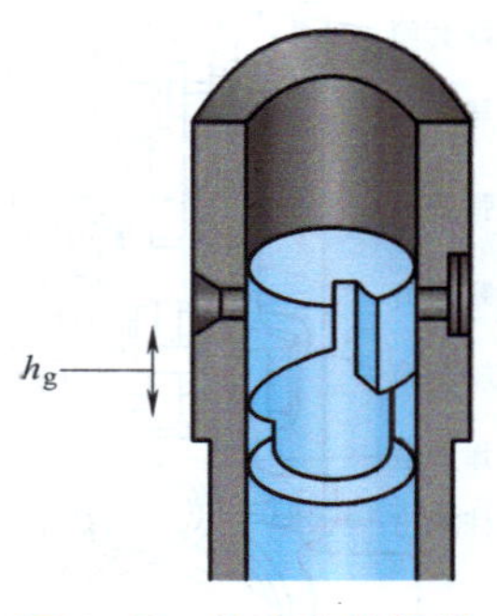

图 5-40　柱塞有效行程

3）油量调节机构。供油有效行程：柱塞顶面封闭柱塞套径向油孔至柱塞斜槽露出径向油孔前柱塞上移的行程，如图 5-40 所示。用 h_g 表示。h_g 决定了喷油泵每循环供油量（Δg）。

A 型喷油泵采用齿杆式油量调节机构，如图 5-41 所示。油量调节齿杆的轴向位置由驾驶人或调速器控制。

移动油量调节齿杆时，可调齿圈连同控制套筒带动柱塞相对于固定不动的柱塞套转动，这样就改变了柱塞圆柱表面上斜槽与进油孔的相对角位置，即改变了柱塞的有效行程，实现了供油量的调节。

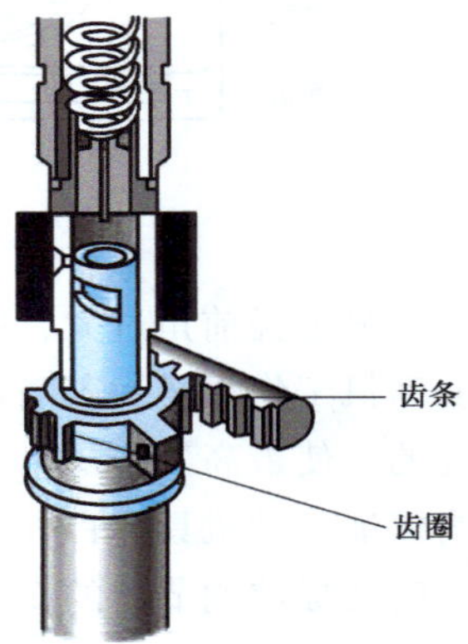

图 5-41　齿杆式油量调节机构

4）传动机构。传动机构由喷油泵凸轮轴和滚轮传动部件组成。喷油泵的凸轮轴是由柴油机的曲轴通过齿轮机构驱动的。

5）泵体。A 型喷油泵采用整体式泵体，由铝合金铸成。分泵、油量调节机构及传动机构都装在泵体内。在泵体下部及调速器壳体的内腔中装有润滑油，此润滑油可单独加注，也可与发动机润滑系统相通，依靠润滑油的飞溅实现喷油泵传动机构和调速器内各零部件的润滑。

（2）P 型喷油泵　在安装尺寸不变的情况下，P 型喷油泵可获得较高的供油压力和较大的供油量。因而对柴油机的不断强化和向高速发展有良好的适应性。

P 型喷油泵如图 5-42 所示。它的工作原理与 A 型喷油泵基本相同，结构上有如下特点。

1）悬挂式柱塞套。

2）钢球式油量调节机构。

3）压力式润滑。

4）全封闭式泵体。

P 型喷油泵的最大缺点是拆装不方便。

3. 喷油提前角调节装置

喷油提前角是指喷油器开始喷油至活塞到达上止点之间的曲轴转角。它的大小对柴油机工作过程有很大影响。

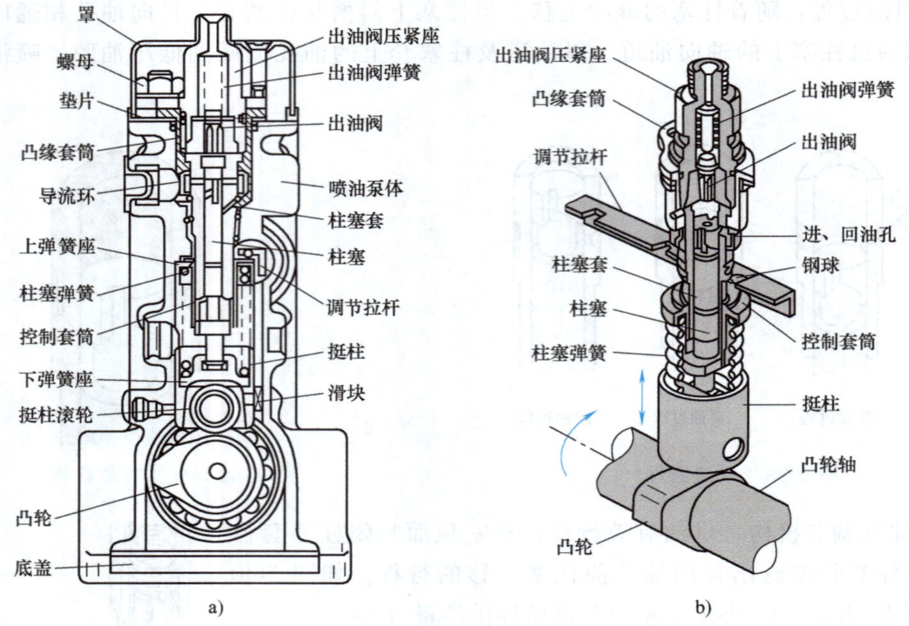

图 5-42　P 型喷油泵

若喷油提前角过大，则喷油时气缸内空气温度较低，混合气形成条件差，备燃期长，导致发动机工作粗暴；若喷油提前角过小，大部分柴油是在上止点以后，活塞处于下行状态时燃烧的，使最高工作压力降低，热效率也显著下降，导致发动机功率降低，排气冒白烟。因此为保证发动机具有良好的使用性能，必须选择最佳的喷油提前角。

喷油提前调节器的作用是在柴油机整个工作转速范围内使喷油泵供油提前角随柴油机转速的升高而自动相应提前，使柴油机始终在最佳或接近最佳喷油定时下工作。

4. 转子分配式喷油泵

转子分配式喷油泵简称分配泵，按其结构不同，可分为轴向压缩式分配泵和径向压缩式分配泵两种。轴向压缩式分配泵（VE 泵）应用较广泛。

小知识

分配泵特点：结构简单，零部件少，体积小，重量轻，使用中故障少，容易维修；精密偶件加工精度高，供油均匀性好，因此不需要进行各缸供油量和供油定时的调节；运动件靠喷油泵体内的柴油进行润滑和冷却，对柴油的清洁度要求很高；分配泵凸轮的升程小，有利于提高柴油机转速；喷油泵为单柱塞式，又称轴向压缩式分配泵。

（1）VE 泵的结构　轴向压缩式分配泵也称 VE 泵，其结构如图 5-43 所示。该泵主要由驱动机构、滑片式输油泵、高压分配泵头、电磁式断油阀、机械式调速器、液压式喷油提前器等组成。

（2）VE 泵的工作原理

1）进油过程。当平面凸轮盘的凹下部分转至与滚轮接触时，分配柱塞由右向左移动，这时分配柱塞上的进油槽与柱塞套上的进油孔连通，柴油自喷油泵体的内腔经进油道进入柱

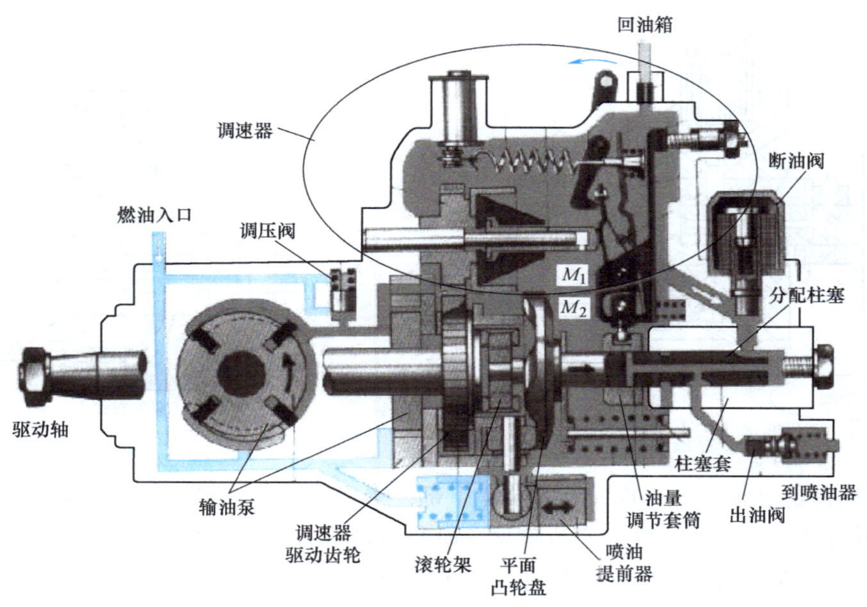

图 5-43 VE 泵的结构

塞腔和中心油孔内，如图 5-44 所示。

2）泵油过程。如图 5-45 所示，当平面凸轮盘由凹下部分转至凸起部分与滚轮接触时，分配柱塞由左向右移动。在进油槽转过进油孔的同时，分配柱塞将进油孔封闭，这时柱塞腔内的柴油开始增压。与此同时，分配柱塞上的燃油分配孔转至与柱塞套上的一个出油孔相通，高压柴油从柱塞腔经中心油孔、燃油分配孔、出油孔进入分配油道，再经出油阀和喷油器喷入燃烧室。

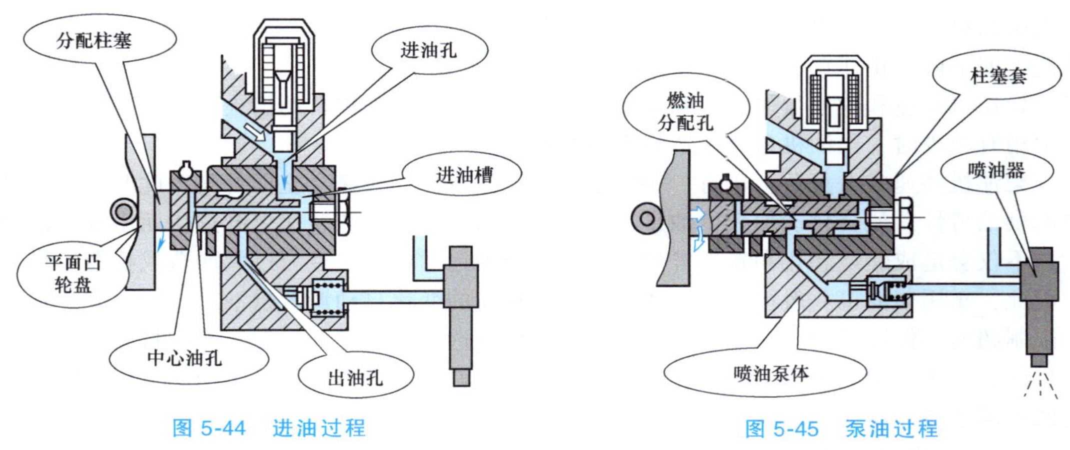

图 5-44 进油过程　　图 5-45 泵油过程

3）停油过程。分配柱塞在平面凸轮盘的推动下继续右移，当柱塞上的泄油孔移出油量调节套筒并与喷油泵体内腔相通时，高压柴油从柱塞腔经中心油孔和泄油孔流进喷油泵体内腔，柴油压力立即下降，供油停止，如图 5-46 所示。

4）VE 泵断电停机。起动开关旋至 OFF 位，电磁式断油器电路断开，阀门在回位弹簧的作用下关闭，切断油路，VE 泵断电停机，如图 5-47 所示。

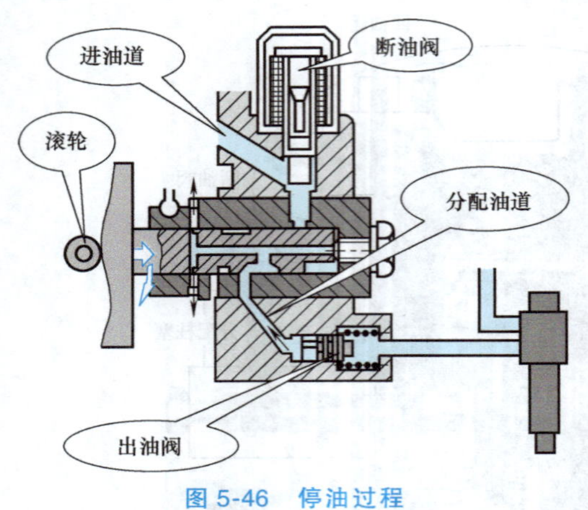

图 5-46 停油过程

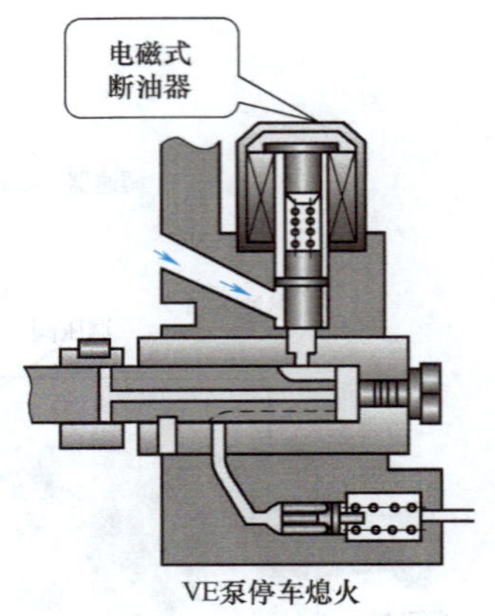

图 5-47 VE 泵断电停机过程

5）泵油提前过程。该机构安装在泵体下部。当发动机转速升高时，使泵腔内及油缸右侧的柴油压力升高，活塞左移，使凸轮盘端面的凸轮提前某一角度与滚轮相抵靠，从而使分配柱塞向右移动的时刻提前，完成了供油提前作用，如图 5-48 所示。

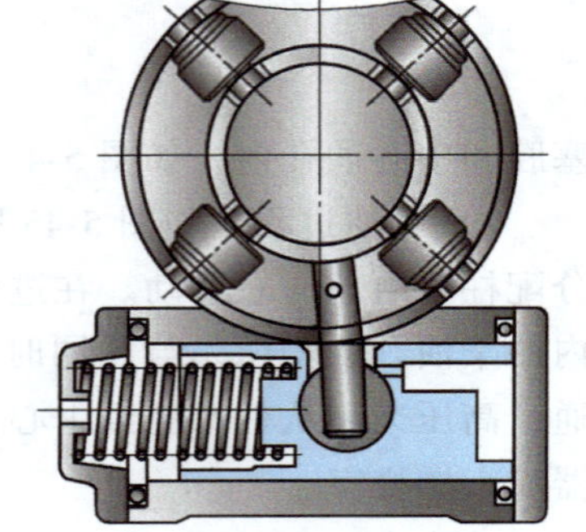

图 5-48 泵油提前

5. 压力调节器

调速器的作用是根据柴油机负荷的变化，自动地调节喷油泵的供油量，以保证柴油机在各种工况下稳定运转。

喷油泵的一个显著特点是在加速踏板位置一定时，其循环供油量会随曲轴转速的变化而变化。当曲轴转速增加时，循环供油量增加；反之，循环供油量减少。这个特点对工况多变的柴油机是非常不利的。

当柴油机在怠速工况下工作时，若内部阻力略有增加，转速便立即下降，由于喷油泵的供油特性，使供油量反而更小了。发动机转速和供油量如此相互作用的结果，将造成发动机自动熄火；反之，当发动机内阻力稍有减少时，柴油机怠速转速将不断升高。

当柴油机高速或大负荷工作时，如果遇负荷突然减少，转速会立即升高，此时，由于喷油泵的供油特性，便会自动加大供油量，相互作用的结果将造成转速上升过快而出现超速现象。这不仅会造成燃烧恶化和排气冒烟，严重时会因运动件的惯性力过大而造成机器损坏。

因此，车用柴油机一般都装有调速器，根据负荷的变化自动调节供油量，以达到稳定怠速、限制超速或保证发动机在工作转速范围内的任一选定的转速下稳定工作的目的。

目前，车用柴油机上应用最广泛的是机械离心式调速器，按其调节作用的范围不同，可分为两速调速器和全速调速器。

（1）两速调速器　保持柴油机在怠速时不低于某一转速，防止发动机自动熄火，而且能限制柴油机不超过某一最高转速，防止发动机超速。至于中间转速时，调速器不起作用，柴油机的工作转速由驾驶人通过操纵油量调节机构来调整，其结构如图 5-49 所示。

（2）全速调速器　不仅能保持柴油机的最低稳定转速和限制最高转速，而且能根据负荷的大小保持和调节在任一选定的转速下稳定工作。全速调速器的结构形式很多，有与柱塞式喷油泵配用的，也有与分配式喷油泵配用的，如图 5-50 所示。

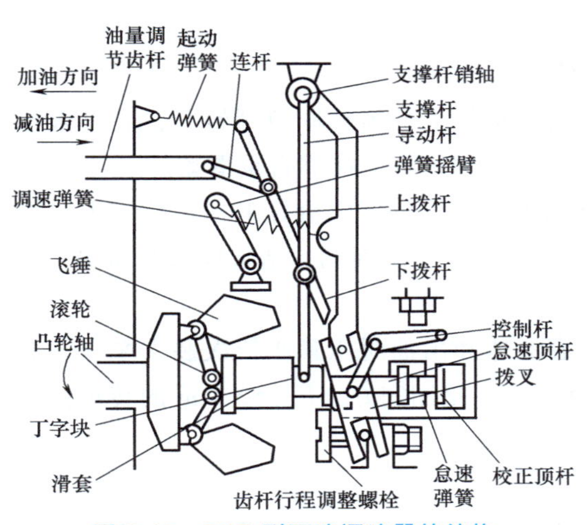

图 5-49 RAD 型两速调速器的结构

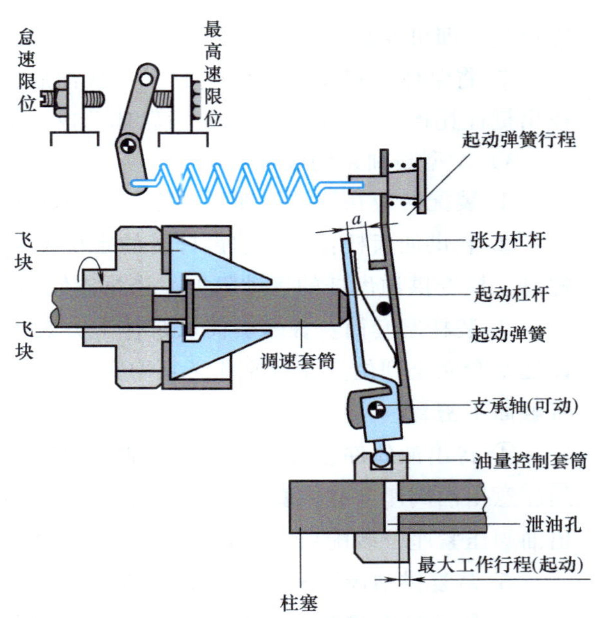

图 5-50 全速调速器结构示意图

【任务实施】

一、准备工作

1）A 型喷油泵 1 台。

2）常用工具、专用工具（喷油泵凸轮轴柱塞弹簧拆卸器等）、常用量具各 1 套。

3）多媒体资料。

二、实施步骤

1）教师利用多媒体资源，讲解喷油泵的结构。

2）A 型喷油泵的拆卸步骤。

① 先堵住低压油路进出油口和高压油管接头，防止污物进入油路，用柴油、煤油、汽油或中性金属清洗剂清洗泵体外部。旋下调速器底部的放油螺钉，放尽机油。

② 将油泵固定在专用拆装架或自制的 T 形架上，拆下输油泵总成、检视窗盖板、油尺等总成附件及泵体底部螺塞。

③ 转动凸轮轴，使 1 缸滚轮体处于上止点，将滚轮体托板（或销钉）插入调整螺钉与锁紧螺母之间（或挺柱体锁孔中），使滚轮体和凸轮轴脱离。

④ 拆下调速器后盖固定螺钉，将调速器后壳后移并倾斜适当角度，拨开连接杆上的锁夹或卡销，使供油齿杆和连接杆脱离。用尖嘴钳取下启动弹簧、取下调速器后壳总成。

⑤ 用专用扳手固定住供油提前角自动调节器，在喷油泵另一端用专用套筒拆下调速飞块支座固定螺母，用顶拔器拉下飞块支座总成，用专用套筒拆下提前器固定螺母，用顶拔器拉下提前器。

⑥ 拆凸轮轴部件：拆卸前应先检查凸轮轴的轴向间隙（0.05～0.10m）。将测得值与标

准比较，即可在装配时知道应增垫片的厚度。

⑦ 将泵体检视窗一侧向上放平。从油底塞孔中装入滚轮挺柱顶持器，顶起滚轮部件，拔出挺柱托板（或销钉），取出滚轮体总成，按上述方法，依次取出各缸滚轮体总成。

3）A 型喷油泵的装配步骤。

① 装配时应在清洁干净后的零部件表面涂上清洁的机油。

② 装供油齿杆：将供油齿杆上的定位槽对准泵体侧面上的齿杆限位螺钉孔，装复限位螺钉，检查供油齿杆的运动阻力，当泵体倾斜 45°时，供油齿杆应能靠自重滑动。

③ 装柱塞套筒：柱塞套筒从泵体上方装入座孔中，其定位槽应恰好卡在定位销上，保证柱塞套完全到位。注意座孔必须彻底清理，防止杂物卡在接触面间，造成柱塞套筒偏斜和接触面不密封。

④ 将出油偶件、密封垫圈、出油阀弹簧、减容器体和出油阀压紧座依次装入泵体。必须注意出油阀座与柱塞套上端面之间的清洁，并保证密封垫圈完好。用 35N · m 的转矩拧紧出油阀压紧座，装配后应检查喷油泵的密封性。

⑤ 装复供油齿圈和油量控制套筒。

⑥ 装入柱塞弹簧上座及柱塞弹簧，将柱塞装入对应的柱塞套，再装上下弹簧座。注意柱塞下端十字凸缘上有记号的一侧应朝向检视窗。下弹簧有正反之分不能装反。

⑦ 装复滚轮挺柱体，调整滚轮挺柱体调整螺钉，达到说明书规定高度或拆下时记下的高度。将滚轮体装入座孔，导向销必须嵌入座孔的导向槽内。用力推压滚轮体或用滚轮顶持器和滚轮挺柱托板，支起滚轮挺柱。逐缸装复各滚轮体。

⑧ 装复凸轮轴和中间支撑轴瓦，装上调速器壳和前轴承盖。注意凸轮轴的安装方向，无安装标记时也可根据输出泵驱动凸轮位置确定安装方向。凸轮轴的中间支承应与凸轮轴一起装入泵体，否则凸轮轴装复后就无法装上中间支撑。

喷油泵凸轮轴装到泵体内应有确定的轴向位置和适当的轴向间隙。凸轮轴装复后，应转动灵活，轴向间隙在 0.05~0.10mm 之间；装复供油提前角自动调节器，转动凸轮轴，取下各滚轮体托板。拉动供油齿杆，阻力应小于 15N，否则应查明原因，予以排除。

⑨ 装复输出泵、调速器总成等附件。

【任务评价】

柴油机喷油泵的结构及拆装训练评价表

学生姓名					
测评日期		测评地点			
测评内容	喷油泵的拆装				
考评标准	内　　容	分值/分	自评	互评	师评
	正确使用工量具	20			
	拆卸顺序、要求符合标准	40			
	遵守安全规范、无人身、设备事故	20			
	工具的使用是否正确	20			
	合　　计	100			
最终得分（自评 30%+互评 30%+师评 40%）					
说明：测评满分为 100 分，60~74 分为及格，75~84 分为良好，85 分以上为优秀。60 分以下的学生，需重新进行知识学习、任务训练，直到任务完成达到合格为止					

任务3　电控柴油喷射系统的认知

【知识准备】

一、电控柴油喷射系统的发展

第一代柴油机电控系统：采用“位置控制”和“时间控制”，以电控泵为代表。

第二代柴油机电控系统：采用“时间-压力控制”或“压力控制”，以共轨系统为代表。

第三代柴油机电控系统：集“共轨”技术、“时间控制”燃油喷射技术、涡轮增压中冷技术、多气门技术、废气再循环技术、选择性催化还原、过滤器再生技术、压电技术等于一体，以压电式高压共轨系统为代表。

二、柴油机电控柴油喷射系统的功能

（1）供（喷）油量控制　ECU根据转速、加速踏板位置确定基本供（喷）油量；根据冷却液温度、进气温度、起动开关、空调开关、反馈信号等对供（喷）油量进行修正。

（2）供（喷）油正时控制　ECU根据转速、负荷信号来确定基本的供（喷）油提前角；再根据反馈信号进行修正。

三、电控柴油喷射系统

1. 电控直列柱塞泵喷射系统

如图5-51所示，电控直列柱塞泵喷射系统主要由柴油箱、输油泵、柴油滤清器、喷油泵和喷油器等组成。调速器执行机构控制调节齿杆的位置，从而控制供油量；由提前器执行机构（定时器）控制发动机驱动轴和喷油器凸轮轴间的相位差，从而控制喷油时间。调速器执行机构和提前器执行机构是电控直列柱塞泵喷射系统中的两个特殊机构。

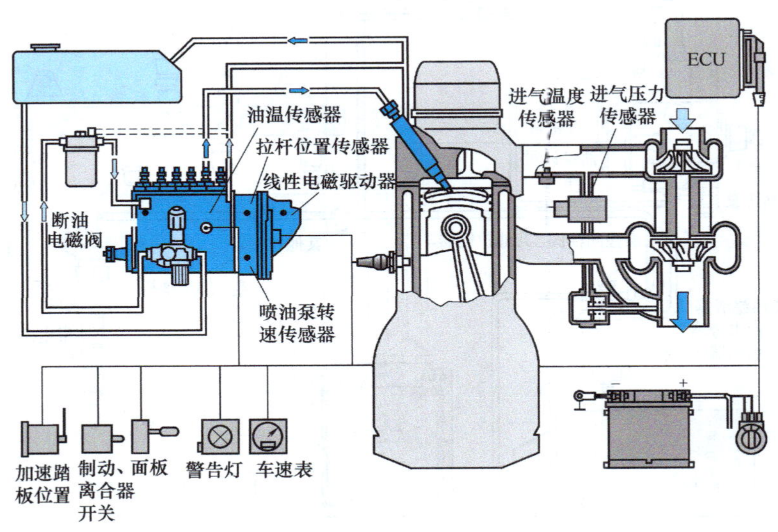

图5-51　博世电控直列柱塞泵喷射系统的组成

(1) 工作原理　ECU根据由各种传感器输入的信号控制拉杆执行器的电流大小，来满足实际的节气门或喷油量的要求。

(2) 主要组成

1）电控直列柱塞泵喷射系统常采用的传感器有发动机转速传感器、进气歧管压力传感器或空气流量传感器、供油提前角传感器、齿杆位置传感器、套筒位置传感器、加速踏板位置传感器、控制杆角度传感器、进气温度传感器、冷却液温度传感器、燃油温度传感器、机油温度传感器、针阀升程传感器、大气压力传感器、涡轮增压传感器。

2）执行器。主要有电子调速器和电子提前器。电子调速器和电子提前器根据发动机机型可以装用其中某一种，或将两种都装上。

2. 电控燃油分配泵喷射系统

博世电控分配泵喷射系统如图5-52所示。

电控分配泵喷射系统根据各种传感器的信号检测出发动机的实际运行状态，由ECU完成喷油量控制、喷油时间控制、怠速转速控制、故障诊断和应急等功能。电控分配泵喷射系统按喷油量、喷油时间的控制方法可以分为位置控制式和时间控制式两类。

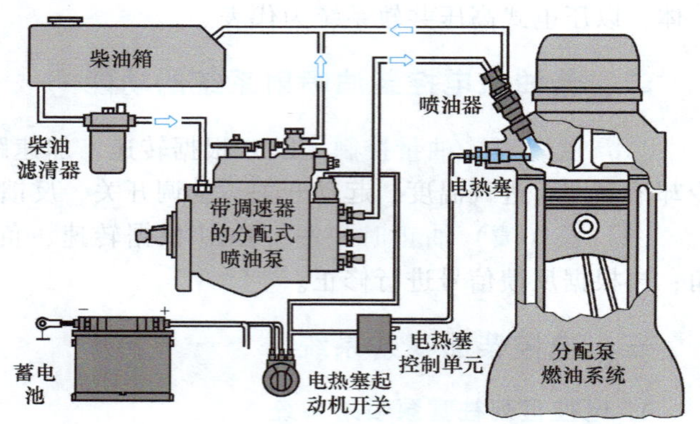

图5-52　博世电控分配泵喷射系统

3. 电控柴油共轨喷射系统

现在的柴油电控系统大多采用高压共轨系统，如图5-53所示。高压共轨系统由高压油泵、共轨腔及高压油管、喷油器、ECU、各类传感器和执行器组成，其中，喷油器、高压泵、高压油轨、ECU为柴油共轨系统四大核心部件。

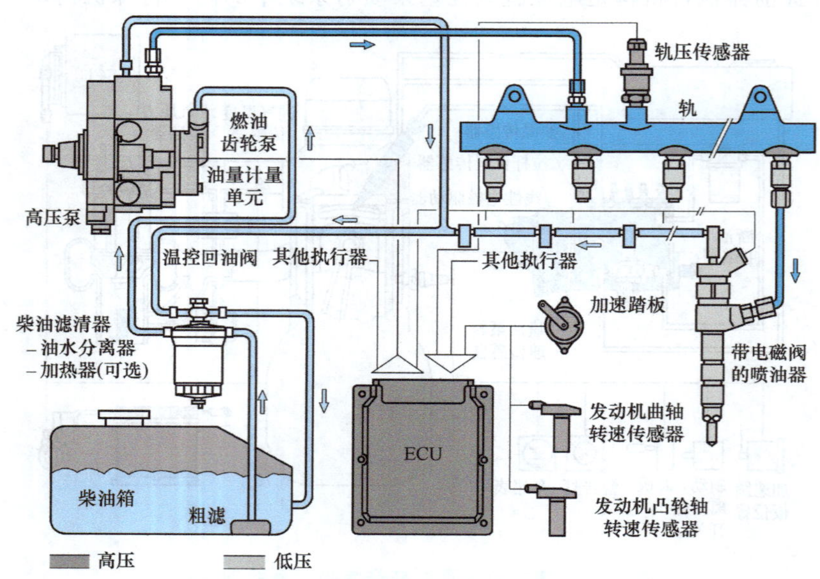

图5-53　博世高压共轨柴油喷射系统

供油泵从柴油箱将柴油泵入高压油泵的进油口，由发动机驱动的高压油泵将柴油增压后送入共轨腔内，再由电磁阀控制各缸喷油器在相应时刻喷油。

(1) 喷油器　喷油器是将柴油雾化并分布在发动机燃烧室的部件。共轨喷油器的喷油时刻和持续时间均经 ECU 精确计算后给出信号，再由电磁阀控制。

(2) 高压泵　高压泵的作用是将柴油由低压状态通过柱塞将其压缩成高压状态，以满足系统和发动机对柴油喷射压力和喷油量的要求。

(3) 高压油轨　高压油轨的作用是存储柴油，同时抑制由于高压泵供油和喷油器喷油产生的压力波动，确保系统压力稳定。高压油轨为各缸共同所有，其为共轨系统的标志。

(4) ECU　ECU 就像发动机的大脑，收集发动机运行工况参数，结合已存储的特性图谱进行计算处理，把信号传递给执行器，实现发动机的运行控制、故障诊断等功能。

【任务实施】

一、准备工作

1）电控柴油共轨喷射系统示教板一台。

2）多媒体资料。

二、实施步骤

1）教师利用多媒体资源，讲解电控柴油共轨喷射系统的组成与原理。

2）教师利用示教板，演示电控柴油共轨喷射系统的工作过程。

3）学生分组，利用网络资源，学习柴油喷射系统新技术，并进行讲解。

【任务评价】

电控柴油喷射系统的认知评价表

学生姓名					
测评日期		测评地点			
测评内容	电控柴油喷射系统原理				
考评标准	内　　容	分值	自评	互评	师评
	叙述电控柴油共轨喷射系统的工作过程	50			
	柴油喷射系统新技术	50			
合　　计		100			
最终得分(自评 30%+互评 30%+师评 40%)					
说明:测评满分为 100 分,60~74 分为及格,75~84 分为良好,85 分以上为优秀。60 分以下的学生,需重新进行知识学习、任务训练,直到任务完成达到合格为止					

【思考与练习】

1. 简述汽油机各工况下对可燃混合气浓度的要求。
2. 简述汽油缸内直接喷射的特点。
3. 柴油的使用性能指标有哪些？对柴油机的工作有何影响？

项目6

冷却系统与润滑系统

发动机工作时，各运动零部件都存在相互作用，并且发生高速的相对运动，零部件表面必然要产生摩擦，要保证发动机正常工作，就必须对相互运动的零部件表面进行润滑，以减小摩擦阻力，降低功率损失，减轻零部件磨损，延长使用寿命。

发动机正常工作除了要有一定的润滑条件外，还要保证适宜的工作温度。如果冷却过度，将使传热损失增加，发动机燃油经济性变差，此外还会引起下述不良后果：燃油蒸发雾化不良，燃烧恶化；低温下机油黏度增大，使摩擦损失增大；温度过低还会使气缸的腐蚀磨损加剧。

【学习目标】

知识目标：

1. 掌握冷却系统、润滑系统的组成。
2. 理解冷却系统大、小水循环。
3. 了解机油型号。

技能目标：

1. 通过学习能正确更换冷却液。
2. 通过学习会正确选用机油型号。

任务1 冷却系统的认知

发动机工作时（汽油机），气缸内燃烧气体的温度可达2200~2800K，需要对发动机采取必要的冷却措施，冷却系统的主要工作是将热量散发到空气中以防发动机过热。发动机在适当的高温状态下运行状况最好。如果发动机变冷，就会加快组件的磨损，从而使发动机效率降低并且排放出更多污染物。因此，冷却系统的另一重要作用是使发动机尽快升温，并使其保持恒温。

【知识准备】

一、工作温度对发动机的影响

1. 发动机过热的影响

发动机过热会降低充气效率，从而导致发动机功率下降；早燃和爆燃的倾向加大，破坏

了发动机的正常工作；同时，也促使零部件承受额外的冲击负荷而造成早期损坏。运动件的正常间隙被破坏，使零部件不能正常运动，甚至损坏。金属材料的力学性能降低，造成零部件变形及损坏。润滑情况恶化，加剧了零部件的摩擦和磨损。

2. 发动机过冷的影响

进入气缸的可燃混合气（或空气）温度太低，使点火困难或燃烧迟缓，造成发动机功率下降及燃料消耗量增加。机油的黏度增大，造成润滑不良，加剧零部件的磨损，同时增大了功率消耗。燃烧后生成物中的水蒸气易冷凝成水与酸性气体形成酸类，加重对零部件特别是气缸的侵蚀作用。

因温度过低而未汽化的燃料对摩擦表面（气缸壁、活塞、活塞环等）油膜的冲刷以及对润滑的稀释，加重了零部件的磨损。

二、冷却系统的分类

发动机冷却系统按冷却介质的不同，可分为水冷却系统和风冷却系统。

1. 水冷却系统

水冷却系统是通过冷却液在发动机水套中循环流动而吸收多余的热量，再将此热量散入大气而进行冷却的一系列装置。水冷却系统因冷却强度大、易调节、便于冬季起动而广泛用于汽车发动机上。

2. 风冷却系统

风冷却系统是将发动机中高温零部件的热量，通过装在气缸体和气缸盖表面的散热片直接散入大气中而进行冷却的一系列装置。风冷却系统因冷却效果差、噪声大、功耗大等缺点，仅用于部分小排量及军用汽车发动机。风冷却系统利用高速空气流直接流过气缸体及气缸盖表面将热散入大气。

图6-1为发动机风冷却系统示意图。气缸体和气缸盖通常用导热性好的铝合金分别铸出，然后装到整体的曲轴箱上。为增大散热面积，在气缸体和气缸盖的表面布满了散热片。曲轴通过风扇平带驱动风扇叶轮旋转，将环境温度下的冷却空气吸入，经导风板将其引向气缸体及气缸盖并将发动机的热量带走，然后经热风出口排出。

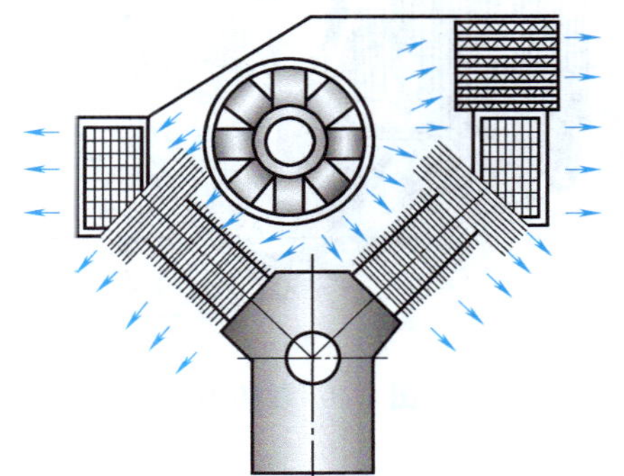

图6-1　发动机风冷却系统示意图

三、水冷却系统的工作过程

目前，汽车发动机上普遍采用的是强制循环式水冷却系统（图6-2）。它利用水泵将冷却液提高压力，使其在发动机冷却系统中循环流动。

为使发动机在低温时减少热量损失、缩短暖机时间，在低速大负荷情况下加快散热，冷却系统中设有调节温度的装置，如节温器、风扇离合器及百叶窗等。

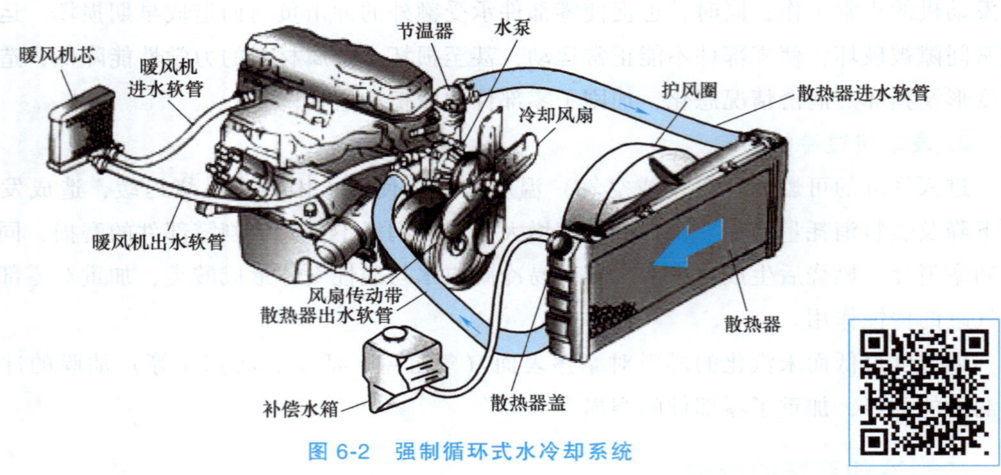

图 6-2 强制循环式水冷却系统

冷却系统

四、水冷却系统的主要部件

1. 散热器

俗称水箱，安装在发动机前的车架横梁上。其作用是将冷却液在水套中吸收的热量传给外界大气，使冷却液温度下降。散热器要用导热性能良好的材料制造，并应保证足够的散热面积。

散热器主要由上下水室、散热器芯和散热器盖等组成（图 6-3）。上下水室分别装有进水管口及出水管口，分别与发动机气缸盖上的出水管口及水泵的进水管口用软管连接。下水室常设有放水开关。

常用散热器芯的结构形式有管片式和管带式两种，如图 6-4 所示。

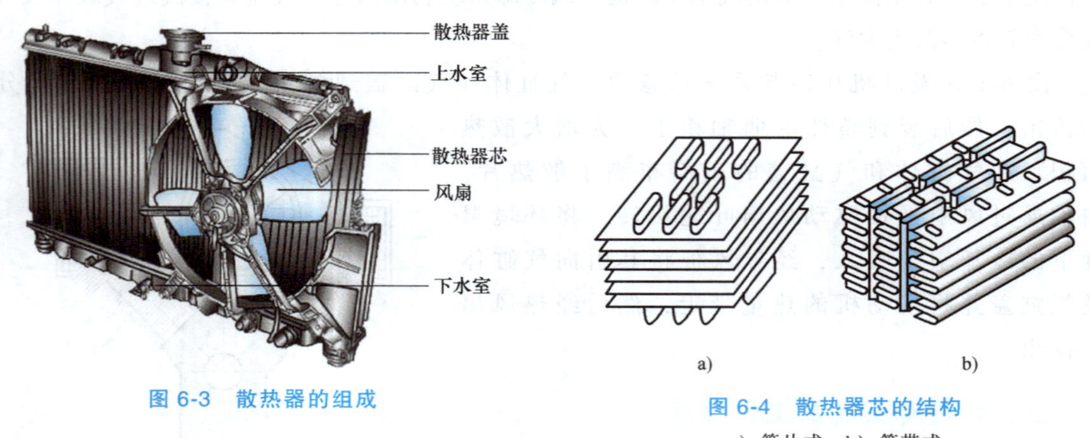

图 6-3 散热器的组成

图 6-4 散热器芯的结构

a）管片式 b）管带式

（1）管片式　如图 6-4a 所示，广泛为汽车发动机采用。

（2）管带式　如图 6-4b 所示，优点是散热能力强、制造工艺简单、质量小。

散热器一般为竖流式，即冷却水从顶部流向底部。为降低汽车发动机外罩轮廓高度，有些轿车采用了横流式散热器，即冷却液从一侧的进水口进入散热器，然后水平横向流到另一侧出水口。

汽车上广泛采用闭式水冷却系统。该水冷却系统的散热器盖具有空气-真空阀作用（图 6-5），可自动调节冷却系统的压力，提高冷却效果。

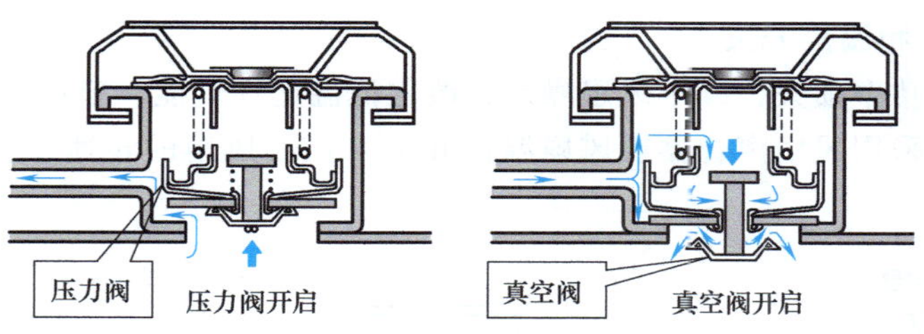

图 6-5　具有空气-真空阀的散热器盖

当发动机热状态正常时，两阀在弹簧力作用下均关闭而使冷却系统与大气隔绝。因水蒸气的产生而使冷却系统内的压力稍高于大气压力，提高了冷却液的沸点，改善了冷却效能。当散热器内的压力达到 126～137kPa 时（此压力下，冷却液的沸点达 381K），压力阀开启，真空阀关闭，冷却液从散热器流出，进入膨胀水箱；当冷却液的温度下降，冷却系统内的真空度低于 1～20kPa 时，真空阀打开，压力阀关闭，冷却液从膨胀水箱流入散热器，以防散热器及芯管被大气压瘪。

2. 水泵

安装在发动机前端，通常与风扇一起用带轮同轴驱动。其作用是对冷却液加压，使之在冷却系统中循环流动。

汽车发动机广泛采用离心式水泵。它具有结构紧凑、泵水量大及因故障而停止工作时不会妨碍水在冷却系统内自然循环等优点。其工作原理如图 6-6 所示。

3. 风扇

风扇通常安装在散热器的后面并与水泵同轴驱动，用来提高流经散热器的空气流速和流量，增强散热器的散热能力，同时对发动机其他附件也有一定的冷却作用。

目前车用水冷发动机大多采用轴流式风扇（图 6-7）。在轿车上普遍采用以蓄电池为动力的电风扇，其转速与发动机的转速无关。电动机的开关由位于散热器的温度传感器控制，需要风扇工作时自行启动。这种风扇无动力损失，结构简单，布置方便。

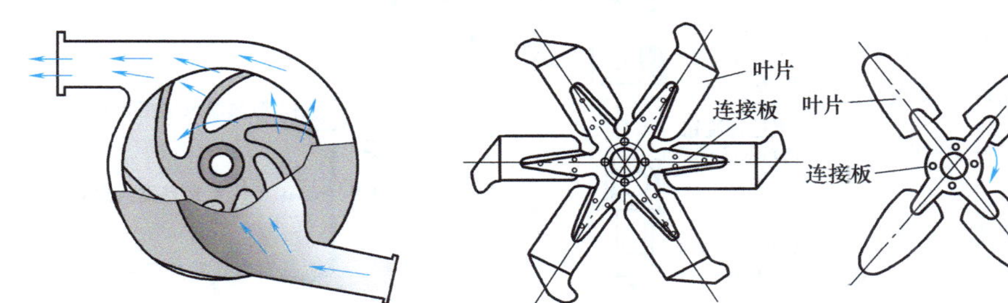

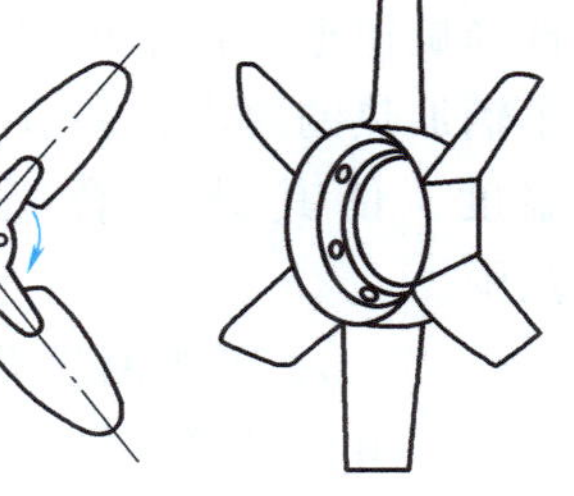

图 6-6　离心式水泵的工作原理

图 6-7　轴流式风扇

风扇常和发电机一起由曲轴带轮通过 V 带驱动。通常将发电机的支架做成可调节的（图 6-8）。

4. 节温器

节温器安装在水泵的进水口或气缸盖的出水口。根据发动机冷却液温度的高低，自动改变冷却液的循环路线及流量，以使发动机始终在最合适的温度下工作。

目前汽车上多采用蜡式节温器，其核心部分为蜡质感温元件。利用石蜡受热后由固态变为液态时体积膨胀的性质进行控制（图 6-9）。

5. 风扇离合器和温控开关

为减少发动机功率损失，减小风扇噪声，改善低温起动性能，节约燃料及降低排放，在有些汽车发动机上采用风扇离合器或风扇温控开关来控制风扇的转速，自动调节冷却强度，达到上述目的。

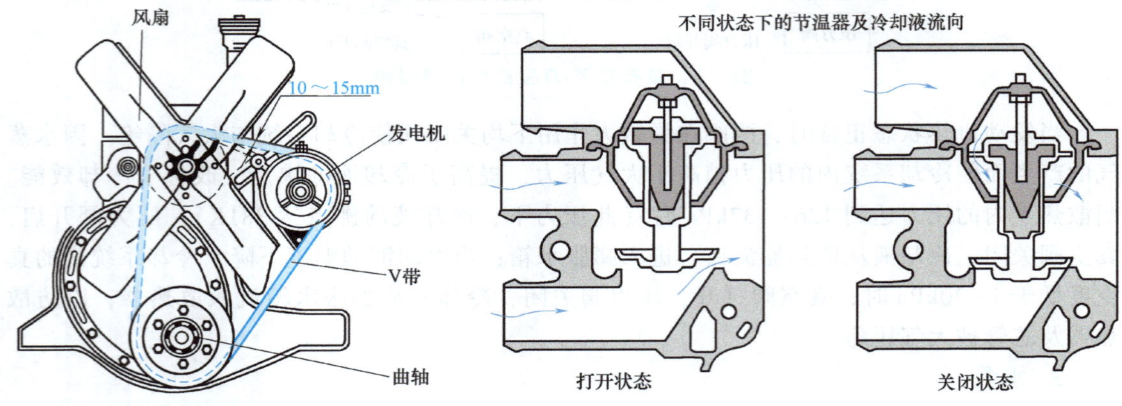

图 6-8　风扇的驱动及 V 带张紧装置

图 6-9　蜡质感温元件

五、电子控制冷却系统

1. 电子控制冷却系统的组成

电子控制冷却系统的组成如图 6-10 所示。

(1) 发动机控制单元　依据发动机负荷为发动机在该状态下设定一个适宜的工作温度。

(2) 温度选择旋钮电位计和温度翻板位置开关　通过温度选择旋钮电位计来识别驾驶者对车辆加热的要求，调节冷却液的温度，使其处于合适的温度范围。

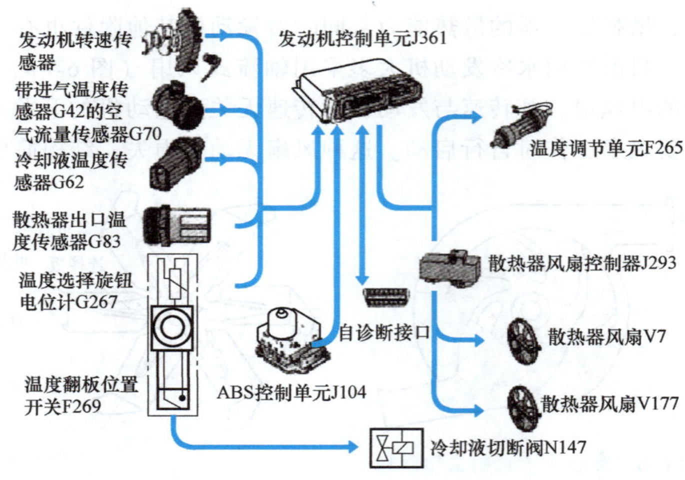

图 6-10　电子控制冷却系统的组成

(3) 冷却液温度传感器和散热器出口温度传感器　冷却液温度传感器用来检测发动机的冷却液温度，ECU 收到该温度信号后修正喷油时间和点火时间。散热器出口温度传感器探测散热器后的冷却液温度，ECU 收到该温度信号后控制冷却风扇。

(4) 温度调节单元　温度调节单元是电控节温器的重要组成部分，工作部件为位于膨胀式节温单元石蜡中的加热电阻。加热石蜡，使膨胀单元发生位移，控制大循环阀的开度。

2. 冷却循环控制

（1）发动机冷起动和部分负荷　发动机冷起动工作时，冷却系统小循环工作，使发动机尽快热机，此时未按发动机冷却特性图进行控制。小循环阀门打开，冷却液通过小循环阀门直接流回水泵，形成小循环，如图 6-11 所示。

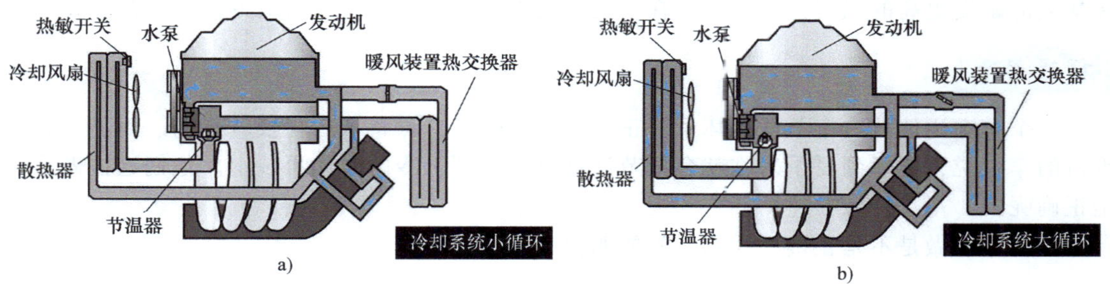

图 6-11　冷却液循环通路

当发动机达到正常温度且部分负荷工作时，电控冷却系统进入工作状态，使冷却液温度保持在 95～110℃。

（2）发动机全负荷　发动机全负荷运转时，要求较高的冷却能力，控制单元根据传感器信号得出的计算值对温度调节单元加载电压，溶解石蜡，使大循环阀门打开，接通大循环。同时，机械关闭小循环通道，切断小循环，使冷却液温度保持在 85～95℃。冷却液大循环通路。

3. 冷却风扇的控制

发动机全负荷工作时，要求具有足够的冷却能力。控制单元依靠发动机出水口与散热器出水口温度的差异来控制风扇的转速，它们的决定性因素是发动机转速和负荷（空气流量）。

4. 冷却液

冷却液由水、防冻剂、添加剂三部分组成，按防冻剂成分不同可分为酒精型、甘油型、乙二醇型等。

（1）酒精型　是用乙醇（俗称酒精）作防冻剂，价格便宜，流动性好，配制工艺简单，但沸点较低、易蒸发损失、冰点易升高、易燃等，现已逐渐被淘汰。

（2）甘油型　沸点高、挥发性小、不易着火、无毒、腐蚀性小，但降低冰点效果不佳、成本高、价格昂贵，用户难以接受，只有少数北欧国家仍在使用。

（3）乙二醇型　用乙二醇作防冻剂，添加少量抗泡沫、防腐蚀等综合添加剂配制而成。乙二醇易溶于水，可以任意配成各种冰点的冷却液，其最低冰点可达-68℃，这种冷却液具有沸点高、泡沫倾向低、粘温性能好、防腐和防垢等特点，是较为理想的冷却液。

目前，国内外发动机所使用的和市场上所出售的冷却液几乎都是这种乙二醇型。在水和乙二醇作为基液的前提条件下，冷却液配方研究的关键技术是腐蚀抑制剂的选择与复配。通常根据腐蚀抑制剂的组成，将冷却液分为无机盐型和有机酸型，其中，无机盐型又分磷酸盐型、胺型、硅酸盐型。

（4）冷却液的功能

1）冬季防冻：为了防止汽车在冬季停车后，冷却液结冰而造成散热器、发动机缸体胀裂，要求冷却液的冰点应低于该地区最低温度 10℃左右，以备天气突变。

2）防腐蚀：冷却液中都加入一定量的防腐蚀添加剂，防止冷却系统产生腐蚀。

3）防水垢：冷却液在循环中应尽可能少地减少水垢的产生，以免堵塞循环管道，影响冷却系统的散热功能。

4）防开锅：符合国家标准的冷却液，沸点通常都是超过105℃，比起水的沸点100℃，冷却液能耐受更高的温度而不沸腾，在一定程度上满足了高负荷发动机的散热冷却需要。

【任务实施】

一个车主说他的汽车节温器坏了，正好天气也热了，预备秋后再换一新的。而另一有起重机的车主说，他每到夏季来临就会把节温器拆下，到天冷的时候再装上。他们这样做是不是正确呢？

分析这样做是不是正确，我们就先要明白节温器的原理。

一、准备工作

1）强制循环水冷却系统示教板一台。

2）多媒体资料。

二、实施步骤

1）教师利用多媒体、示教板，讲解大、小循环路线。

2）学生分组，利用网络资源，学习空调系统结构。

实际中，拆除节温器最多的状况是因为发动机冷却液温度偏高，但拆除节温器后会使发动机达到工作温度的时间大大延长，会加速发动机的磨损，同时对油耗产生一定的影响。

如果随意拆除节温器，发动机冷却液温度过低或者波动过大，对油耗是有一定影响的，发动机冷却液温度长期偏低，也会加大发动机的磨损，缩短发动机的寿命。所以发动机冷却液温度偏高以后不能单纯地拆掉节温器来解决，还得从根本上寻找高温的原因，彻底的解决问题。

【任务评价】

冷却系统的认知评价表

学生姓名					
测评日期		测评地点			
测评内容	冷却系统的认知				
考评标准	内　　容	分值	自评	互评	师评
	叙述大、小循环路径	50			
	节温器工作原理	50			
	合　　计	100			
最终得分(自评30%+互评30%+师评40%)					
说明：测评满分为100分，60~74分为及格，75~84分为良好，85分以上为优秀。60分以下的学生，需重新进行知识学习、任务训练，直到任务完成达到合格为止					

任务2　润滑系统的认知及机油的更换

发动机工作时，摩擦表面（如曲轴轴颈与轴承、凸轮轴轴颈与轴承、活塞环与气缸壁、

正时齿轮副等）之间以很高的速度做相对运动，金属表面之间的摩擦不仅增大发动机内部的功率消耗，使零部件工作表面迅速磨损；摩擦所产生的热量还可能使某些工作零部件表面熔化，导致发动机无法正常运转。因此为保证发动机的正常工作，必须对发动机内相对运动部件表面进行润滑，也就是在摩擦表面覆盖一层润滑剂（机油或油脂），使金属表面之间间隔一层薄的油膜，以减小摩擦阻力、降低功率损耗、减轻磨损，延长发动机使用寿命。

【知识准备】

一、润滑系统的功用

（1）润滑作用　润滑运动零部件表面，减小摩擦阻力和磨损，减小发动机的功率消耗。

（2）清洗作用　机油在润滑系统内不断循环，清洗摩擦表面，带走磨屑和其他异物。

（3）冷却作用　机油在润滑系统内循环还可带走摩擦产生的热量，起冷却作用。

（4）密封作用　在运动零部件之间形成油膜（如活塞与气缸），可以提高它们的密封性，有利于防止漏气或漏油。

（5）防锈蚀作用　在零部件表面形成油膜，对零部件表面起保护作用，防止腐蚀生锈。

（6）液压作用　机油还可用做液压油，如在液压挺柱内起液压作用。

（7）减振作用　在运动零部件表面形成油膜，可以吸收冲击并减小振动，起减振缓冲作用。

二、润滑方式

1. 压力润滑

压力润滑是将机油以一定压力供入摩擦表面的润滑方式，主要用于主轴承、连杆轴承及凸轮轴承等负荷较大、相对运动速度较高的摩擦表面的润滑。

2. 飞溅润滑

飞溅润滑是利用发动机工作时运动零部件飞溅起来的油滴或油雾润滑摩擦表面的润滑方式，主要用来润滑负荷较轻的气缸壁面和配气机构的凸轮、挺柱、气门杆以及摇臂等零部件的工作表面。

3. 润滑脂润滑

对于负荷较小的发动机辅助装置则只需定期、定量加注润滑脂进行润滑。例如水泵及发电机轴承等。近年来采用含有耐磨润滑材料（如尼龙、二硫化钼等）的轴承来代替加注润滑脂的轴承。

三、润滑系统的组成

汽车发动机润滑系统的组成如图 6-12 所示。

1. 机油泵

机油泵的作用是吸油并提高机油压力压送至发动机的各摩擦表面，同时促进了机油的循环流动。

2. 机油滤清器

机油滤清器的作用是滤去机油本身和混入的机械杂质以及机油本身生成的胶质，以防机械杂质随机油流到摩擦表面形成磨料磨损或堵塞管道。

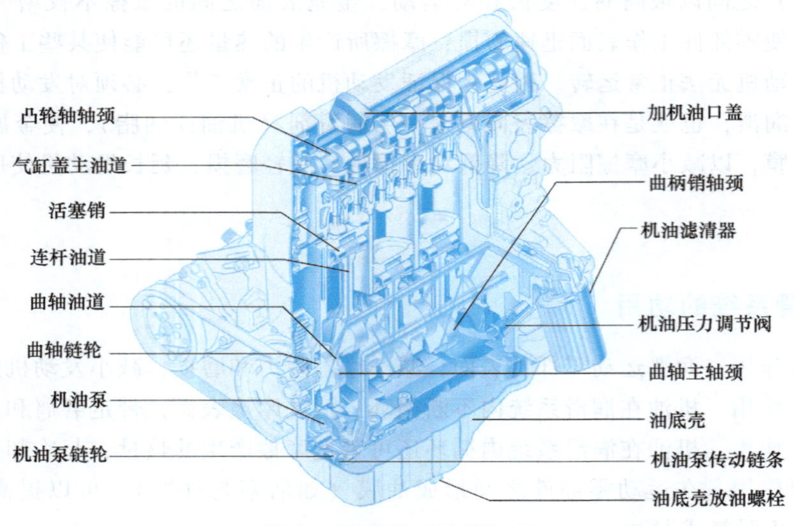

图 6-12 润滑系统的组成

3. 机油冷却器

机油冷却器是用来散去机油吸收的温度，使之保持在 70~90℃ ，并使机油黏度不至于发生多大变化，确保机件正常润滑。机油冷却器是根据发动机的额定功率大小和工作特点来设置的。功率大的柴油机设风冷式机油冷却器或水冷式机油冷却器，功率小的柴油发动机多是依靠机油散热的。

4. 油底壳

它是存储润滑油的容器。

5. 集滤器

它是用金属丝编织的滤网，是润滑系统的进口，用来滤除润滑油中粗大的杂质，防止其进入机油泵。

除此之外，润滑系统还包括润滑油压力表、温度表和润滑油管道等。

四、润滑剂的种类及选用

汽车发动机润滑系所用的润滑剂包括机油和润滑脂两种。

1. 机油

目前，汽车发动机广泛使用的机油，是以石油中提炼出来的机油为基础油，再加入各种添加剂混合而成。目前，国际上广泛采用美国 SAE 黏度分类法和 API 用途分类法，并已被国际标准化组织（ISO）确认，如图 6-13 所示。

（1）SAE 黏度分类法　美国汽车工程师学会（SAE）按照机油黏度等级，把机油进行分类。其牌号有 SAE5W-20、SAE10W-30、SAE15W-40 和 SAE20W-40 等。

（2）API 用途分类法　美国石油学会（API）根据机油的性能及其最适合的使用场合，把机油分为 S 系列和 C 系列两类。S 系列为汽油机油，C 系列为柴油机油。级号越靠后，使用性能越好，适用的机型越新或强化程度越高。

2. 润滑脂

润滑脂是将稠化剂掺入液体润滑剂中所制成的一种稳定的固体或半固体产品，其中可以

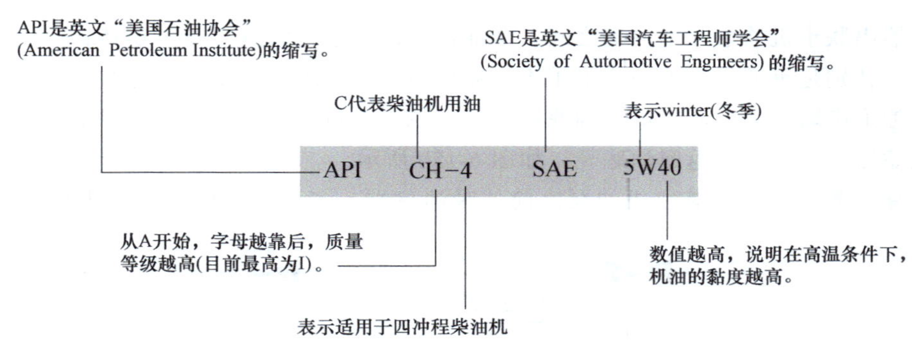

图 6-13 机油的分类

加入改善润滑脂某种特性的添加剂。

润滑脂在常温下可附着于垂直表面而不流淌，并能在敞开或密封不良的摩擦部位工作，具有其他润滑剂不能代替的特点，因此在汽车的许多部位都使用润滑脂润滑。

目前，进口汽车和国产新车普遍推荐使用汽车通用锂基润滑脂。这种润滑脂具有良好的高低温适应性，可在-30~120℃的宽广温度范围内使用；具有良好的抗水性和防锈性能，可用于潮湿和与水接触的摩擦部位；具有良好的安定性和润滑性，在高速运转的机械部位使用，不变质、不流失，保证润滑。

五、润滑系统的油路

现代汽车发动机润滑系统的油路大致相同，如图 6-14 所示。在此系统中，曲轴的主轴颈、曲轴销、凸轮轴颈及中间轴（分电器和机油泵的传动轴）颈均采用压力润滑，其余部分则用飞溅润滑或润滑脂润滑。

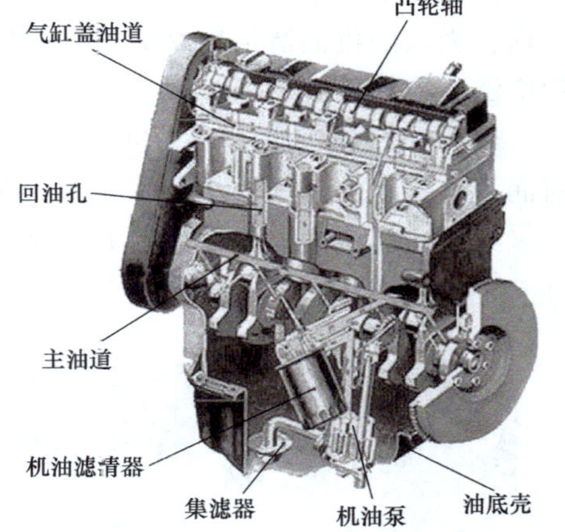

图 6-14 发动机润滑系统的油路

六、润滑系统的主要部件

1. 机油泵

机油泵的作用是保证机油在润滑系统内循环流动，并在发动机任何转速下都能以足够高的压力向润滑部位输送足够数量的机油。

2. 安全阀

安全阀一般装在机油泵上或机体的主油道上。当安全阀安装在机油泵上时，如果油压达到规定值，安全阀开启，多余的机油返回机油泵进口；当安全阀安装在主油道上时，如果油压达到规定值，多余的机油经过安全阀流回油底壳。

3. 机油滤清器

为了保持机油清洁，延长机油的使用寿命，在发动机润滑系统中都装有机油滤清器。一般使用多级滤清器，方式有两种：轿车上普遍采用集滤器加全流式机油滤清器的滤清方式，机油滤清器串联于机油泵和主油道之间，全部机油都经过它滤清，如图 6-15a 所示。

货车，特别是重型货车上一般采用集滤器加粗、细双级滤清器的滤清方式，其中机油粗滤器与主油道串联，而分流式机油细滤器则与主油道并联，经过粗滤器的机油进入主油道，而流过细滤器的机油直接返回油底壳，如图 6-15b 所示。

(1) 集滤器　集滤器装在机油泵之前的吸油口端，多采用滤网式，防止粒度大的杂质

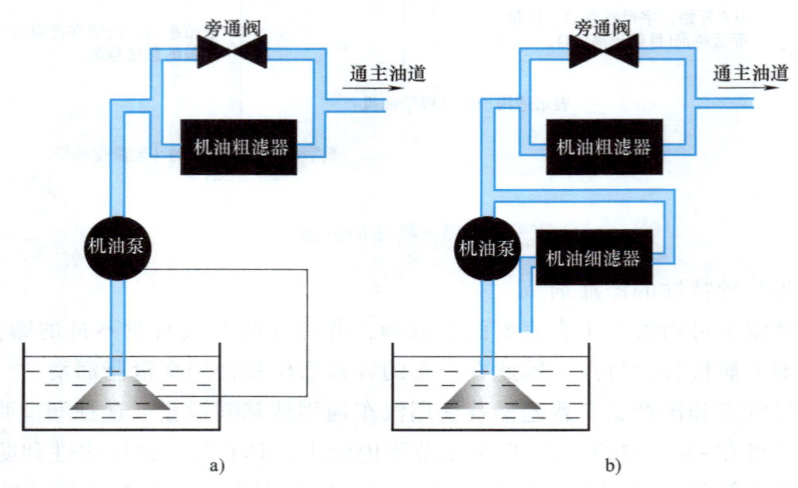

图 6-15　机油滤清方式

a）全流式　b）分流式

进入机油泵。浮式集滤器工作时漂浮于机油油面上，以保证油泵总是吸入最上层较清洁的机油，但油面上的泡沫易被吸入，造成机油压力降低，润滑可靠性差；固定式集滤器装在油面下面，吸入的机油清洁度略逊于浮式集滤器，但可防止泡沫吸入，润滑可靠、结构简单，使用广泛，如图 6-16 所示。

(2) 机油粗滤器　用来过滤机油中粒度较大（直径在 0.05~0.1mm 以上）的杂质。它对润滑油流动的阻力较小，一般串联在机油泵与主油道之间，属于全滤式机油粗滤器。

纸质滤芯机油粗滤器如图 6-17 所示。该滤清器质量轻、体积小、结构简单、滤清效果好、过滤阻力小、成本低、保养方便，目前在国内外应用广泛。

图 6-16　集滤器

图 6-17　纸质滤芯机油粗滤器

（3）机油细滤器　机油细滤器可以滤除直径为0.01mm以上的细小机械杂质及胶质。因为这种滤清器对机油的流动阻力较大，所以与主油道并联，只有10%~15%的润滑油通过。

4. 机油散热器

在高性能大功率的强化发动机上，由于热负荷大，必须装设机油散热器。机油散热器布置在油路中，其工作原理与发动机散热器相同。

【任务实施】

一、准备工作

1）润滑系统示教板一台，如图6-18所示。

2）实训车辆一台。

3）机油一瓶。

二、实施步骤

1）教师利用多媒体、示教板，讲解润滑系统的组成。

2）学生进行机油的更换。

① 抬高车辆，在4S店和维修厂，采用举升机，如果自己更换机油可以采用垫高方法，拆掉前部底盘护板，如图6-19所示。

② 把机油回收桶（接废机油容器）放在发动机底部换油螺钉下面，距离不要太远，50cm以内避免废油溅出。用扳手小心取下放油螺钉，如图6-20和图6-21所示。

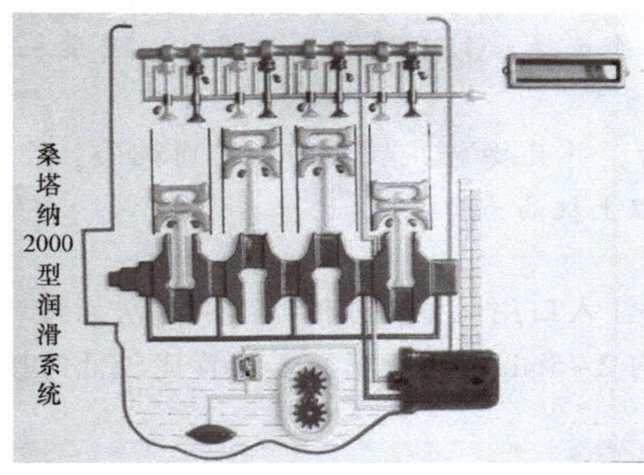

图6-18　润滑系统示教板

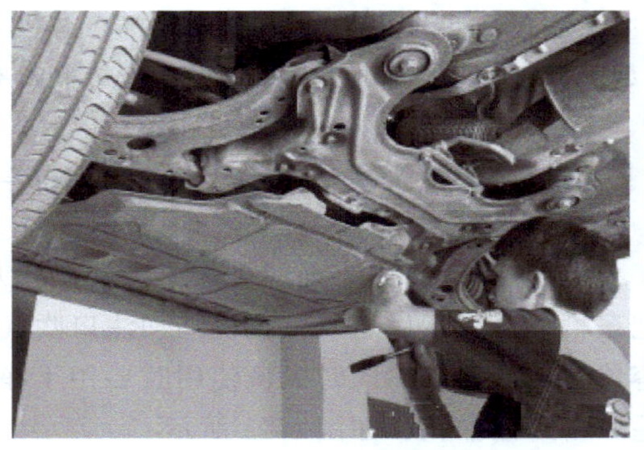

图6-19　抬高车辆，拆掉底盘护板

图6-20　把机油回收桶放在发动机底部换油螺钉下面

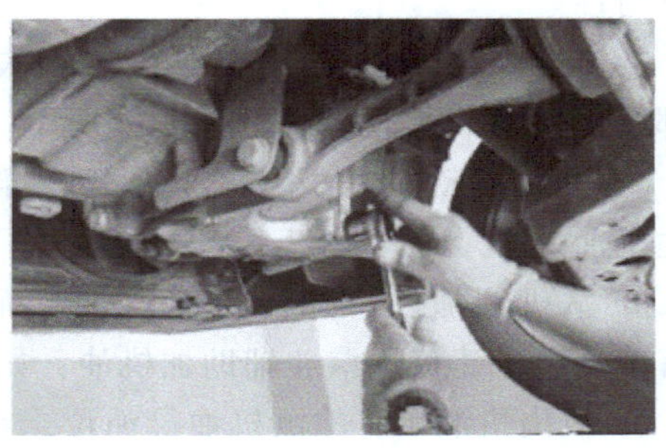

图6-21　取下放油螺钉

③ 带上橡胶手套，抽油机连同气泵，把抽油管接到放油口上，废油通过吸力排出，如果自己换油，用重力放油即可，如图 6-22 所示。

图 6-22 放油

小提示

排量 1.6L 以下的车辆机油用量在 4L 以内，排量 2.0L 的车辆用油量约为 4.5L，排量 2.4L 以上的车辆用油量为 4~5L。选购机油的时候，如果在换油周期没有严重机油消耗情况，一般家用中小排量，2.0L 以下的车辆，有三个选择：①1L 装机油 5 桶；②4L 装机油加 1L 装；③进口 5L 装机油。视情况和价位选择。

如果是涡轮增压车型，推荐使用全合成机油，并且要 ACEA A3/B4 级别机油，最低也要用 API SN 级别机油。自然吸气使用半合成以上机油为佳。

④ 为了把旧油清理的更加干净，采用从机油注入口用风枪把残油吹出的方法处理。先把车辆放低，然后用风枪往机油加注口吹气，大约 2~5min，注意车底要放置比较低的接油容器，比如盆等。同时风枪使用时要用干净毛巾密封注油孔，如图 6-23 所示。

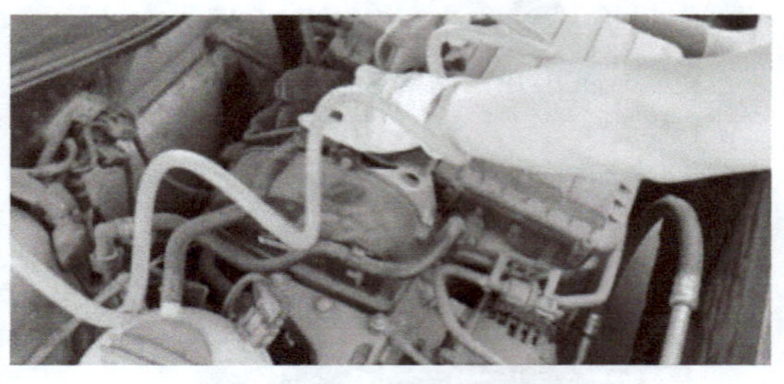

图 6-23 清理旧油

⑤ 再次抬高车辆，安装放油螺钉。检查密封性。

⑥ 拆除更换机油滤清器，注意每次换油都要更换机油滤清器，如图 6-24 所示。

⑦ 安装发动机护板，降下车辆，准备加注机油。

⑧ 从机油加注口加注机油，如果新手没有准确度，建议用漏斗辅助加机油，如图 6-25 所示。

⑨ 拔出机油尺，检测机油尺油位，在机油尺中间为宜，不宜过多，不能低于油尺最低位，如图 6-26 所示。整理发动机舱，换油流程结束。

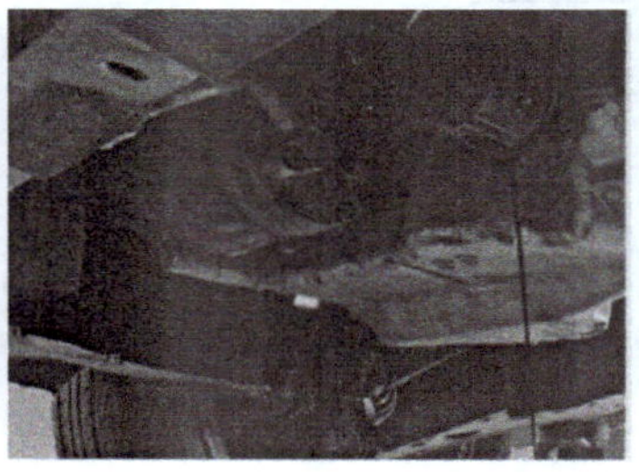

图 6-24　更换机油滤清器

图 6-25　加注机油

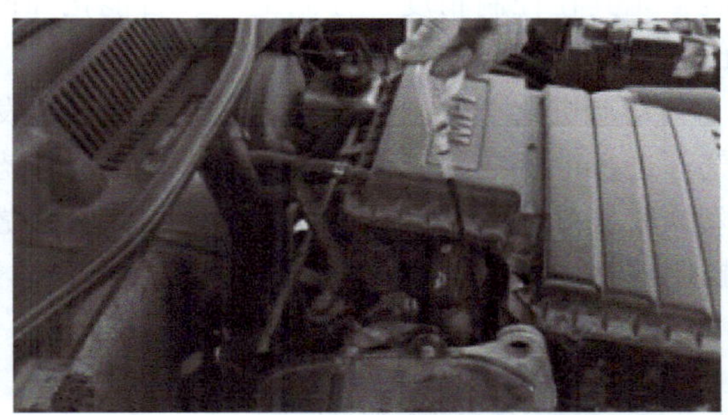

图 6-26　检查油位

【任务评价】

润滑系统的认知及机油的更换评价表

学生姓名					
测评日期		测评地点			
测评内容	润滑系统的认知及机油的更换				
考评标准	内　　容	分值	自评	互评	师评
	机油的选择	20			
	机油的更换	60			
	工具的使用是否正确	20			
合　　计		100			
最终得分(自评 30%+互评 30%+师评 40%)					
说明:测评满分为 100 分,60~74 分为及格,75~84 分为良好,85 分以上为优秀。60 分以下的学生,需重新进行知识学习、任务训练,直到任务完成达到合格为止					

【思考与练习】

1. 简述水冷却系统的组成及其作用。
2. 简述冷却液的大、小循环路线的区别。
3. 简述电子控制冷却系统的工作原理。
4. 简述润滑系的组成及其作用。

项目7

发动机电子控制系统

近年来，随着电子技术、计算机技术和信息技术的应用，汽车电子控制技术迅速的发展，尤其在控制精度、控制范围、智能化和网络化等方面有了较大突破。汽车电子控制技术已成为衡量现代汽车发展水平的重要标志。

发动机电子控制系统（ECS）是通过对发动机点火、喷油、空气与燃油的比率、排放废气等进行电子控制，使发动机在最佳工况状态下运行，以达到提高其整车性能、节约能源、降低废气排放的目的，主要包括电控点火装置（ESA）、电控燃油喷射（EFI）、废气再循环控制（EGR）。

【学习目标】

知识目标：

1. 掌握传统点火系统的原理。
2. 理解电控点火系统的原理。
3. 了解起动系统的组成。

技能目标：

1. 通过学习能正确识别电控点火系统零部件。
2. 通过学习能进行起动系统的拆装。

任务1 传统点火系统的认知

汽油机在压缩接近上止点时，可燃混合气是由火花塞点燃的，从而燃烧对外做功，为此，汽油机的燃烧室中都装有火花塞。点火系统的作用就是按照气缸的工作顺序定时地在火花塞两电极间产生足够能量的电火花。

【知识准备】

一、点火系统的类型

按其组成和产生高压电方式的不同可分为传统点火系统、电子点火系统、微机控制点火系统和磁电机点火系统。

1. 传统点火系统

传统点火系统利用机械触点控制点火提前角，同时采用机械离心装置和真空装置对点火

提前角进行自动调节。如图 7-1 所示，以蓄电池和发电机为电源，借点火线圈和断电器的作用，将电源提供的 6V、12V 或 24V 的低压直流电转变为高压电，再通过分电器分配到各缸火花塞，使火花塞两电极之间产生电火花，点燃可燃混合气。现传统点火系统已被淘汰。

2. 电子点火系统

控制点火提前角的元件用电子点火器取代了断电器，利用晶体管的导通和截止来控制点火线圈一次绕组回路的通断，而晶体管的导通与截止则用点火信号发生器产生的信号来控制，如图 7-2 所示。

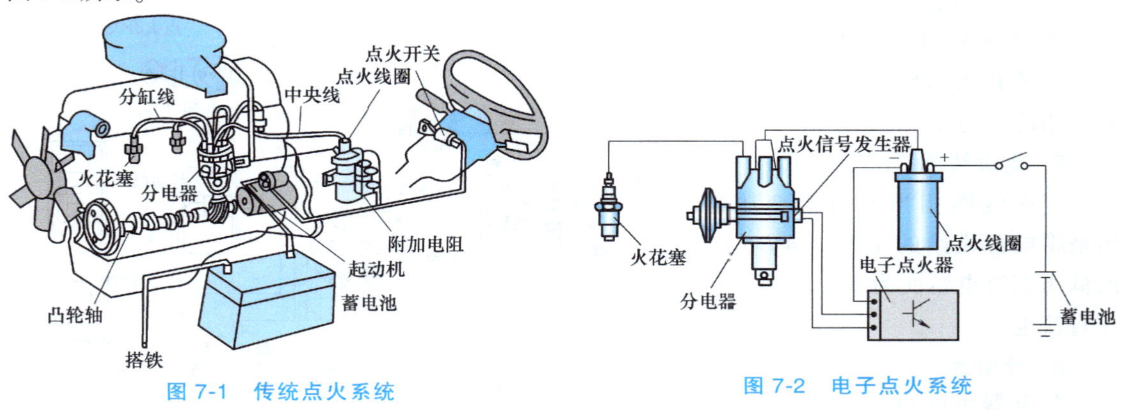

图 7-1　传统点火系统　　图 7-2　电子点火系统

3. 微机控制点火系统

由 ECU 来控制和修正点火提前角，完全取消了机械装置，甚至可取消分电器，成为全电子点火系统，如图 7-3 所示。

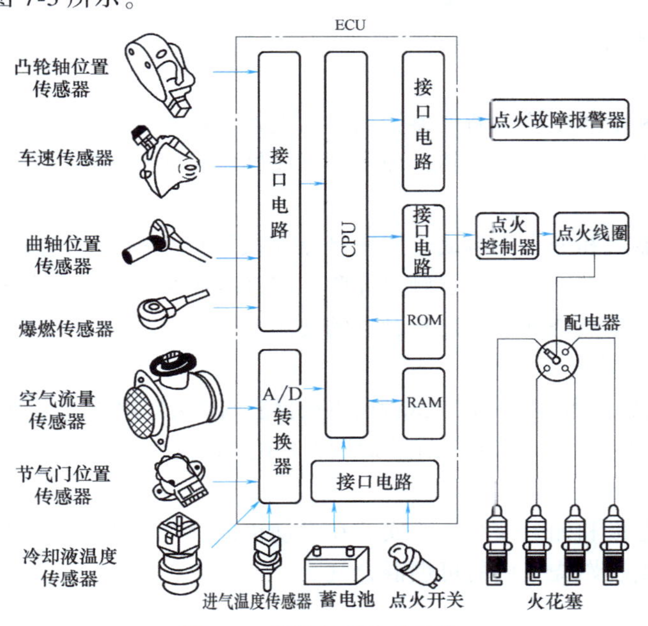

图 7-3　微机控制点火系统

二、点火系统的基本要求

1）能产生足以击穿火花塞两电极间隙的电压。

2）电火花应具有足够的点火能量。

3）点火时刻应与发动机的工作状况相适应。

三、传统点火系统的组成

传统点火系统主要由点火开关、点火线圈、分电器、断电器、配电器、点火提前调节装置、火花塞和电源等组成，如图 7-4 所示。

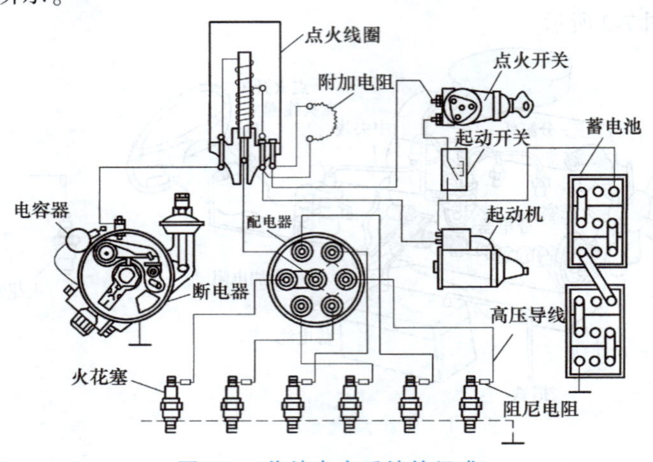

图 7-4　传统点火系统的组成

1. 点火开关

点火开关用来控制仪表电路、点火系统初级电路以及起动机继电器电路的开与闭。

2. 点火线圈

点火线圈相当于自耦变压器，用来将电源供给的 12V、24V 或 6V 的低压直流电转变为 15～20kV 的高压直流电。

3. 分电器

分电器由断电器、配电器、电容器等组成。它用来在发动机工作时接通与切断点火系统的初级电路，使点火线圈的次级绕组中产生高压电，并按发动机要求的点火时刻与点火顺序，将点火线圈产生的高压电分配到相应气缸的火花塞上。

4. 断电器

断电器主要由断电器凸轮、断电器触点、断电器活动触点臂等组成。断电器凸轮由发动机凸轮轴驱动，并以同样的转速旋转，即发动机曲轴每转两周，断电器凸轮转一周。

5. 配电器

配电器由分电器盖和分火头组成。用来将点火线圈产生的高压电分配到各缸的火花塞。电容器安装在分电器壳上，与断电器触点并联，用来减小断电器触点断开瞬间，在触点处所产生的电火花，以免触点烧蚀，可延长触点的使用寿命。

6. 点火提前调节装置

点火提前调节装置由离心式和真空式两套点火提前调整装置组成，分别安装在断电器底板的下方和分电器的外壳上，用来在发动机工作时随发动机工况的变化自动调整点火提前角。

7. 火花塞

火花塞由中心电极和侧电极组成，安装在发动机的燃烧室中，用来将点火线圈产生的高压电引入燃烧室，点燃燃烧室内的可燃混合气。

8. 电源

电源提供点火系统工作时所需的能量，由蓄电池和发电机构成，其标称电压一般为 12V。

四、传统点火系统的工作原理

传统点火系统的工作原理如图 7-5 所示，接通点火开关，发动机开始运转。发动机运转

过程中，断电器凸轮不断旋转，使断电器触点不断地开、闭。

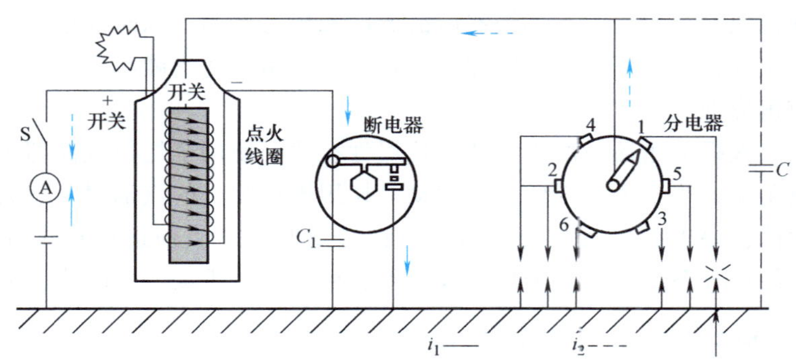

图 7-5 点火系统的工作原理

当断电器触点闭合时，电流从蓄电池正极出发，经点火开关、点火线圈初级绕组、断电器触点、分电器壳体搭铁，流回蓄电池的负极。此时点火线圈产生磁场，积聚磁场能。

当断电器的触点被凸轮顶开时，初级电路被切断，点火线圈初级绕组中的电流迅速下降到零，线圈周围和铁心中的磁场也迅速衰减以至消失，因此在点火线圈的次级绕组中产生感应电压，称为次级电压，产生的电流称为次级电流。高压电路路径：点火线圈次级绕组、点火开关、蓄电池、搭铁、火花塞侧电极、火花塞间隙、火花塞中央电极、分电器、点火线圈次级绕组。

在触点分开、初级电流下降的瞬间，自感电流的方向与原初级电流的方向相同，其电压高达 300V。它将击穿触点间隙，在触点间产生强烈的电火花，这不仅使触点迅速氧化、烧蚀，影响断电器正常工作，同时使初级电流的变化率下降，次级绕组中感应的电压降低，火花塞间隙中的火花变弱，以致难以点燃混合气。

为了消除自感电压和电流的不利影响，在断电器触点之间并联有电容器 C_1。在触点分开瞬间，自感电流向电容器充电，可以减小触点之间的火花，加速初级电流和磁通的衰减，并提高了次级电压。

五、点火时刻

若恰好在活塞到达上止点时点火，混合气开始燃烧时，活塞已开始向下运动，使气缸容积增大，燃烧压力降低，发动机功率下降。因此，应提前点火，即在活塞到达压缩行程上止点之前火花塞点火，使燃烧室内的气体压力在活塞到达压缩行程上止点后 10°~12°时达到最大值。这样混合气燃烧时产生的热量，在作功行程中得到最有效利用，可以提高发动机功率。

从点火时刻起到活塞到达压缩上止点，这段时间内曲轴转过的角度称为点火提前角，能使发动机获得最佳动力性、经济性和最佳排放性能的点火提前角，称为最佳点火提前角。发动机工作时，最佳点火提前角不是固定值，它随很多因素而改变。影响点火提前角的主要因素是发动机的转速和混合气的燃烧速度。混合气的燃烧速度又与混合气的成分、发动机的结构及其他（燃烧室的形状、压缩比等）因素有关。

当节气门开度一定时，随着发动机转速升高，单位时间内曲轴转过的角度增大。如果混合气燃烧速度不变，应适当增大点火提前角，否则燃烧会延续到做功行程，使发动机的动力性、经济性下降。所以，点火提前角应随发动机转速升高而增大。

当发动机转速一定时，随着负荷增加，节气门开度增大，单位时间内吸入气缸内的可燃混合气数量增加，压缩行程终了时燃烧室内的温度和压力增高。同时残余废气在气缸内混合气中所占的比例减少，混合气燃烧速度加快，点火提前角应适当减小。反之，发动机负荷减小时，点火提前角应加大。

此外，最佳点火提前角还与所用汽油的抗爆性有关。使用辛烷值较高即抗爆性较好的汽油时，点火提前角应适当增大。因此，当发动机换用不同牌号的汽油时，点火提前角也必须作适当调整。为此，要求点火系统的结构还应在必要时能适当地进行点火提前角的手动调节，如有些车型的点火系统中配有辛烷值校正器，可在进行手动调节时指示调节的角度。

六、传统点火系统主要元件的结构

1. 分电器

分电器的结构如图 7-6 所示。

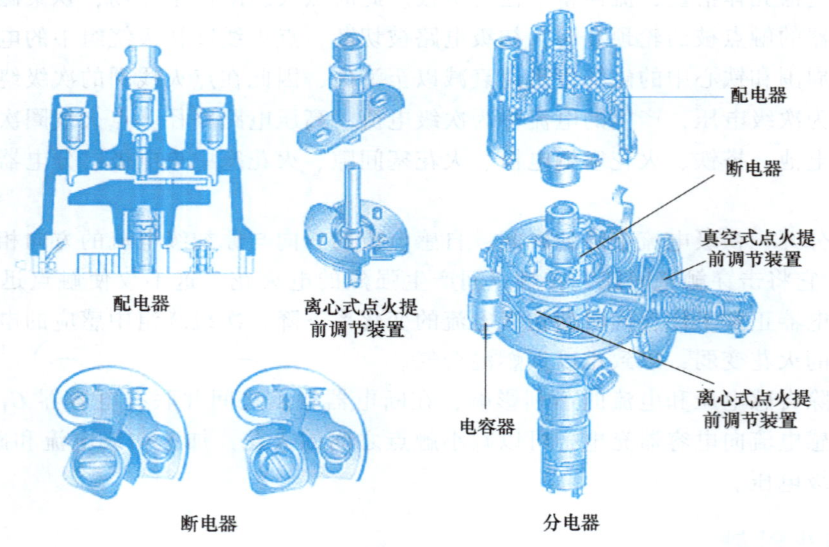

图 7-6　分电器的结构

(1) 断电器　作用是周期地接通和切断点火线圈初级绕组的电路，使初级电流和点火线圈铁心中的磁通发生变化，以便在点火线圈的次级绕组中产生高压电。

(2) 配电器　用来将点火线圈中产生的高压电，按发动机的工作次序轮流分配到各气缸的火花塞。

(3) 电容器　安装在分电器的壳体上，目前，发动机点火系统所用的电容器一般均为纸质电容器。

2. 点火提前调节装置

真空式点火提前调节装置在发动机工作时，随着负荷的变化，自动调节点火提前角，是利用改变断电器触点与凸轮之间相位关系的方法进行调节的，在发动机负荷增大时自动地减小点火提前角，如图 7-7 所示。

发动机小负荷运行时，节气门开度小，节气门后方的真空度大，并从小孔经真空连接管作用

于调节装置的真空室，使膜片右方真空度增大，在大气压力的作用下，膜片克服弹簧张力向右拱曲，并带动拉杆向右移动。与此同时，断电器底板连同触点，相对于凸轮逆着旋转方向转过一个角度，使点火提前角加大。

发动机转速一定时，节气门后方的真空度只取决于节气门的开度。节气门开度越小（负荷越小），节气门后方的真空度越大，点火提前角也越大。

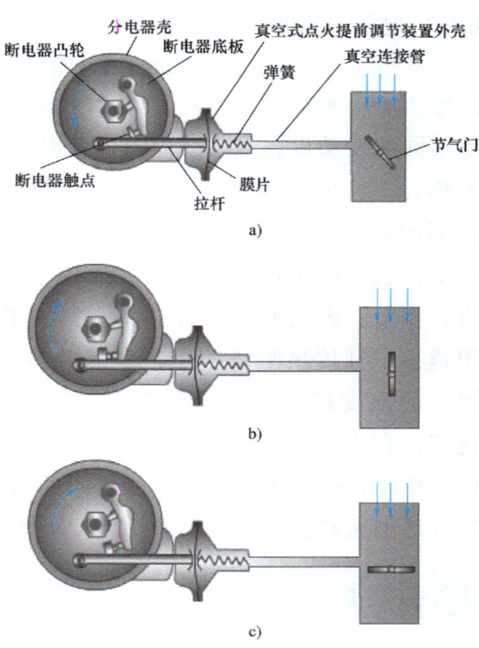

图 7-7　真空式点火提前调节装置的工作原理

a）节气门部分开启　b）节气门全开　c）节气门全闭

3. 点火线圈

点火线圈是将蓄电池或发电机输出的低压电转变为高压电的升压变压器，它由初级绕组、次级绕组和铁心等组成。按其磁路形式，可分为开磁路点火线圈和闭磁路点火线圈两种。

（1）开磁路点火线圈（图 7-8）　采用柱形铁心，初级绕组在铁心中产生的磁通，通过导磁钢套构成磁回路，而铁心的上部和下部的磁力线从空气中穿过，磁路的磁阻大，泄漏的磁通量多，转换效率低，一般只有 60%左右。

（2）闭磁路点火线圈（图 7-9）　近年来，在汽车的电子点火系统中，采用了能量转换效率较高的闭磁路点火线圈。与传统点火线圈相比，其铁心为一带有小气隙的“口”或“曰”字的形状。初级绕组在铁心中产生的磁通通过铁心形成闭合磁路，减少了漏磁损失，所以转换效率较高，可达 75%。

4. 火花塞

火花塞（图 7-10）的作用是将点火线圈或磁电机产生的脉冲高压电引入燃烧室，并在其两个电极之间产生电火花，以点燃可燃混合气。

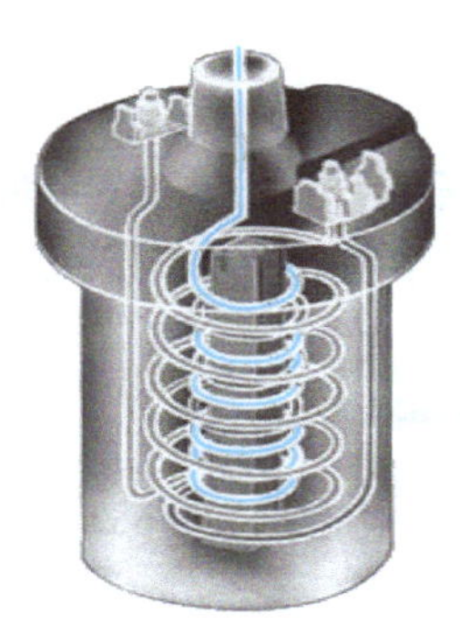

图 7-8　开磁路点火线圈

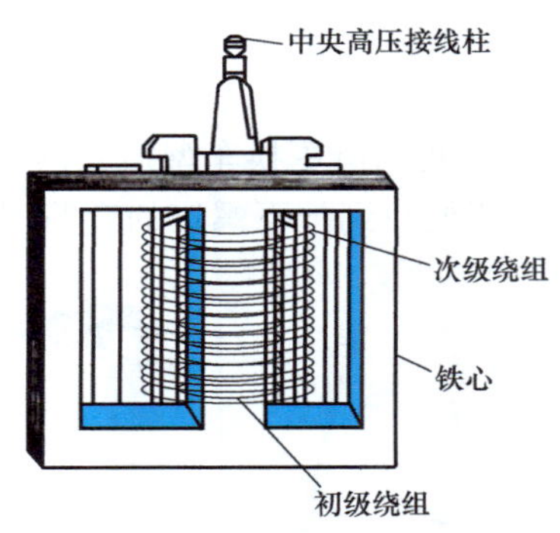

图 7-9　闭磁路点火线圈

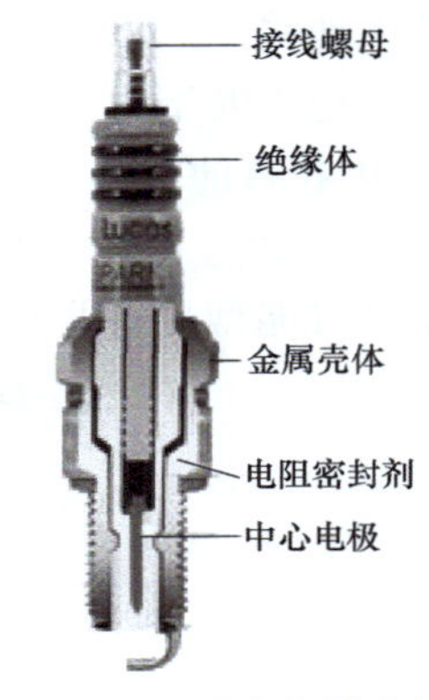

图 7-10　火花塞的结构

火花塞中心电极与侧电极之间的间隙，称为火花塞间隙。间隙过小，火花微弱，容易产生积炭而漏电；间隙过大，火花塞击穿电压增高，发动机不易起动，且在高速时容易发生

“缺火”现象。因此，火花塞间隙的大小应适当。

发动机工作时火花塞绝缘体裙部的温度若保持在500~600℃，落在绝缘体裙部的油粒能立即被烧掉，不容易产生积炭。这个温度称为火花塞的自净温度。

不同的发动机，当气缸内温度及温度分布状况相同时，火花塞绝缘体裙部越长，其受热面积越大，且传热距离越长，散热困难，火花塞裙部的温度越高，这种火花塞称为“热型”火花塞，它适用于低速、低压缩比的小功率发动机；相反，火花塞绝缘体裙部越短，其受热面积越小，且传热距离缩短，容易散热，火花塞裙部的温度越低，这种火花塞称为“冷型”火花塞，它适用于高速、高压缩比大功率的发动机。裙部长度介于冷型与热型之间的火花塞，称为普通型火花塞，如图7-11所示。

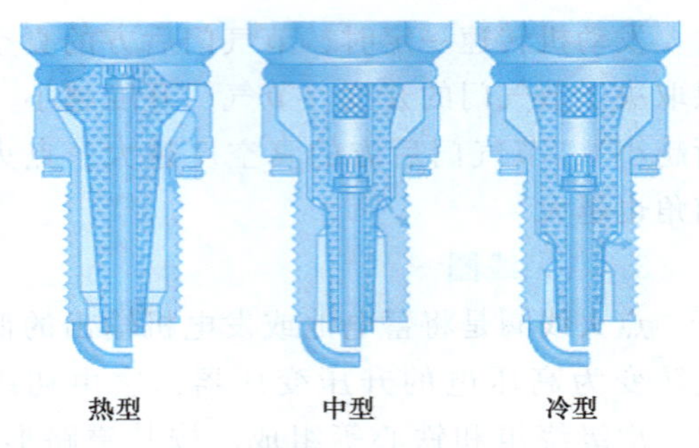

图7-11　火花塞的类型

【任务实施】

一般情况下，火花塞的使用寿命为15000km，长效火花塞的使用寿命也不超过30000km。火花塞安装力矩过大，垫片过度变形，六角螺母有压痕，容易造成发动机拉缸，导致火花塞失火失效。力矩过小，不能起到预期的密封性能和传热效果，造成火花塞从螺纹处漏气，侧电极温度过高，造成火花塞失效，从而导致发动机点火失效、抖动。

一、准备工作

1）实训发动机一台。

2）汽车维修工具一套。

二、实施步骤

1. 点火线圈的拆装

拧下地线，拔下点火线圈的插头，将线放在一旁，拆下点火线圈，安装顺序与拆卸顺序相反，切记不要暴力拆装。

2. 火花塞的更换

（1）准备好工具　扳手和套筒　我们所更换车型需要的套筒型号是16mm和8mm两种，其他车型可能型号有些不同，但只要能找到拧下螺钉的套筒型号即可，如图7-12所示。

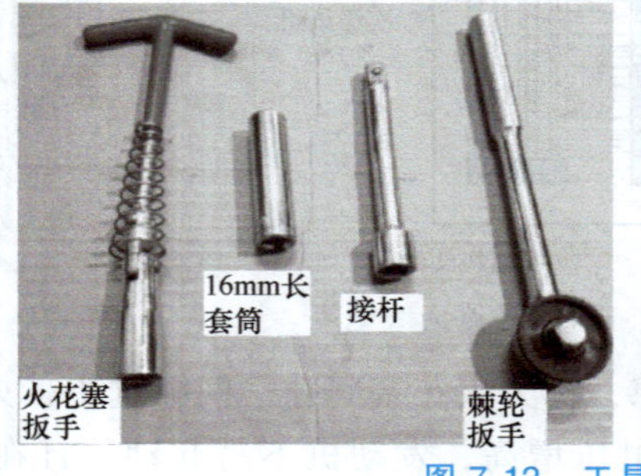

图7-12　工具

（2）拔下缸线　缸线应直接向上拔出，不要拧转，防止缸线接扣断裂，如图 7-13 所示。

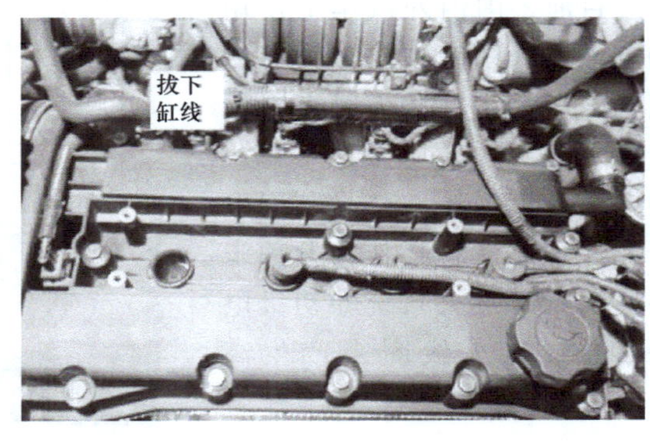

图 7-13　拔下缸线

（3）拧出火花塞　拧出火花塞后，就可以看到火花塞平时工作的状况了，如下图中的两只火花塞，左边为全新没有使用过的，右边是使用了 40000km 以后的，如果拆下来的火花塞都是右边这样的，那么火花塞工作比较正常，如图 7-14 所示。

（4）安装火花塞　用火花塞扳手顺时针扭转，直至扭紧，如图 7-15 所示。

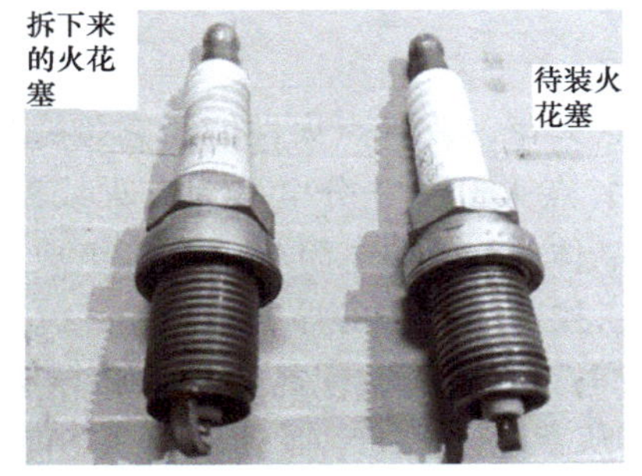

图 7-14　火花塞对比

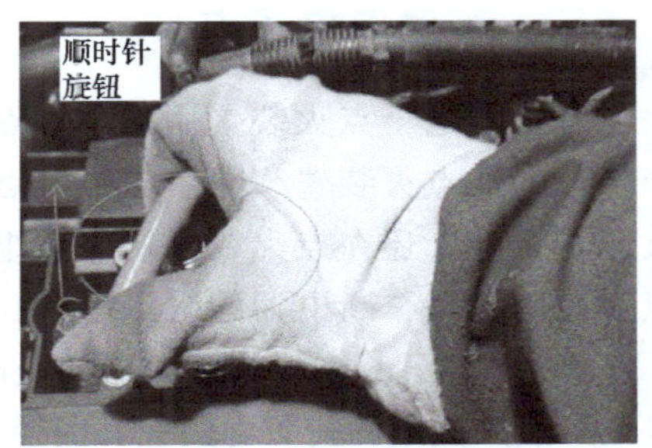

图 7-15　安装火花塞

【任务评价】

传统点火系统的认知训练评价表

学生姓名					
测评日期		测评地点			
测评内容	火花塞的拆装				
考评标准	内　　容	分值	自评	互评	师评
	火花塞的拆装	50			
	工具的使用	50			
合　　计		100			
最终得分（自评 30%+互评 30%+师评 40%）					
说明：测评满分为 100 分，60～74 分为及格，75～84 分为良好，85 分以上为优秀。60 分以下的学生，需重新进行知识学习、任务训练，直到任务完成达到合格为止					

任务 2　电子控制点火系统的认知

近年来，汽车发动机向多缸、高转速、高压缩比的方向发展，人们还力图通过改善混合气的燃烧状况以及燃用稀混合气，以达到减少排气污染和节约燃油的目的。这些都要求汽车的点火系统能够提供足够高的次级电压、火花能量和最佳点火时刻。传统点火系统已经不能满足这些要求。因此，近年来各国都在积极探索改进途径，并研制了一系列的电子点火系统（图 7-16）。

目前，国内外汽车上使用的电子点火系统主要分为有触点电子点火系统和无触点电子点火系统两大类。无论是哪一类电子点火系统，都是利用电子元件（晶体管）作为开关来接通或断开点火系统的初级电路，通过点火线圈来产生高压电。

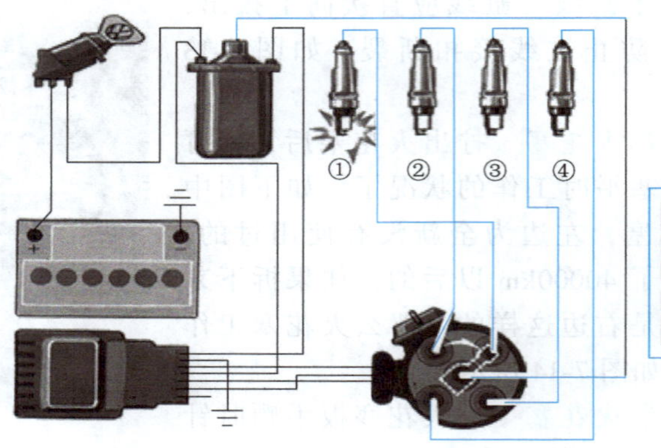

图 7-16　电子点火系统

点火系统

【知识准备】

一、有触点电子点火系统

有触点电子点火装置用减小触点电流的方法，减小触点火花，改善点火性能，它是一种半导体辅助点火装置。除了与传统点火系统一样具有电源、点火开关、分电器、点火线圈、火花塞之外，还在点火线圈初级绕组的电路中，增加了由晶体管 VT 和电阻、电容等组成的点火控制电路，断电器的触点串联在晶体管的基极电路中，控制晶体管的导通与截止。

接通点火开关 S，当断电器触点闭合时，晶体管的基极电路被接通，使晶体管饱和导通，接通了点火线圈的初级电路。其路径是：晶体管的基极电流从蓄电池“+”→ 点火开关 SW→ 点火线圈初级绕组 N_1→附加电阻 R_f→ 晶体管的发射极 e、基极 b→电阻 R_2→ 断电器触点 K→ 搭铁→蓄电池“-”。点火线圈初级绕组的电流从蓄电池“+”→点火开关 SW→ 点火线圈初级绕组 N_1→附加电阻 R_f→晶体管的发射极 e、集电极 c→搭铁 → 蓄电池“-”。

当断电器触点分开时，晶体管的基极电路被切断，晶体管由导通变为截止，切断了点火线圈初级绕组的电路，初级电流迅速下降到零，在点火线圈次级绕组中产生高压电，击穿火花塞间隙，点燃混合气。

发动机工作时，断电器触点不断地闭合、分开，控制晶体管的导通与截止和初级电路的通断，从而控制点火系统的工作，如图 7-17 所示。

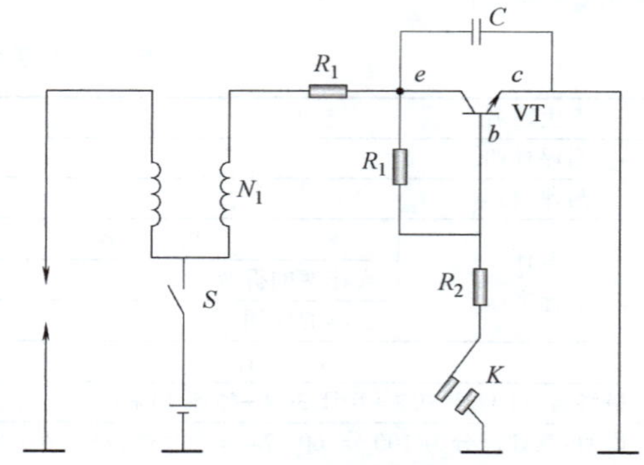

图 7-17　有触点电子点火系统的工作原理

二、无触点电子点火系统

无触点电子点火系统（图 7-18）利用传感器代替断电器触点，产生点火信号，控制点火线圈的通断和点火系统的工作，可以克服与触点相关的一切缺点，在国内外汽车上应用十分广泛。无触点电子点火系统主要由点火信号发生器（传感器）、点火控制器、分电器、点火线圈、火花塞等组成。其中分电器主要包括配电器和离心式提前装置、真空式提前装置，它们的作用、结构和工作原理与传统点火系统对应部分完全相同。

1. 点火信号发生器

点火信号发生器取代了传统点火系统断电器中的凸轮，用来判定活塞在气缸中所处的位

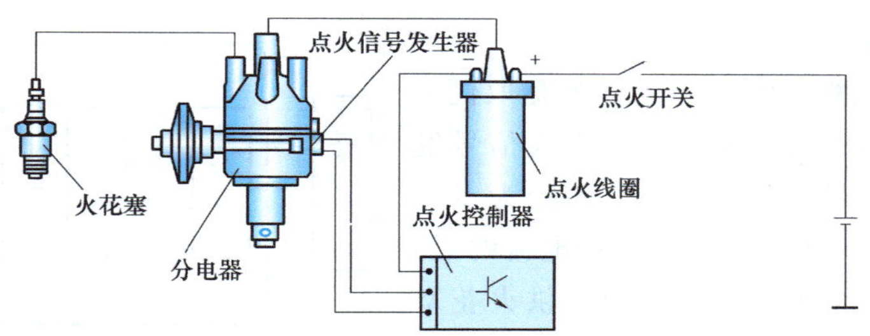

图 7-18　无触点式电子点火系统

置，并将检测到的活塞位置信号转变成为脉冲电信号输送到点火控制器，从而保证火花塞在恰当的时刻点火。目前，应用较多的主要有磁脉冲式（图 7-19）霍尔效应式和光电效应式。

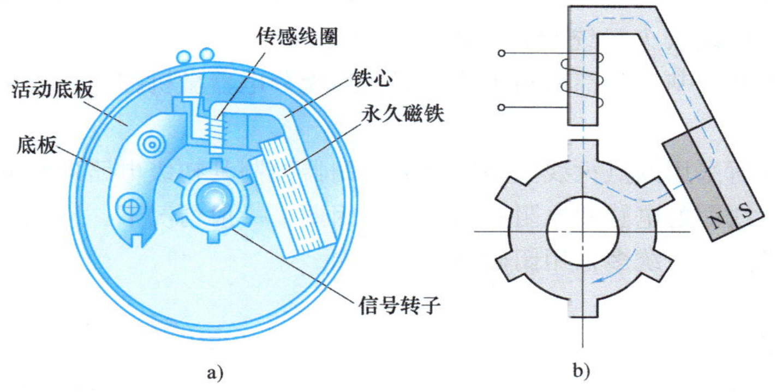

图 7-19　磁脉冲式点火信号发生器

a）结构　b）工作原理

（1）磁脉冲式　磁脉冲式点火信号发生器输出的交变信号受发动机转速的影响很大。转速越高，信号越强，对点火控制器电路的触发越可靠，但可能造成电路中有关元件的损坏。磁脉冲式点火信号发生器结构简单，成本较低，因而应用最为广泛。

（2）霍尔效应式　霍尔效应式点火信号发生器（图 7-20）安装在分电器内，由霍尔触发器、永久磁铁和由分电器轴驱动的带缺口的转子组成。霍尔效应式点火信号发生器利用霍尔元件的霍尔效应工作，根据只有在直流电压和磁场同时作用于霍尔触发器时，才能在触发器中产生电压信号的现象制成传感器（即霍尔传感器），在发动机工作时产生点火信号。

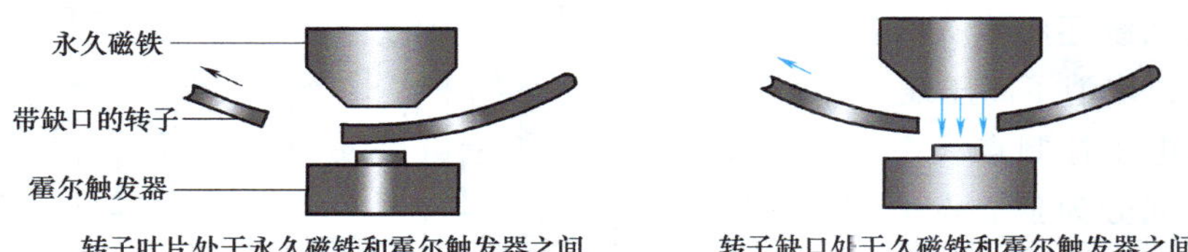

图 7-20　霍尔效应式点火信号发生器

霍尔效应式点火信号发生器比磁脉冲式点火信号发生器的性能稳定，耐久性好、寿命长，点火精度高，且不受温度、灰尘、油污等影响，特别是输出的电压信号不受发动机转速的影响，使发动机低速点火性能良好，容易起动，因而其应用日益广泛。

（3）光电效应式　光电效应式点火信号发生器利用光电效应原理，以红外线或可见光光束进行触发的，主要由遮光盘（信号转子）、遮光盘轴、光源、光接收器（光敏元件）等组成。

2. 点火控制器

点火控制器（图 7-21）：点火控制器取代了传统点火系统中断电器的触点，将点火信号发生器输出的点火信号整形、放大，转变为点火控制信号，控制点火线圈初级绕组中电流的通、断，以便在次级绕组中产生高压电，供火花塞点火。点火控制器的基本电路包括整形电路、开关信号放大电路、功率输出电路等。

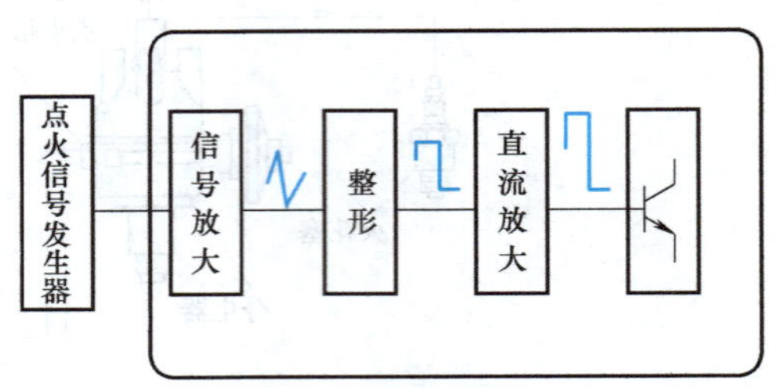

图 7-21　电子点火系统

3. 分电器

分电器是点火系统中做适时控制初级电路通断、按顺序分配火花到各缸火花塞的部件。分电器主要应用于传统点火系统和普通电子点火系统，而这两种点火系统基本上已经被淘汰。现在的汽车发动机基本上都取消了分电器，称无分电器微机控制点火系统。

4. 点火线圈

电子点火系统所采用的点火线圈是用点火控制器控制其初级电路通断的，所以其初级电流可以增大，点火线圈的电感和电阻一般较小。因此，一般情况下，不能和传统点火系统点火线圈互换。电子点火系统多采用闭磁路点火线圈。

5. 火花塞

由于普通电子点火系统的点火能量提高，火花塞电极间隙比传统点火系统的火花塞电极间隙增大，一般为 0.8~1.0mm；为了适应稀薄混合气燃烧，有的甚至达到 1.0~1.2mm，并且各种车型差异也较大，在检查、调整、维修时，应严格根据原车说明书进行。

三、电子控制点火系统

在 20 世纪 70 年代后期，微机开始在汽车上获得应用——用微机控制点火正时。由于微机具有响应速度快、运算和控制精度高、抗干扰能力强等优点，通过电子控制点火提前角要比机械式的离心式点火提前调整装置和真空式点火提前调整装置的精度高得多。

1. 无分电器电子控制点火系统

无分电器微机控制点火系统由低压电源、点火开关、ECU、点火控制器、点火线圈、火花塞、高压线和各种传感器等组成。有的无分电器点火系统还将点火线圈直接安装在火花塞上方，取消了高压线。

无分电器电子控制点火系统根据高压配电方式的不同分为独立点火方式和同时点火方式两种，其工作原理也各不相同。

(1) 独立点火方式（图 7-22）　每缸火花塞配一个点火线圈，各个独立的点火线圈直接安装在火花塞上，独立向火花塞提供高压电，各缸直接点火。这种结构的特点是去掉了高压线，因此可以使高压电能的传递损失和对无线电的干扰降到最低水平。

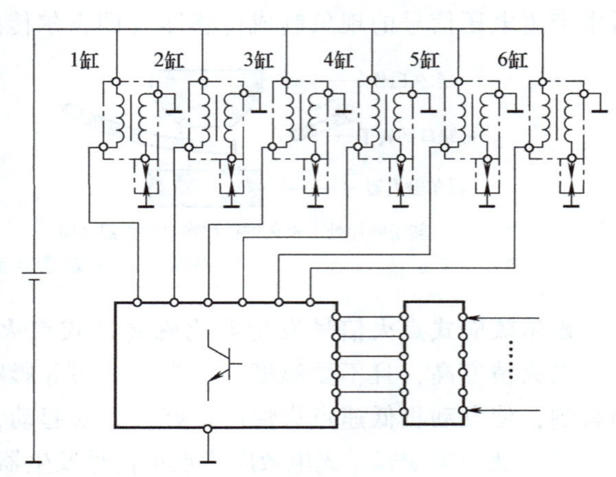

图 7-22　独立电子点火系统

（2）点火线圈配电方式　如图 7-23 所示。

1）直接用点火线圈分配高压电的同时点火方式。几个相互屏蔽、结构独立的点火线圈组合成一体，称为点火线圈组件。4 缸发动机的点火线圈组件有两个独立的点火线圈，6 缸发动机的点火线圈组件有三个独立的点火线圈。每个点火线圈给配对的两个缸的火花塞供高压电。

点火控制器根据 ECU 提供的点火信号，由气缸判别电路按点火顺序轮流激发晶体管，使其导通或截止，以此控制点火线圈初级绕组的通断，产生次级电压而点火。

2）二极管配电方式。如图 7-24 所示，利用二极管的单向导通特性，对点火线圈产生的高压电进行分配的同时点火方式。与二极管配电方式相配的点火线圈有两个初级绕组、一个次级绕组，相当于是共用一个次级绕组的两个点火线圈的组件。

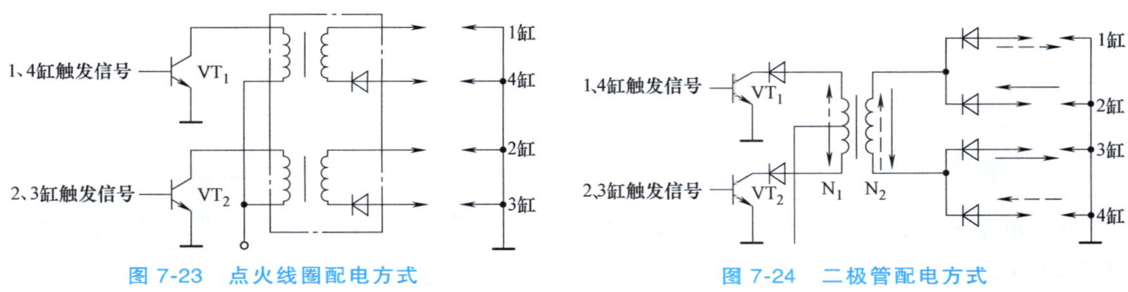

图 7-23　点火线圈配电方式　　　图 7-24　二极管配电方式

二极管配电方式的主要特点是一个点火线圈组件为四个火花塞提供高压电，因此特别适合 4 缸或 8 缸发动机。

2. 主要元器件的结构及原理

（1）ECU　由于无分电器点火系统取消了机械式高压配电而改为电子式高压配电，因此，微机控制单元不再只控制一个点火线圈初级绕组的通断，而是要根据曲轴的不同位置，按一定顺序控制两个或多个点火线圈初级绕组，以实现电子式高压配电。

ECU 主要由输入接口电路、A/D 转换器、中央处理器（CPU）、只读存储器（ROM）、随机存储器（RAM）等组成，同时还增加了气缸判别（简称判缸）电路（又称为分电电路），以根据曲轴位置传感器或气缸判别信号传感器确定需要控制的点火线圈初级绕组，无分电器电子控制点火系统如图 7-25 所示。

（2）点火控制器　由于无分电器点火系统有两个或多个点火线圈或点火线圈初级绕组，所以点火控制器一般除了具有自动断电功能、导通角控制、恒流控制等电路外，还有气缸判别电路和多个大功率晶体管及相应的控制电路。

（3）点火线圈　由于无分电器点火系统有两个或多个点火线圈初级绕组，发动机的一个工作循环，每个点火线圈初级绕组只通断一次（独立点火）或两次（同时点火），所以点火线圈初级绕组能够有较长的通电时间，点火线圈可以采用完全的闭磁路结构，从而提高能量利用率。

【任务实施】

微机控制点火系统最基本的功能是点火提前控制。该系统根据各相关传感器信号，判断发动机的运行工况和运行条件，选择最理想的点火提前角点燃混合气，从而改善发动机的燃烧过程，以实现提高发动机动力性、经济性和降低排放污染的目的。

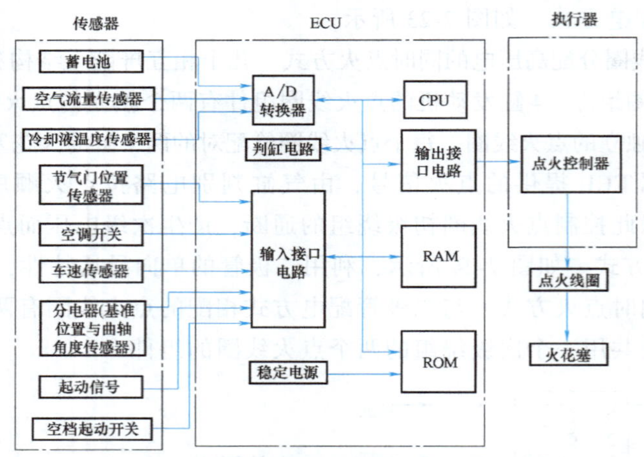

图 7-25　无分电器电子控制点火系统

一、准备工作

1）电子控制点火系统系统示教板一台，如图 7-26 所示。

2）多媒体资料。

二、实施步骤

1）教师利用多媒体资源，讲解电子控制点火系统的组成与原理。

2）教师利用示教板，演示电子控制点火系统的工作过程。

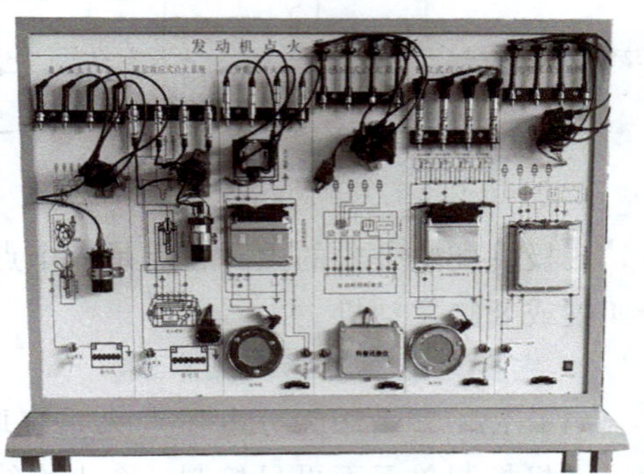

图 7-26　电子控制点火系统示教板

【任务评价】

电子控制点火系统训练评价表

学生姓名					
测评日期		测评地点			
测评内容	点火系统原理				
考评标准	内　容	分值	自评	互评	师评
	电子控制点火系统工作原理演示	50			
	传感器的功用	50			
合　计		100			
最终得分(自评 30%+互评 30%+师评 40%)					
说明:测评满分为 100 分,60~74 分为及格,75~84 分为良好,85 分以上为优秀。60 分以下的学生,需重新进行知识学习、任务训练,直到任务完成达到合格为止					

任务 3　起动系统的拆装

起动系统的作用就是供给发动机曲轴起动转矩，使发动机曲轴达到必需的起动转速，以便使发动机进入自行运转状态。当发动机进入自行运转状态后，便结束任务立即停止工作。

电力起动机起动是由直流电动机通过传动机构将发动机起动，具有操作简单、起动迅速可靠、重复起动能力强等优点。目前，绝大多数汽车都采用电力起动机起动。电力起动机简称为起动机（俗称马达），均安装在汽车发动机飞轮壳的座孔上，用螺栓紧固。

【知识准备】

一、起动系统的组成

起动系统主要由蓄电池、点火开关、起动机等组成，如图 7-27 所示。

二、起动机的工作原理

1. 起动机的组成

起动机一般由直流电动机、传动机构和电磁操纵机构三部分组成。

直流电动机：产生电磁力矩；传动机构：起动时，使小齿轮与飞轮齿圈啮合，将起动机转矩传给发动机飞轮；起动后，使起动机脱开飞轮齿圈；电磁操纵机构：控制起动机的运转和传动机构的啮合与分离。

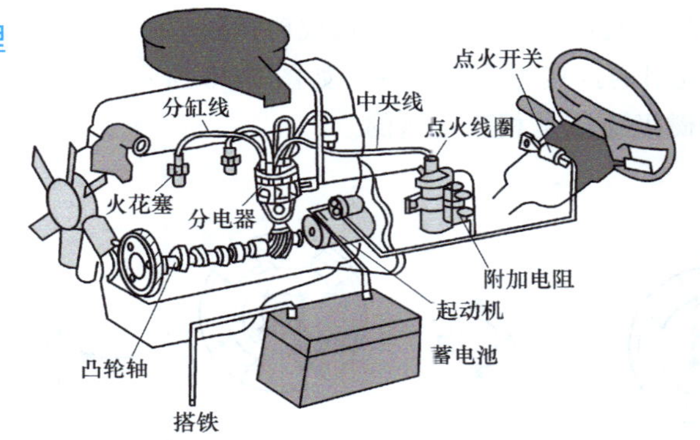

起动系统

图 7-27 起动系统的组成

起动机一般为串励式直流电动机，主要由电枢、换向器、磁极铁心及机壳等组成，如图 7-28 所示。

(1) 电枢与换向器 电枢由电枢轴、电枢铁心和电枢绕组等组成，如图 7-29 所示。

铁心由外缘带槽的硅钢片叠制而成，压装在电枢轴上，电枢绕组嵌装在铁心的槽内。电枢绕组的电流很大（产生大的转矩），故电枢绕组采用较粗的裸铜线绕制。

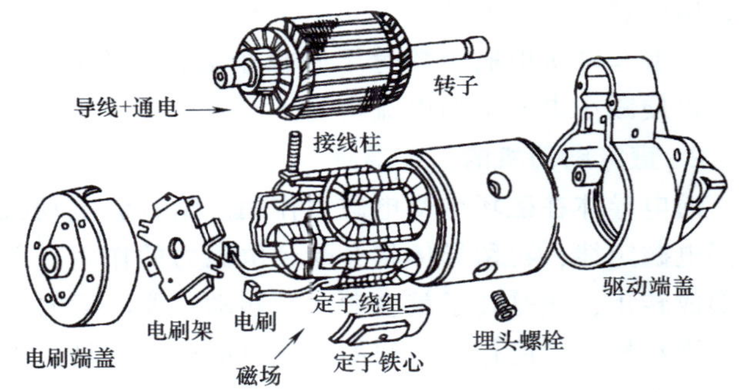

图 7-28 直流电动机的组成

换向器用来连接励磁绕组与电枢绕组的电路，并使处于同一磁极下的电枢导体中流过的电流保持固定方向。它由一定数量的燕尾形铜片组成，并用轴套和压环组装成一个整体，压装在电枢轴上，各铜片之间以及铜片与轴套、压环之间均用云母或硬塑料片绝缘。

电枢绕组各线圈的两端焊接在相应铜片的接线凸缘上，经过绝缘电刷和搭铁电刷分别与起动机磁场绕组一端和起动机壳体连接。电枢轴除了铁心和换向器外，还制有螺旋槽或花键槽，以便安装传动装置，电枢轴两端通过轴承支撑在起动机前后端盖上。

(2) 磁极铁心 磁极铁心用硅钢片叠加而成，并用螺钉固定在机壳内壁上，为增强磁

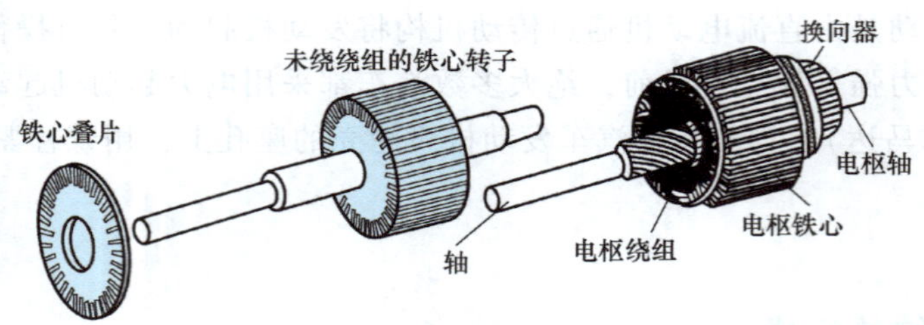

图 7-29　电枢的结构

场、增大转矩，车用起动机通常采用 4 个磁极，少数大功率起动机采用 6 个磁极，每个磁极铁心上都缠有励磁绕组，并通过外壳构成磁回路。

4 个磁场绕组的连接方式有两种，如图 7-30 所示。不管采用哪一种连接方式，4 个磁场绕组所产生的磁极应该是相互交错的。

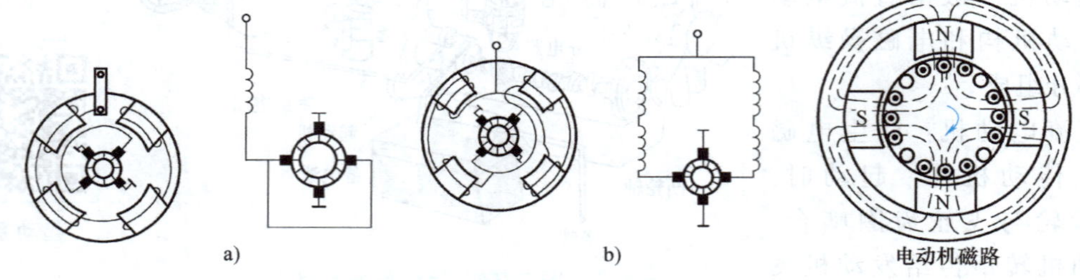

图 7-30　励磁绕组的连接方式

a）励磁绕组的串联　b）励磁绕组的串、并联

(3) 电刷与电刷架　电刷与电刷架的作用是将电流引入电动机，使电枢产生定向转动力矩。电刷一般用铜粉和石墨粉压制而成，以有利于减小电阻及耐磨性。电刷装在电刷架中，由弹簧压在换向器上，如图 7-31 所示。

一般起动机电刷个数等于磁极个数，也有的大功率起动机电刷个数等于磁极个数的 2 倍，以便减小电刷上的电流密度。

2. 直流电动机的工作原理

通电导体在磁场中受电磁力作用。给直流电动机电刷加上直流电，则有电流流过线圈，根据电磁定律，再留导体将会受到电磁力的作用，方向则由左手定则判定。两段导体受到的力形成转矩，于是转子就会顺时针转动。要注意的是直流电动机外加的电源是直流的，但由于电刷和换向片的作用，线圈中流过的电流却是交流的，因此产生的转矩方向保持不变，如图 7-32 所示。

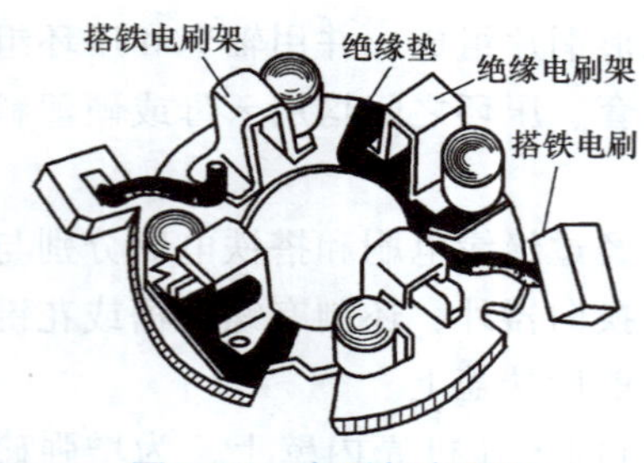

图 7-31　电刷与电刷架

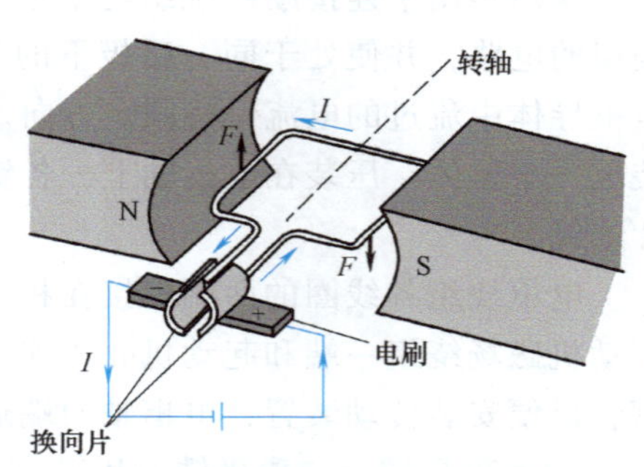

图 7-32　直流电动机的工作原理

三、起动机的传动机构

1. 传动机构的作用

起动机的传动机构安装在电动机电枢的延长轴上，用来在起动发动机时，将驱动齿轮与电枢轴联成一体，使发电机起动。发动机起动后，飞轮转速提高，它将带着驱动齿轮高速旋转，会使电枢轴因超速旋转而损坏，因此，在发动机起动后，驱动齿轮的转速超过电枢轴的正常转速时，传动机构应使驱动齿轮与电枢轴自动脱开，防止电动机超速。为此，起动机的传动机构中必须具有超速保护装置。

2. 传动机构的类型

（1）惯性啮合式传动机构　驱动齿轮靠惯性力的作用，沿电枢轴移出与飞轮啮合，使发动机起动；发动机起动后，当飞轮的转速超过电枢轴转速时，驱动齿轮靠惯性力的作用退回，脱离与飞轮的啮合，防止电机超速。

（2）强制啮合式传动机构　驱动齿轮靠杠杆机构的作用沿电枢轴移出，与飞轮环齿啮合，使发动机起动；发动机起动后，切断起动开关，外力的作用消除后，驱动齿轮在复位弹簧的作用下退回，脱离与飞轮环齿的啮合。

（3）电枢移动式啮合机构　起动机不工作时，起动机的电枢与磁极错开。接通起动开关起动发动机时，在磁极磁力的作用下，整个电枢连同驱动齿轮移动与磁极对齐的同时，驱动齿轮与飞轮环齿进入啮合。

3. 超速保护装置

超速保护装置是起动机驱动齿轮与电枢轴之间的离合机构，也称为单向离合器。常用的单向离合器有滚柱式、弹簧式、摩擦片式等多种形式。

（1）滚柱式单向离合器（图 7-33）　接通起动开关起动发动机时，起动机电枢轴连同内座圈旋转，滚柱被带到内、外座圈之间楔形槽窄的一端，将内、外座圈联成一体，于是电枢轴上的转矩通过内座圈、楔紧的滚柱传递到外座圈和驱动齿轮，驱动齿轮与电枢轴一起旋转使发动机起动。

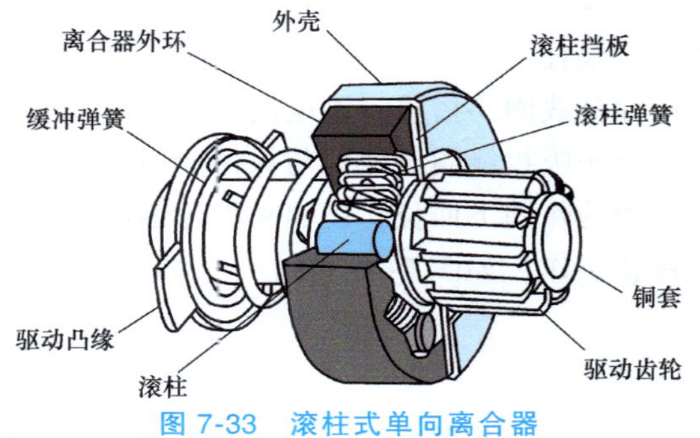

图 7-33　滚柱式单向离合器

发动机起动后，曲轴转速升高，飞轮齿圈将带着驱动齿轮高速旋转。虽然驱动齿轮的旋转方向没有改变，但它由主动齿轮变为从动齿轮。当驱动齿轮和外座圈的转速超过内座圈和电枢轴的转速时，在摩擦力的作用下，滚柱克服弹簧张力的作用滚向楔形槽宽的一端，使内、外座圈脱离联系而可以自由地相对运动，高速旋转的驱动齿轮与电枢轴脱开，防止电动机超速。

（2）摩擦片式单向离合器（图 7-34）　摩擦片式单向离合器可以传递较大的转矩，常用于大功率起动机上。接通起动开关起动发动机时，起动机的电磁转矩通过电枢轴传递给花键套筒，由于内接合鼓与花键套筒之间存在转速差，内接合鼓沿花键套筒左移，将从动片与主动片压紧使外接合鼓与内接合鼓连成一体，即驱动齿轮与电枢轴连成一体，起动机的转矩通过驱动齿轮和飞轮传递给发动机的曲轴，使发动机起动。

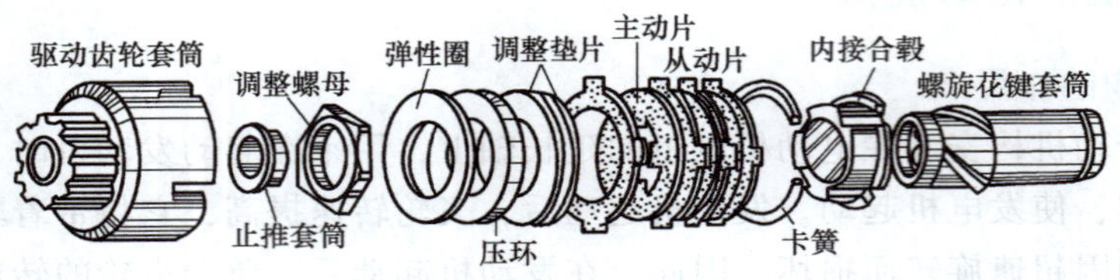

图 7-34 摩擦片式单向离合器

四、起动机的控制机构

起动机的控制机构也称为操纵机构，它的作用是控制起动机主电路的通、断和驱动齿轮的移出和退回。现代汽车均采用电磁操纵机构，由电磁开关控制。电磁操纵机构安装在起动机的上部，控制起动机的接通和关断，如图 7-35 所示。

工作原理：接通起动开关后，吸拉线圈和保持线圈通电，在吸拉线圈和保持线圈电磁力的共同作用下，使活动铁心克服弹簧力右移，活动铁心带动拨叉移动，接触盘也被活动铁心推至与触点接触位置，使起动机通入起动电流，产生电磁转矩以起动发动机。

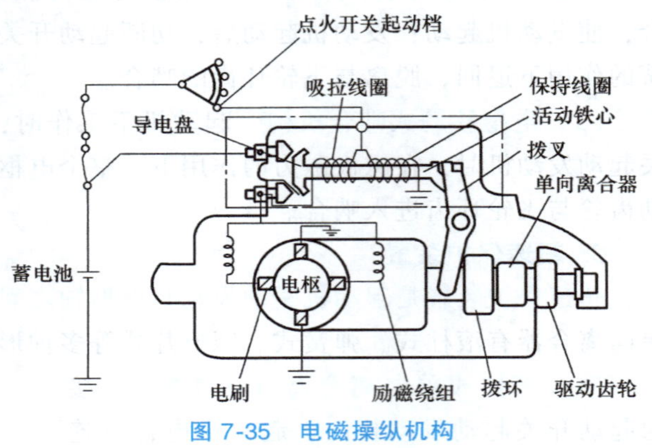

图 7-35 电磁操纵机构

发动机起动后，断开起动开关，此时流经电磁线圈的电流为：蓄电池正极→接线柱→接触盘→接线柱→吸拉线圈→保持线圈→搭铁→蓄电池负极。

由于吸拉线圈产生了与保持线圈相反方向的磁通，两线圈电磁力相互抵消，活动铁心在弹簧力的作用下回位，使驱动齿轮退出啮合状态；接触盘同时回位，切断起动机电路，起动机停止工作，如图 7-36 和图 7-37 所示。

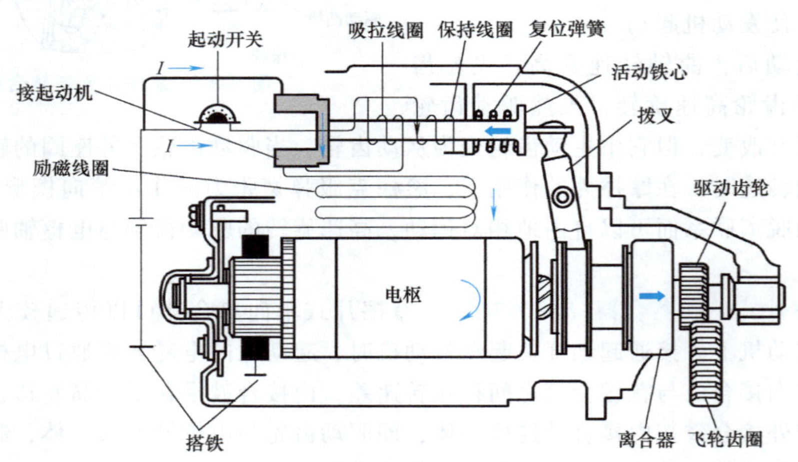

图 7-36 起动机的接合

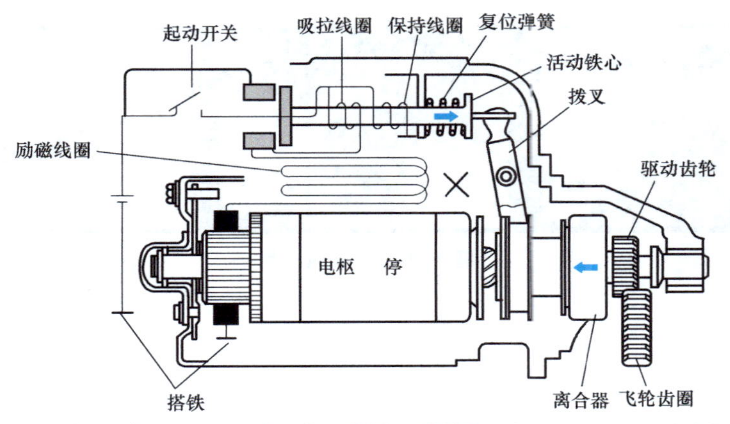

图 7-37 起动机的停止

【任务实施】

一、准备工作

1）实训发动机。

2）维修专用工具若干套。

3）多媒体资料。

二、实施步骤

1）教师利用多媒体资源，讲解起动系统的结构。

2）学生分成四组，进行起动机的拆装。

① 起动机的位置如图 7-38 所示，其主要的工作原理是由电磁开关插入件上的传动杆控制小齿轮与飞轮齿圈的啮合或脱开。

② 起动机包括电动机和电磁开关（吸拉开关）两大部分，如图 7-39 所示，电动机的作用是电动机低转速时可产生较大转矩，符合发动机起动的要求。电磁开关即是一个控制装置，通电后进行吸合，而后带动电动机产生大转矩，从而啮合或滑转。

③ 取下起动机换向器端盖，将起动机后端盖、电枢、起动机外壳分离，如图 7-40 所示。

④ 按相反顺序装配起动机。

图 7-38 起动机位置

图 7-39 起动机的结构

图 7-40 起动机分解

【任务评价】

起动系统的拆装训练评价表

学生姓名					
测评日期		测评地点			
测评内容	起动机的拆装				
考评标准	内　容	分值	自评	互评	师评
	起动机的拆卸	50			
	工具的使用	50			
合　计		100			
最终得分(自评 30%+互评 30%+师评 40%)					
说明:测评满分为 100 分,60~74 分为及格,75~84 分为良好,85 分以上为优秀。60 分以下的学生,需重新进行知识学习、任务训练,直到任务完成达到合格为止					

【思考与练习】

1. 简述点火系统的功用。
2. 画出传统点火系统线路图，并指出高、低压电路中电流流动的方向。

项目8

传动系统

传动系统是指位于发动机到汽车驱动轮之间的传递动力的装置。基本功能是接受发动机的动力并传给驱动轮。

【学习目标】

知识目标：

1. 掌握传动系统的组成。
2. 理解变速器的工作原理。

技能目标：

1. 通过学习能掌握自动变速器的类型与工作原理。
2. 通过学习会识读汽车变速器参数表。

任务1　离合器的结构与拆装

传动系统主要由离合器、变速器、传动轴、主减速器、差速器以及半轴等组成，如图8-1、图8-2所示。

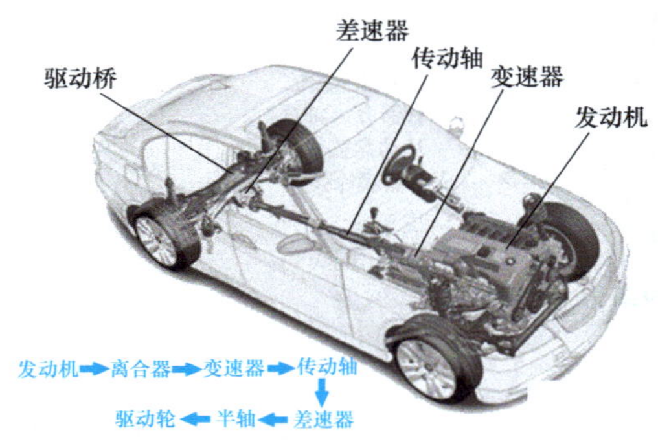

图8-1　汽车动力传递路径

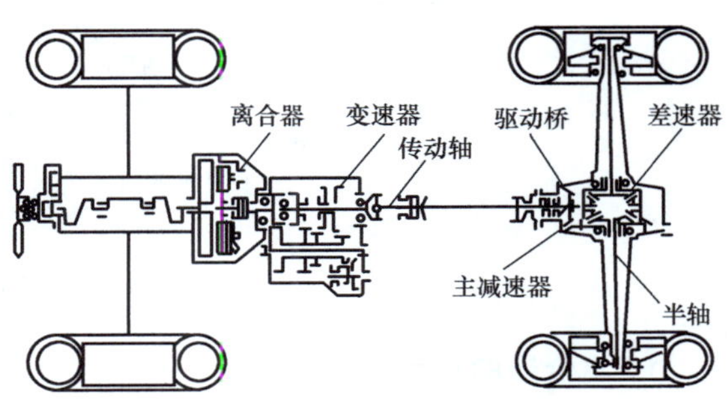

图8-2　传动系统的组成

【知识准备】

一、传动系统的功用

传动系统的功用主要是减速变速、实现汽车倒向行驶、中断动力传递、实现差速。

二、四轮驱动

四轮驱动系统又称全轮驱动系统。可按行驶路面状态不同而将发动机输出转矩按不同比例分布在前后所有的轮子上，以提高汽车的行驶能力。一般用4×4或4WD来表示。

1. 分时四驱（Part-time 4WD）

由驾驶人手动切换的驱动模式，驾驶人可通过接通或断开分动器来选择两轮驱动或四轮驱动模式。这是SUV车型中最常见的驱动模式。

2. 适时四驱（Real-time 4WD）

通过电脑来控制选择适合当下情况的驱动模式。在正常的路面，车辆一般会采用后轮驱动的方式，而一旦遇到路面不良或驱动轮打滑的情况，电脑会自动检测并立即将发动机输出转矩分配给前排的两个车轮，自然切换到四轮驱动状态，免除了驾驶人的判断和手动操作。

3. 全时四驱（Full-time 4WD/AWD）

前后车轮永远维持四轮驱动模式。行驶时，将发动机输出转矩按一定比例设定在前后轮上，使前后轮保持相应量转矩。全时四驱系统理论上是最理想的车辆驱动方式，它能使车轮抓地更牢、在高速转向时更自如、更容易被操控，可同时增加汽车的安全性能和运动性能。

三、离合器的功用与分类

离合器安装在发动机与变速器之间，是汽车传动系统中直接与发动机相联系的总成件。通常离合器与发动机曲轴的飞轮组安装在一起，是发动机与汽车传动系统之间切断和传递动力的部件，如图8-3所示。

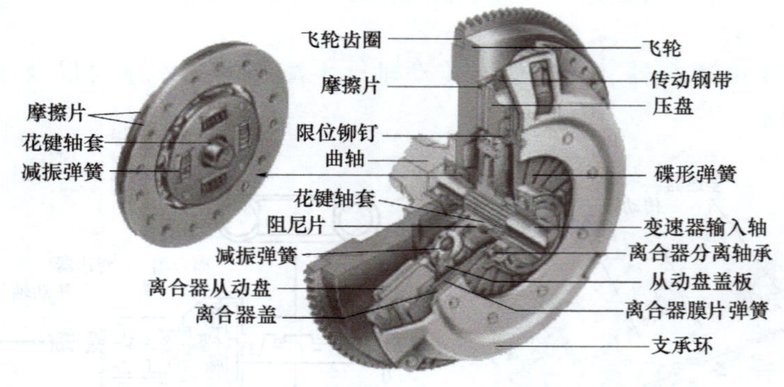

图8-3 离合器的结构

1. 离合器的功用

使发动机与变速器之间能逐渐接合，从而保证汽车平稳起步；暂时切断发动机与变速器之间的联系，以便于换档和减少换档时的冲击；当汽车紧急制动时能起分离作用，防止变速器等传动系统过载，从而起到一定的保护作用。

2. 离合器的分类

（1）电磁离合器　靠线圈的通断电来控制离合器的接合与分离，如图8-4所示。电磁离合器一般用于环境温度-20~50℃，湿度小于85%，无爆炸危险的介质中，其线圈电压波动不超过额定电压的±5%。

(2) 磁粉离合器 在主动与从动件之间放置磁粉，不通电时磁粉处于松散状态，通电时磁粉接合，主动件与从动件同时转动，如图 8-5 所示。

图 8-4 电磁离合器

图 8-5 磁粉离合器

小提示

优点：可通过调节电流来调节转矩，允许较大滑差。

缺点：较大滑差时温升较大，相对价格高。

(3) 液力离合器 液力离合器用流体（一般用油）作传动介质，如图 8-6 所示。与机械式离合器相比，除传动特性有各种变化以外，还主要吸收因主动轴和从动轴转动而产生的振动和冲击。

(4) 摩擦离合器 摩擦离合器是应用最广也是历史最久的一类离合器，它基本上是由主动部分、从动部分、压紧机构和操纵机构四部分组成，如图 8-7 所示。

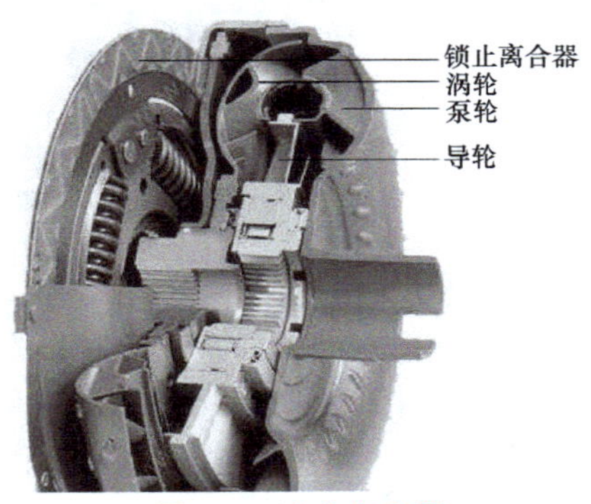

图 8-6 液力离合器

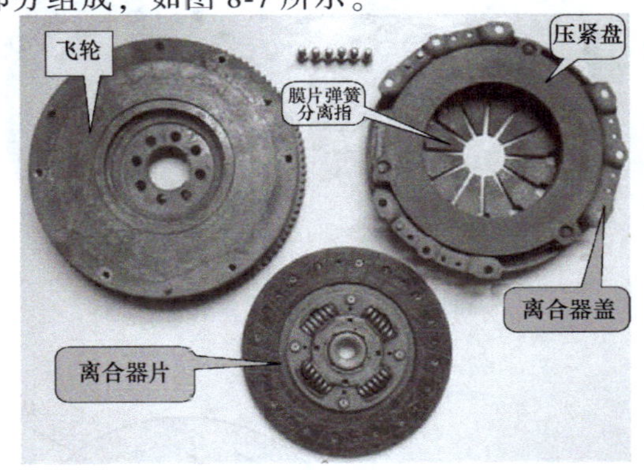

图 8-7 摩擦离合器

摩擦式离合器按摩擦片数目可分为单片离合器、多片离合器；按压紧弹簧安装位置和结构不同可分为周布弹簧离合器、中央弹簧离合器和膜片弹簧离合器。

离合器的具体结构，首先应在保证传递发动机最大转矩的前提下，满足两个基本性能要求：分离彻底、接合柔和；其次，离合器从动部分的转动惯量要尽可能小，还要求离合器散热良好。

四、单片摩擦式离合器

如图 8-8 所示，单片摩擦式离合器主要由离合器盖、压盘、从动盘、压紧弹簧等组成。

1. 单片摩擦式离合器的组成

1）主动部分：飞轮、离合器盖、压盘，如图 8-9 所示。

2）从动部分：带有扭转减振器的从动盘组件（从动轮毂、从动盘本体、摩擦片），如图 8-10 所示。

3）压紧部分：压紧弹簧。

4）操纵机构：分离杠杆、带分离轴承的分离套筒和分离叉。

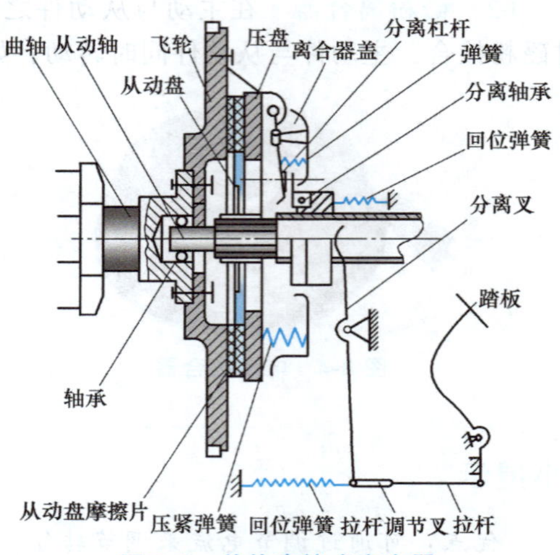

图 8-8　单片摩擦式离合器

2. 扭转减振器

汽车在行驶过程中，会产生一定的扭转振动，此振动频率若与传动系统中的固有频率相同或呈整数倍，就将发生共振。同时，在紧急制动或猛烈接合离合器时，传动系统中将产生强烈的冲击载荷。鉴于此，在汽车传动系统中设置了扭转减振器。这种扭转减振器可以制成独立部件，也可安装于离合器的从动盘中。

从动盘不工作时，弹簧处于自然状态。从动盘工作时，两侧摩擦片所受摩擦力矩首先传到从动盘本体和减振器盘上，再经若干个减振器弹簧传给从动盘毂，这时弹簧被压缩。因为减振器弹簧的缓冲作用，传动系统所受的冲击大大减小。扭转减振器的原理如图 8-11 所示。

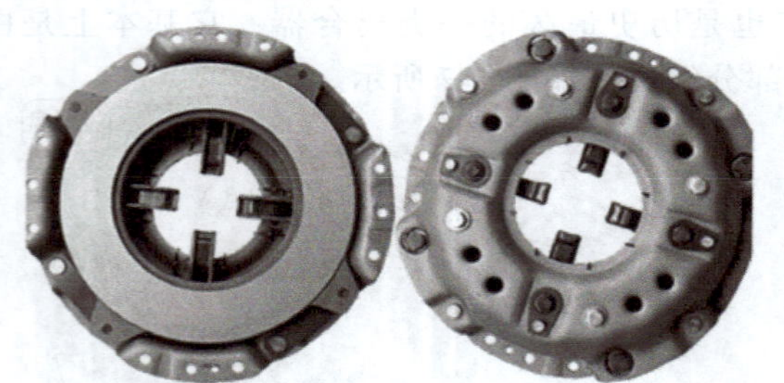
图 8-9　压盘和离合器盖

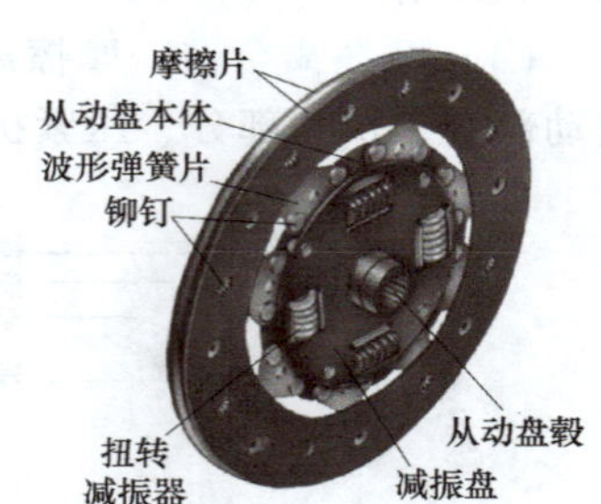

图 8-10　从动盘组件

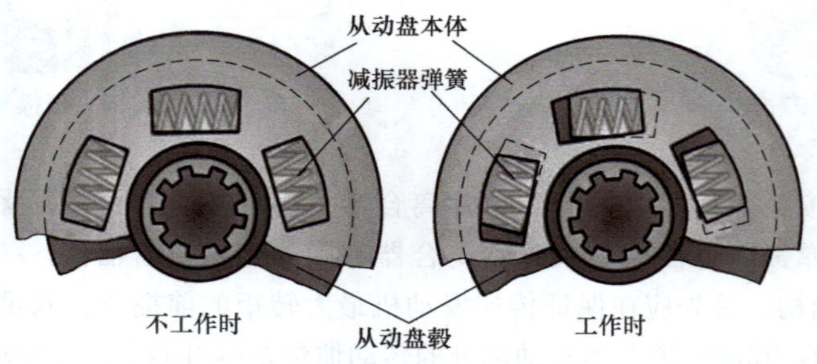

图 8-11　扭转减振器的原理

目前，轿车上广泛采用带扭转减振器的从动盘，以避免传动系统的共振，并缓和冲击、延长传动系统的寿命，使汽车平稳起步。

3. 单片摩擦式离合器的工作原理

单片摩擦式离合器的工作原理如图 8-12 所示。

1）接合状态。弹簧将压盘、飞轮及从动盘相互压紧。发动机的转矩经飞轮及压盘通过摩擦面的摩擦力矩传至从动盘，再经从动轴向传动系统输出。

2）分离过程。在分离杠杆内端施加一个向左的推力，杠杆绕支点转动，杠杆外端后移，从而撤销对从动盘的压紧力，摩擦作用消失，离合器分离。

3）接合过程。分离叉在回位弹簧作用下退回原位，压紧弹簧又重新将从动盘压紧在压盘与飞轮之间，使离合器恢复接合状态。

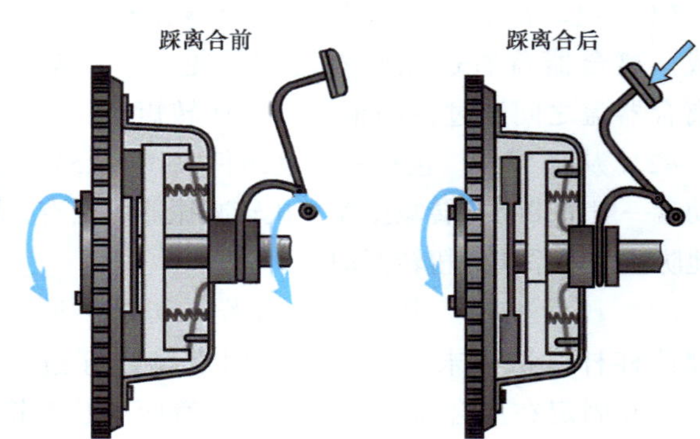

踩下离合前，摩擦盘在压盘的作用力下，迫使摩擦盘与飞轮一起转动，传递动力。

踩离合后，在分离器的作用下，压盘向右移动，摩擦盘与飞轮分离，中断动力传递。

图 8-12　单片摩擦式离合器的工作原理

五、膜片弹簧离合器

1. 膜片弹簧的优缺点

膜片弹簧离合器是用膜片弹簧代替了一般螺旋弹簧以及分离杆机构的离合器，是属于摩擦式离合器的一种，如图 8-13 所示。目前在各种类型的汽车上都有广泛应用。

（1）优点

1）具有较理想的非线性弹性特性。减轻分离离合器时踏板力，使操纵轻便。

2）膜片弹簧离合器本身兼压紧弹簧和分离杠杆的作用，使离合器结构大大简化。

3）膜片弹簧与压盘的整个圆周接触，使压力分布均匀，摩擦片接触良好，磨损均匀。

4）膜片弹簧是一种旋转对称零部件，弹簧中心与离合器中心重合，平衡性好，在高速下，其压紧力降低很小。

5）易于实现良好的通风散热，使用寿命长。

（2）缺点　膜片弹簧的制造工艺复杂，制造成本较高，对材质和精度要求较高，其非线性弹性特性在生产中不易控制，开口处容易产生裂纹，端部容易磨损。

2. 膜片弹簧离合器的结构

膜片弹簧离合器的结构如图 8-14 所示。

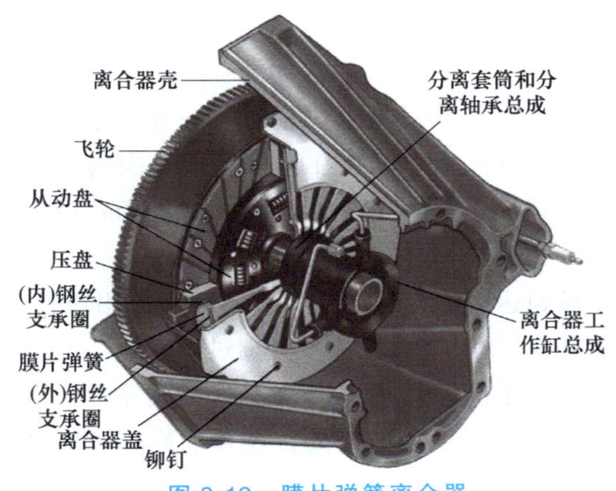

图 8-13　膜片弹簧离合器

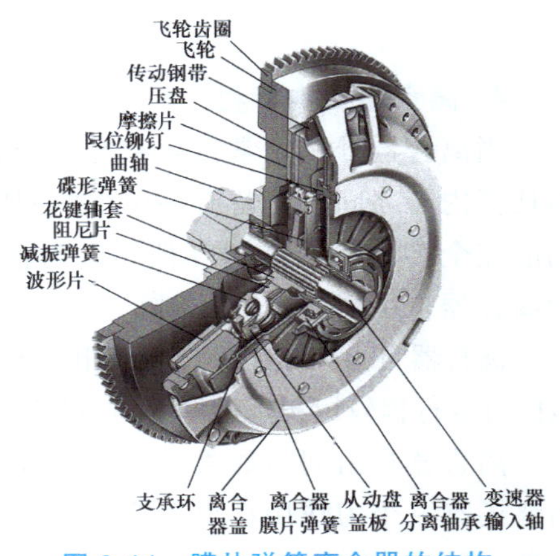

图 8-14　膜片弹簧离合器的结构

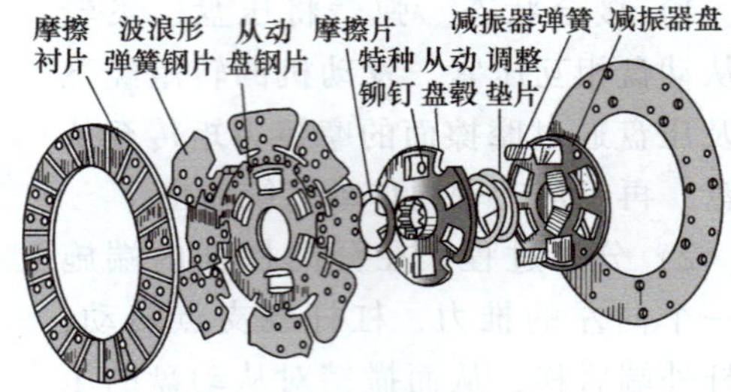

图 8-15　从动盘组件

（1）主动部分　由飞轮、离合器盖和压盘组成。离合器盖通过螺栓固定在飞轮上。压盘与离合器盖之间通过传动钢带来传递转矩。

（2）从动部分　包括从动盘组件（图 8-15），从动盘一般都带有扭转减振器。扭转减振器可以有效地防止传动系统的扭转振动。

（3）压紧机构　其径向开有若干切槽，形成弹性杠杆。切槽末端有圆孔，固定铆钉穿过圆孔，并固定在离合器盖上。膜片弹簧两侧装有钢丝支承环，这两个钢丝支承环是膜片弹簧工作时的支点。膜片弹簧的外线通过分离钩与压盘联系起来。

3. 膜片弹簧离合器的工作原理

膜片弹簧离合器的工作原理如图 8-16 所示。

1）当离合器盖未安装到飞轮上时，膜片弹簧不受力而处于自由状态，此时离合器盖与飞轮之间有一距离 S，如图 8-16a 所示。

2）当离合器盖通过螺栓固定在飞轮上时，膜片弹簧在支承环处受压产生弹性变形，此时膜片弹簧外圆周对压盘产生压紧力使离合器处于接合状态，如图 8-16b 所示。

3）当踩下离合器踏板时，分离轴承推动膜片弹簧，通过分离钩拉动压盘后移使离合器分离，如图 8-16c 所示。

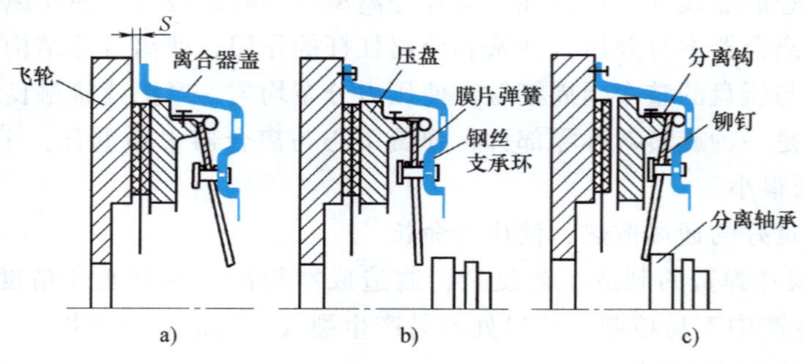

图 8-16　膜片弹簧离合器的工作原理

a）安装前位置　b）接合位置　c）分离位置

4. 离合器自由行程

当离合器处于正常接合状态，分离套筒被回位弹簧拉到后极限位置时，在分离轴承和分离杠杆内端之间应保留有一定量的间隙（3~4mm），以保证摩擦片在正常磨损范围内离合器仍能完全接合，如图 8-17 所示。为消除这一间隙所需的离合器踏板行程（30~40mm），称为离合器自由行程。

离合器自由间隙如果过大，相当于我们从踩踏板到达接触点的空行程过大（做无用功），踏板的有效行程较短，真正作用到离合器压盘的行程不够，无法正常的实现分离过程。

离合器自由间隙如果过小，当放松离合器时，由于间隙过小，离合器踏板放完后，压盘始终还有一个力作用在离合器上，容易造成离合器打滑，还会加速离合器片的磨损，降低离合器片的使用寿命。

六、离合器操纵机构

离合器操纵机构是驾驶人借以使离合器分离，而后又使之柔和接合的一套机构。它起始于离合器踏板，终于飞轮壳内的分离轴承。离合器操纵机构的结构型式应根据对操纵机构的要求、车型、整车结构、生产条件等因素确定。按照分离离合器所用传动装置的型式区分有机械式、液压式和气压助力式。

1. 机械式

以驾驶人的体力作为唯一的操纵能源，它有杆系和绳索传动两种型式。常用于中、轻型轿车，微型汽车等。上述两种装置的共同特点是结构简单、成本低、故障少，缺点是机械效率低，如图 8-18 所示。

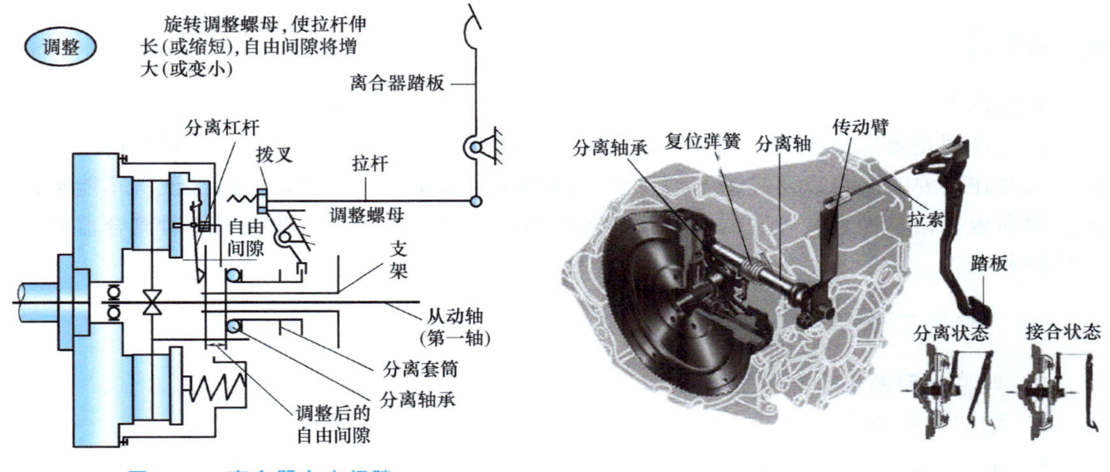

图 8-17　离合器自由间隙

图 8-18　机械式

2. 液压式

该方式是通过液压主缸将驾驶人施于踏板上的力放大，以操纵离合器传动装置。常见于中、高级轿车和轻型客车中使用，如图 8-19 所示。

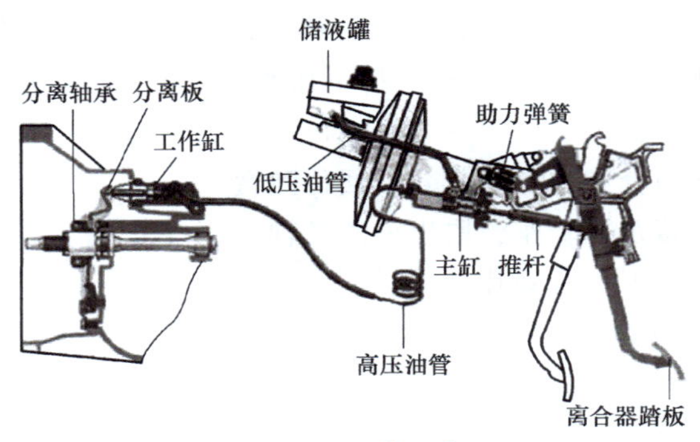

图 8-19　液压式

3. 气压助力式

在中、重型汽车上，为了既减少踏板力，又不致因传动装置的传动比过大而加大踏板行程，一般采用了气压助力式，如图 8-20 所示。

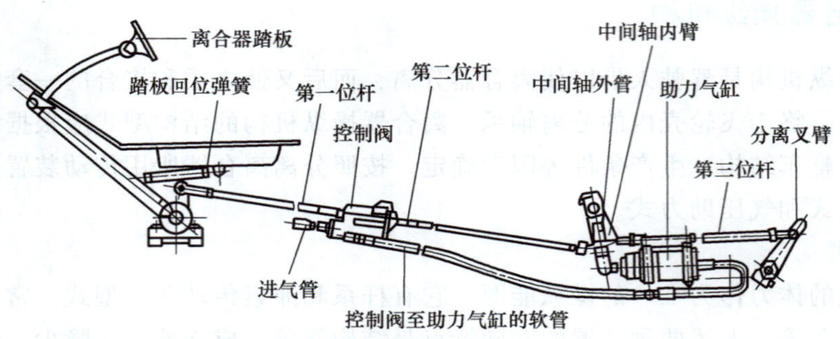

图 8-20　气压助力式

【任务实施】

现代汽车上广泛采用摩擦式离合器，这种离合器是利用主从动元件的摩擦作用来传递转矩的，其作用是要保证传动系统与发动机的可靠接合，使发动机的动力能有效地传给传动系统，同时在需要时又可以迅速地与发动机分离和平顺地接合，这样就可以保证汽车能平稳起步，顺利地换档，而且在紧急制动时，还可以防止发动机过载。因此我们要对离合器做正确的检修和维护。

一、准备工作

1）典型车型的离合器总成装置。

2）结构完备的离合器操纵机构。

3）拆装专用工具、卡簧钳、一字螺钉旋具、常用拆装套筒、直尺等。

二、实施步骤

1. 离合器的拆卸

1）用举升机将车辆举到适当高度，加装安全保护装置，确定安全后，拆下变速器。

2）用专用工具将飞轮固定，然后观察压盘和飞轮的装配标志。如无标记时，需要做好标记，再将离合器的各固定螺栓依次拧松，拆下压盘总成、离合器从动盘。

3）用拉拔器拉出分离轴承。

4）拆下分离轴承导向套和橡胶防尘套、回位弹簧。

5）用尖嘴钳取出卡簧及衬套座，取出分离叉轴。

6）拆下离合器盖，拆下离合器片。

2. 离合器主要零部件的检查

（1）检查离合器从动片总成

1）将从动片总成平放在检测台上，然后用游标卡尺测量铆钉头部深度，要求铆钉头深度不小于 0.5mm。

2）用百分表检查离合器从动盘的摆动，将离合器从动盘安装在专用的支架上，用百分表在从动盘的最外周边缘处测量，其圆跳动极限为 0.80mm。超过极限需进行校正，其方法有两种，一种是用特制夹具将变形部位夹紧进行冷压校正；一种是将从动盘置于专用支架

上，然后一边用百分表测量一边用特制扳手进行校正。不能校正的换新件。

(2) 检查离合器盖　离合器盖因压盘弹簧强弱不均或固定螺栓松动的影响时会变形或产生裂纹等。

方法是：可将离合器盖平放在平板上，其中几个凸缘向下与平板接触，用手压住，如有摇动，即为变形，用塞尺在几个凸缘处测量，间隙极限不超过0.5mm，否则需要校正或更换。

要求：压盘和飞轮工作面在285mm的直径范围内，平面度不大于0.12mm；飞轮和压盘因磨损起槽、不平，用油石磨光，如沟槽超过0.50mm或翘曲超过0.20mm时，应磨削平面，但保证压盘厚度不小于规定：双片的为11mm；前压盘为9mm；单片的为11.35mm。

(3) 检查分离轴承　分离轴承是轴向受力并转动，是永久润滑的，不需要加油和润滑。检查其是否转动灵活，必要时更换。

(4) 检查并调整离合器盖总成　用游标卡尺检测膜片弹簧的深度和宽度，极限：深度0.6mm，宽度5.0mm。膜片弹簧因受长期负荷而疲劳，造成磨损、弯曲、折断，或弹力减弱而影响动力的传递。所以能校正的就校正，不能校正时换新件。

3. 离合器的装配

1）安装离合器从动盘。

2）安装离合器盖总成。

3）安装分离叉、分离套筒和分离轴承，装上回位弹簧和防尘罩。

4）按安装标记装上离合器总成、从动盘，在飞轮上固定并装到规定位置，按规定力矩拧紧螺栓，装回变速器总成。

【任务评价】

离合器的结构与拆装训练评价表

<table>
<tr><td>学生姓名</td><td colspan="5"></td></tr>
<tr><td>测评日期</td><td></td><td colspan="2">测评地点</td><td colspan="2"></td></tr>
<tr><td>测评内容</td><td colspan="5">离合器的结构拆装</td></tr>
<tr><td rowspan="5">考评
标准</td><td>内　　容</td><td>分值</td><td>自评</td><td>互评</td><td>师评</td></tr>
<tr><td>离合器的拆卸步骤是否正确</td><td>20</td><td></td><td></td><td></td></tr>
<tr><td>离合器的检查是否正确</td><td>30</td><td></td><td></td><td></td></tr>
<tr><td>离合器的装配步骤是否正确</td><td>30</td><td></td><td></td><td></td></tr>
<tr><td>工具的使用是否正确</td><td>20</td><td></td><td></td><td></td></tr>
<tr><td colspan="2">合　　计</td><td>100</td><td></td><td></td><td></td></tr>
<tr><td colspan="2">最终得分(自评30%+互评30%+师评40%)</td><td colspan="4"></td></tr>
<tr><td colspan="6">说明:测评满分为100分,60~74分为及格,75~84分为良好,85分以上为优秀。60分以下的学生,需重新进行知识学习、任务训练,直到任务完成达到合格为止</td></tr>
</table>

任务2　手动变速器的原理与拆装

【知识准备】

一、变速器

1. 变速器的主要功用

变速器的主要功用是改变传动比、改变行驶方向、中断动力传递。

手动变速器

2. 变速器的分类

(1) 按传动比变化方式

1) 有级变速器。有级变速器应用最广泛，采用齿轮传动（包括普通齿轮传动和行星齿轮传动）方式。

2) 无级变速器。有电力式和液力式两种，传动部件分别为直流串励电机和液力变矩器。它的传动比在一定数值范围内可以连续多级变化。

3) 综合变速器。综合变速器是由液力变矩器和齿轮式有级变速器组成的液力机械式变速器，其传动比可以在最大值和最小值之间的几个间断的范围内做无级变化，应用较多。

(2) 按操纵方式 可分为手动变速器（MT），自动变速器（AT），手动自动一体变速器（AMT）。

手动变速器通过驾驶人用手操纵变速杆来选定档位，并直接操纵变速器的换档机构进行档位变换。齿轮式有级变速器大多数都采用这种换档方式。

二、手动变速器的结构

手动变速器由变速传动机构、变速器壳体、操纵机构组成，如图 8-21 所示。

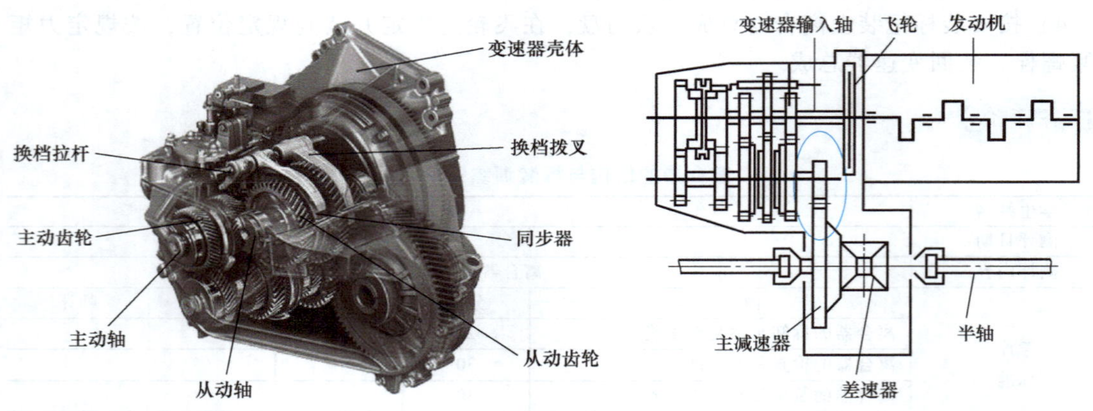

图 8-21 手动变速器的结构

图 8-22 发动机横向布置两轴式手动变速器的结构

1. 两轴式手动变速器

在发动机前置前轮驱动和发动机后置后轮驱动的中、轻型轿车上，采用两轴式变速器，其结构简单、紧凑，在乘用车中得到较广泛地应用。

前置发动机又有横向布置（图 8-22）和纵向布置（图 8-23）两种类型，与其配用的两轴式变速器结构形式也有结构上的差异。发动机纵置时，主减速器为一对圆锥齿轮，发动机横置时，主减速器采用一对圆柱齿轮。

2. 中间轴式手动变速器

中间轴式手动变速器的特点是具有第一轴（输入轴）、第二轴（输出轴）和中间轴，输入轴与输出轴置于同一条水平线上，中间轴与它们平行布置。发动机的动力经过离合器传入变速器第一轴，再经过中间轴，最后经变速后的动力从第二轴输出给驱动桥。

在许多变速器中，输入轴和输出轴能接合在一起，因此动力不必经过中间轴，这时的档

位称为直接档。直接档通过单轴传动，传动比为1∶1，具有最高的传动效率。这种结构形式适合于发动机前置、后轮驱动的汽车。

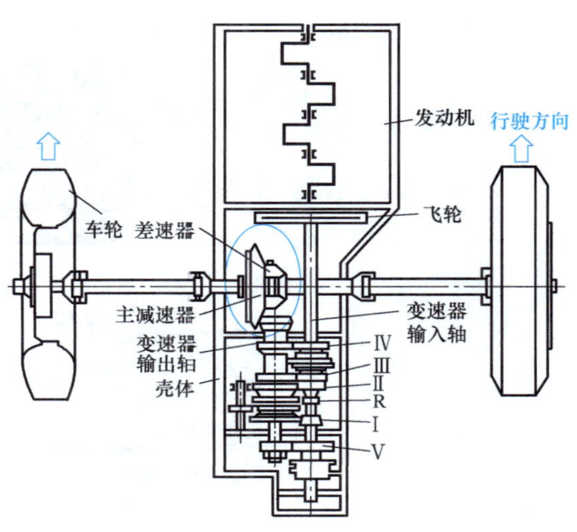

图 8-23 发动机纵向布置两轴式手动变速器的结构

三、手动变速器的工作原理

变速器各档传动比 i 就是变速器输入轴转速与输出轴转速之比。

当 $i>1$ 时，$n_{输出}<n_{输入}$，$T_{输出}>T_{输入}$，此时实现降速增矩，为变速器的低档位，且 i 越大，档位越低；当 $i=1$ 时，$n_{输出}=n_{输入}$，$T_{输出}=T_{输入}$，为变速器的直接档；当 $i<1$ 时，$n_{输出}>n_{输入}$，$T_{输出}<T_{输入}$，此时实现升速降矩，为变速器的超速档。

三轴式手动变速器的结构如图 8-24 所示。

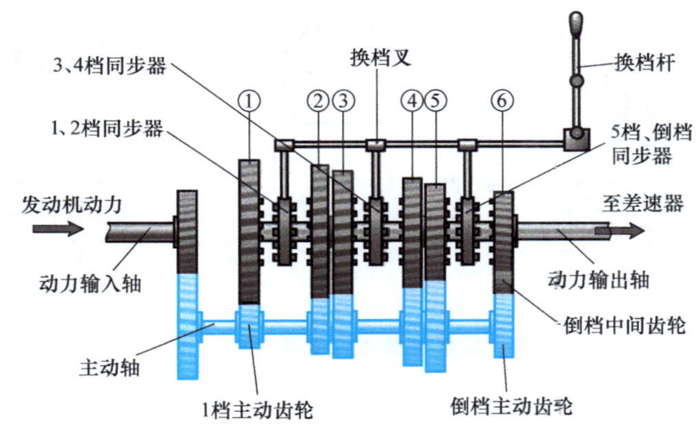

图 8-24 三轴式手动变速器的结构

四、同步器

同步器是在接合套换档机构基础上发展起来的，其中除了接合套、花键毂、对应齿轮上的接合齿圈外，还增设了使接合套与对应接合齿圈的圆周速度迅速达到并保持一致（同步）的机构，以及防止两者在达到同步之前而进入接合以防止冲击的机构。

同步器有常压式、惯性式、自行增力式等类型，目前广泛使用的是惯性式同步器。图 8-25 为锁环式惯性同步器。

（1）锁环式惯性同步器 锁环式惯性同步器的工作原理如图 8-26 所示。

当同步锁环内锥面与待接合齿轮齿圈外锥面接触后，在摩擦力矩的作用下齿轮转速迅速降低（或升高）到与同步锁环转速相等，两者同步旋转，齿轮相对于同步锁环的转速为零，因而惯性力矩也同时消失，这时在作用力的推动下，接合套不受阻碍地与同步锁环齿圈接合，并进一步与待接合齿轮的齿圈接合而完成换档过程，如图 8-27 所示。

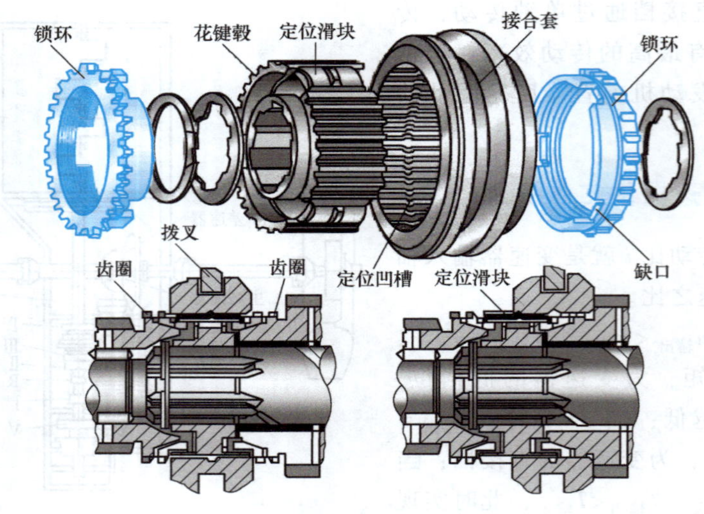

图 8-25　锁环式惯性同步器

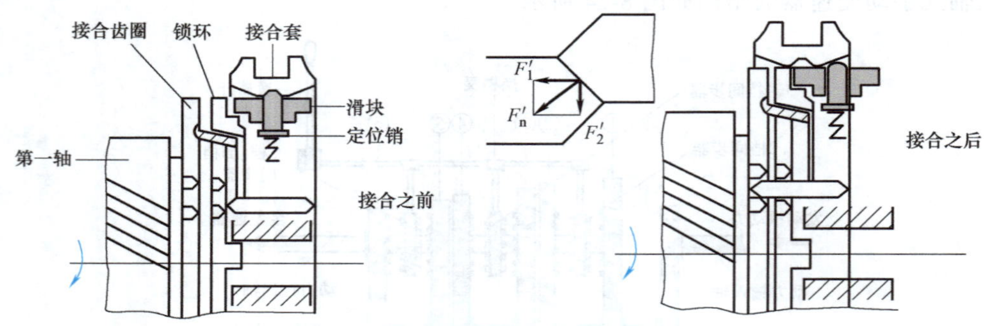

图 8-26　锁环式惯性同步器的工作原理

（2）锁销式惯性同步器　原理与锁环式惯性同步器相似（中、大型货车常用）。挂档时，将接合套通过钢球带动定位销左移，并推动锥环左移，使锥环与锥盘的两锥面接触并压紧，产生摩擦力矩。锁销式惯性同步器的结构如图 8-28 所示。

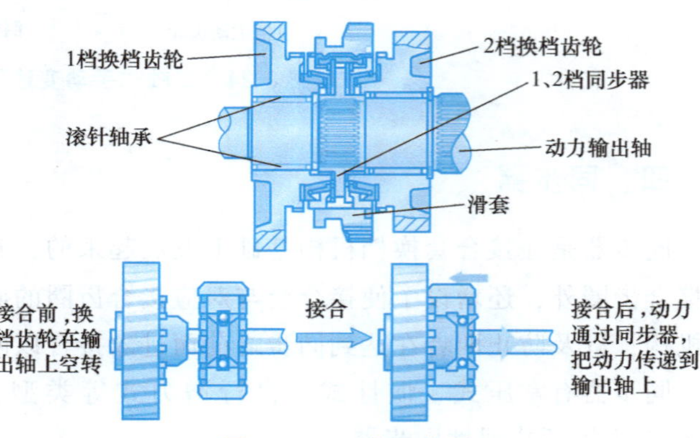

图 8-27　工作示意图

五、变速器操纵机构

1. 直接操纵式

直接操纵式的变速器布置在驾驶人座椅附近，变速杆由驾驶室底板伸出，驾驶人可以直接操纵，如图 8-29 所示。它多用于发动机前置后轮驱动的车辆。

选档时可使变速杆绕其中部球形支点横向摆动，则其下端推动叉形拨杆绕换档轴的轴线摆动，从而使叉形拨杆下端球头对准与所选档位对应的拨块凹槽，然后使变速杆纵向摆动，带动拨叉轴及拨叉向前或向后移动，即可实现挂档。

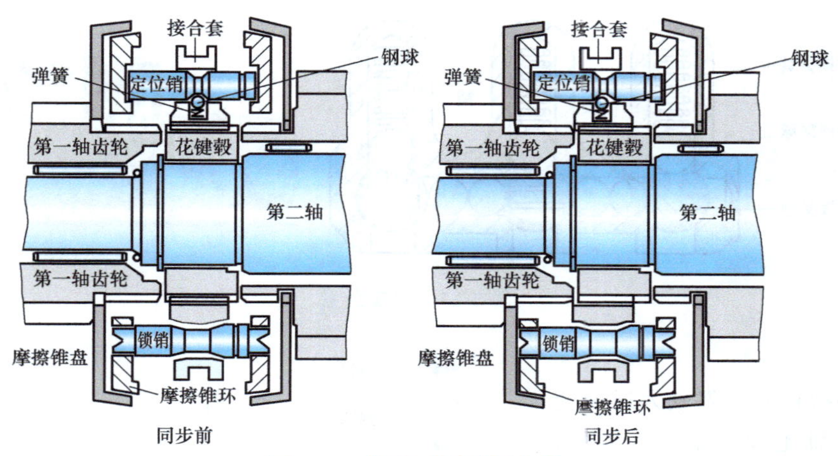

图 8-28 锁销式惯性同步器

2. 远距离操纵式

在有些汽车上，由于变速器离驾驶人座位较远，则需要在变速杆与拨叉之间加装一些辅助杠杆或一套传动机构，构成远距离操纵式，如图 8-30 所示。

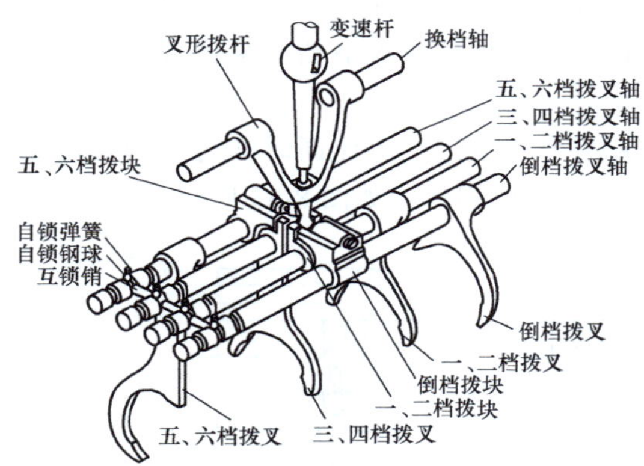

图 8-29 解放 CA1092 型汽车六档变速器操纵机构示意图

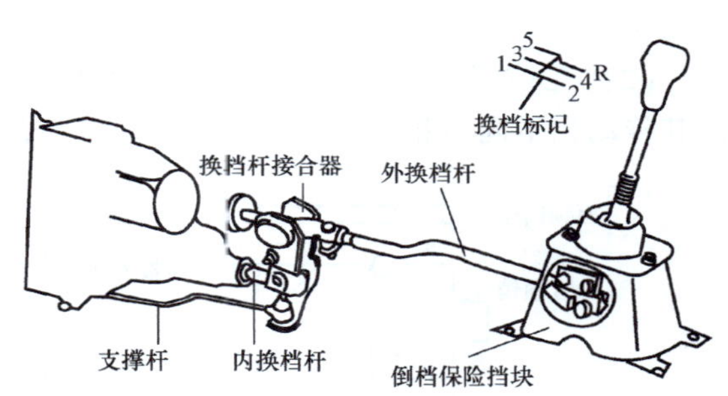

图 8-30 桑塔纳 2000 型轿车远距离操纵式操纵机构

3. 换档锁装置

为了保证变速器在任何情况下都能准确、安全、可靠地工作，变速器操纵机构一般都具有换档锁装置，换档锁装置包括自锁装置、互锁装置和倒档锁装置。

（1）自锁装置　自锁装置能够防止自动挂档及自动脱档，并保证各档传动齿轮以全齿长啮合。大多数变速器的自锁装置都采用自锁钢球对拨叉轴进行轴向定位锁止，如图 8-31 所示。

在变速器盖的前端凸起部钻有三个深孔，孔中装入自锁钢球和自锁弹簧，其位置正处于拨叉轴的正上方，每根拨叉轴对着钢球的表面沿轴向设有 3 个凹槽，槽的深度小于钢球的半径，如图 8-32 所示。

中间的凹槽对正钢球时为空档位置。前边或后边的凹槽对正钢球时则处于某一工作档位置，相邻凹槽之间的距离保证齿轮处于全齿长啮合或是完全退出啮合。凹槽对正钢球时，钢球便在自锁弹簧的压力作用下嵌入该凹槽内，拨叉轴的轴向位置便被固定，不能自行挂档或

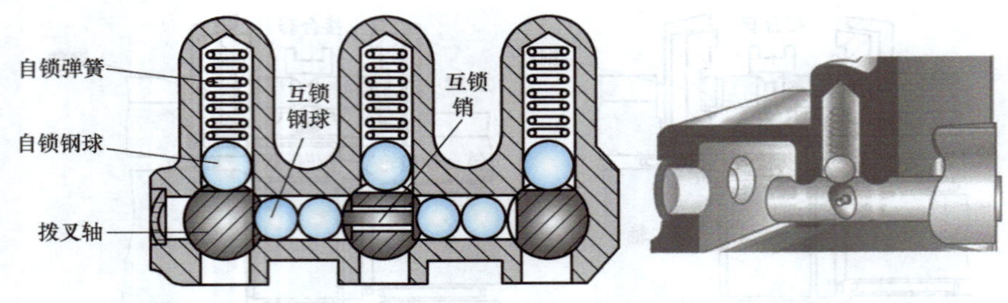

图 8-31　自锁装置

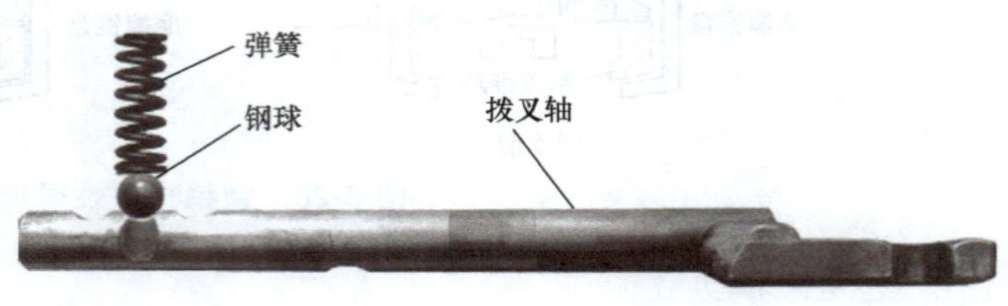

图 8-32　拨叉轴的结构

自行脱档。

当需要换档时，驾驶人通过变速杆对拨叉轴施加一定的轴向力，克服自锁弹簧的压力，而将自锁钢球从拨叉轴凹槽中挤出并推回孔中，拨叉轴便可滑过钢球进行轴向移动，并带动拨叉及相应的接合套或滑动齿轮轴向移动。当拨叉轴移至其另一凹槽与钢球相对正时，钢球又被压入凹槽，驾驶人具有很强的手感，此时拨叉所带动的接合套或滑动齿轮便被拨入空档或被拨入另一工作档位。

（2）互锁装置　互锁装置能够保证不同时挂入两个档位，以免使同时啮合的两档齿轮因其传动比不同而相互卡住，造成运动干涉甚至造成零部件损坏，如图 8-33 所示。

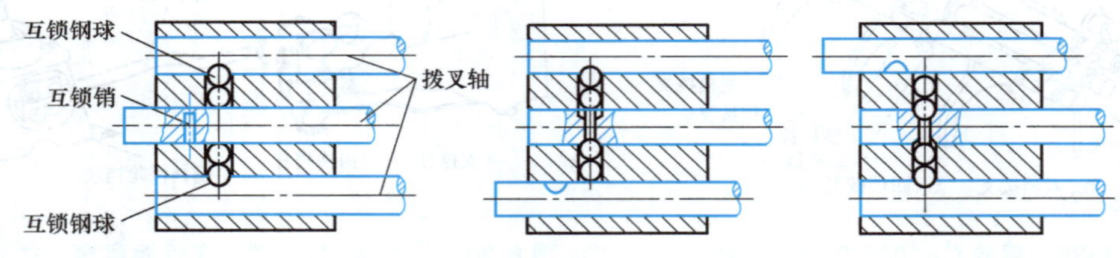

图 8-33　互锁装置工作示意图

当变速器处于空档时，如图 8-34 所示。

当移动中间拨叉轴 2 时，拨叉轴 2 两侧的内钢球从其侧凹槽中被挤出，而两外钢球和则分别嵌入拨叉轴 1 和 3 的侧面凹槽中，如图 8-35 所示。

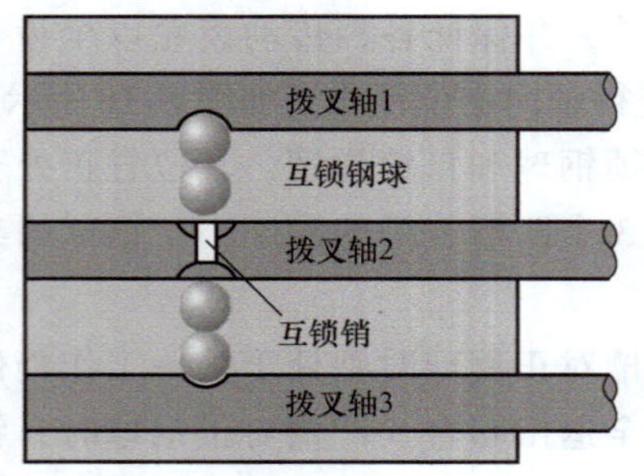

图 8-34　空档位置

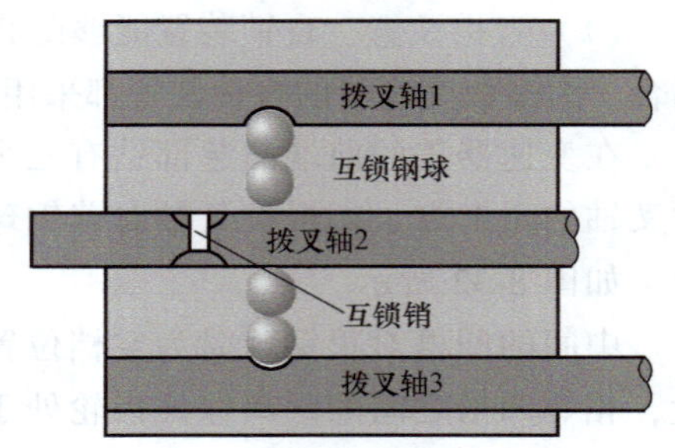

图 8-35　移动拨叉轴 2

若移动拨叉轴 3，则应先将拨叉轴 2 退回到空档位置。于是在移动拨叉轴 3 时，钢球便从拨叉轴 3 的凹槽中被挤出，同时通过互锁销和其他钢球将拨叉轴 2 和 1 均锁止在空档位置，如图 8-36 所示。由此可知，互锁装置的工作原理是当驾驶人用变速杆推动某一拨叉轴时，即可自动锁止其余的拨叉轴，从而防止同时挂入两个档位。

有的变速器操纵机构将自锁装置与互锁装置合二为一。

(3) 倒档锁装置　倒档锁装置能够防止误挂倒档，防止汽车在前进中因误挂倒档造成极大的冲击，使零部件损坏，并防止在汽车起步时误挂倒档造成安全事故，图 8-37 为常见的弹簧锁销式倒档锁装置。

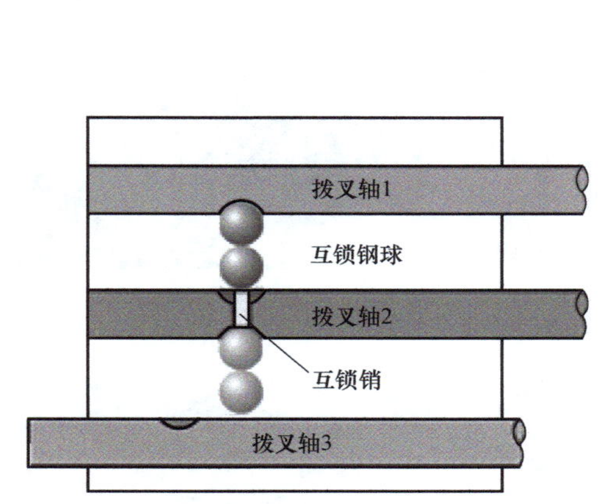

图 8-36　移动拨叉轴 3

图 8-37　弹簧锁销式倒档锁装置

六、分动器

越野车经常需要在坏路和无路的情况下行驶，尤其是军用汽车的行驶条件更为恶劣，这就要求增加汽车驱动轮的数目。因此，越野汽车装有分动器。

分动器的基本结构也是一个齿轮传动系统。其输入轴直接或通过万向传动装置与变速器输出轴相连，而其输出轴则有若干个，分别经万向传动装置与各驱动桥连接。目前绝大多数越野汽车都装用两档分动器，使之兼起副变速器的作用。

【任务实施】

一、准备工作

1）三轴式手动变速器总成各若干个。

2）维修专用工具若干套。

3）多媒体资料。

二、实施步骤

1. 变速器总成的分解

1）将变速器摆放在试验台上，使所有的换档叉轴处于空档位置，如图 8-38 所示。

2）取出离合器推力轴承，如图 8-39 所示。

3）取下放油螺栓，如图 8-40 所示，放出变速器油。

4）拆下选档、换档止动螺栓和倒档止动螺栓。

5）拆下换档机构，如图 8-41 所示。

图 8-38 将变速器安置在试验台上

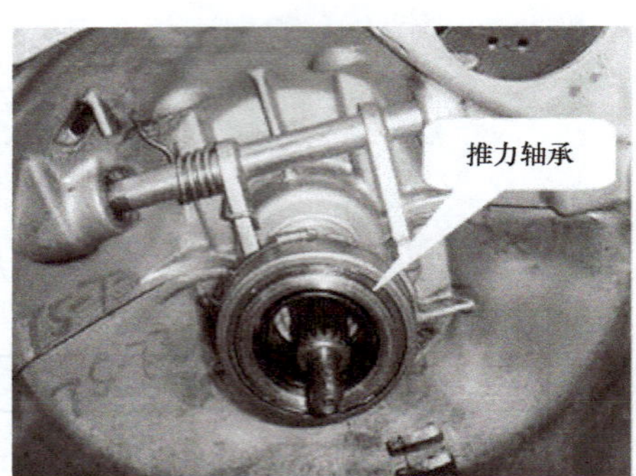

图 8-39 拆下推力轴承

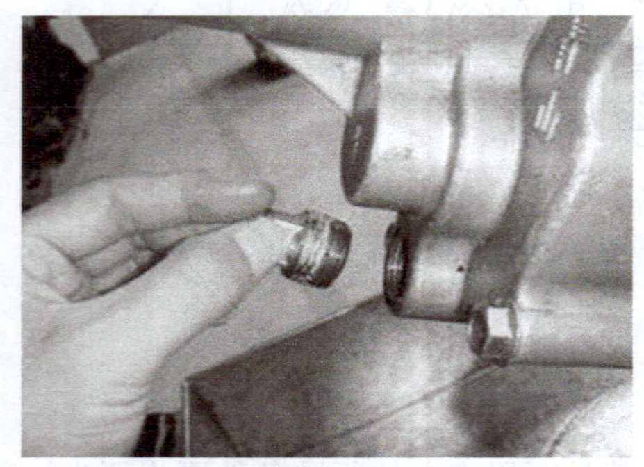
图 8-40 取下放油螺栓

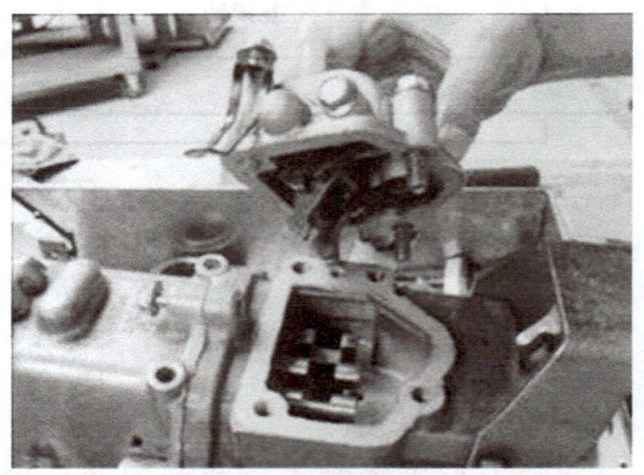
图 8-41 拆下换档机构

6）拆下变速器的后壳体，由于有密封胶，拆卸时可用木槌或铜棒敲击，如图 8-42 所示。

图 8-42 拆下变速器的后壳体

7）分解变速器上下壳体，如图 8-43 所示，拆下上壳体。

8）拆卸输入轴和输出轴总成，如图 8-44 所示。

图 8-43　分解变速器上下壳体

图 8-44　拆卸输入轴和输出轴总成

2. 变速器输出轴总成的分解与组装

1）将第一轴和第二轴分开，如图 8-45 所示。

2）拆下三、四档花键毂卡环，取下花键毂和三档从动齿轮及同步器锁环。

3）用卡环钳拆下卡环，如图 8-46 所示，取出车速里程表传动齿轮。

4）用专用工具取下卡环，拉出后端支撑轴承，如图 8-47 所示。

图 8-45　分开第一轴和第二轴

图 8-46　下卡环

图 8-47　拉出后端支撑轴承

5）取下五档从动齿轮卡环，如图 8-48 所示，后端轴承、取下五档从动齿轮及同步器。

6）取下同步器卡环，拆下五档、倒档同步器，如图 8-49 所示。

7）拆卸倒档从动齿轮，如图 8-50 所示。

8）用专用工具拆卸中间支撑轴承，如图 8-51 所示。

9）分别拆卸一档从动齿轮（图 8-52），一、二档同步器（图 8-53），二档从动齿轮（图 8-54）。

10）按照分解的反顺序对输出轴进行组装，如图 8-55 所示。

图 8-48　取下卡环及齿轮

图 8-49　拆下五档、倒档同步器

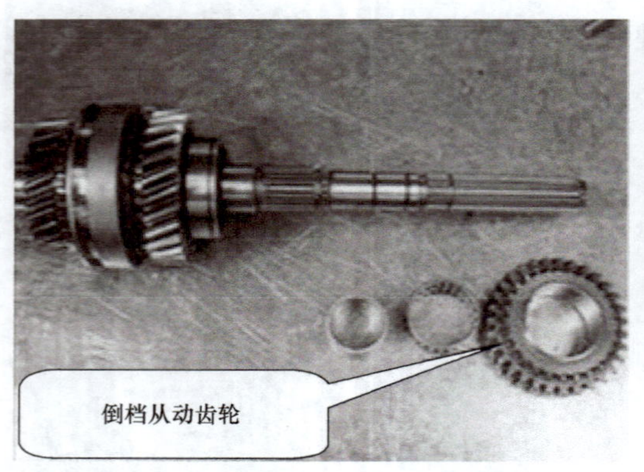

图 8-50　拆卸倒档从动齿轮

图 8-51　拆卸中间支撑轴承

图 8-52　拆卸一档从动齿轮

图 8-53　拆卸一、二档同步器

图 8-54　拆卸二档从动齿轮

图 8-55　组装输出轴总成

3. 变速器换档机构的拆卸

（1）用专用工具取出一、二档拨叉和三、四档拨叉的定位销，如图 8-56 所示。

注意

在取定位销时一定要使定位销的位置与变速器壳体上的装配工艺槽的位置（图 8-57）相对应。

图 8-56　取下定位销

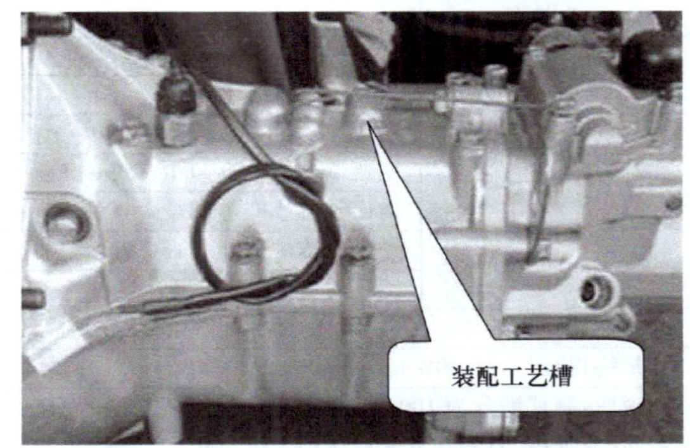

图 8-57　装配工艺槽位置

（2）取下三根拨叉轴，并取出自锁和互锁弹簧、钢珠及互锁销。

小提示

1）严格拆装程序并注意操作安全。

2）注意各零部件的清洗和润滑。

3）分解变速器时不能用手锤直接敲击零部件，必须采用铜棒或硬木垫进行冲击。

4）拉出换档叉轴时，注意不可使锁止钢球、弹簧飞出。避免钢球、弹簧和互锁销丢失。

4. 变速器的装配

变速器的安装程序和分解程序相反。

小提示

1）变速器安装时使用的所有部件，必须清洗干净。

2）安装前，对变速器内有滑动和摩擦表面的部件，要用变速器油润滑。

3）在安装输出轴同步器时，一定要将同步器毂的位置安装正确，接合套外带拨叉槽的一端应朝前。

4）安装壳体总成时，应注意检查锁球、弹簧、互锁销不许漏装。

5）安装倒档齿轮时，注意齿轮牙齿的一端有倒档角。安装输入轴及中间轴上的倒档齿轮时，其牙齿有倒档角的一端朝外，而倒档滑动齿轮上牙齿有倒角的一端朝里。

6）将变速器各壳体组装在一起时，应先擦干净各壳体的接合面，在接合面上均匀地涂上一层密封剂，经过几分钟后，再将各壳体装配在一起。组装上、下壳体时，应注意要将各换档拨叉插入各自的同步器啮合套的槽里。壳体对齐后，均匀地依次将各紧固螺栓拧紧，注意拧力要大小一致。

【任务评价】

手动变速器的原理与拆装评价表

学生姓名					
测评日期		测评地点			
测评内容	手动变速器的原理与拆装				
考评标准	内　容	分值	自评	互评	师评
	变速器总成的拆卸步骤是否正确	20			
	输出轴总成的拆卸是否正确	30			
	操纵机构的拆卸是否正确	30			
	工具的使用是否正确	20			
合　计		100			
最终得分(自评 30%+互评 30%+师评 40%)					
说明:测评满分为 100 分,60~74 分为及格,75~84 分为良好,85 分以上为优秀。60 分以下的学生,需重新进行知识学习、任务训练,直到任务完成达到合格为止					

任务3　自动变速器的原理与拆装

自动变速器的核心在实现自动换档。所谓自动换档是指汽车在行驶的过程中，驾驶人按行驶过程的需要操控加速踏板（油门踏板），自动变速器即可根据发动机负荷和汽车的运行工况，自动换入不同的档位工作。

【知识准备】

一、自动变速器的类型

根据工作原理的不同，目前汽车中常见的自动变速器有液力自动变速器（AT）、机械式无级自动变速器（CVT）、电控机械自动变速器（AMT）和双离合器自动变速器（DCT 或

DSG）四种。

1. 液力自动变速器（AT）

液力自动变速器通过液力传动和行星齿轮组合的方式来实现自动变速，一般由液力变矩器、行星齿轮机构、换档执行机构、换档控制系统、换档操纵机构等组成，如图 8-58 所示。

2. 机械式无级自动变速器（CVT）

机械式无级自动变速器的特点是变速比不是间断的点，而是一系列连续的值，从而能更好地协调车辆外界行驶条件与发动机负载，可充分发挥发动机潜力，提高整车燃料经济性。目前，多采用钢带或链条传动方式进行动力传递，其典型结构如图 8-59 所示。

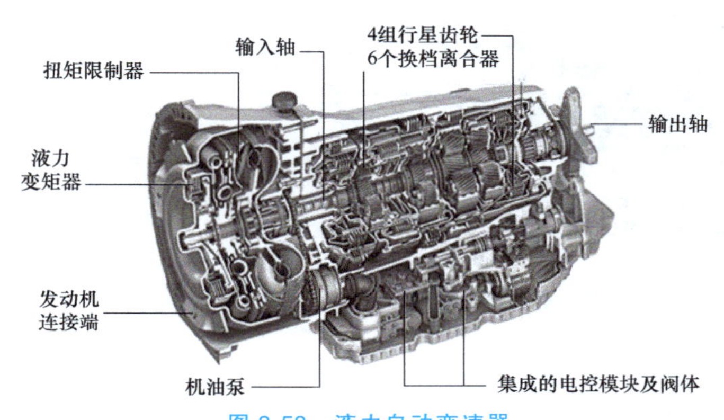

图 8-58　液力自动变速器

图 8-59　CVT

3. 电控机械自动变速器（AMT）

AMT 既具有液力自动变速器自动变速的优点，又保留了原手动变速器齿轮传动的效率高、成本低、结构简单、易制造的长处。

在机械变速器总体传动结构不变的情况下，通过加装微机控制的自动操纵系统来实现换档的自动化。因此 AMT 实际上是由一个自动换档系统来完成操作离合器和选、换档的工作过程，其典型结构如图 8-60 所示。

4. 双离合器自动变速器（DCT）

双离合器自动变速器采用两套离合器，通过两套离合器的相互交替工作，来到达无间隙换档的效果。DCT 综合了 AT 和 AMT 的优点，传动效率高、结构简单、生产成本较低，不仅保证了汽车的动力性和经济性，而且极大地改善了汽车运行的舒适性，如图 8-61 所示。

图 8-60　AMT 变速器结构

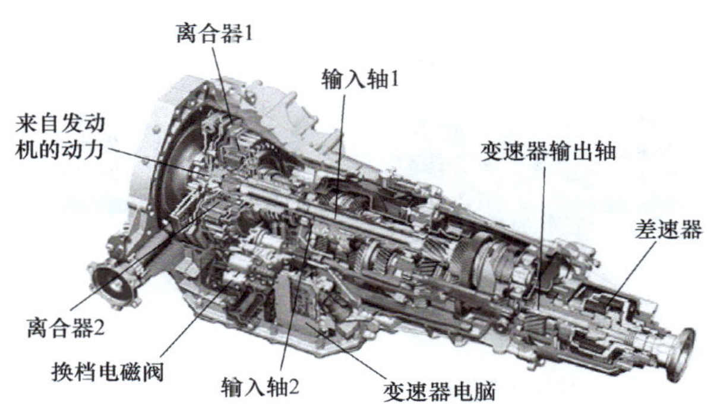

图 8-61　DCT 双离合变速器结构

二、液力自动变速器的组成与原理

液力自动变速器主要由液力变矩器、行星齿轮变速机构、换档执行元件、控制系统等组成，如图 8-62 所示。

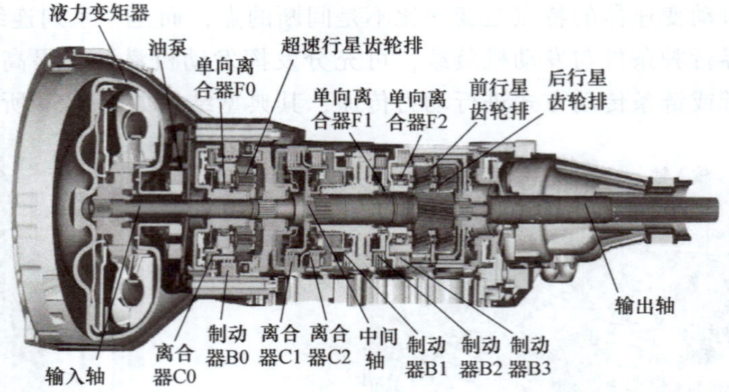

图 8-62　液力自动变速器的结构

1. 液力变矩器

（1）液力变矩器的结构　液力变矩器是由泵轮、涡轮、导轮组成的液力元件。安装在发动机和变速器之间，以液压油为工作介质，起传递转矩、变矩、变速及离合的作用，如图 8-63 所示。

（2）液力变矩器的工作原理　发动机动力输出后，带动与变矩器壳体相连的泵轮，泵轮搅动变矩器中的自动变速器油（以下简称 ATF）。ATF 会在泵轮的作用下，冲向前方的涡轮，当足以克服外阻力时，使涡轮开始转动，涡轮与泵轮同方向旋转。ATF 动能下降后，从涡轮的叶片边缘又流回到泵轮，形成循环回路，其流动路线如同一个首尾相连的环形螺旋线。

不过只有该零部件和传动方式，只能称为液力耦合器，液力耦合器靠液体与泵轮、涡轮的叶片相互作用产生动量矩的变化来传递转矩。在忽略不计叶轮旋转时的风损及其他机械损失时，它的输出（涡轮）转矩等于输入（泵轮）转矩，如图 8-64 所示。

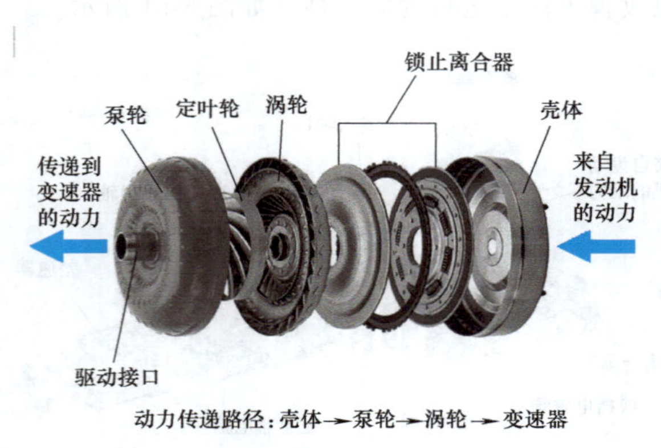

图 8-63　液力变矩器的结构

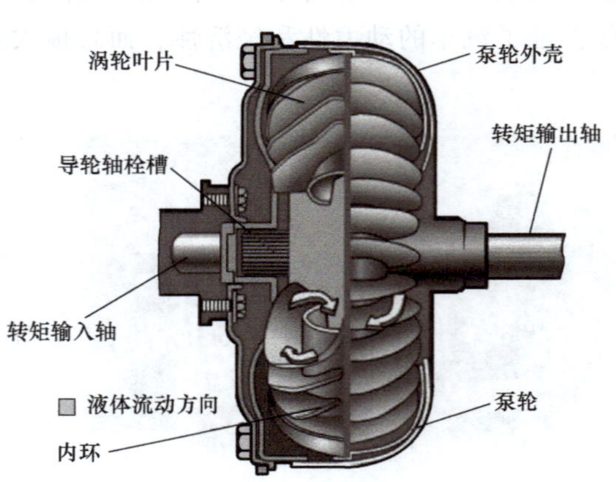

图 8-64　液力耦合器

若想成为液力变矩器，必然要改变涡轮叶片的形状，这样一来，ATF在经过涡轮再循环回泵轮时，会与泵轮旋转方向相反，因而造成冲击，所以为了成为液力变矩器还需另一个部件：导轮。导轮是存在于泵轮和涡轮之间的一个部件，用于调节壳体中ATF的流向，通过单向离合器与箱体固定，如图8-65所示。

液流
液流的改向
涡轮
导轮锁定
泵轮

图 8-65 液力变矩器的工作原理

2. 行星齿轮变速机构

行星齿轮变速机构可以提供降速档、超速档、直接档、倒档和空档。行星齿轮机构主要元件如图8-66所示。

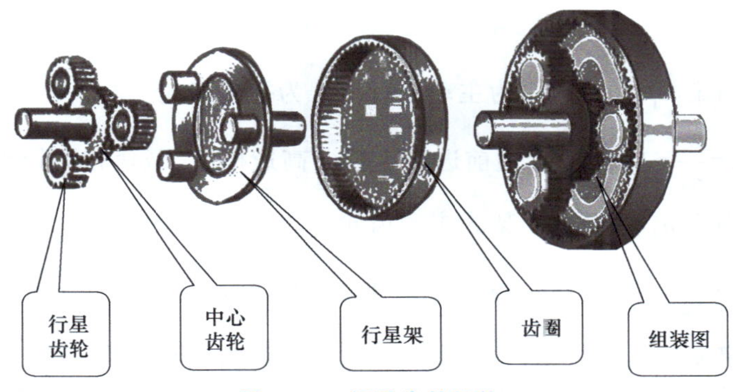

图 8-66 行星齿轮机构

单排行星齿轮机构的运动规律：

$$n_1+\alpha n_2-(1+\alpha)n_3=0$$

式中 n_1——太阳轮转速；

n_2——齿圈转速；

n_3——行星架转速；

α——齿圈与太阳齿轮齿数比。

行星齿轮机构工作时将太阳齿轮、齿圈和行星架这三者中的任一元件作为主动件，使它与输入轴联结，将另一元件作为被动件与输出轴联结，再将第三个元件加以约束制动。这样整个行星齿轮机构即以一定的传动比传递动力。

行星齿轮变速机构的变速原理如图8-67所示。

1）齿圈固定 $n_2=0$，太阳轮为主动齿轮，行星架为被动齿轮。

太阳齿轮带动行星齿轮沿静止的齿圈旋转，从而带动行星架以较慢的速度与太阳齿轮同向旋转，传动比为：$i_{13}=\dfrac{n_1}{n_3}=1+\alpha>1$，为前进降速档（低速档），减速相对较大。

2）齿圈固定 $n_2=0$，行星架为主动齿轮，太阳齿轮为被动齿轮。

传动比为：$i_{31}=\dfrac{n_3}{n_1}=\dfrac{1}{1+\alpha}<1$，为前进超速档，增速相对较大。

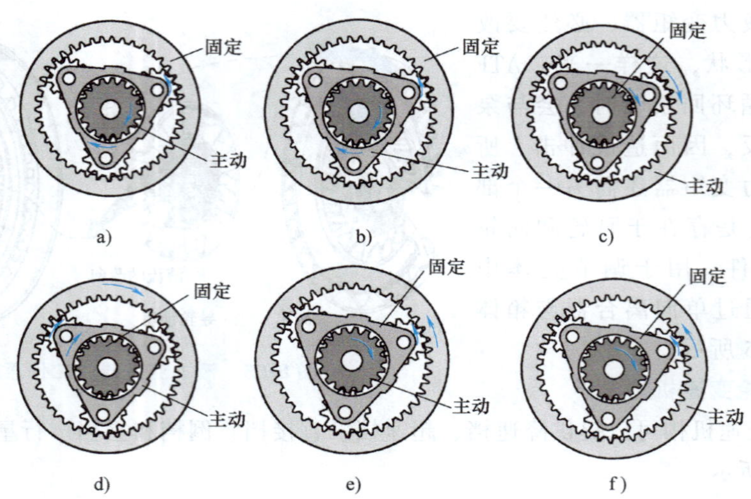

图 8-67　行星齿轮机构变速原理

3）太阳齿轮固定 $n_1=0$，齿圈为主动，行星架为被动齿轮。

传动比为：$i_{23}=\dfrac{n_2}{n_3}=1+\dfrac{1}{\alpha}>1$，为前进降速档（高速档），减速相对较小。

4）太阳齿轮固定 $n_1=0$，行星架为主动齿轮，齿圈为被动。

传动比为：$\dfrac{n_3}{n_2}=\dfrac{\alpha}{1+\alpha}<1$，为前进超速档，增速相对较小。

5）行星架固定 $n_3=0$，太阳齿轮为主动齿轮，齿圈为被动齿轮。

行星架固定，行星齿轮只能自转，太阳齿轮经行星齿轮带动齿圈旋转输出动力。齿圈的旋转方向与太阳齿轮相反。传动比为：$i_{12}=\dfrac{n_1}{n_2}=-\alpha<0$，为倒档。

6）直接传动。若三元件中的任意两元件被连接在一起，则第三元件必然与这两者以相同的转速、相同的方向转动。

7）自由转动。若所有元件均不受约束，则行星齿轮机构失去传动作用。此种状态相当于空档。

3. 换档执行元件

换档执行元件主要由离合器、制动器、单向离合器组成，如图 8-68 所示。

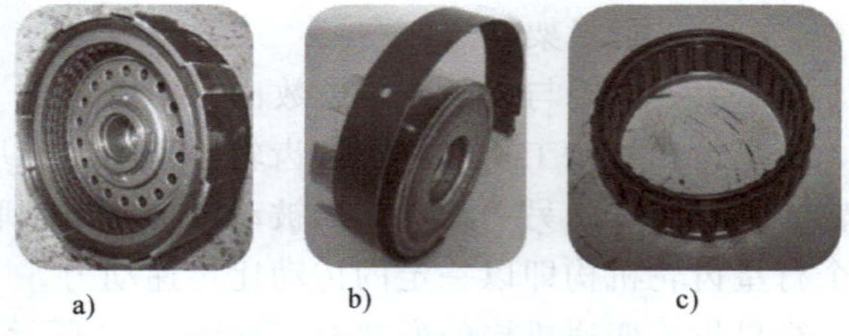

图 8-68　换档执行机构

a）离合器　b）制动器　c）单向离合器

（1）离合器　自动变速器中的湿式、多片离合器用来连接输入轴或输出轴和某个基本元件，或将行星齿轮机构中某两个基本元件连接在一起实现转矩的传递，如图 8-69 所示。

（2）制动器　制动器的功用是固定行星齿轮机构中的基本元件，阻止其旋转。在自动变速器中常用的制动器有湿式多片式制动器和带式制动器两种，如图 8-70 所示。

（3）单向离合器　作用是单方向固定行星齿轮机构中某个基本元件的转动。机械液力

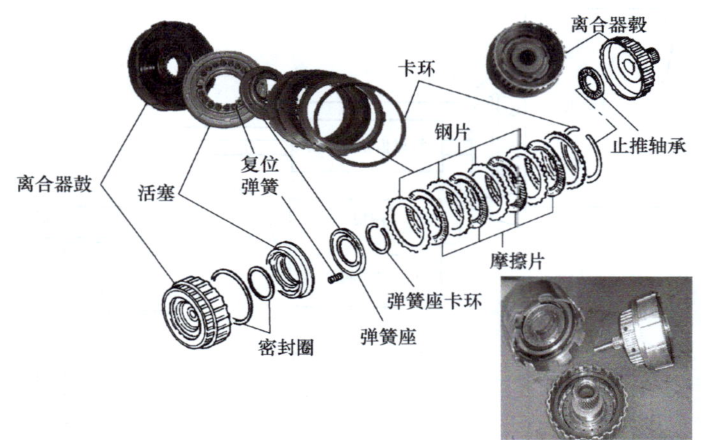

图 8-69　多片离合器的结构

片式制动器　　带式制动器

图 8-70　制动器

自动变速器中有两个位置有单向离合器。一个是在液力变矩器导轮与导轮轴之间，用来保证导轮不会反转；另一个在行星齿轮传动系统中，用于限制低档和倒档的湿式多片离合器片不反转。

4. 自动变速器控制系统

(1) 液压控制系统　液压控制系统的作用是根据驾驶人的驾驶模式和车辆行驶条件的需要，利用油压控制离合器和制动器这两种换档执行元件的动作，从而控制行星齿轮机构，实现自动升降档，如图 8-71 所示。

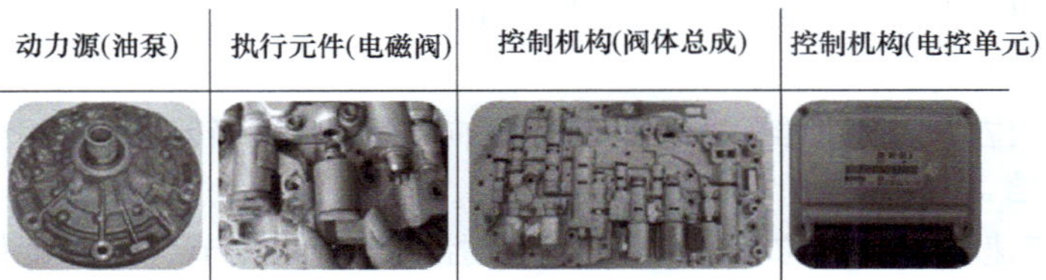

图 8-71　液压控制系统的组成

(2) 电子控制系统　电子控制系统根据传感器检测得到节气门开度、车速、冷却液温度等运转参数以及各种控制开关送来的当前状态信号，经运算比较和分析后按设定的程序，向各个执行器发出指令，以操纵阀板总成中各种控制阀的工作，从而最终实现对自动变速器的控制，如图 8-72 所示。

三、液力自动变速器的档位介绍

自动变速器换档元件有按钮式和拉杆式两种类型，驾驶人可以通过对它的操作进行档位选择。按钮式一般布置在仪表板上；拉杆式即换档操纵手柄，可布置在转向柱上或驾驶室地板上，它通过连杆机构或钢索与液压系统控制元件的手动阀相连接，为液压系统及电控系统提供操纵信号。

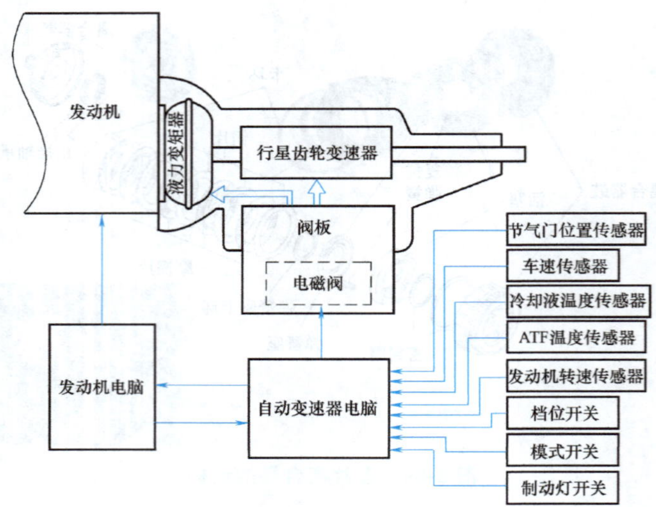

图 8-72　电子控制系统的组成

自动变速器的换档操纵手柄通常有 4~7 个位置，如本田车系有 7 个位置，分别为 P、R、N、D4、D3、2、1；丰田车系操纵手柄的位置为 P、R、N、D、2、L，日产车系操纵手柄的位置为 P、R、N、D、2、1，欧美部分车系操纵手柄的位置为 P、R、N、D、S、L 和 P、R、N、D、3、2、1 等。

1. P 位（停车档）

变速杆位于该位置，自动变速器机械地锁止输出轴，驱动轮不能转动。同时，执行机构使变速器处于空档状态。该位置可以起动发动机。手柄移开该位置，停车锁止机构即被释放。

2. N 位（空档位）

变速杆位于该位置，作用和停车档几乎相同。此位置可以起动发动机，此时发动机的动力虽输入变速器，但只能使之空转，输出轴无动力输出。

3. R 位（倒车档）

变速杆位于该位置，变速器输入轴的转动方向与输出轴的转动方向相反，可实现倒车。

4. D（D4）档

前进档。当变速杆置于该位置时，液压系统控制装置根据节气门开度信号和车速信号自动接通相应的前进档油路，行星齿轮系统在执行机构的控制下得到相应的传动比，随着行驶条件的变化，在前进档中自动升降档，实现自动变速功能。

5. 3（D3）档

高速发动机制动档。变速杆位于该位时，液压控制系统只能接通前进档中的 1、2、3 档油路，自动变速器只能在这 3 个档位间自动换档，无法升入 4 的档位，从而使汽车获得发动机制动效果。

6. 2（S）档

中速发动机制动档。变速杆位于该位时，液压控制系统只能接通前进档中的 1、2 档油路，自动变速器只能在这两个档位间自动换档，无法升入更高的档位，从而使汽车获得发动机制动效果。

7. L 档（也称 1 位）

低速发动机制动档。此时发动机被锁定在前进档的 1 档，只能在该档位行驶而无法升入

高档，发动机制动效果更强。此档位多用于山区行驶、上坡加速或下坡时有效地稳定车速等特殊行驶情况，可避免频繁换档，提高其使用寿命。

四、双离合器自动变速器（DCT/DSG）

手动档汽车在换档时，离合器在分离和接合之间存在动力传递暂时中断的现象。双离合器自动变速器能消除换档时动力传递的中断现象，缩短换档时间，同时换档更加平顺。

典型四档双离合器自动变速器的结构如图 8-73 所示。两个离合器与变速器装配在同一机构内，其中一个离合器 1 负责挂 1、3、5 和倒档；另一个离合器 2 负责挂 2、4、6 档。当驾驶人挂上 1 档起步时，换档拨叉同时挂上 1 档和 2 档，但离合器 1 接合，离合器 2 分离，动力通过 1 档的齿轮输出动力，2 档齿轮空转。当驾驶人换到 2 档时，换档拨叉同时挂上 2 档和 3 档，离合器 1 分离的同时离合器 2 接合，动力通过 2 档齿轮输出，3 档齿轮空转。其余各档位的切换方式均与此类似。这样就解决了换档过程中动力传输中断的问题。

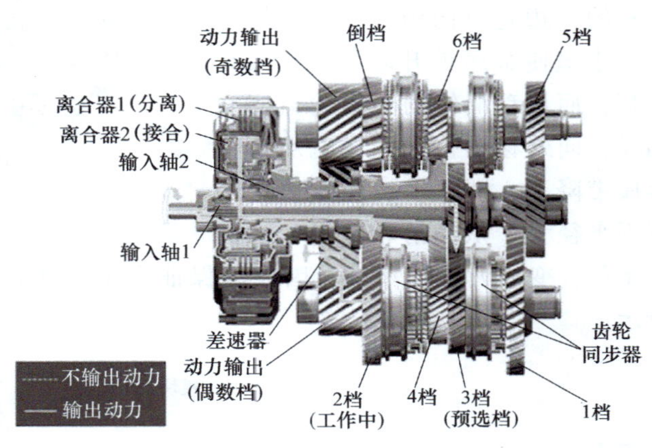

图 8-73　双离合器自动变速器在 1 档时的结构

双离合器自动变速器的优点：

1）换档快。双离合器自动变速器的换档时间非常短，比手动变速器的速度还要快，只有 0.2s 不到。

2）省油。双离合器自动变速器因为消除了转矩的中断，也就是让发动机的动力一直在利用，而且始终在最佳工况下工作，所以能够大量节省燃油。相比传统行星齿轮式自动变速器更利于提升燃油经济性，油耗大约能够降低 15%。

3）舒适性。因为换档速度快，所以 DCT 的每次换档都非常平顺。

4）在换档过程中，几乎没有转矩损失。

5）当高档齿轮已处于预备状态时，升档速度极快，达到惊人的 8ms。

6）无论节气门或者运转模式处于何种状况，换档时间至少能达到 600ms（从奇数档降到奇数档，或者从偶数档降到偶数档时，耗时约为 900ms，例如从第 5 档降到 3 档）。

五、机械式无级变速器（CVT）

随着汽车工业的飞速发展，汽车新技术的不断使用，在汽车传动系统中又一项新技术得到车界关注，那就是 CVT（Continuously Variable Transmission）无级变速技术。CVT 可以说是最理想的汽车变速器，因为从原始的橡胶带无级变速器开始，到有级的齿轮变速器过度，再到现代的钢带无级变速器，百年大回转说明只有无级变速器才是汽车变速器的终极目标。CVT 的结构主要由两组带轮（主动齿轮、从动齿轮）和传动带（钢带）油泵、液力变矩器、执行机构（阀体、油路）、传感器等构成，如图 8-74 所示。

当汽车慢速行驶时，可以令主动滑轮的凹槽宽度大于从动滑轮凹槽，主动滑轮的金属带圆周半径小于从动滑轮的金属带圆周半径，即小圆带大圆，因此能传递较大的转矩；当汽车逐渐转为高速时，主动滑轮的一边轮盘向内靠拢，凹槽宽度变小迫使金属带升起，直至最高顶端，而从动滑轮的一边轮盘刚好相反，向外移动拉大凹槽宽度迫使金属带降下，即主动滑轮金属带的圆周半径大于从动滑轮金属带的圆周半径，变成大圆带小圆，因此能保证汽车高速行驶时的速度要求，如图 8-75 和图 8-76 所示。

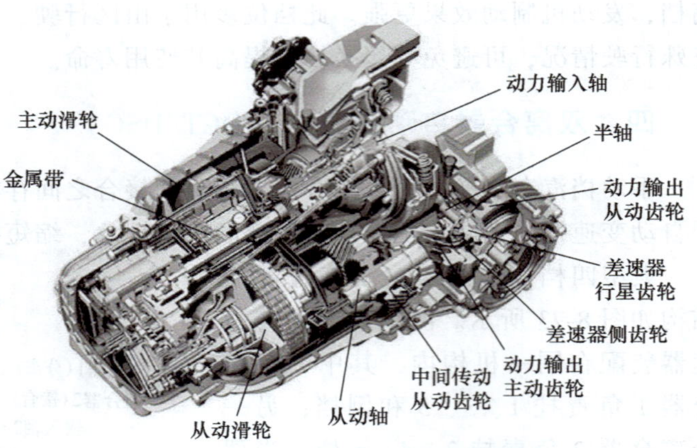

图 8-74　机械式无级变速器的结构

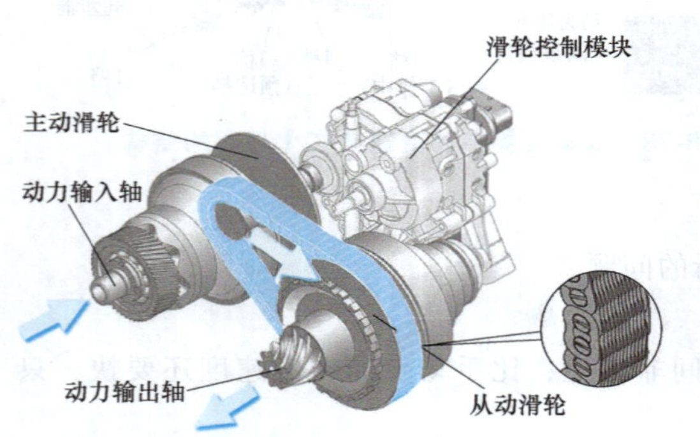

图 8-75　机械式无级变速器的工作原理

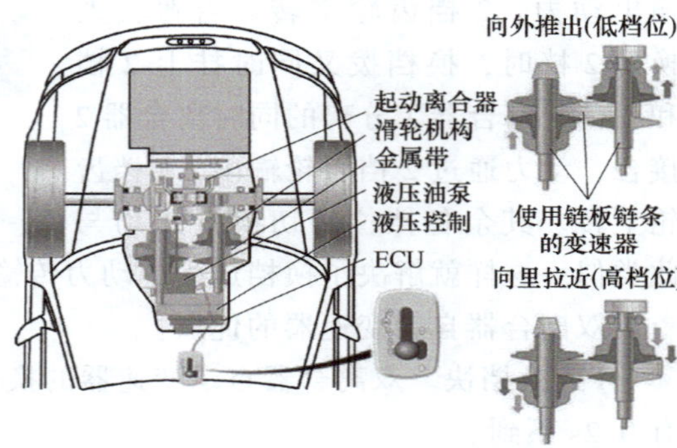

图 8-76　机械式无级变速器的工作过程

【任务实施】

一、准备工作

1）别克 4T65E 自动变速器若干台。

2）维修专用工具若干套。

3）多媒体资料。

二、实施步骤

1）拆卸车速传感器及变矩器、涡轮轴前端 O 形圈、油底壳，如图 8-77 所示。

2）拆卸 ATF 滤清器、油位控制阀；拆卸机油供油管、各档伺服机构。

3）拆卸壳体侧盖螺栓，如图 8-78 所示。拆卸阀体总成（图 8-79）、阀体线束、传感器、电磁阀。

4）拆卸 4 档离合器片、输入轴转速传感器转轮总成（图 8-80）、4 档驱动轴及驱动链轮总成。拆卸倒档伺服器。

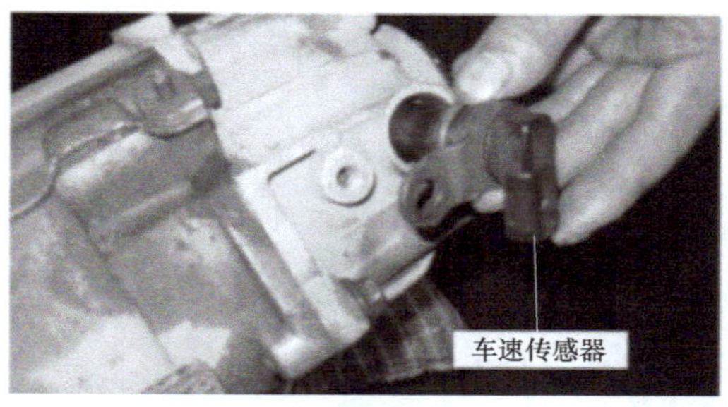

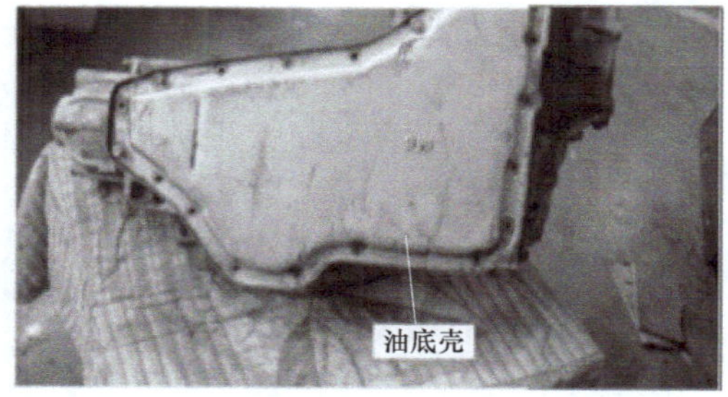

图 8-77　拆卸车速传感器、油底壳

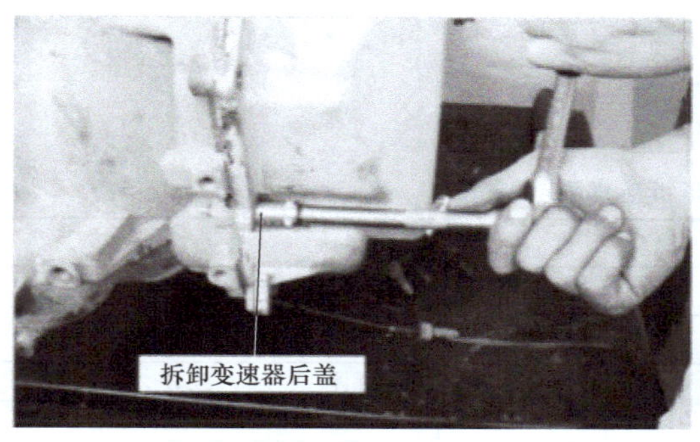

图 8-78　拆卸变速器后盖

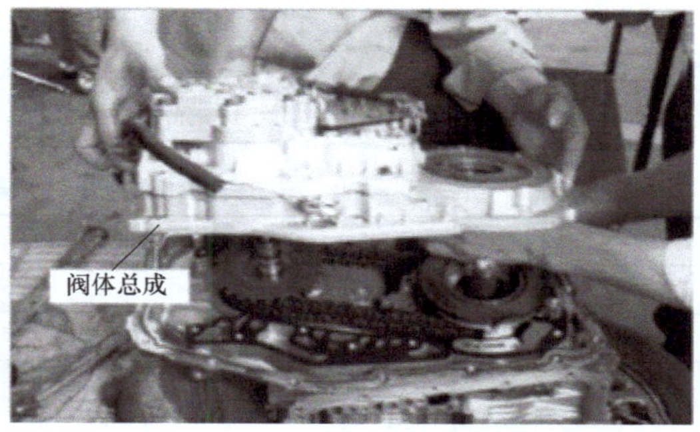

图 8-79　拆卸阀体总成

5）拆卸4档制动器。拆卸倒档制动器、2档离合器及输入离合器总成。

6）拆卸行星齿轮总成，拆卸前进档伺服器，如图 8-81 所示。

7）拆卸后排太阳轮及单向离合器，拆卸差速器后壳，如图 8-82 所示。

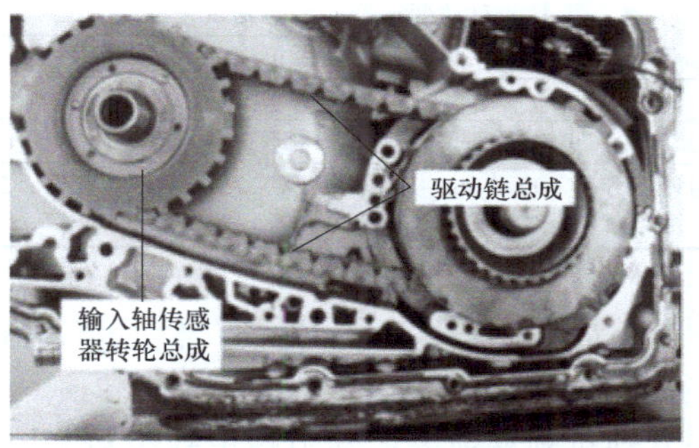

图 8-80　拆卸输入轴转速传感器转轮总成及驱动链总成

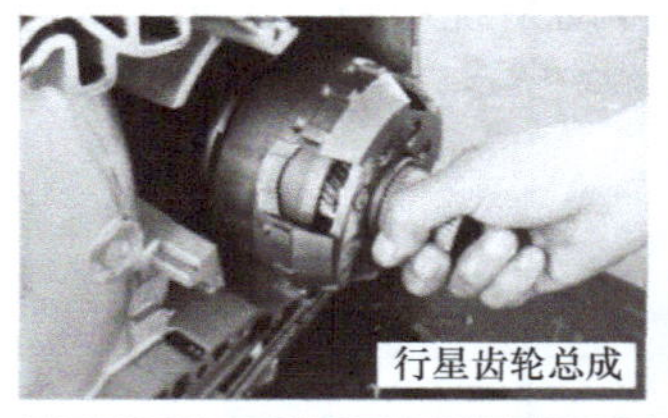

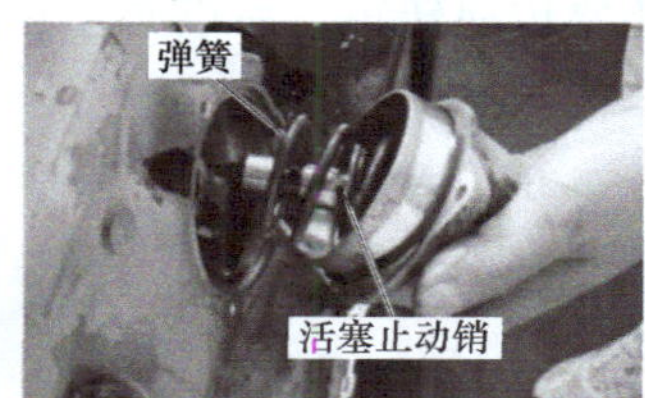

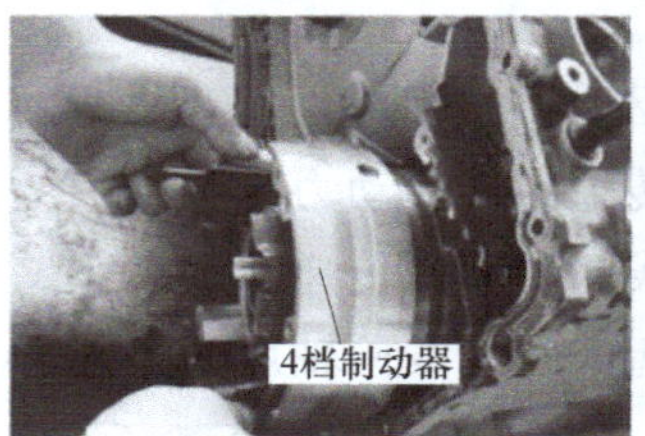

图 8-81　拆卸行星齿轮总成

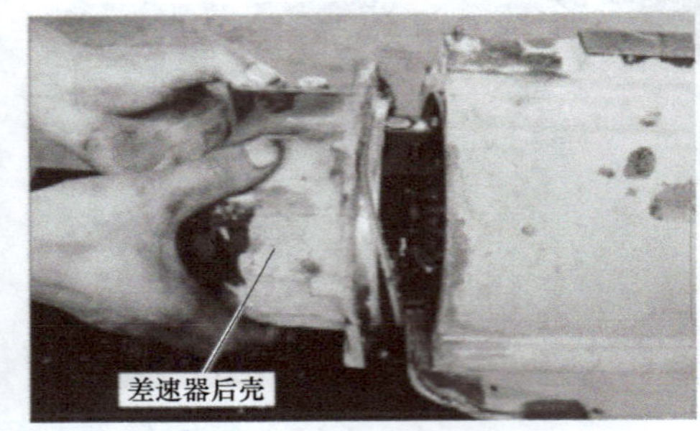

图 8-82　拆卸后排太阳轮、单向离合器及差速器后壳

【任务评价】

自动变速器的原理与拆装训练评价表

学生姓名					
测评日期		测评地点			
测评内容	自动变速器的拆装				
考评标准	内　　容	分值	自评	互评	师评
	外围件拆装步骤是否正确	20			
	行星齿轮机构拆装是否正确	30			
	自动变速器的装配是否正确	30			
	工具的使用是否正确	20			
合　　计		100			
最终得分(自评 30%+互评 30%+师评 40%)					
说明:测评满分为 100 分,60~74 分为及格,75~84 分为良好,85 分以上为优秀。60 分以下的学生,需重新进行知识学习、任务训练,直到任务完成达到合格为止					

任务 4　驱动桥的认知

由于发动机到变速器的动力输出轴线和驱动桥的动力输入轴线不可能完全在一条直线上，同时驱动桥在车辆行驶时会上下跳动，输入轴轴线位置不断变化，动力传递需要能够适应这个变化，同时还要传递转矩，所以必须在传动系统中设置万向传动装置。

【知识准备】

一、万向传动装置

1. 万向传动装置的作用

1）适应车辆在运行过程中动力输出端与驱动桥的相对位置变化时的动力传递。

2）在轴线相交且相对位置经常变化的两转轴间传递动力。

3）用于动力输入端与输出端不在一条直线上的动力传递。

4）消除车架变形及制造、装配误差等引起的其轴线同轴度误差对动力传递的影响。

2. 万向传动装置的组成

万向传动装置由万向节和传动轴组成，当传动轴比较长时，还要加中间支承。

3. 万向传动装置在汽车上的应用

(1) 用于变速器与驱动桥之间　如图 8-83 所示。

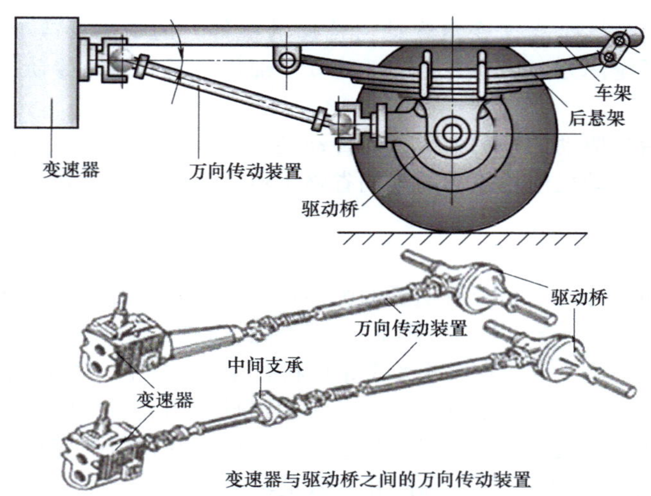

图 8-83　变速器与驱动桥之间

(2) 用于变速器与分动器之间　在多轴驱动的越野汽车上，在分动器与各驱动桥之间，或驱动桥与驱动桥之间，或变速器与分动器之间分开时，它们之间的动力传递等都是靠万向传动装置来实现的，如图 8-84 所示。有些重型汽车的变速器与发动机是分开固定的，它们之间也装有万向传动装置。

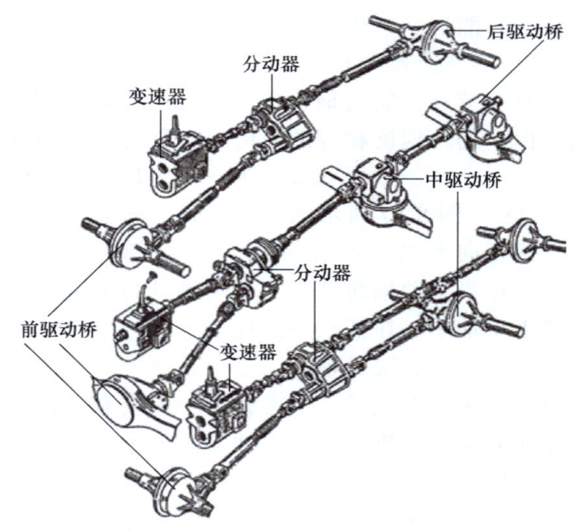

图 8-84　变速器与分动器之间

(3) 用于转向驱动桥上　转向轮在偏转时仍要传递动力，这时的半轴不能制成整体而要分成两段，且用万向节连接，以适应汽车行驶时半轴各段的交角不断变化的需要。若采用独立悬架，则在靠近主减速器处也需要有万向节，如图 8-85a 所示；若采用非独立悬架，只需在转向轮附近装一个万向节即可，如图 8-85b 所示。

(4) 用于某些汽车的转向操纵机构中　如图 8-86 所示，有些汽车的转向操纵机构上装有万向传动装置，以便转向系统的总体布置。

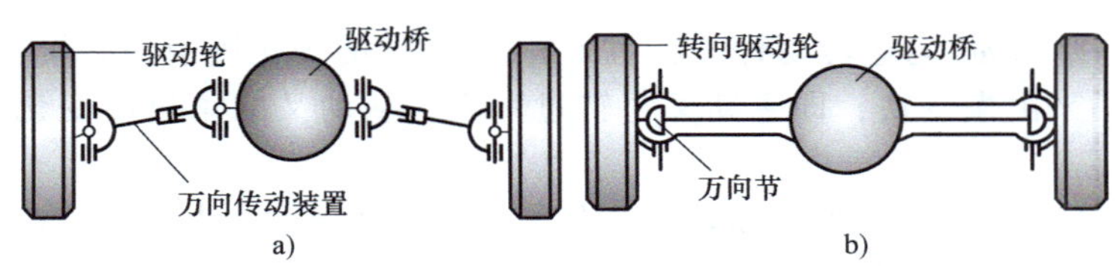

图 8-85　用于转向驱动桥

a) 独立悬架　b) 非独立悬架

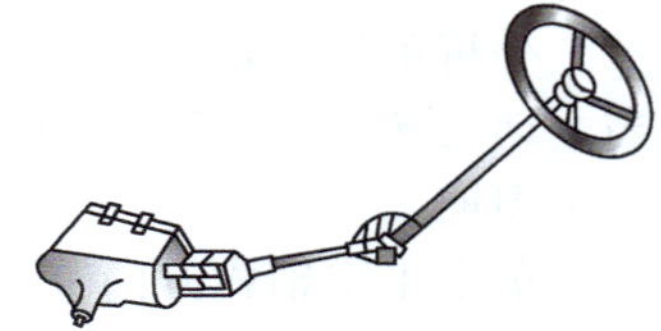

图 8-86　用于转向操纵机构

二、万向节

万向节即万向接头，是实现变角度动力传递的机件，用于需要改变传动轴线方向的位置，它是汽车传动系统的万向传动装置的“关节”部件。万向节与传动轴组合，称为万向节传动装置。

在前置发动机后轮驱动的车辆上，万向传动装置安装在变速器输出轴与驱动桥主减速器输入轴之间；而前置发动机前轮驱动的车辆省略了传动轴，万向节安装在既负责驱动又负责转向的前桥半轴与车轮之间。

1. 万向节的分类

万向节按其在扭转方向上是否有明显的弹性可以分为刚性万向节和挠性万向节。

(1) 刚性万向节　刚性万向节是靠零部件的铰链式连接传递动力的，可分为不等速万向节（十字轴式）、等速万向节（球笼式、球叉式等）和准等速万向节（双联式、三销轴式等）。

(2) 挠性万向节　挠性万向节的特点是其传力组件采用夹布橡胶盘、橡胶块、橡胶环等弹性组件，从而保证在相交两轴间不发生机械干涉。由于弹性组件变形量有限，故挠性万向节一般用于夹角较小（3°~5°）的两轴间和有微量轴向位移的传动场合。例如，安装在车架上的两个部件（发动机和变速器或者变速器与分动器）之间，可使装配方便不需轴线严格对正，并能消除工作中车架变形对传动的不利影响。

2. 不等速万向节

万向节连接的两轴夹角大于零时，输出轴和输入轴之间以变化的瞬时角速度比传递运动，但平均角速度相等的万向节，称为不等速万向节。

(1) 十字轴式万向节　为汽车上广泛使用的不等速万向节，允许相邻两轴的最大交角为15°~20°。图 8-87 所示的十字轴式万向节由一个十字轴、两个万向节叉和四个滚针轴承等组成。两万向节叉上的孔分别套在十字轴的两对轴颈上。这样当主动轴转动时，从动轴既可随之转动，又可绕十字轴中心在任意方向摆动。在十字轴轴颈和万向节叉孔间装有滚针轴承，滚针轴承外圈靠卡环轴向定位。为了润滑轴承，十字轴上一般安有注油嘴并有油路通向轴颈。机油可从注油嘴注到十字轴轴颈的滚针轴承处。

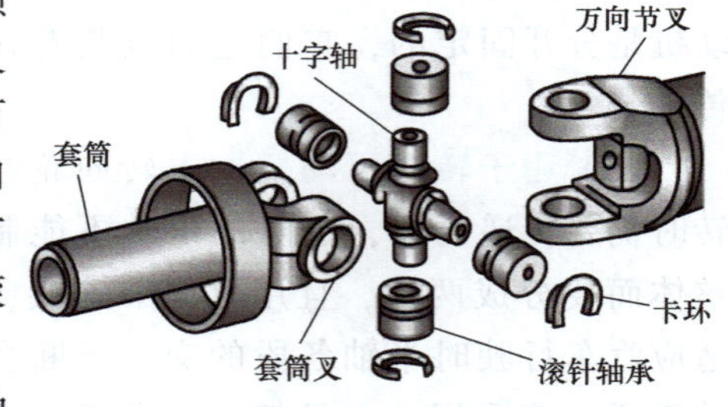

图 8-87　十字轴式万向节

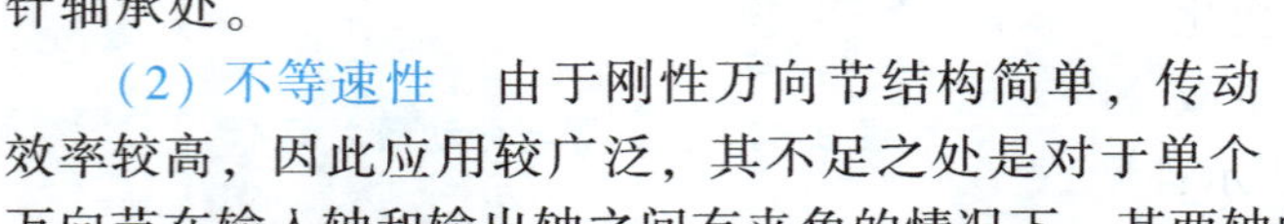

(2) 不等速性　由于刚性万向节结构简单，传动效率较高，因此应用较广泛，其不足之处是对于单个万向节在输入轴和输出轴之间有夹角的情况下，其两轴的角速度不相等，这就是单个万向节的不等速性。下面分析单个十字轴式刚性万向节在有夹角时传动的不等速性，如图 8-88 所示。

1）当主动叉在垂直位置时，从动轴转速大于主动轴转速。

2）当主动叉转到水平位置时，从动轴转速小于主动轴转速。

分析可见，若主动叉从 0°开始以 ω_1 匀速转动时，从动叉角速度 ω_2 的变化则由快到慢，当主动叉转过 90°后，从动叉 ω_2 又由慢变快，即主动叉每转过半圈，从动叉的角速度变化一个周期。

单个十字轴式万向节传动的不等速性，将使从动轴及与其相连的传动部件产生严重的扭转振动，从而产生附加的交变载荷，影响部件寿命。因此，当两轴间有较大夹角时，单个十字轴式万向节是不宜采用的，因为它会使驱动车轮转速不均匀。

在汽车上，万向传动装置往往采用双十字轴式万向节来实现等速传动，如图 8-89 所示，但必须满足以下两个条件：

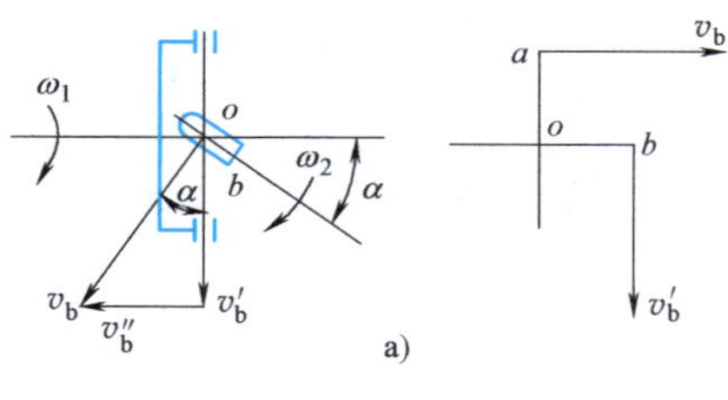

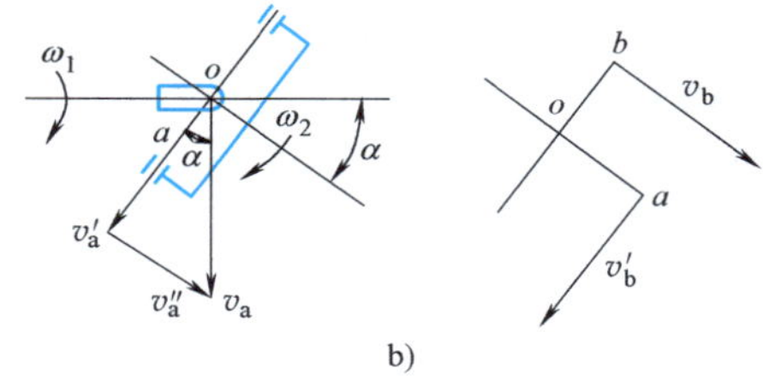

图 8-88 十字轴式刚性万向节角速度分析

a）主动叉在垂直位置 b）主动叉在水平位置

图 8-89 双十字轴式万向节

① 第一万向节两轴间夹角 α_1 与第二万向节两轴间夹角 α_2 相等，即 $\alpha_1=\alpha_2$。

② 传动轴两端的两个万向节叉（即第一万向节的从动叉与第二万向节的主动叉）在同一平面内。

3. 等速万向节

目前，汽车上应用较广泛的等速万向节有球笼式、球叉式等速万向节。

(1) 球笼式等速万向节 球笼式等速万向节的结构如图 8-90 所示。动力由主动轴（及星形套）经钢球传到球形壳输出。球笼式等速万向节内的六个钢球全部传力，承载能力强，可在两轴最大交角为 42°情况下传递转矩，其结构紧凑，拆装方便，得到广泛应用。

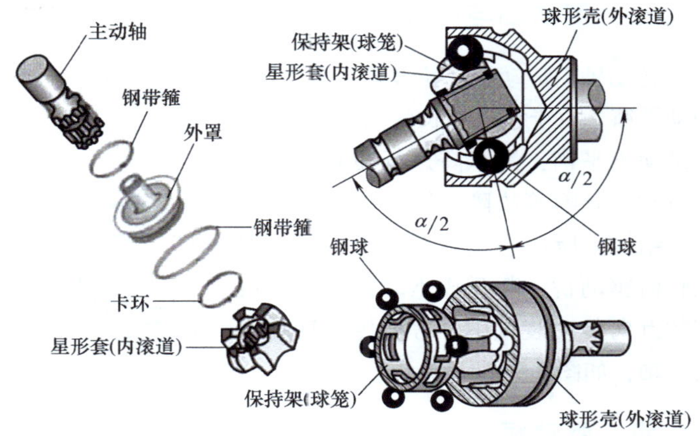

图 8-90 球笼式等速万向节

(2) 球叉式等速万向节 球叉式等速万向节的结构如图 8-91a 所示，球叉式等速万向节传动的特点是，钢球中心 P（即传力点）始终位于两轴交角的平分面内，如图 8-91b 所示。

4. 准等速万向节

常见的准等速万向节有双联式和三销轴式两种，它们的工作原理与上述双十字轴式万向节实现等速传动的原理是一样的。图 8-92 为双联式万向节工作原理图，它实际上是一套将传动轴长度减缩至最小的双十字轴式万向节等速传动装置，双联叉相当于传动轴及两端处在同一平面上的万向节叉。

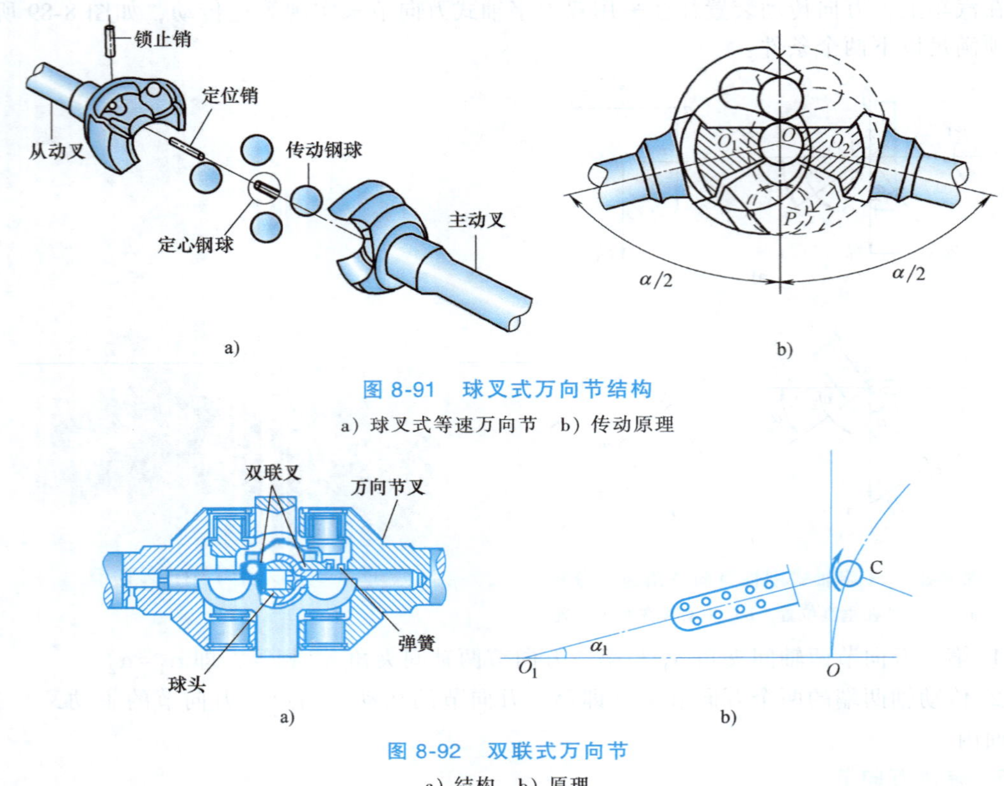

图 8-91 球叉式万向节结构

a）球叉式等速万向节 b）传动原理

图 8-92 双联式万向节

a）结构 b）原理

三、传动轴与中间支承

传动轴由传动轴、花键轴、滑动叉、中间支承和万向节叉等组成。它最重要的一项指标是它的动平衡。由于它是细长的高速旋转件，如果动不平衡，汽车高速行驶时就会发生抖动、异响等故障。传动轴广泛采用管式结构，所以它用料少、重量轻。但在转向驱动桥、断开式驱动桥或微型汽车的万向传动装置中，常把传动轴制成实心轴，如图 8-93 所示。

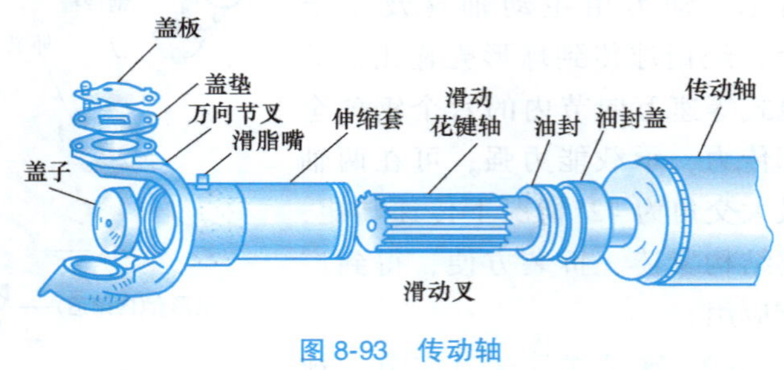

图 8-93 传动轴

四、驱动桥

驱动桥由主减速器、差速器、半轴、万向节、驱动桥壳（或变速器壳体）和驱动车轮等零部件组成。

主减速器可降速增矩，并可改变发动机转矩的传递方向，以适应汽车的行驶方向。差速器可保证左、右驱动轮以不同的转速旋转。半轴把转矩从差速器传到驱动轮。桥壳支承汽车的部分质量，承受驱动轮上的各种力及力矩，并起到保护主减速器、差速器和半轴的作用。

（1）主减速器 功用是将输入的转矩增大并相应降低转速，也可根据需要改变转矩的方向。主减速器的种类繁多：有单级式和双级式；有单速式和双速式；还有贯通式和轮边式等。

1）单级主减速器。只有一对锥齿轮传动，它具有结构简单、重量轻、体积小、传动效率高等特点，如图 8-94 所示。

2）双级主减速器。当主减速器要求较大的传动比时，单级主减速器已不能保证足够的离地间隙，这时需要用由两对齿轮传动的双级主减速器，如图 8-95 所示，第一级减速采用一组锥齿轮，第二级减速采用一组圆柱齿轮，实现两次变速。

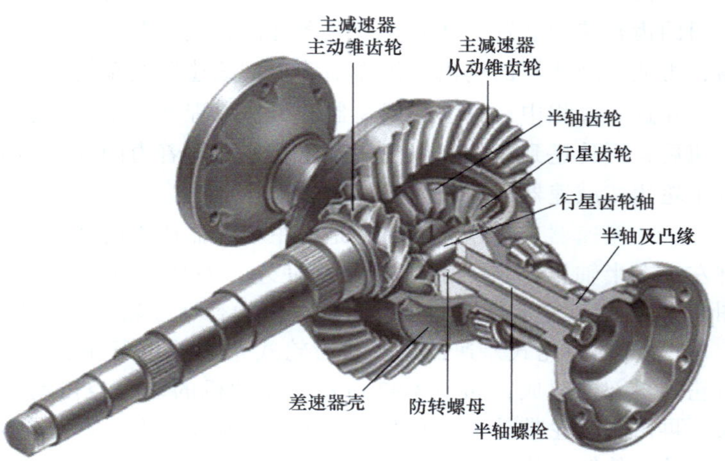

图 8-94　单级主减速器齿轮

3）贯通式主减速器。有些多轴驱动的越野汽车，为了使结构简化，通往后桥与通往中桥的动力在中桥与分动器之间共享一个万向传动装置传递，通至中桥的一部分动力再经中桥至后桥的万向传动装置传至后桥。这种中驱动桥的主减速器叫贯通式主减速器。

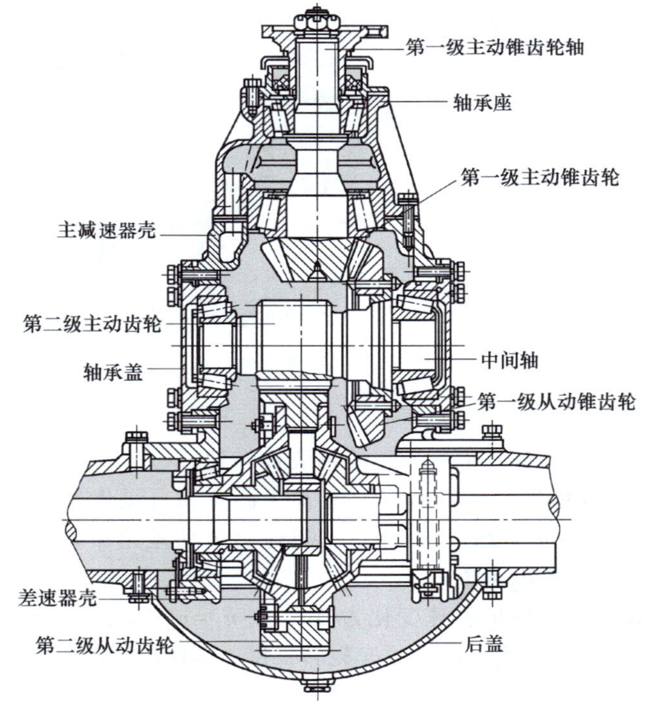

图 8-95　双级主减速器齿轮

图 8-96　轮边式主减速器

4）轮边式减速器。轮边式减速器是汽车传动系统中最后一级减速增矩装置，被广泛应用于载重货车、大型客车、越野汽车及其他一些大型工矿用车。因此对轮边式减速器的研

究，具有很重要的实际意义和企业实用性，如图 8-96 所示。

目前，采用的轮边式减速器，就是为满足整个传动系统匹配的需要，而增加的一套降速增扭的齿轮传动装置。从发动机经离合器、变速器和分动器把动力传递到前、后桥的主减速器，再从主减速器的输出端传递到轮边式减速器及车轮，以驱动汽车行驶。

在这一过程中，轮边式减速器的工作原理就是把主减速器传递的转速和转矩经过其降速增扭后，再传递到车轮，以便使车轮在地面附着力的反作用下，产生较大的驱动力。从而减少了轮边式减速器前面各零部件的受力。

（2）差速器　差速器的功用是将主减速器传来的动力传给左、右两半轴，并在必要时允许左、右半轴以不同的转速旋转，使左、右驱动车轮相对于地面纯滚动而不是滑动，如图 8-97 所示。差速器按其工作特性可分为普通齿轮式差速器和防滑差速器两大类。

1）普通齿轮式差速器。普通齿轮式差速器由行星齿轮、行星轮架（差速器壳）、半轴齿轮等零部件组成，如图 8-98 所示。发动机的动力经传动轴进入差速器，直接驱动行星轮架，再由行星轮带动左、右两条半轴，分别驱动左、右车轮。在汽车转弯时，内侧轮转速减小，外侧轮转速增加。

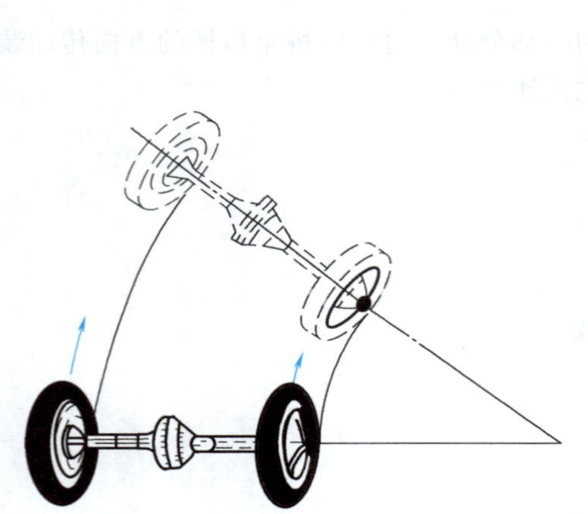

图 8-97　汽车转向时驱动车轮的运动示意图

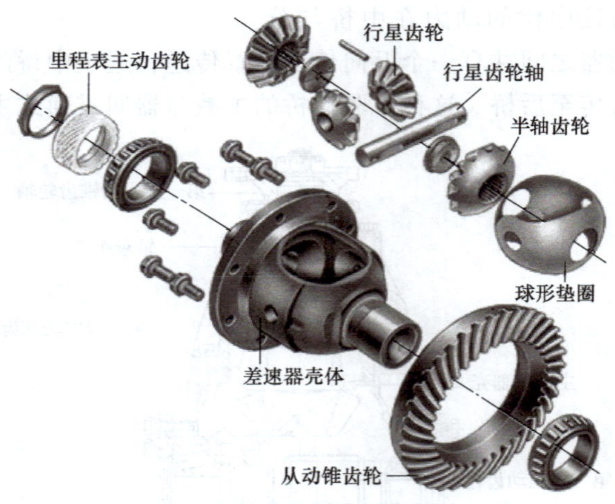

图 8-98　差速器的结构

2）差速器的工作原理。

其中：n_1——左半轴转速；n_2——右半轴转速；n_0——差速器壳体转速。

当汽车直线行驶时，如图 8-99 所示，行星齿轮不自转，只随差速器壳和行星齿轮轴一起公转，两半轴无转速差，即 $n_1=n_2=n_0$，$n_1+n_2=2n_0$。同样，主减速器传动差速器壳体上的转矩 M_0 等分给两半轴齿轮（半轴），即 $M_1=M_2=M_0/2$。

汽车转向行驶时，如图 8-100 所示，设半轴齿轮的转速变化为 Δn，则 $n_1=n_0+\Delta n$，$n_2=n_0-\Delta n$，即汽车右转时，左侧（外侧）车轮转得快，右侧（内侧）车轮转得慢，实现纯滚动。此时依然有 $n_1+n_2=2n_0$。所以当左、右驱动车轮存在转速差时，$M_1=(M_0-M_T)/2$，$M_2=(M_0+M_T)/2$。但由于有推力垫片的存在，实际中的 M_T 很小，可以忽略不计，则 $M_1=M_2=M_0/2$。

3）防滑差速器。为提高汽车在坏路上的通过能力，某些越野汽车及高级轿车上装置防滑差速器。防滑差速器的特点是，当一侧驱动轮在坏路上滑转时，能使大部分甚至全部转矩传给在良好路面上的驱动轮，以充分利用这一驱动轮的附着力来产生足够的驱动力，使汽车

顺利起步或继续行驶。为实现上述要求，最简单的方法是在对称式锥齿轮差速器上设置差速锁，使之成为强制止锁式差速器。当一侧驱动轮滑转时，可利用差速锁使差速器锁死而不起差速作用。

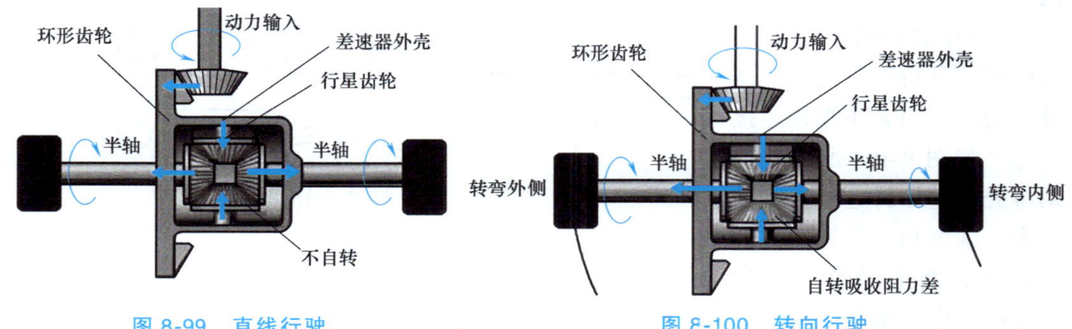

图 8-99 直线行驶　　图 8-100 转向行驶

（3）半轴　半轴是差速器与驱动轮之间传递转矩的实心轴，其内端一般通过花键与差速器的半轴齿轮连接，外端以凸缘与驱动轮的轮毂连接，如图 8-101 所示。根据其支承型式不同，半轴可分为全浮式半轴和半浮式半轴。

1）全浮式半轴。全浮式半轴广泛应用于载货汽车上，它只传递转矩，不承受任何外力与弯矩。如图 8-102 所示，桥壳用轮毂轴承支承在轮毂上，与半轴无直接联系，车轮的中心线通过两个轴承的中间。这种支承型式的半轴除承受转矩外，两端均不承受任何反力和弯矩。

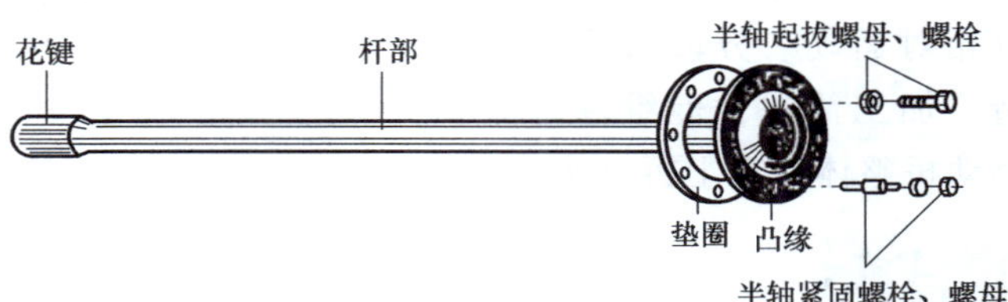

图 8-101 半轴

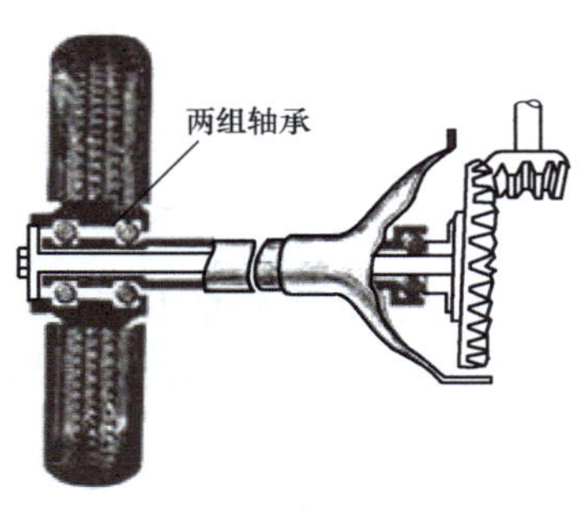

图 8-102 全浮式半轴

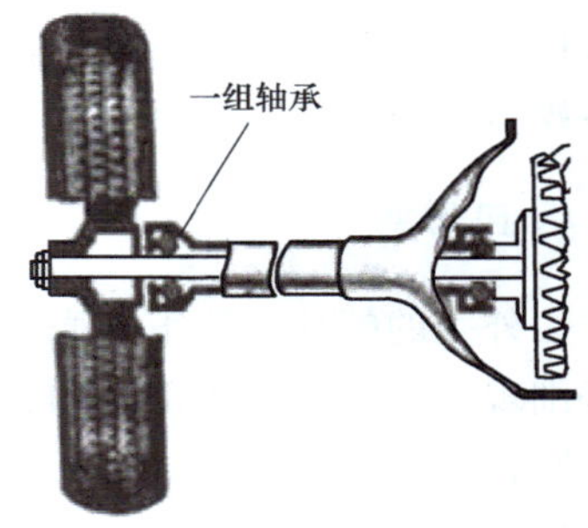

图 8-103 半浮式半轴

2）半浮式半轴。半浮式半轴除要承受转矩外，外端还要承受车轮传来的全部反力及弯矩，如图 8-103 所示。车轮与桥壳无直接联系而支承于半轴外端，距支承轴承有一个悬臂。可见车轮的各种反力都要经过半轴传给桥壳，这种内端免受弯矩，而外端却承受全部弯矩的半轴，称为半浮式半轴。半浮式半轴支承结构简单、成本低廉，被广泛用于反力弯矩较小的各类轿车上，但这种半轴拆装麻烦，且行驶中若折断将发生危险。

（4）驱动桥壳　驱动桥壳用以支承并保护主减速器、差速器和半轴等；与从动桥一起支

承车架及其上的各总成重量；并承受汽车行驶时由车轮传来的各种反力及力矩，经悬架传给车架。

驱动桥壳有整体式和分段式两种。

1）整体式桥壳。整体式桥壳的特点是桥壳与主减速器壳分开制造，两者用螺栓连接在一起，如图 8-104 所示。该驱动桥壳为整体铸造桥壳，其刚度大、强度高、易铸造，但其质量大，制造质量不易保证，多用于中、重型汽车。整体式桥壳也可用钢板冲压焊接而成。

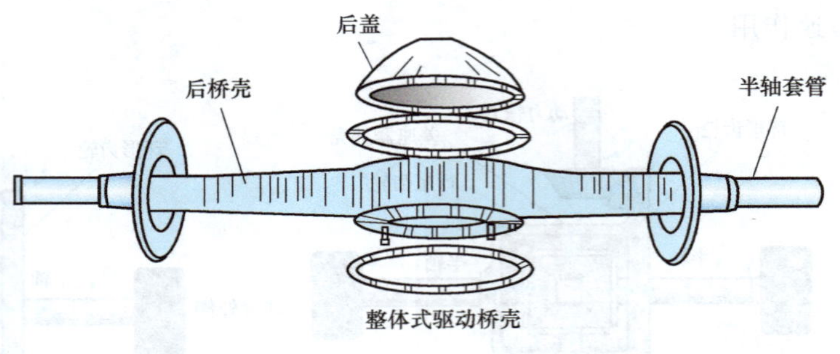

图 8-104　整体式桥壳

2）分段式桥壳。分段式桥壳如图 8-105 所示，它分为左右两段，由螺栓连成一体。采用独立悬架的轿车，分段式桥壳各段之间可相对运动。分段式桥壳易于铸造、加工简单，但维修时必须将驱动桥整体从车上拆下来。

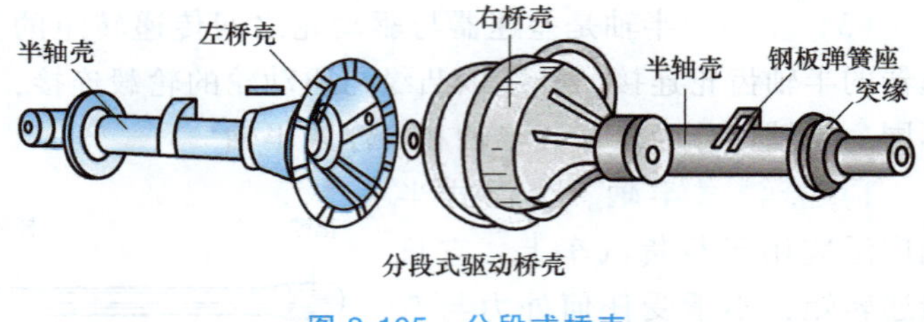

图 8-105　分段式桥壳

【任务实施】

一、准备工作

1）差速器若干件。

2）维修专用工具若干套。

3）多媒体资料。

二、拆卸步骤

1）拧去外壳的螺栓，取下外壳，并将零部件按先后顺序排放在实验桌上。

2）仔细观察差速器的内部结构，分析并验证差速器的传动原理，并拍照记录各个零部件的整体位置。

3）取出轴承套，利用锤子和铝棒敲下两输出轴，按顺序排放在外壳之后。

4）利用锤子和铝棒敲打两轴承部分，将差速器的壳体与箱体分离，由于差速器结构比较重，由两人合力取出，并竖直放在实验桌上，并取出垫片。拍照记录差速器结构的整体特征。

5）把固定锥齿轮的螺栓拧下，然后一个人用手拖着从动锥齿轮，一个人用锤子和铝棒把从动锥齿轮敲出来，按顺序排放好。

6）把差速器壳体一侧的定位销取下，把行星齿轮轴取出来，接着把壳体里面的一对行星齿轮和一对半轴齿轮取出，并按顺序排放好。

7）利用工具把壳体两端的锥轴承取下。

8）最后，将箱体的螺栓拧开，取出差速器的主动齿轮轴。

三、零部件的组装过程（按先出后进原则）

1）将主动齿轮轴装回箱体里，并拧上螺栓。

2）把锥轴承装在差速器壳体的两端，将一对行星齿轮和一对半轴齿轮装进差速器壳体里，并装上行星齿轮轴，再插上定位销固定行星齿轮轴。

3）将差速器壳体竖直摆放，重新装上从动锥齿轮，并拧上固定螺栓。

4）先放上垫片，一人按住轴承外圈，两人将差速器结构慢慢放置在箱体的内腔，让另外的两人装上两端的输出轴，放置好后，使用铁锤和铝棒把输出轴敲稳固，再检验传动机构是正常工作，最后固定轴承套，拧上螺栓。

5）装上外壳，拧上螺钉，差速器组装完毕。

【任务评价】

驱动桥的认知训练评价表

学生姓名					
测评日期		测评地点			
测评内容	差速器的拆装				
考评标准	内　容	分值	自评	互评	师评
	差速器的拆装步骤是否正确	40			
	零部件的认知是否正确	30			
	工具的使用是否正确	30			
合　计		100			
最终得分(自评 30%+互评 30%+师评 40%)					
说明:测评满分为 100 分,60~74 分为及格,75~84 分为良好,85 分以上为优秀。60 分以下的学生,需重新进行知识学习、任务训练,直到任务完成达到合格为止					

【思考与练习】

1. 简述汽车传动系统的功用。
2. 汽车传动系统中为什么要装离合器？
3. 简述离合器的功用及摩擦式离合器的工作原理。
4. 简述变速器的功用、类型及变速器操纵机构中的锁止装置的功用。

项目9

行驶系统

行驶系统的功用是接受传动系统的动力，通过驱动轮与路面的作用产生牵引力，使汽车正常行驶；承受汽车的总重量和地面的反力；缓和不平路面对车身造成的冲击，衰减汽车行驶中的振动，保持行驶的平顺性；与转向系统配合，保证汽车操纵稳定性。

【学习目标】

知识目标：

1. 掌握行驶系统的组成。
2. 理解轮胎型号。
3. 了解不同类型悬架的特点。

技能目标：

1. 通过学习能识读汽车底盘参数表。
2. 通过学习会辨别汽车悬架类型。

任务1　车架与车桥的认知

【知识准备】

一、行驶系统的类型

汽车行驶系统的基本类型主要有轮式、履带式、车轮-履带式和水陆两用式等几种形式，如图9-1所示。

a)　b)

c)

图9-1　行驶系统的类型

a）轮式　b）履带式　c）车轮-履带式

轮式汽车行驶系统一般由车架、车桥、车轮和悬架等部分组成，如图9-2所示。车轮分别支承着车桥，车桥又通过弹性悬架与车架相连接。车架是整个汽车的基体，它将汽车的各

相关总成连接成一个整体，构成汽车的装配基础。

二、车架

车架的功用是支承、连接汽车的各总成，使各总成在汽车复杂多变的行驶过程中有正确的相对位置，并承受来自车内外的各种载荷。目前，汽车车架主要有边梁式车架、中梁式车架和综合式车架等几种。其中边梁式车架在载货汽车上应用最广，轿车普遍采用的是无梁式车架的承载式车身。

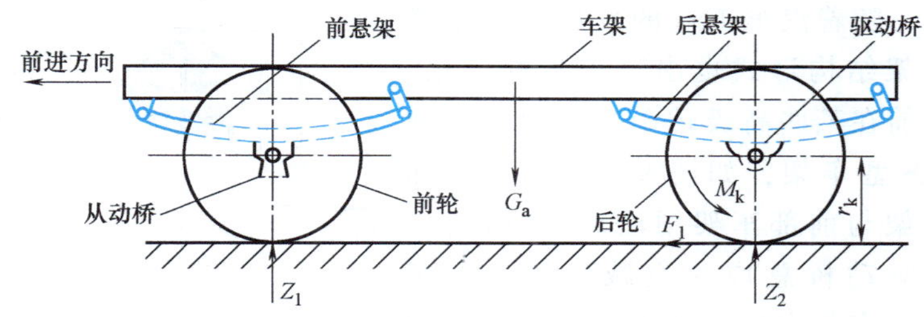

图 9-2　轮式汽车行驶系统的组成及受力情况

1. 边梁式车架

边梁式车架如图 9-3 所示，它是由两根位于两边的纵梁和若干根横梁用铆接或焊接的方法连接而成的坚固的刚性构架。纵梁通常用低合金钢板冲压而成，断面形状一般为槽形，也有的做成 Z 字形或箱形断面。边梁式车架的横梁不仅用来保证车架的扭转刚度和承受纵向载荷，而且还可以支承汽车上的主要部件，通常载货汽车有 5～8 根横梁，被广泛应用在载货汽车和特种汽车上。

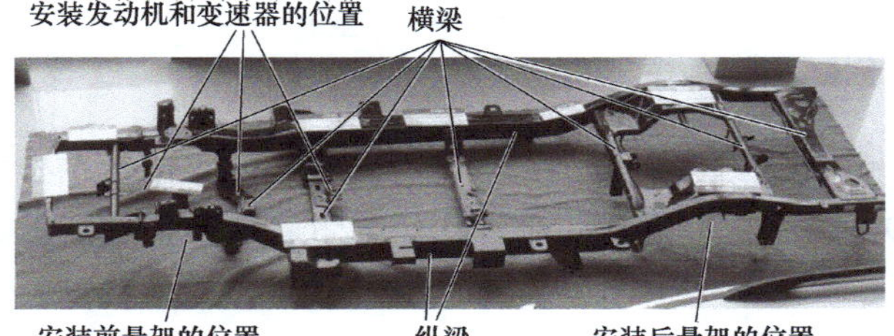

图 9-3　边梁式车架

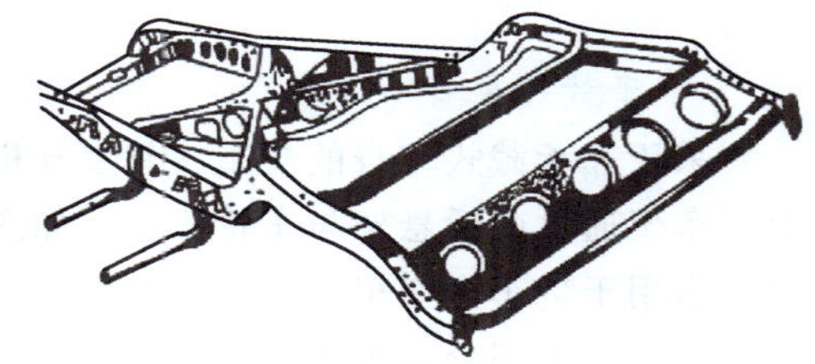

图 9-4　轿车（X 形）车架

对于轿车短而宽的车架，为了降低重心和提高车架的扭转刚度，通常制成前窄后宽且后部向上弯曲的 X 形车架结构，如图 9-4 所示。

中轻型货车、轿车和大型客车的纵梁大多数如图 9-5 所示。轿车和大型客车的车架，在前后车桥上面有较大弯曲度，保证了汽车重心和底板都较低，既提高了行驶稳定性又方便了乘客的上下车。

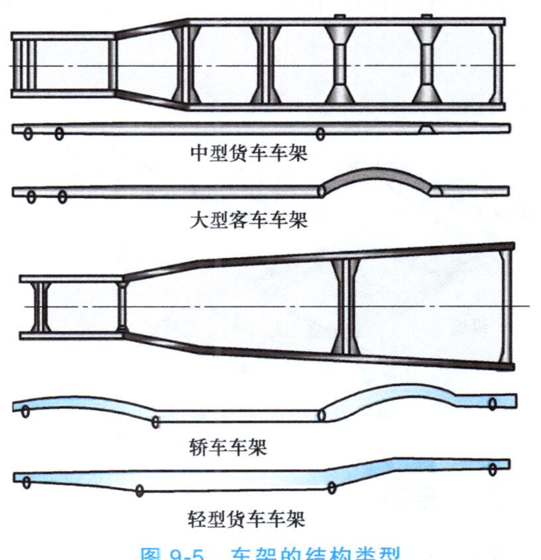

图 9-5　车架的结构类型

2. 中梁式车架

中梁式车架只有一根位于中央贯穿前后的纵梁，也称为脊骨式车架，如图 9-6 所示。车架较轻，重心较低，稳定性好，被用在某些轿车和货车上。

3. 综合式车架

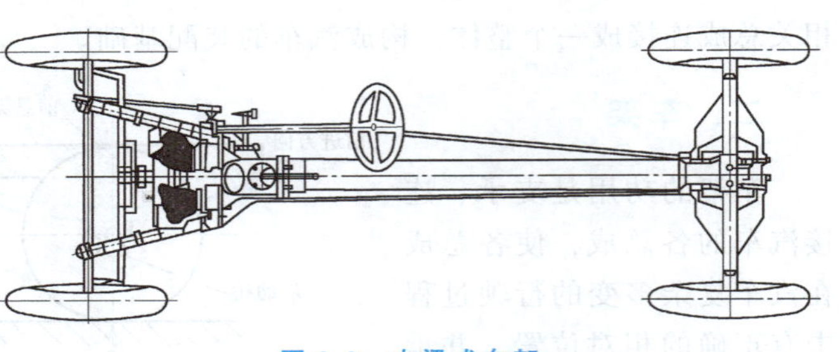
图 9-6　中梁式车架

随着汽车工业的发展，近年来车架结构形式也出现了各种变化，目前在某些高级轿车上采用了一种IRS型车架，如图9-7所示。后部车架与前部车架用活动铰链连接，后驱动桥总成（主减速器、差速器）安装在后车架上，半轴与驱动轮之间用万向节连接。

另外，也有些轿车为了减小车架质量，尽量做到轻量化，采用了半车架结构，即在车身的前部是车架，发动机和前悬架安装在车架上，这样使车身局部得到加强，如图9-8所示。

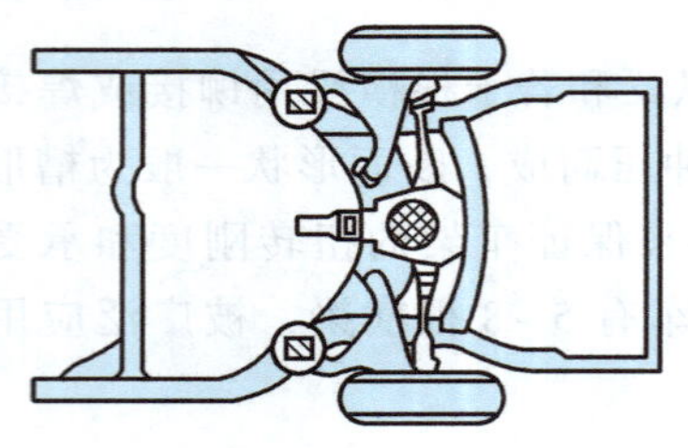
图 9-7　IRS 型车架

图 9-8　半车架

4. 承载式车身

采用非承载式车身的汽车，其发动机、传动系统、车身的总成部分固定在一个刚性车架上，车架通过前后悬架与车轮相连，如图9-9所示。非承载式车身比较笨重、质量大、高度高，多用于货车、客车和越野车上。

目前，大部分轿车和大型客车取消了车架，而采用承载式车身，如图9-10所示。有承载式车身的汽车在平直路上行驶时很平稳、固有频率低、噪声小、重量轻，广泛应用于轿车上。但是底盘强度不及有大梁结构的非承载式车身结构汽车。

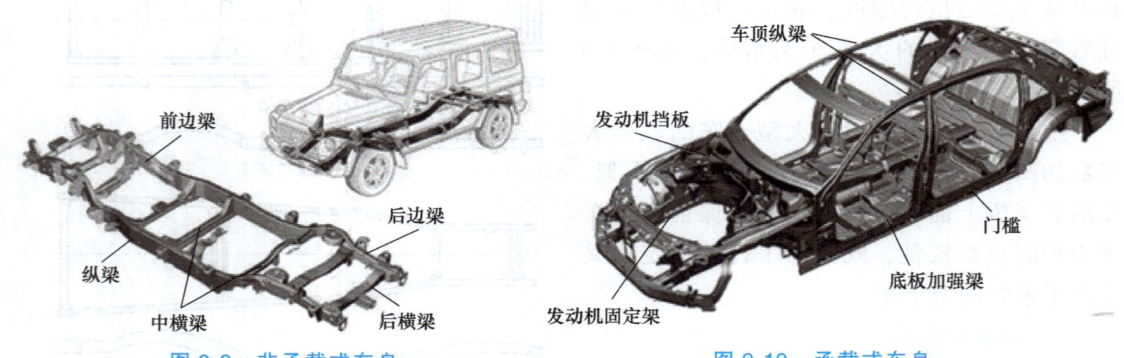

图 9-9　非承载式车身　　图 9-10　承载式车身

三、车桥

车桥（俗称车轴）通过悬架和车架（或承载式车身）相连，两端安装车轮，其功用是

传递车架（或承载式车身）与车轮之间各方向的作用力及其力矩。

1. 转向桥

转向桥利用转向节使车轮偏转一定角度以实现汽车的转向。它除承受垂直载荷外，还承受纵向力和侧向力及这些力造成的力矩。转向桥通常位于汽车前部，因此也常称为前桥。

（1）整体式转向桥 其通常采用工字断面的工字梁或管形断面的管式梁。中部弯曲向下，以配合发动机的布置，并降低汽车的质心，两端装有主销及转向节，采用钢板弹簧悬架。载货汽车的转向桥大多采用这种结构，如图 9-11 所示。

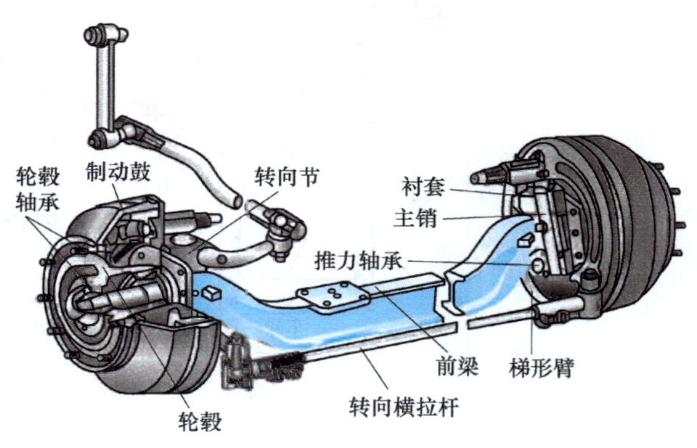

图 9-11 整体式转向桥

（2）断开式转向桥 在轿车和微型客车上通常采用断开式转向桥，它与独立悬架相配置组成了性能优良的转向桥。由于它有效地减少了非簧载质量，降低了发动机的高度，从而提高了汽车的行驶平顺性和操纵稳定性，如图 9-12 所示。

2. 转向驱动桥

越野汽车、前轮驱动汽车和全轮驱动汽车的前桥，既起转向桥的作用，又兼起驱动桥的作用，故称为转向驱动桥。

（1）整体式转向驱动桥 如图 9-13 所示，在结构上，转向驱动桥有一般驱动桥所具有的主减速器、差速器；也有一般转向桥所具有的转向节壳体、主销和轮毂等。

（2）断开式转向驱动桥 图 9-14 为桑塔纳 2000 轿车的转向驱动桥（前桥），采用的是断开式、独立悬架转向驱动桥。车桥上端通过左、右悬架与承载式车身相连接，下端通过左、右下摆臂与固定在车身上的副车架相连接。

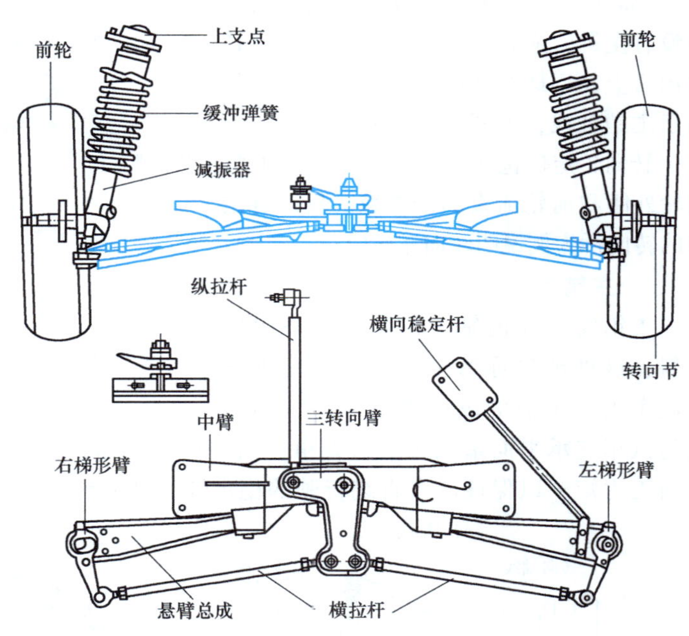

图 9-12 断开式转向桥的结构

四、转向轮定位

为了保证汽车直线行驶的稳定性和操纵的轻便性，减少轮胎和其他机件的磨损，转向轮、转向节和前轴三者与车架的安装应保持一定的相对位置关系，这种安装位置关系称为转向车轮定位，也称前轮定位。

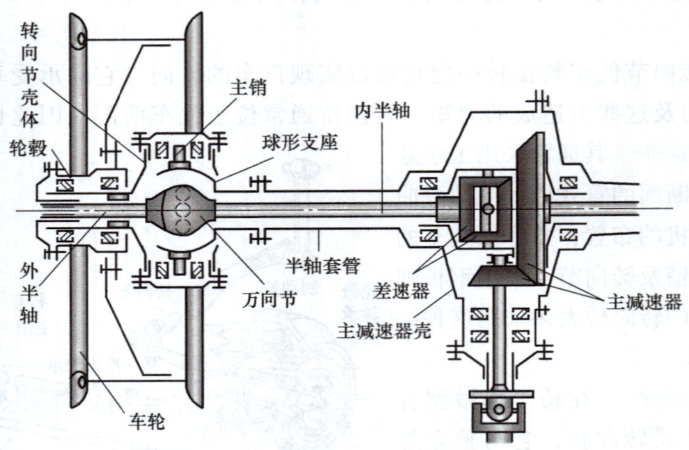

图 9-13 整体式转向驱动桥示意图

对于两端装有主销的转向桥，汽车转向时，转向车轮会围绕主销轴线偏转，如图 9-15a 所示。但在大多数断开式转向桥中没有主销，而是采用上、下球头销代替主销，上、下球头销球头中心的连心线相当于主销轴线，如图 9-15b 所示。

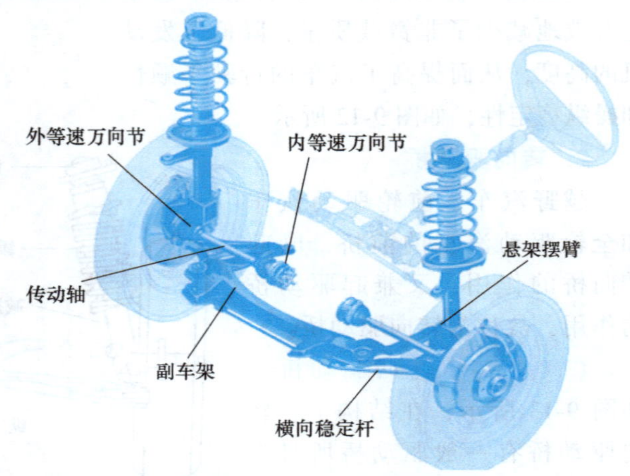

图 9-14 桑塔纳 2000 轿车的转向驱动桥（前桥）

转向轮定位包括主销后倾、主销内倾、前轮外倾和前轮前束四个参数。现以有主销的转向桥为例说明转向车轮定位。

1. 主销后倾

主销安装在前轴上，其上端略向后倾斜，这种现象称为主销后倾。在垂直于汽车支承平面的纵向平面内，主销轴线与汽车支承平面垂线之间的夹角，叫主销后倾角，如图 9-16 所示。主销后倾的作用是形成回正力矩，以保证汽车直线行驶的稳定性，并使汽车转向后回正操纵轻便。

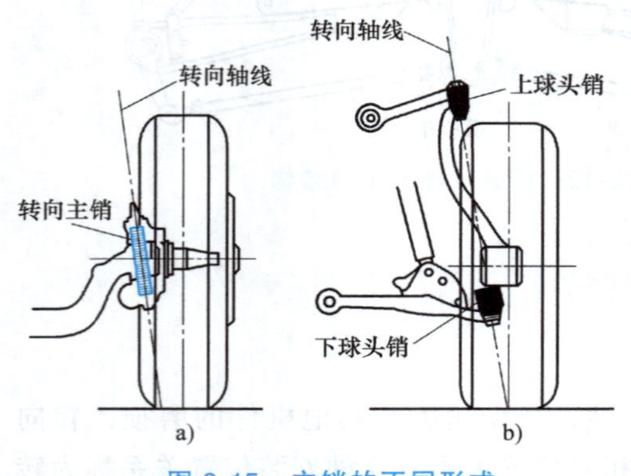

图 9-15 主销的不同形式

a）有主销轴 b）无主销轴

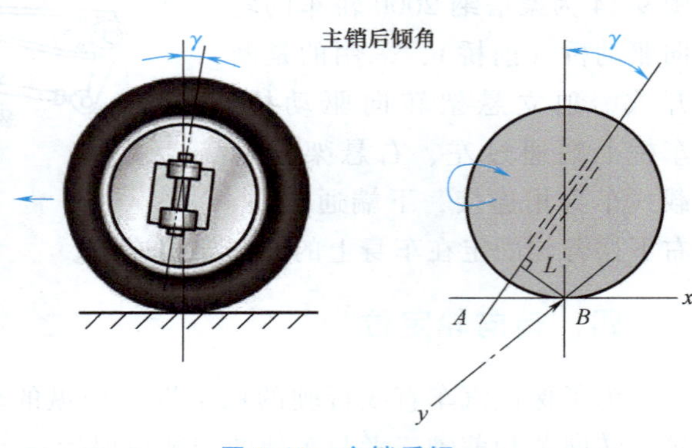

图 9-16 主销后倾

主销后倾使主销轴线的延长线与地面的交点 A 位于车轮与路面的接触点 B 之前，A、B 两点之间的距离称为主销后倾移距。设 B 点到主销轴线延长线之间的距离为 L，汽车直线行驶时，若转向轮偶然受到外力作用而偏转（图 9-16 中所示为向右偏转），汽车将偏离行驶方向而向右转弯。

1）若主销后倾角 γ 过小，当汽车直线行驶时，容易发生前轮摆振，转向盘摇摆不定，转向后转向盘自动回正能力变弱，驾驶人会失去路感；当左右轮主销后倾角不等时，车辆直线行驶时会引起跑偏，驾驶人不敢放松转向盘，难于操纵或极易引起驾驶人疲劳。

2）主销后倾角越大、车速越高，回正力矩越大，转向轮偏转后自动回正的能力也越强。但主销后倾角也不宜过大，一般为 2°~3°，否则在转向时为了克服此力矩，驾驶人需在转向盘上施加较大的力，而使转向沉重。

现代高速汽车由于轮胎气压降低、弹性增加，而引起稳定力矩增大。因此，γ 角可以减小到接近于零，甚至为负值（即主销前倾）。

2. 主销内倾

主销安装在前轴上，其上端略向内侧倾斜，这种现象称为主销内倾。在垂直于汽车支承平面的横向平面内，主销轴线与汽车支承平面垂线之间的夹角 β 称为主销内倾角，如图 9-17 所示。

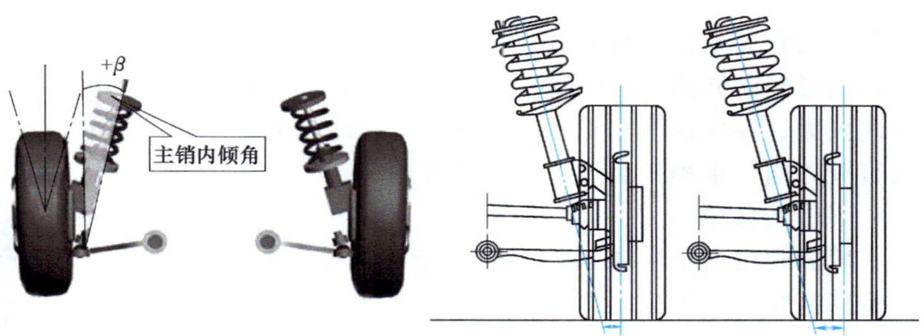

图 9-17 主销内倾角

主销内倾的作用如下：

1）主销内倾具有使转向轮转向操纵轻便的作用。

2）主销内倾具有使转向轮自动回正的作用。主销内倾角越大，转向轮偏转角越大，汽车前部就抬起得越高，转向轮自动回正的作用就越大。

主销内倾角既不宜过大，也不宜太小。主销内倾角过大，转向时，车轮在滚动的同时将与路面产生较大的滑动，增加轮胎与路面的摩擦阻力，这不仅使转向沉重，而且加速了轮胎的磨损，故主销内倾角一般不大于 8°，偏置一般为 40~60mm；主销内倾角过小（偏置增大），汽车行驶的稳定性和制动稳定性将变差。在一些发动机前置前轮驱动的轿车上，为了使汽车具有良好的行驶稳定性，特别是制动稳定性，其主销内倾角均较大。

主销后倾和主销内倾都具有使车轮自动回正及保证汽车直线行驶稳定性的作用，但其区别在于：主销后倾回正作用随着车速增高而增大；而主销内倾的回正作用几乎与车速无关。

3. 前轮外倾

转向轮安装在转向节上时，其旋转平面上端向外倾斜，这种现象称为前轮外倾。车轮旋转平面与垂直于车辆支承面的纵向平面之间的夹角 α 称为车轮外倾角，如图 9-18 所示。

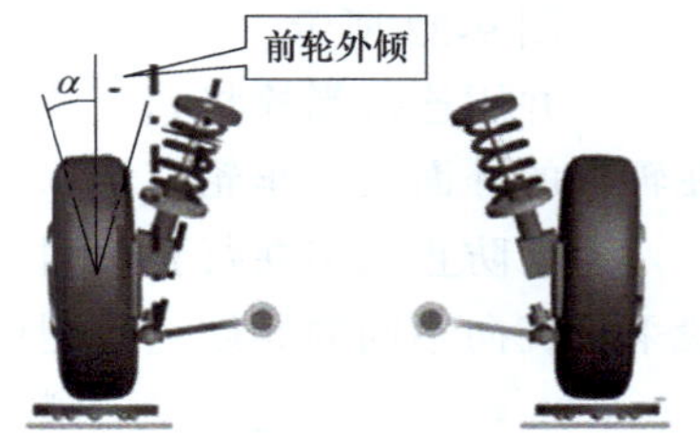

图 9-18 前轮外倾

前轮外倾角的作用是提高车轮工作的安全性和转向操纵的轻便性。前轮外倾与主销内倾相配合可进一步缩短距离。此外，车轮有一定的外倾角也可以与拱形路面相适应。但前轮外倾角不宜过大，否则会使轮胎产生偏磨损。一般前轮外倾角为1°左右。也有的汽车其前轮外倾角为负值，这样在汽车转向时可避免车身过分倾斜。

4. 前轮前束

车轮安装在车桥上，两前轮的中心平面不平行，其前端略向内侧收束，这种现象称为前轮前束。两前轮后端距离 B 大于前端距离 A，其差值称为前轮前束值，如图 9-19 所示。

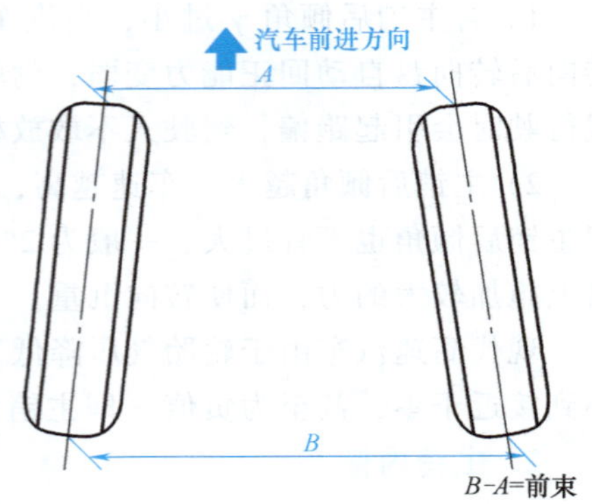

图 9-19 前轮前束

前轮前束的作用是消除因车轮外倾所造成的不良后果，保证车轮不向外滚动，防止车轮侧滑和减轻轮胎的磨损。

前轮前束值可以通过改变转向横拉杆的长度来调整，一般前束值为 0~12mm。

五、车轮

车轮与轮胎是汽车行驶系统中的重要部件，其功用是：支承整车；缓和由路面传来的冲击力；通过轮胎同路面间的附着作用来产生驱动力和制动力；汽车转弯行驶时产生平衡离心力的侧抗力，在保证汽车正常转向行驶的同时，通过车轮产生的自动回正力矩，使汽车保持直线行驶方向；承担提高通过性等的作用。

1. 车轮的组成

车轮通常由两个主要部件轮辋和轮辐组成，如图 9-20 所示。轮辋是在车轮上安装和支承轮胎的部件，轮辐是在车轮上介于车轴和轮辋之间的支承部件。车轮除上述部件外，有时还包含轮毂。

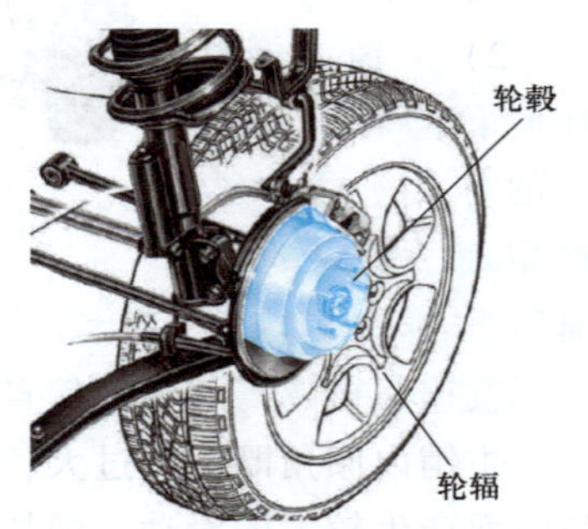

图 9-20 车轮结构

2. 车轮类型

按轮辐的构造不同，车轮可分为辐板式和辐条式。目前，普通轿车和轻、中型货车上广泛采用辐板式车轮，而高级轿车、竞赛汽车多采用辐条式车轮。此外，还有对开式车轮、可反装式车轮、组装轮辋式车轮和可调式车轮等。

（1）辐板式车轮 由挡圈、辐板、轮辋和气门嘴伸出孔等组成。如图 9-21 所示，用以连接轮毂和轮辋的钢质圆盘称为辐板。辐板大多是冲压制成的，少数是和轮辋铸成一体的，后者主要用于重型汽车。轿车的车轮辐板所用板料较薄，常冲压成起伏多变的形状，以提高刚度。

如图 9-22 所示，轮胎装在钢制轮辋上，钢制轮辋上还装有平衡块，轮辋和辐板连接在一起，并用连接螺栓将其安装在车轮轮毂或制动鼓上，再一起通过轴承装在车轴上，然后，在辐板的外面装上车轮装饰罩。

为了防止汽车在行驶中固定辐板的螺母自行松脱，汽车两侧车轮上的辐板固定螺栓，一般采用旋向不同的螺纹，左侧用左旋螺纹，右侧用右旋螺纹。

（2）辐条式车轮 对于装载质量较大的重型汽车来说，多采用铸造辐条式车轮，如图 9-23 所示。轮辋是用螺栓和特殊形状的衬块固定在辐条上的，为了使轮辋与辐条很好地

对中，在轮辋和辐条上都加工出配合锥面。

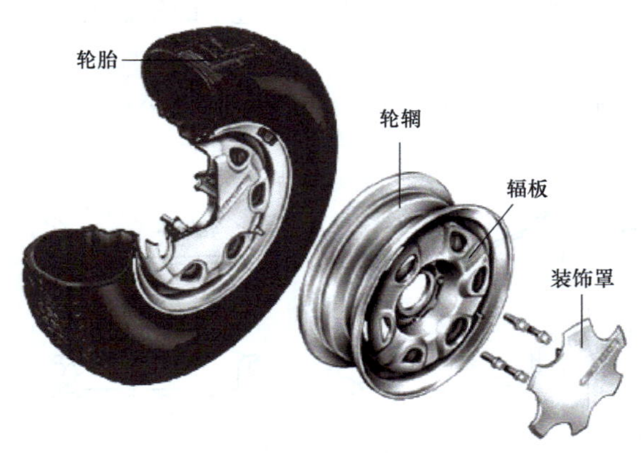

图 9-21　辐板式车轮

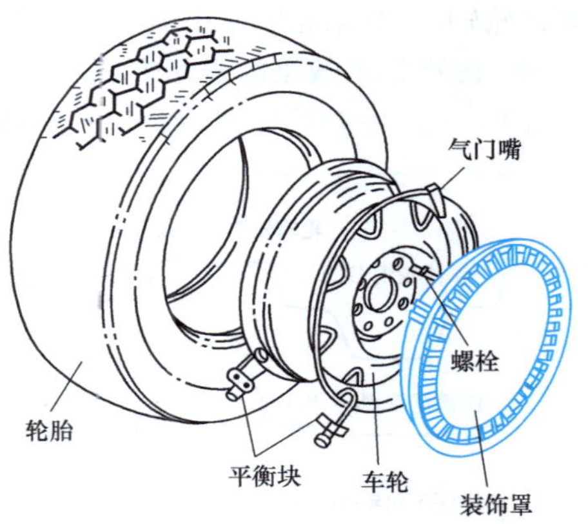

图 9-22　轿车车轮总成

也有采用像自行车用的钢丝作为辐条的车轮，由于这种车轮质量小，价格昂贵，维修安装不便，故仅用于赛车和某些高级轿车上（如美国别克轿车）。

3. 轮辋的类型

轮辋的常见形式主要有深槽轮辋和平底轮辋两种，如图 9-24 所示。此外还有对开式轮辋、平底宽轮辋、半深槽轮辋、深槽宽轮辋、全斜底轮辋等。

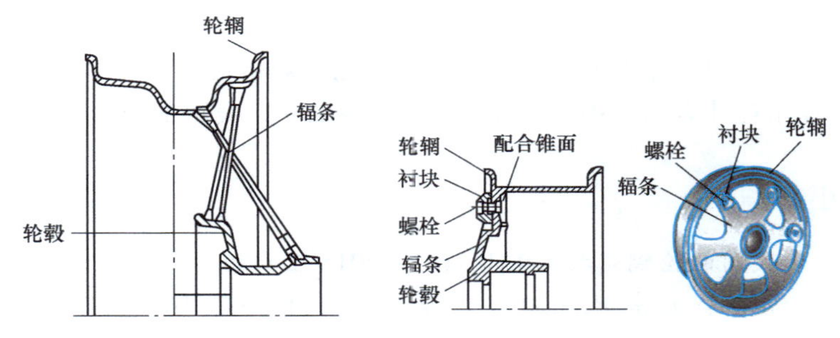

图 9-23　辐条式车轮

（1）深槽轮辋　这种轮辋是整体的，主要用于轿车及轻型越野汽车。

（2）平底轮辋　其中部是平直的，一侧有凸缘，另一侧以可拆的挡圈作凸缘，而且用一个开口锁圈来防止挡圈脱出。

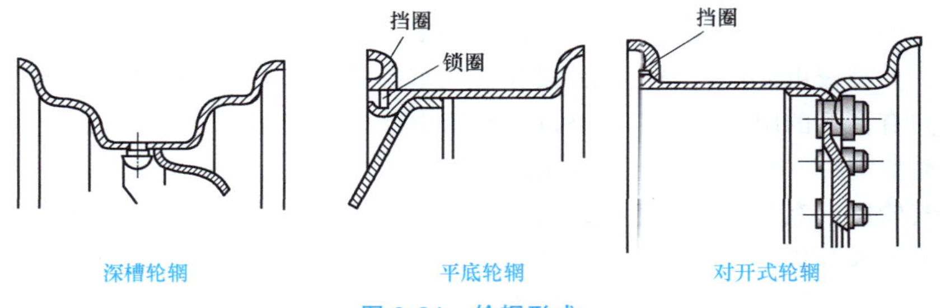

图 9-24　轮辋形式

（3）对开式轮辋　这种轮辋由内外两部分组成，用螺栓连成一体。其内、外轮辋的宽度可以相等，也可以不相等，拆装轮胎时，拆卸螺母即可，挡圈是可拆的。有的无挡圈，而由与内轮辋制成一体的轮缘代替挡圈的作用，内轮辋与辐板焊接在一起。

轮辋是轮胎的装配基础。当轮胎装入不同轮辋时，其变形位置与大小也发生变化。因此，每一种规格的轮胎，最好配用规定的标准轮辋，必要时也可配用规格与标准轮胎相近的轮辋（容许轮辋）。如果轮辋使用不当，则会造成轮胎早期损坏，特别是使用在过窄的轮辋上时。

4. 国产轮辋规格的表示方法

（1）国产轮辋轮廓类型及代号　目前，轮辋轮廓类型有七种，如图 9-25 所示。

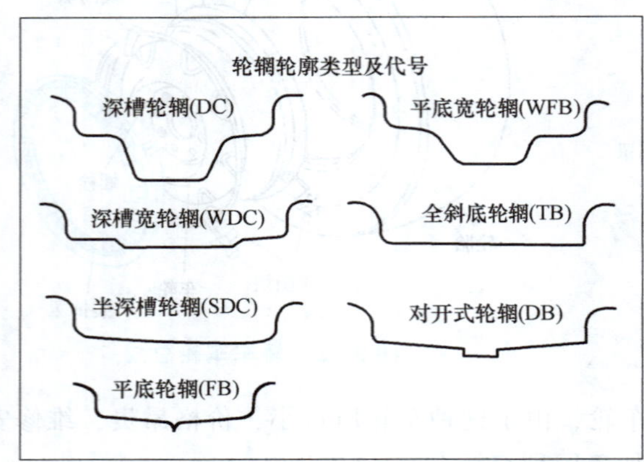

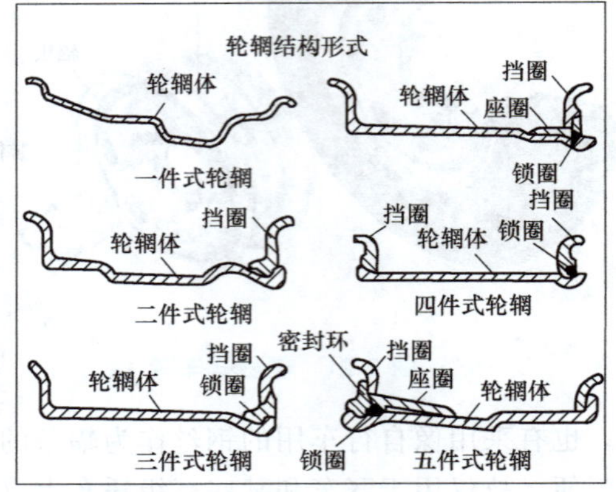

图 9-25　轮辋轮廓类型及代号

（2）国产轮辋的规格代号　我国轮辋规格代号，基本上与国际接轨。其名义宽度和名义直径用英寸表示。中间的联结符号（＊或-）表示是否为整体轮辋。

小知识

我国的轮辋是按 GB/T 3487—2015 生产的。

例如：北京 BJ2020 型汽车轮辋为 4.50E×16，表示该轮辋的名义宽度为 4.5 英寸（114.3mm），名义直径为 16 英寸（406.4mm），轮缘轮廓代号为 E 的一件式深槽轮辋。

六、轮胎

1. 轮胎的作用与类型

（1）轮胎的作用　轮胎的作用是承受汽车的重力，与汽车悬架共同来缓和汽车行驶时所受到的冲击，并衰减由此产生的振动，以保证汽车有良好的乘坐舒适性和行驶平顺性；保证车轮和路面间有良好的附着性，以提高汽车的牵引性、制动性和通过性。

（2）轮胎的类型　汽车轮胎按胎体结构不同可分为充气轮胎和实心轮胎。现代汽车绝大多数采用充气轮胎。充气轮胎按组成结构不同，又分为有内胎轮胎和无内胎轮胎两种。汽车轮胎按用途可分为载货汽车轮胎和轿车轮胎。而载货汽车轮胎又分为重型、中型和轻型载货汽车轮胎。充气轮胎按胎体中帘线排列的方向不同，还可分为普通斜交轮胎和子午线轮胎。

2. 充气轮胎的构造

无内胎轮胎（图 9-26）在汽车上应用比较广泛。

无内胎轮胎在结构和外观上与有内胎轮胎相似，所不同的是它没有内胎，空气被直接压入外胎中，因此要求外胎和轮辋之间有很好的密封性。无内胎轮胎的外胎内壁上附加了一层厚为 2~3mm 的专门用来封气的橡胶密封层，如图 9-26 所示，它是用硫化的方法黏附上去的。在密

封层正对着的胎面下面贴着一层用未硫化橡胶的特殊混合物制成的自粘层。自粘层能自行将刺穿的孔黏合，故称为有自粘层的无内胎轮胎。

气门嘴直接固定在轮辋上，其间垫以密封用的橡胶密封衬垫。铆接轮辋和辐板的铆钉自内侧塞入，并涂上一层橡胶。在胎圈上做出若干道同心的环形槽纹。在轮胎内空气压力的作用下，槽纹能使胎圈可靠地紧贴在轮辋边缘上，以保证轮胎与轮辋之间的气密性，但也有的胎圈外是光滑而没有槽纹的。

图 9-26　无内胎轮胎

汽车可以有内胎，只是真空轮胎（无内胎轮胎）的优势过于明显，内胎这种传统轮胎结构在轿车上用得比较少了。

无内胎轮胎比有内胎轮胎更安全。真空轮胎表面是一层橡胶，充气后外表张力增大，在内表面形成一定的压力，提高了对破口的自封能力，一旦扎破，不像自行车那样瞬间瘪下去。

无内胎轮胎更耐磨。真空轮胎轮圈比普通轮圈直径大，在行驶中不会受到制动鼓热量的影响。由于没有内胎和衬带，轮胎与车轮圈密封为一体，车辆在高速行驶时，由轮胎和路面摩擦产生的高温，在内部（热空气）经钢圈直接散热快速降低胎温，从而延长轮胎的使用寿命。

无内胎轮胎使汽车更省油，乘坐更舒适。真空轮胎，特别是子午线轮胎，胎冠角为零，附着力强，能保持较好的行驶稳定性和较小的摩擦，有利于减振和提高车速。带束层的定位性高，车轮的径向圆跳动量小，阻力小。

3. 子午线轮胎

普通斜交轮胎和子午线轮胎在汽车上应用较广。特别是子午线轮胎应用最广泛。下面主要介绍子午线轮胎。如图 9-27 所示，它由胎圈、帘线层、带束层、胎冠和胎肩组成，并以带束层箍紧胎体。

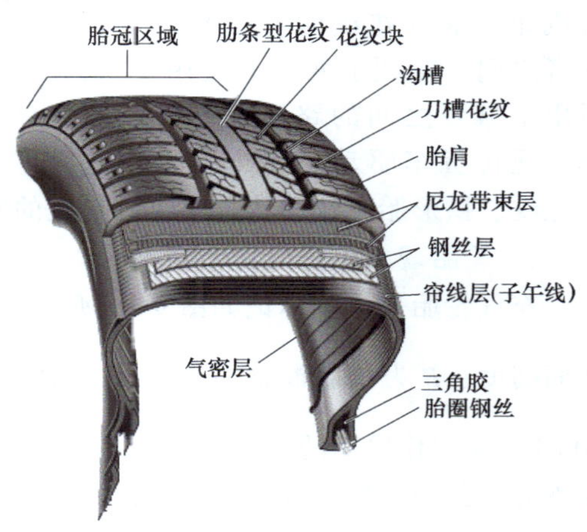

图 9-27　子午线轮胎的构造

其特点是：帘线排列的方向与轮胎的子午断面一致，使帘线的强度能得到充分利用，子午线轮胎的帘线层数一般比普通斜交轮胎少一半，胎体较柔软，弹性好；帘线层帘线与胎面中心线呈 90°，为了承受行驶时产生的较大切向力，子午线轮胎具有若干层帘线与子午断面呈大角度（交角为 70°～75°）、高强度、不易拉伸的周向环形的类似缓冲层的带束层。带束层通常采用强度较高、拉伸变形小的织物帘布（如玻璃纤维、聚酰胺纤维等材料）或钢丝帘布制造。

子午线轮胎和普通斜交轮胎的结构比较如图 9-28 所示。子午线轮胎基本骨架的胎体帘线排列成辐射状，所以胎侧部分柔软。但是，由于胎面内侧有带束层，从而提高了外胎面（胎冠）的刚度。而普通斜交轮胎是由胎体构成轮胎的骨架，因而从外胎面（胎冠）到胎侧的柔软度是均匀的。

综上可知，子午线轮胎的优点是：因帘线层数少，胎侧薄，所以散热性能好；胎冠较厚且有坚硬的带束层，不易刺穿，行驶时变形小，可降低油耗 3%～8%；接地面积大，附着性

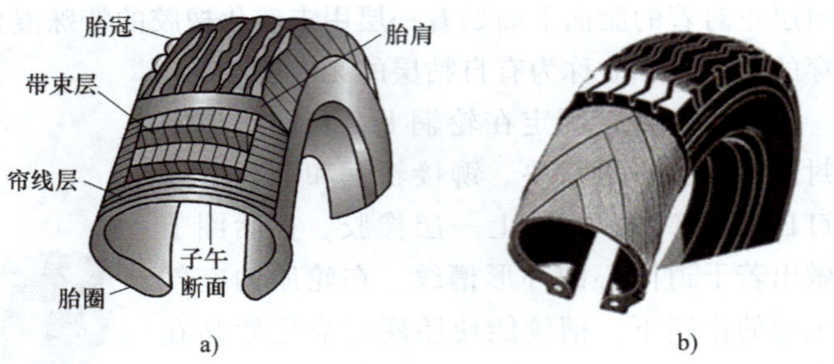

能好，胎面滑移小，对地面的单位压力也小，因而滚动阻力小，使用寿命长；径向弹性大，缓冲性能好，负荷能力较大；在承受侧向力时，接地面积基本不变，故在转向行驶和高速行驶时稳定性好。

它的缺点是：胎侧过渡区易裂口，制造技术要求高，成本高。

图 9-28　子午线轮胎和普通斜交轮胎的结构比较

a）子午线轮胎　b）普通斜交轮胎

4. 轮胎胎面花纹

轮胎胎面花纹对轮胎的性能影响很大。目前，主要有普通花纹、混合花纹和越野花纹等，如图 9-29 所示。

普通花纹的特点是花纹细而浅，花纹块接地面积大，耐磨性和附着性较好，适用于较好的硬路面。其中的纵向花纹，轿车和货车均可选用；横向花纹仅用于货车。越野花纹的特点是凹部深而宽，在软路面上与地面附着性好，越野能力强，适用于经常在松软路面上使用的越野汽车。混合花纹的特点介于上述两者之间，兼顾了两者的使用要求，适用于城乡之间的路面上行驶的汽车。现代货车驱动轮胎也多采用这种花纹。拱形胎花纹和特种花纹有更宽的断面，更低的接地比压，附着性好。

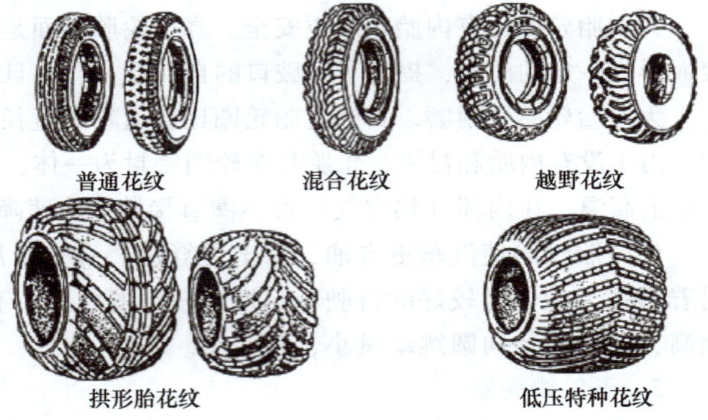

图 9-29　轮胎胎面花纹

5. 轮胎规格标记方法

充气轮胎尺寸的标记如图 9-30 所示。D 为轮胎名义外径、d 为轮辋名义直径、H 为轮胎断面高度、B 为轮胎断面宽度。H 与 B 之比称为轮胎的高宽比（以百分比表示），即 $\frac{H}{B}\times 100\%$，又叫作轮胎的扁平率，轮胎的扁平率越小，说明轮胎的断面越宽，故扁平率小的轮胎称为宽断面轮胎。轮胎尺寸标记举例如图 9-31 所示。

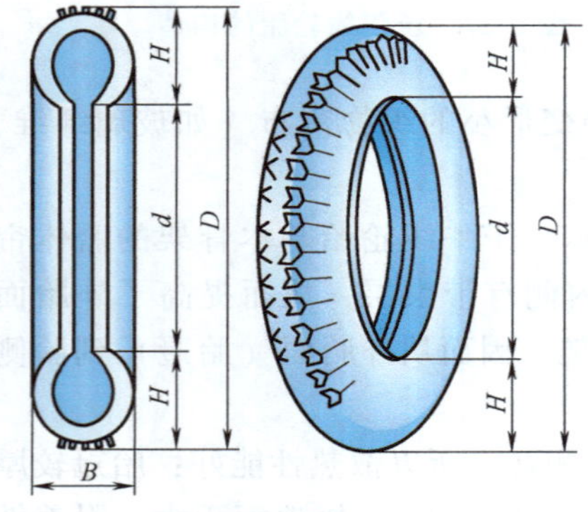

图 9-30　轮胎尺寸标记

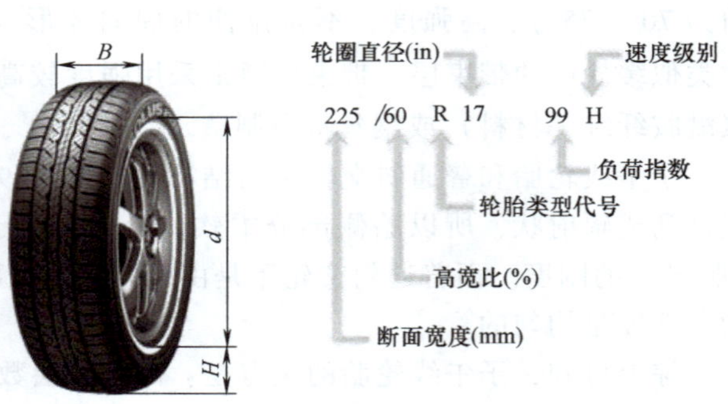

图 9-31　轮胎尺寸标记举例（1in = 25.4mm）

宽断面轮胎的优点是：因断面宽，接地面积大，接地比压小，磨损减小，滚动阻力也小，抗侧向稳定性强，因此，在相同承载能力下，宽断面轮胎较普通轮胎的直径要小，在高速轿车上得到广泛应用。

轮胎不正常磨损形式及原因见表 9-1。

表 9-1 轮胎不正常磨损形式及原因

名称	中央磨损	两边磨损	局部磨损	羽状磨损	单边磨损
外观					
原因	轮胎气压过高，使胎面中心部分接地压力过高而造成	轮胎压力过低，使两胎肩接地压力过高而造成	1. 制动抱死及制动不均 2. 轮辋变形及组装件等造成偏心	四轮定位不当（倾角及前束等）	四轮定位不当（倾角及前束等）

【任务实施】

一、准备工作

1）桑塔纳主减速器与差速器总成 1 套。

2）主减速器拆装作业台 1 台。

3）常用工具、量具各 1 套，桑塔纳专用工具 1 套。

4）相关挂图或图册若干。

二、实施步骤

1. 主减速器的拆卸与检查

1）拆下主传动盖的固定螺栓，拆下差速器总成。

2）用专用拉器拉出主传动盖上的轴承外圈，取下调整垫片 S1，并记下 S1 的厚度。

3）从齿轮箱壳上拉下另一个轴承外圈，取下调整垫片 S2，并记下 S2 的厚度。

2. 主减速器的装配

1）行星齿轮和半轴齿轮的安装。

① 用齿轮油润滑，安装复合式止推垫片。

② 通过螺纹套和半轴来安装半轴齿轮，用六角螺栓来拧紧。

③ 将两个行星齿轮错开 180°。转动半轴，使其向内摆动，使行星齿轮、复合式止推垫片和差速器罩壳对准。

④ 推入行星齿轮轴并用锁销或轴向弹性挡圈锁紧。

⑤ 检查行星齿轮与半轴齿轮间的间隙应为 0.5~0.2mm，如超过限度，则应重新选取复合式止推垫片。

2）盆形齿轮的安装。将盆形齿轮加热到100℃左右，用定心销导向，迅速安装好，用螺栓对称进行紧固。

3）滚柱轴承加热到100℃左右放好并压紧。

4）压入车速表主动齿轮，压入深度为1.4mm。其方法为：选好一个厚度和深度（1.4mm）一样尺寸的垫圈，放在压紧套筒上进行下压，压平即可保证规定深度。

5）用专用工具将变速器壳内和主传动器盖上的轴承外座圈及调整垫圈压入，压入前应考虑到其间调整垫圈的厚薄尺寸，尽量使用原装调整垫圈。

6）差速器总成的安装：将差速器总成和主传动盖一起装入变速器壳内，用拉索进行紧固，将车速表驱动齿轮装入主传动器盖中，装配时要参阅调整部分。

3. 主减速器的调整

（1）主、从动齿轮的调整项目

1）差速器轴承预紧度的调整。

2）主动齿轮轴承预紧度（本车无须调整）的调整。

3）主、从动齿轮间隙（0.08~0.12mm）和印痕的调整。

（2）原厂规定的调整方法

1）求出调整垫片S1和S2的总厚度$S_{总}$。

2）调整主动齿轮垫片S3（使用专用工具），确定调整垫片S3的厚度并安装好，主动齿轮在轴向上的位置应这样确定：从盆形齿轮的中心到主动齿轮顶的尺寸应与生产时测量出的安装尺寸R一致。

3）调整齿轮的啮合间隙（改变S1和S2，保证$S_{总}$不变）。这些调整是通过改变调整垫片实现的。

4. 注意事项

1）严格按照拆装顺序，注意操作安全。

2）对各调整部位的调整垫片要点清，放好并做记号，不能乱换搞错。

3）对有预紧力规定的螺栓、螺母要按正确操作方法进行紧固。

【任务评价】

车架与车桥的认知训练评价表

学生姓名					
测评日期		测评地点			
测评内容	驱动桥的拆装				
考评标准	内　容	分值	自评	互评	师评
	主减速器的拆装步骤是否正确	40			
	差速器的拆装是否正确	30			
	工具的使用是否正确	30			
合　计		100			
最终得分（自评30%+互评30%+师评40%）					
说明：测评满分为100分，60~74分为及格，75~84分为良好，85分以上为优秀。60分以下的学生，需重新进行知识学习、任务训练，直到任务完成达到合格为止					

任务2 悬架的结构及拆装

悬架是车架（或承载式车身）与车桥（或车轮）之间的一切传力连接装置的总称。其作用是传递作用在车轮和车架之间的力和力矩，并且缓冲由不平路面传给车架或车身的冲击力，并减少由此引起的振动，以保证汽车能平顺地行驶。

现代汽车的悬架一般是由弹性元件、减振器和导向机构三部分组成，这三部分分别起缓冲、减振和力的传递作用，如图 9-32 所示。

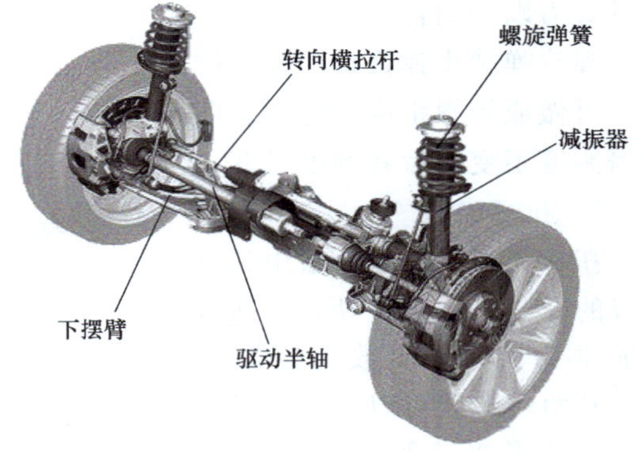

图 9-32 汽车悬架的组成

一、悬架的分类

汽车悬架可分为非独立悬架和独立悬架两大类，如图 9-33 所示。非独立悬架的结构特点是两侧的车轮由一根整体式车桥相连。当一侧车轮因道路不平而发生跳动时，必然引起另一侧车轮在汽车横向平面内摆动，故称为非独立悬架；独立悬架的结构特点是车桥做成断开的，两侧车轮可以单独地通过弹性悬架与车架（或车身）连接，单独跳动，互不影响，故称为独立悬架。

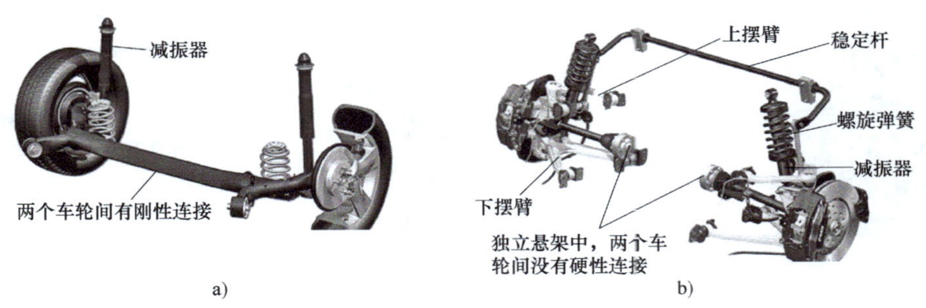

图 9-33 非独立悬架与独立悬架示意图

a）非独立悬架 b）独立悬架

二、弹性元件

弹性元件的功能是抑止不平路面引起的振动和冲击。弹性元件主要有钢板弹簧、螺旋弹簧、扭杆弹簧、空气弹簧和橡胶弹簧等。

1. 钢板弹簧

如图 9-34 所示，多片式钢板弹簧可以同时起到缓冲、减振、导向和传力的作用，用于货车后悬架，可以不装减振器。

2. 螺旋弹簧

如图 9-35 所示，它广泛地应用于独立悬架，特别是前轮独立悬架中。其优点是：无须润滑，不忌泥污；安置它所需的纵向空间不大；弹簧本身质量小。

螺旋弹簧本身没有减振作用，因此在螺旋弹簧悬架中必须另装减振器。此外，螺旋弹簧只能承受垂直载荷，故必须装设导向机构以传递垂直力以外的各种力和力矩。

螺旋弹簧用弹簧钢棒料卷制而成，可做成等螺距或变螺距。前者弹簧刚度不变，后者刚度可变。

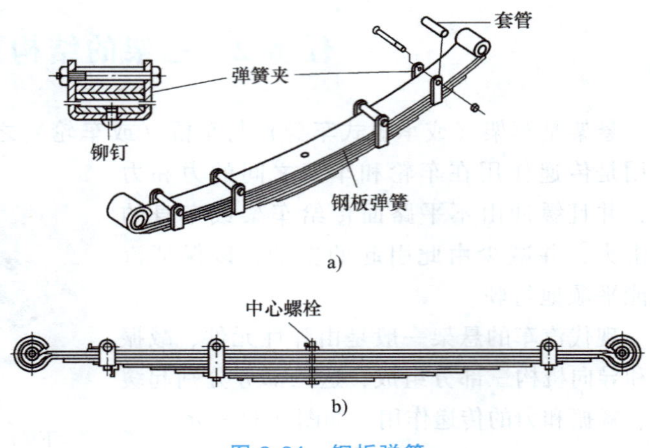

图 9-34　钢板弹簧

a）对称式钢板弹簧　b）非对称式钢板弹簧

3. 扭杆弹簧

扭杆弹簧本身是一根由弹簧钢制成的杆，如图 9-36 所示。扭杆断面通常为圆形，少数为矩形或管形。其两端形状可以做成花键、方形、六角形或带平面的圆柱形等，以便一端固定在车架上，另一端固定在悬架的摆臂上，摆臂与车轮相连。当车轮跳动时，摆臂便绕着扭杆轴线摆动，使扭杆产生扭转弹性变形，借以保证车轮与车架弹性联系。

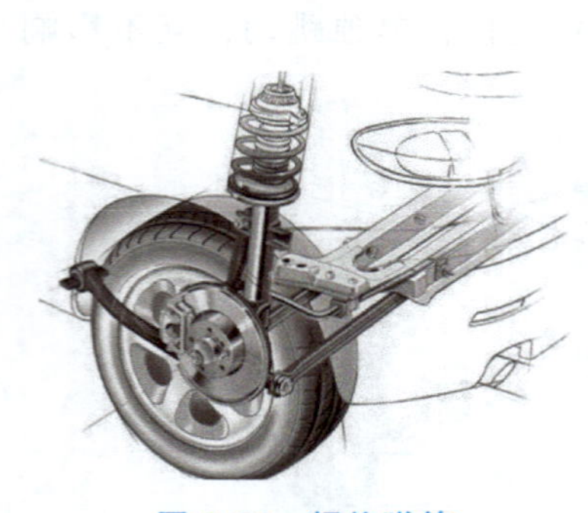
图 9-35　螺旋弹簧

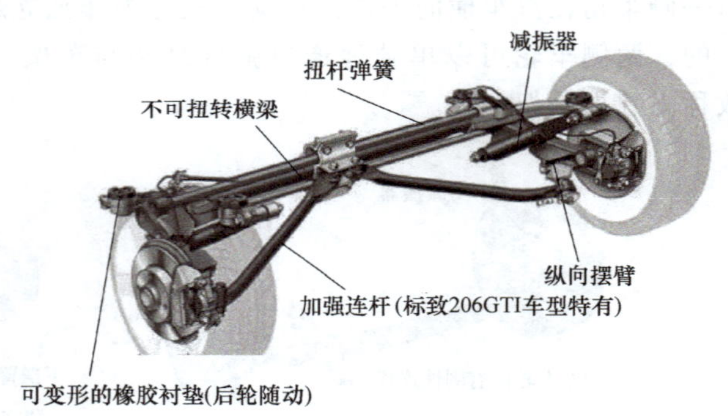

图 9-36　扭杆弹簧

扭杆弹簧是用铬钒合金弹簧钢制成的，在制造时，经热处理后预先施加一定的扭转力矩载荷，使之产生一个永久的扭转变形，从而使其具有一定的预应力。左、右扭杆预加扭转的方向都与扭杆安装在车上后承受工作载荷时扭转的方向相同。其目的是减小工作时的实际应力，以延长扭杆弹簧的使用寿命。如果左、右扭杆换位安装，则将使扭杆弹簧的预先扭转方向与工作时的扭转方向相反，导致扭杆弹簧的实际工作应力加大，而使用寿命缩短，因此左、右扭杆弹簧不能互换。为此，左、右扭杆刻有不同的标记。

扭杆弹簧本身的扭转刚度虽然是常数，但由于有导向机构的缘故，其悬架刚度却是可变的。扭杆弹簧单位质量的储能量是钢板弹簧的 3 倍，比螺旋弹簧高。因此，采用扭杆弹簧的悬架质量较小，结构比较简单，也不需润滑，并且通过调整扭杆弹簧固定端的安装角度，易实现车身高度的自动调节，既可以横向布置，也可以纵向布置，可以方便地安装满足设计要求长度的扭杆，以保证悬架具有良好的性能。

4. 气体弹簧

气体弹簧是在一个密封的容器中充入压缩气体（气压为 0.5~1.0MPa），利用气体的可

压缩性实现其弹簧作用。这种弹簧的刚度是可变的，因为当作用在弹簧上的载荷增加时，容器内的定量气体受压缩，气压升高，则弹簧的刚度增大。反之，当载荷减小时，弹簧内的气压下降，刚度减小，故它具有较理想的弹性特性。

气体弹簧有空气弹簧和油气弹簧两种。

(1) 空气弹簧　空气弹簧又有囊式和膜式之分，如图 9-37 所示。囊式空气弹簧由夹有帘线的橡胶气囊和密闭在其中的压缩空气组成。气囊的内层用气密性的橡胶制成，而外层则用耐油橡胶制成。气囊一般做成两节，但也有单节或三四节的。节数越多，弹性越好。节与节之间围有钢质的腰环，使中间部分不致有径向扩张，并防止两节之间相互摩擦。气囊的上下盖板将气囊密闭。

膜式空气弹簧的密闭气囊由橡胶膜片和金属压制件组成。与囊式的相比，其弹性特性曲线比较理想，因其刚度较囊式小，车身自然振动频率较低，且尺寸较小，在车上便于布置，故多用在轿车上。

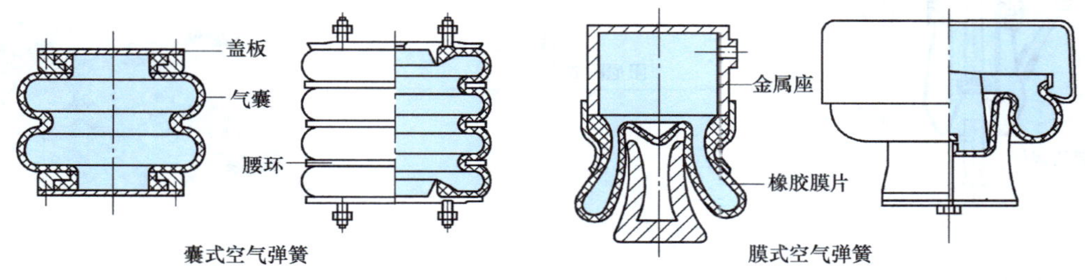

图 9-37　空气弹簧

(2) 油气弹簧　它一般是由空气弹簧和相当于液力减振器的液压缸组成。气体作为弹性介质，油液作为传力介质。油气弹簧的形式有单气室、双气室以及两级压力式等。

单气室油气弹簧分为油气分隔式和油气不分隔式两种。前者可防止油液乳化，便于充气。

图 9-38 所示为一种轿车和轻型汽车上用的单气室油气分隔式油气弹簧。上、下半球室构成的球形气室固装在工作缸上，球形气室的内腔用橡胶油气隔膜隔开，上半球室充入高压氮气，下半球室通过减振器阻尼阀与工作缸的内腔相通，并充满了工作油液（减振器油）。油气隔膜的作用在于把作为弹性介质的高压氮气和工作油液分开，以避免工作油液乳化，同时也便于充气和保养。工作缸固定在车身（车架）上，其活塞与活塞导向缸连成一体，悬架活塞杆的下端与悬架的摆臂（或车桥）相连。当悬架摆臂（或车桥）与车身（或车架）相对运动时，活塞和活塞导向缸便在工作缸内上下滑动，而工作油液通过减振器阻尼阀来回运动，起到减振作用。

当载荷增加、悬架摆臂（车桥）与车身（车架）之间的距离缩短时，活塞及活塞导向缸上移，使充满工作液的内腔容积减小，迫使工作液经压缩阀进入球形气室，从而推动油气隔膜向具有一定压力的氮气室移动，使气体容积减小，氮气压力升高。

当活塞向上的推力（外界载荷）与氮气压力向下的反作用力相等时，活塞便停止移动。于是，车身与悬架摆臂间的相对位置不再变化。当载荷减小，即推动活塞上移的作用力减小时，油气隔膜在高压氮气作用下向下移动，迫使工作液经伸张阀流回工作缸内腔，推动活塞向下移动，车身与悬架摆臂之间的距离变长，直到氮气室内的压力通过工作液的传递转化为作用在活塞上的力与外界减小的载荷相等时，活塞才停止移动。

汽车在行驶过程中，油气弹簧所受的载荷是变化的，因此活塞便相应地在工作缸中处于不同的位置。由于氮气充满在密闭的球形气室内，作用在油气隔膜上的载荷小时，油气弹簧的刚度较小，随着载荷的增加，油气弹簧的刚度变大，故它具有变刚度的特性。

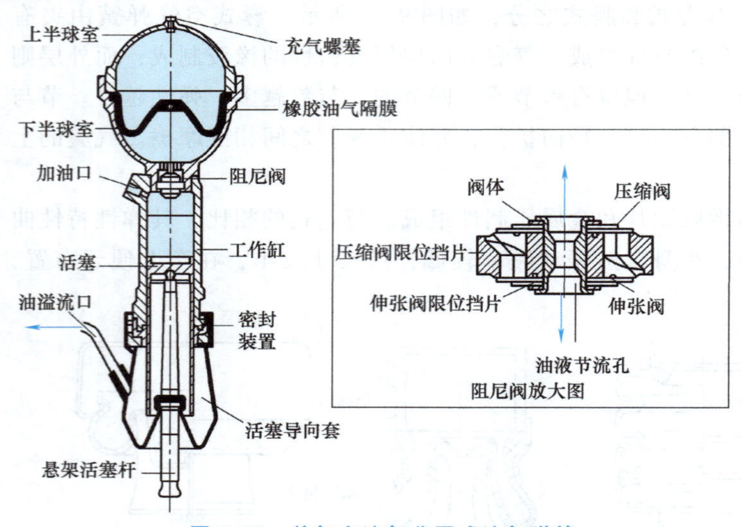

图 9-38　单气室油气分隔式油气弹簧

图 9-39　橡胶弹簧缓冲块

5. 橡胶弹簧

橡胶弹簧是利用橡胶本身的弹性来缓冲和减振的。它可以承受压缩载荷与扭转载荷，其优点是单位质量的储能量较金属弹簧多，隔声性能好，工作无噪声，不需要润滑。因此，它多用作悬架的副簧和缓冲块，如图 9-39 所示。

三、减振器

减振器是产生阻尼力的主要元件，其作用是迅速衰减汽车振动，改善汽车的行驶平顺性，增强车轮和地面的附着力。另外，减振器能够降低车身部分的动载荷，延长汽车的使用寿命。

1. 双向作用筒式减振器

双向作用筒式减振器的基本组成如图 9-40 所示，它有三个同心钢筒，外面的钢筒是防尘罩，其上部的吊耳与车架相连。中间是储油缸筒，内装有一定量的油液，其下端的吊耳与车桥相连。里面是工作缸筒，其内装满油液。它还有四个阀，即压缩阀、伸张阀、流通阀和补偿阀。流通阀和补偿阀是一般的单向阀，其弹簧很弱，当阀上的油压作用力与弹簧弹力同向时，阀处于关闭状态，完全不通油液；而当油压作用力与弹簧弹力反向时，只要很小的油压，阀便能开启。压缩阀和伸张阀是卸载阀，其弹簧较强，预紧力较大，只有当油压增高到一定程度时，阀才能开启；而当油压减低到一定程度时，阀即自行关闭。

双向作用筒式减振器的工作原理可用压缩和伸张两个行程加以说明。

(1) 压缩行程　当车桥移近车架（或车身）时，减振器受压缩，活塞下移，使其下方腔室容积减小，油压升高。具有一定压力的油液顶开流通阀进入活塞上方腔室。由于活塞杆占去上腔室的部分容积，使上腔室增加的容积小于下腔室减小的容积，因此，还有一部分油液不能进入上腔室而只能压开压缩阀，流回储油缸筒。油液流经上述阀孔时，受到一定的节流阻力，

为克服这种阻力而消耗了振动能量，因而使振动衰减。

(2) 伸张行程 当车桥相对远离车架（或车身）时，减振器受拉伸，活塞上移，使上腔室油压升高。上腔室的油液推开伸张阀流入下腔室。同样由于活塞杆的存在，上腔室减小的容积小于下腔室增加的容积，因而从上腔室流出来的油液不足以充满下腔室所增加的容积，从而使下腔室产生一定的真空度，这时储油缸筒中的油液在真空度作用下推开补偿阀流进下腔室进行补充。

从上面的原理可以得知，这种减振器在压缩、伸张两个行程都能起减振作用，因此称为双向作用减振器。

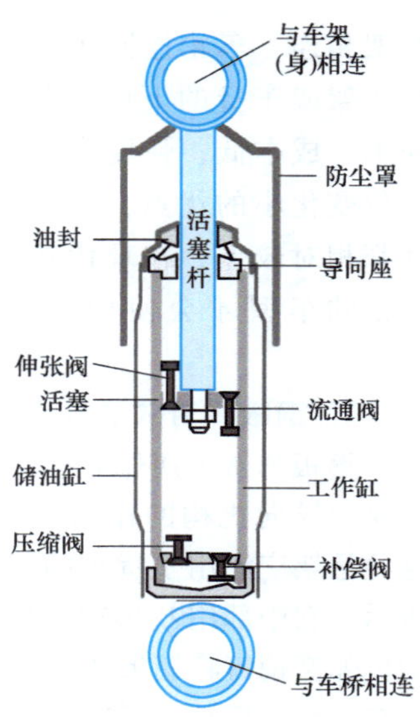

图 9-40 双向作用筒式减振器

2. 充气式减振器

充气式减振器的基本组成如图 9-41 所示，其结构特点是在缸筒的下部装有一个浮动活塞，高压的氮气充在浮动活塞与缸筒一端形成的密闭气室里。在浮动活塞的上面是减振器油液。O 形密封圈把油和气完全分开，因此，此活塞也叫封气活塞。在工作活塞上装有压缩阀和伸张阀，这两个阀都是由一组厚度相同、直径不等、由大到小排列的弹簧钢片组成的。

当车轮上下跳动时，工作活塞在油液中做往复运动，使工作活塞的上、下腔室之间产生油压差，压力油便推开压缩阀或伸张阀来回流动。由于阀孔对压力油产生较大的阻尼力，因而使振动衰减。

四、导向机构

导向机构在悬架系统中能够传递各种力和力矩，引导车轮按一定规律相对于车架（身）运动。其作用是用来决定车轮相对车架（或车身）的运动关系，并传递纵向力、侧向力及其引起的力矩。导向机构由控制臂和推力杆组成，如图 9-42 所示。

根据控制臂在车上的布置形式不同，分为纵臂、横臂和斜臂三种。双横臂式独立悬架的横臂又有上控制（横）臂和下控制（横）臂之分。

推力杆用来在车轮与车架之间传递力，并对车轮相对车架（身）的运动关系有影响。推力杆有横向推力杆与纵向推力杆之分，分别用来传递产生在车轮与车架之间的横向力和纵向力。推力杆的一端固定在车桥上，另一端则铰接在车身（架）上。

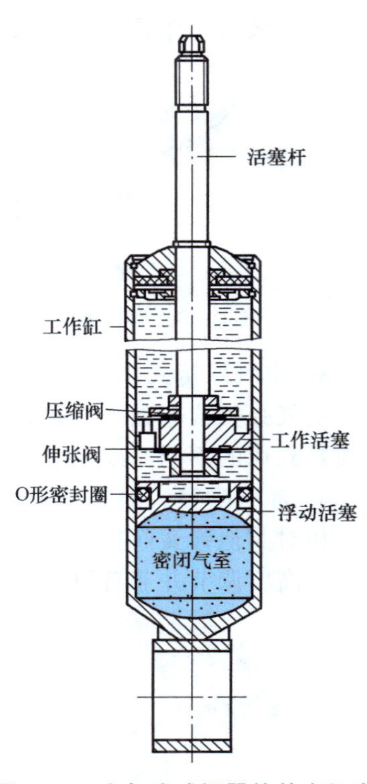

图 9-41 充气式减振器的基本组成

五、非独立悬架

非独立悬架系统的结构特点是两侧车轮由一根整体式

车架相连，车轮连同车桥一起通过悬架系统安装在车架或车身的下面。非独立悬架系统具有结构简单、成本低、强度高、保养容易、行车中前轮定位变化小的优点，但由于其舒适性及操纵稳定性都相对较差，在现代轿车中只有成本控制比较严格的车型才会使用，更多的用于货车和大客车上。

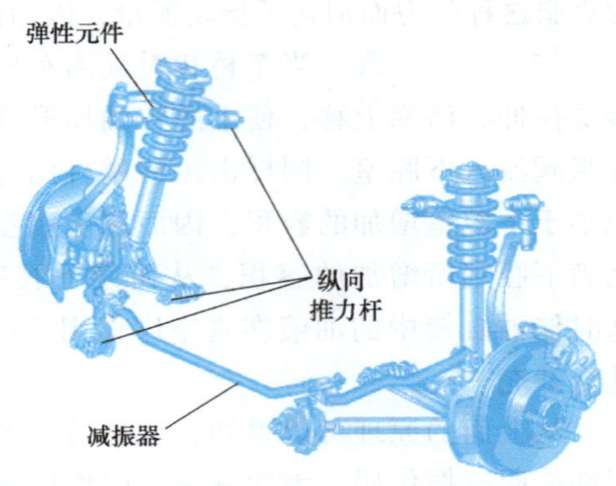

图 9-42　导向机构

1. 钢板弹簧式非独立悬架

钢板弹簧被用作非独立悬架的弹性元件，由于它兼起导向机构的作用，使得悬架系统大为简化。这种悬架广泛用于货车的前、后悬架中。如图 9-43 所示，它中部用 U 形螺栓将钢板弹簧固定在车桥上。悬架前端为固定铰链，也叫死吊耳。它由钢板弹簧销钉将钢板弹簧前端卷耳部与钢板弹簧前支架连接在一起，前端卷耳孔中为减少磨损装有衬套。后端卷耳通过钢板弹簧吊耳销及后端吊耳与吊耳架相连，后端可以自由摆动，形成活动吊耳。当车架受到冲击，弹簧变形时，两卷耳之间的距离有变化的可能。

2. 螺旋弹簧式非独立悬架

因为螺旋弹簧作为弹性元件，只能承受垂直载荷，所以其悬架系统要加设导向机构和减振器，一般只用作轿车的后悬架，如图 9-44 所示。

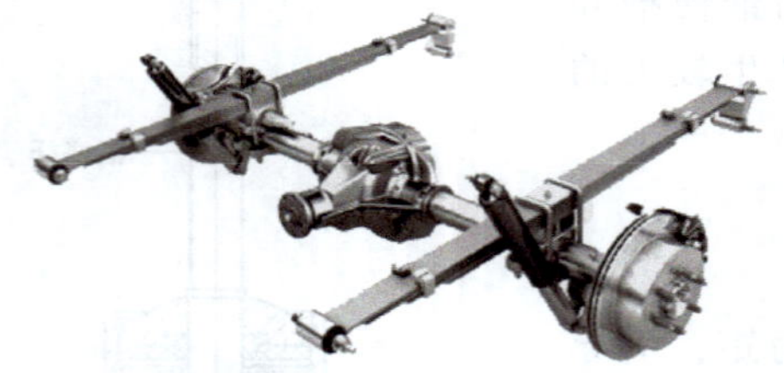

图 9-43　钢板弹簧式非独立悬架

图 9-44　螺旋弹簧式非独立悬架

3. 空气弹簧式非独立悬架

空气弹簧式非独立悬架如图 9-45 所示，可以很容易地实现车身高度的自动调节。一般用随着载荷的不同而改变空气弹簧内空气压力的方法达到这个目的。

4. 油气弹簧式非独立悬架

相对其他弹簧而言，油气弹簧式非独立悬架具有体积小、质量小、承载能力强、容易实现车身高度调节并兼有阻尼减振和自润滑等特点，如图 9-46 所示。

图 9-45　空气弹簧式非独立悬架

图 9-46　油气弹簧式非独立悬架

其优点是：具有非线性变刚度特性，非线性阻尼特性，易于实现车身高度调节，油气弹簧的单位储能比其他弹簧大，因减振器置于悬架缸内，故不需制造专用减振器；拥有刚性闭锁，可使车辆承受较大负荷。

六、独立悬架

现代轿车大都采用独立悬架，按其结构形式的不同，独立悬架又可分为横臂式、纵臂式、麦弗逊式、多连杆式等。

1. 横臂式独立悬架

横臂式独立悬架是指车轮在汽车横向平面内摆动的独立悬架，按横臂数量的多少又分为双横臂式和单横臂式独立悬架。

（1）单横臂式 具有结构简单，侧倾中心高，有较强的抗侧倾能力的优点。但随着现代汽车速度的提高，侧倾中心过高会引起车轮跳动时轮距变化大，轮胎磨损加剧，而且在急转弯时左右车轮垂直力转移过大，导致后轮外倾增大，减少了后轮侧偏刚度，从而产生高速时甩尾的情况。由于不能适应高速行驶的要求，目前应用不多。

（2）双横臂式 按上下横臂是否等长，又分为等长双横臂式和不等长双横臂式两种悬架。等长双横臂式悬架在车轮上下跳动时，能保持主销倾角不变，但轮距变化大，造成轮胎磨损严重，现已很少用。

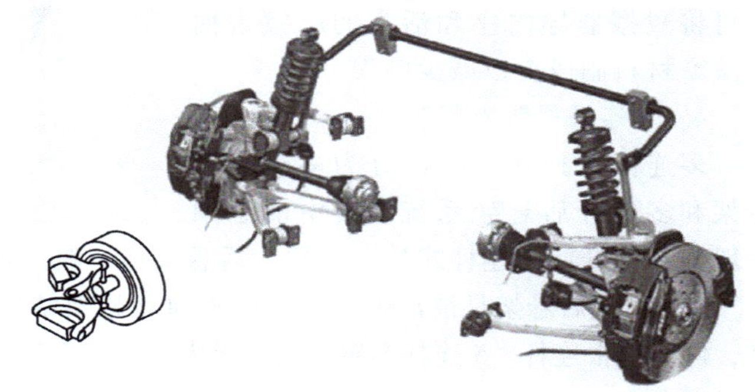

图 9-47 不等长双横臂式独立悬架

对于不等长双横臂式独立悬架，只要适当选择、优化上下横臂的长度，并通过合理的布置，就可以使轮距及前轮定位参数变化均在可接受的限定范围内，保证汽车具有良好的行驶稳定性。不等长双横臂式独立悬架已广泛应用在轿车的前后悬架上，部分运动型轿车及赛车的后轮也采用这一形式，如图 9-47 所示。

2. 纵臂式独立悬架

纵臂式独立悬架是指车轮在汽车纵向平面内摆动的悬架结构，又分为单纵臂式和双纵臂式两种形式。单纵臂式独立悬架当车轮上下跳动时会使主销后倾角产生较大的变化，因此单纵臂式独立悬架不用在转向轮上。双纵臂式独立悬架的两个摆臂一般做成等长的，形成一个平行四杆结构，这样，当车轮上下跳动时主销的后倾角保持不变。双纵臂式独立悬架多应用在转向轮上，如图 9-48 所示。

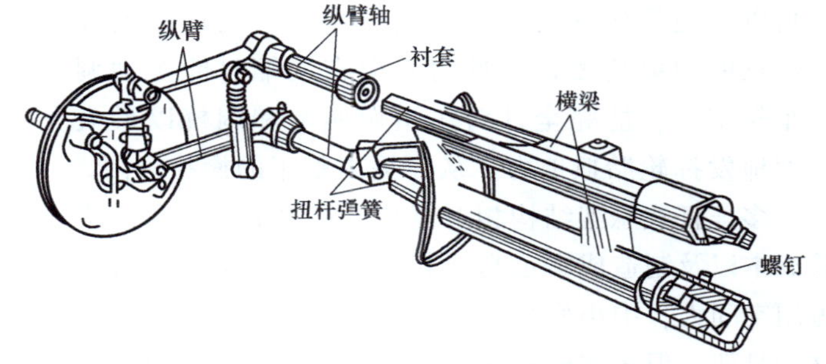

图 9-48 双纵臂式独立悬架

3. 麦弗逊式独立悬架

麦弗逊式独立悬架也是车轮沿着主销滑动的悬架，它的主销是可以摆动的，麦弗逊式独立悬架是摆臂式与烛式独立悬架的结合，如图 9-49 所示。

与双横臂式独立悬架相比，麦弗逊式独立悬架的优点是：结构紧凑，车轮跳动时前轮定位参数变化小，有良好的操纵稳定性，并且取消了上横臂，给发动机及转向系统的布置带来方便；与烛式独立悬架相比，它的滑柱受到的侧向力又有了较大改善。

麦弗逊式独立悬架多应用在中小型轿车的前悬架上，虽然麦弗逊式独立悬架并不是技术含量最高的悬架结构，但它仍是一种经久耐用的独立悬架，具有很强的道路适应能力。

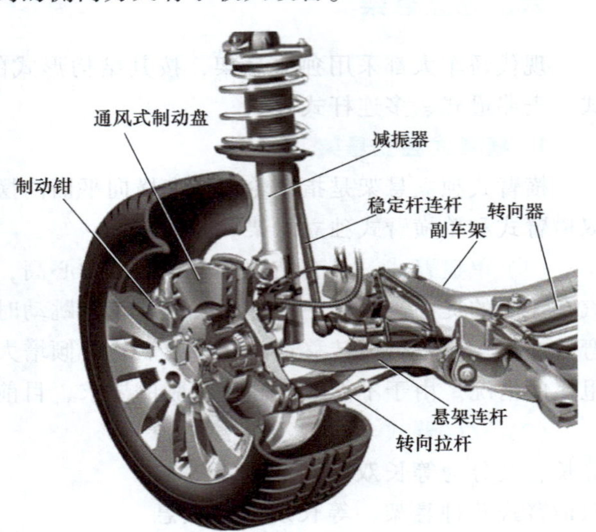

图 9-49　麦弗逊式独立悬架

该悬架突出的优点是增大了两前轮内侧的空间，便于发动机及一些部件的布置；其缺点是滑动立柱摩擦和磨损较大。为减少摩擦通常是将螺旋弹簧中心线与滑柱中心线的布置不重合。另外，还可将减振器导向座和活塞的摩擦表面用减摩材料制成，以减少磨损。

4. 多连杆式独立悬架

多连杆式独立悬挂可分为多连杆前悬架和多连杆后悬架系统。其中前悬架一般为 3 连杆或 4 连杆式独立悬架；后悬架则一般为 4 连杆或 5 连杆式后悬架系统。

5 连杆式后悬架是最常规的多连杆式独立悬架结构，车轮架下方两根连杆，上方两根连杆，侧向一根连杆。5 连杆布置空间需求大，活动范围广，韧性强，舒适性好。一般到了中型车或以上车型，比较讲究舒适取向的车型，通常会选择 5 连杆式独立悬架，如图 9-50 所示。

多连杆式悬架能实现主销后倾角的最佳位置，从而改善加速和制动时的平顺性和舒适性，同时也保证了直线行驶的稳定性。在车辆转弯或制动时，多连杆式悬架结构可使后轮形成正前束，提高车辆的控制性能，减少转向不足的情况。

多连杆式悬架在收缩时能自动调整外倾角、前束角以及使后轮获得一定的转向角度。通过对连接运动点的约束角度设计使得悬架在压缩时能主动调整车轮定位，能完全针对车型做匹配和调校以最大限度地发挥轮胎抓地力，从而提高整车的操控极限。

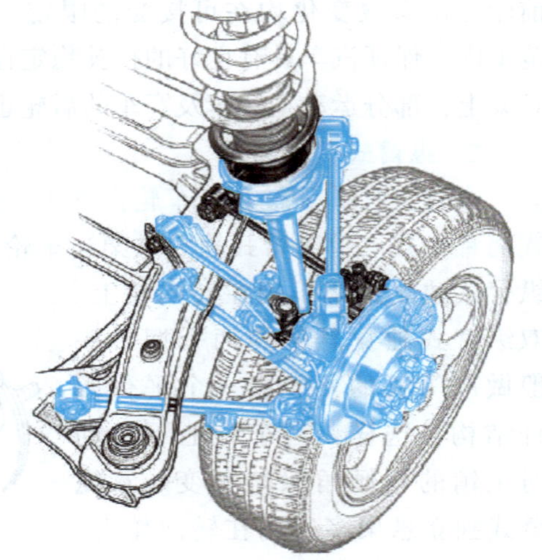
图 9-50　5 连杆式独立悬架

多连杆式悬架结构相对复杂，材料成本、研发实验成本以及制造成本远高于其他类型的悬架，而且其占用空间大，中小型车出于成本和空间考虑极少使用这种悬架。但多连杆式悬架舒适性是所有悬架中最好的，操控性能也和双叉臂式悬架难分伯仲，高档轿车由于空间充裕且注重舒适性能和操控稳定性，所以大多使用多连杆式悬架，可以说多连杆式悬架是高档轿车的绝佳搭档。

七、电控悬架

传统悬架的刚度和阻尼是按经验或优化设计的方法确定的，在汽车行驶过程中，是无法进行调节的，从而使汽车行驶平顺性和乘坐舒适性受到一定影响，故称为被动悬架。采用电子技术实现悬架控制的主动悬架（即电控悬架），可以依据道路、车速的不同而改变悬架参数（弹簧的刚度和减振器的阻尼），既能使汽车乘坐的舒适性达到令人满意的程度，又能使汽车的操纵稳定性达到最佳状态。主动悬架包括弹性元件、减振器、导向机构、能源系统、测量系统、反馈控制系统和执行系统，如图 9-51 所示。

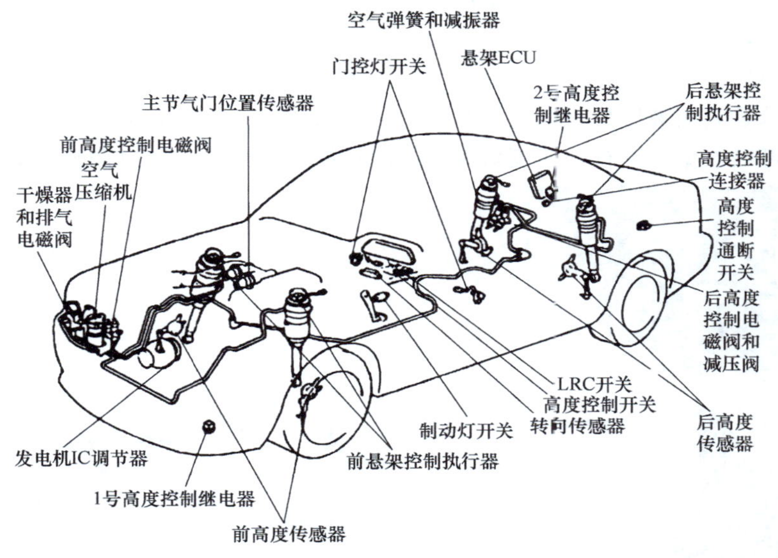

图 9-51 雷克萨斯 LS400 轿车电控空气悬架系统零部件布置

主动悬架系统按其是否包含动力源，可分为全主动悬架（有源主动悬架）和半主动悬架（无源主动悬架）系统两大类。目前，市面上主流的主动悬架主要有空气悬架、液压悬架、电磁悬架和电子液力悬架四种。

全主动悬架（主动悬架）是根据汽车的运动和路面状况，适时地调节悬架刚度和减振器阻尼，使其处于最佳减振状态，如图 9-52a 所示。但是全主动悬架的缺点是结构和控制复杂，硬件要求高、耗能大、成本高，这些缺点限制了全主动悬架在汽车上的推广应用。

半主动悬架是指悬架弹性元件的刚度和减振器的阻尼系数之一可以根据需要进行调节控制的悬架，如图 9-52b 所示。由于弹簧刚度调节相对较难，所以一般的半主动悬架不考虑改变悬架的刚度，而只考虑改变悬架的阻尼。半

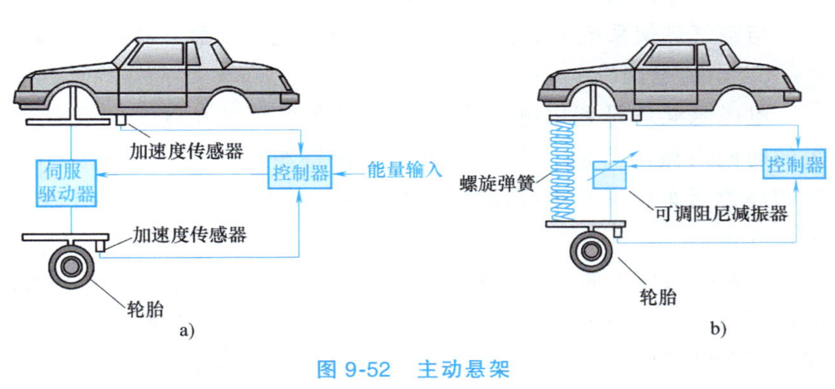

图 9-52 主动悬架

a）全主动悬架 b）半主动悬架

主动悬架是由无动力源且可控的阻尼元件组成，结构简单，工作时几乎不消耗车辆动力，而且还能获得与全主动悬架相近的性能，故有较好的应用前景。

1. 空气悬架

主动悬架系统应用最广泛的就是空气悬架，如图 9-53 所示。它主要是由电控单元、空气泵、储压罐、气动前后减振器和空气分配器等部件组成，主要用途就是控制车身的水平运动、调节车身的水平高度以及调节减振器的软硬程度。

通常来讲，空气悬架一般采用囊式空气弹簧，利用空气压缩的特性，使整个悬架系统具有接近理想的动态弹性特性，通过气泵对气体的压缩和排出，控制底盘的高低与减振器的软硬，使车辆能很好地应对各种路况。

2. 液压悬架

液压悬架就是利用液压变化来调节车身的悬架系统。它的核心部件是一个内置式电子液压集成模块，可以根据车辆行驶速度对减振器的伸缩频率和程度加以调整，如图 9-54 所示。

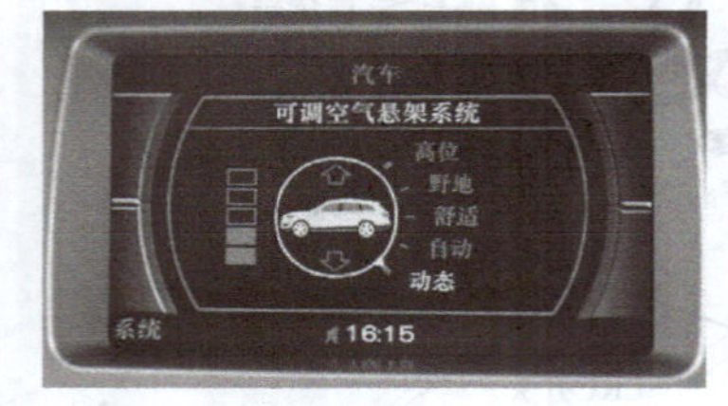

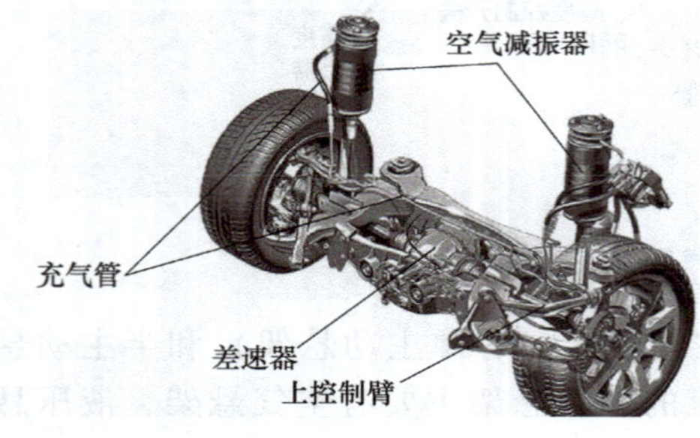

图 9-53　空气悬架

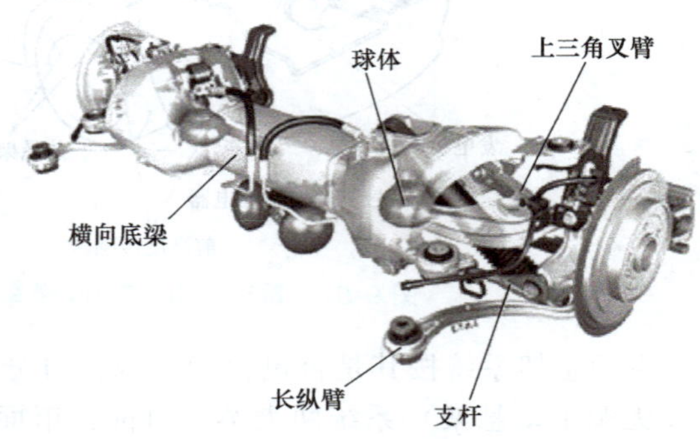

图 9-54　液压悬架

另外，由于不同车型的重心分配有所不同，通常要在汽车重心的附近安装纵向、横向加速度横摆陀螺传感器，用来采集车身振动、车轮跳动以及倾斜状态等信号，这些信号经过行车电控单元运算，并把相应执行信号传递给四个执行液压缸，以增减液压油的方式来改变离地间隙。

与空气悬架系统类似，液压悬架也可以进行底盘升高或自动调节。

3. 电磁悬架

电磁悬架就是利用电磁反应来实现汽车底盘高度升降变化的一种悬架，它可以在极短的时间内做出反应，来抑制振动，保持车身稳定。特别是在一些相对极端的环境下，比如高速行车中突然遇到颠簸，电磁悬架的优势就会非常明显，它的反应速度比传统悬架快 5 倍。

在系统组成方面，电磁悬架系统由行车电控单元、车轮位移传感器、电磁液压杆和直筒减振器组成。在每个车轮和车身连接处都有一个车轮位移传感器，传感器与行车电控单元相连，行车电控单元又与电磁液压杆和直筒减振器相连。

电磁减振器的关键在于其中充当阻尼介质的电磁油液，这种电磁油液由合成的碳氢化物

和细微的铁粒组成。这些金属粒子在普通状态下，会杂乱无章地分布在液体中，而随着电磁场的产生及磁通量的改变，它们就会排列成一定结构，黏滞系数也随之改变，进而改变阻尼。而电磁场的强度只需要改变电流即可控制，也就是说这套系统只需要改变电流就能够达到控制阻尼系数的目的，如图 9-55 所示。

减振过程主要就是在车辆行驶到颠簸路面，引起车轮跳动的时候，传感器会迅速将信号传至控制系统，控制系统发出相应指令，将电信号发送到各个减振器的电子线圈，使电流的运动产生磁场，在磁场的作用下，电磁油液的黏度得到改变，从而达到控制车身、减振的目的。

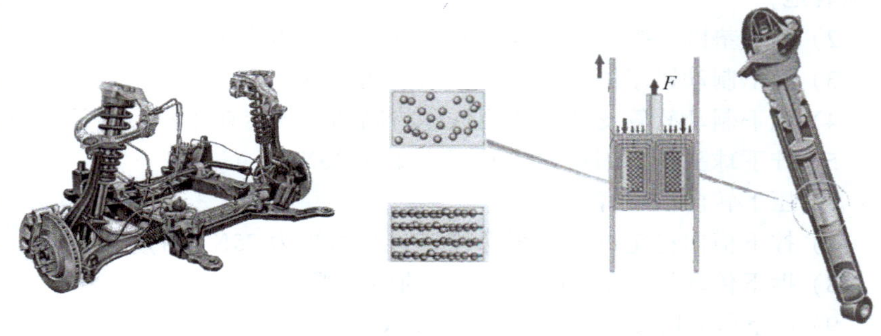

图 9-55　电磁悬架

4. 电子液力悬架

电子液力悬架也称连续减振控制系统（CDC）（图 9-56），这套系统可以独立控制每个车轮的悬架阻尼。其电子感应器能根据读取的路况信息，适时对减振器做出调整，使之在软硬间频繁切换，从而更准确地控制车身的侧倾、俯仰以及横摆跳动，提高了车辆高速行驶和过弯的稳定性。

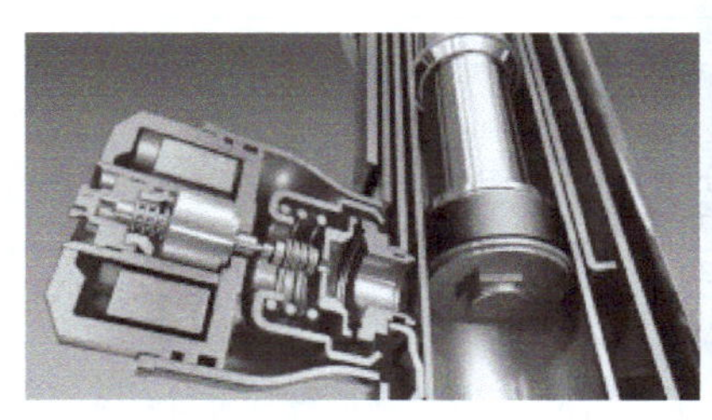

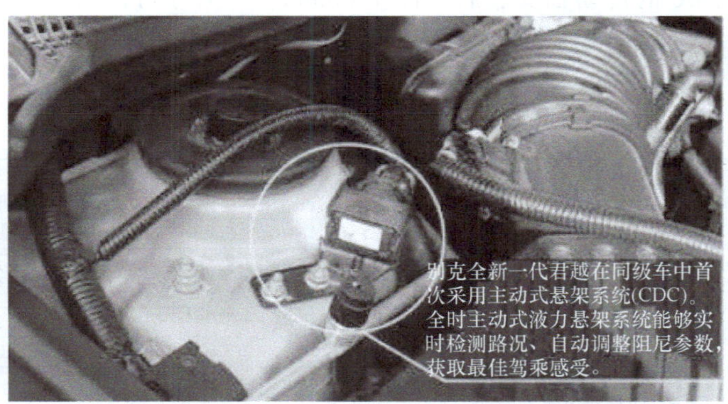

图 9-56　电子液力悬架

【任务实施】

一、准备工作

1）麦弗逊式独立悬架一套或轿车一辆。

2）弹性元件和减振器若干套。

3）拆装工作台若干张，举升器、常用专业工具若干套。

二、实施步骤

1. 前悬架总成的拆卸

1）取下车轮装饰罩；旋下轮毂与传动轴的紧固螺母（拧紧力矩为 230N · m，注意车轮必须着地）。

2）卸下垫圈，拧松车轮紧固螺母（拧紧力矩为 110N · m），拆下车轮。

3）旋下制动钳紧固螺栓（拧紧力矩为 70N · m），取下制动盘。

4）取下制动软管支架，并用铁丝将制动钳固定在车身上（注意不要损坏制动软管）。

5）拧下球头销紧固螺栓（拧紧力矩为 30N · m）。

6）压下转向横拉杆接头。

7）拧下横向稳定杆的紧固螺栓（拧紧力矩为 25N · m）。

8）拆下传动轴（VL 节）与轮毂的固定螺母。

9）向下压前悬架下摇臂，从车轮轴承壳内拉出传动轴；或利用两个固定车轮凸缘上的碟孔，将压力装置固定在轮毂上，用液压装置从轮毂中拉出传动轴，拆下传动轴后，卸下压力装置。

10）取下盖子，支撑减振器支柱下部或者沿反方向固定。旋下活塞杆的螺母，用内六角扳手阻止活塞杆的转动。

2. 前悬架总成安装的顺序与拆卸时相反

安装时应注意以下事项：

1）允许对前悬架总成进行焊接或整形处理，不合格的零部件总成应进行更换。

2）安装传动轴时，应擦净传动轴与花键齿面上的油污，去除防护剂的残留物。在外万向节（RF 节）花键齿面上涂上一圈 5mm 宽的防护剂 D6，然后进行传动轴的装配。涂防护剂 D6 的传动轴安装后应停车 60min，然后才可使用。

【任务评价】

悬架的结构及拆装训练评价表

学生姓名					
测评日期		测评地点			
测评内容	麦弗逊式独立悬架的拆装				
考评标准	内　容	分值	自评	互评	师评
	前悬架总成的拆装步骤是否正确	70			
	工具的使用是否正确	30			
合　计		100			
最终得分(自评 30%+互评 30%+师评 40%)					
说明:测评满分为 100 分,60~74 分为及格,75~84 分为良好,85 分以上为优秀。60 分以下的学生,需重新进行知识学习、任务训练,直到任务完成达到合格为止					

【思考与练习】

1. 简述汽车行驶系统的功用、组成及各部分的作用。
2. 转向轮定位参数有哪些？各起什么作用？
3. 常用的弹性元件有哪几种？试比较它们的优缺点。
4. 简述独立悬架、非独立悬架的定义及特点。

项目10

转向系统

汽车转向系统的功能就是按照驾驶人的意愿控制汽车的行驶方向。汽车转向系统和制动系统都是汽车安全必须要重视的两个系统。

【学习目标】

知识目标：

1. 掌握机械转向系统的结构。
2. 理解转向器的工作原理。
3. 了解四轮转向系统的原理。

技能目标：

1. 通过学习能进行转向器的拆装。
2. 通过学习会识读汽车参数表。

任务1　机械转向系统的结构与拆装

【知识准备】

一、转向系统的类型

转向系统按转向能源的不同可分为机械转向系统和动力转向系统两大类。

1. 机械转向系统

机械转向系统以驾驶人的体力作为转向能源，又称为人力转向系统。机械转向系统由转向操纵机构、转向器和转向传动机构三大部分组成。其结构示意如图10-1所示。

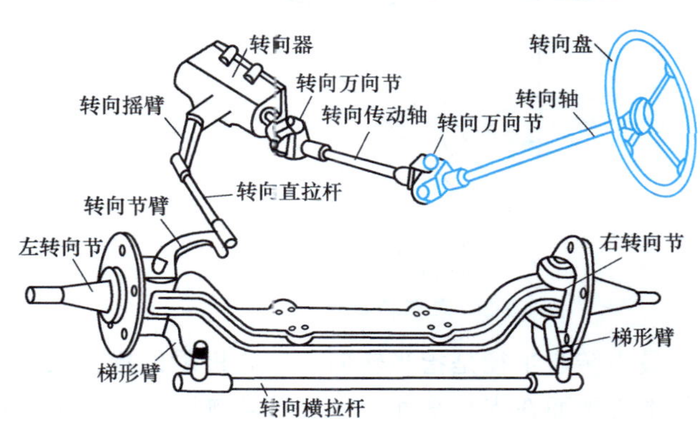

图10-1　机械转向系统示意图

2. 动力转向系统

动力转向系统是兼用驾驶人体力和发动机动力为转向能源的转向系统。在正常情况下，汽车转向所需能量只有一小部分由驾驶人提供，而大部分

是由发动机通过转向助力装置提供的。但在转向助力装置失效时，一般还应当能由驾驶人独力承担汽车转向任务。因此，动力转向系统是在机械转向系统的基础上加设一套转向加力装置而形成的，如图 10-2 所示。

市场上家用轿车的转向助力系统主要分为电动助力（EPS）和机械液压助力（HPS）两大类，而目前绝大多数的汽车都使用液压助力转向。

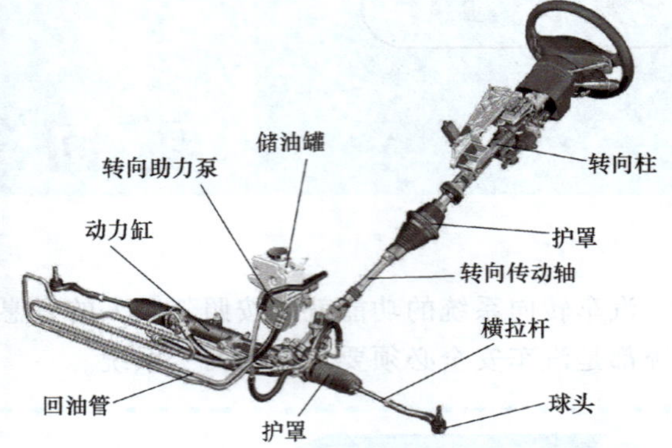

图 10-2　动力转向系统

二、转向系统常用术语

1. 转向中心与转弯半径

为了避免在汽车转向时产生的路面对汽车行驶的附加阻力和轮胎过快磨损，要求转向时所有车轮的轴线都相交于一点，此交点 O 称为转向中心，如图 10-3 所示。这是为了保证所有车轮均做纯滚动，使阻力和轮胎磨损最小。

汽车转向时内转向轮偏转角 β 应当大于外转向轮偏转角 α。在车轮为绝对刚体的假设条件下，角 α 与 β 的理想关系式应为

$$\cot\alpha = \cot\beta + \frac{B}{L}$$

式中　B——两侧主销轴线与地面交点之间的距离，称为轮距；

L——汽车轴距。

由转向中心 O 到外转向轮与地面接触点的距离 R 称为汽车转弯半径。

$$R = \frac{L}{\sin\alpha}$$

转弯半径越小，汽车转向所需的场地就越小，机动性能越好。由图 10-4 可知，当外转向轮偏转角达到最大值 α_{max} 时，转弯半径最小。最小转弯半径 R_{min} 与 α_{max} 的关系为

$$R_{min} = \frac{L}{\sin\alpha_{max}}$$

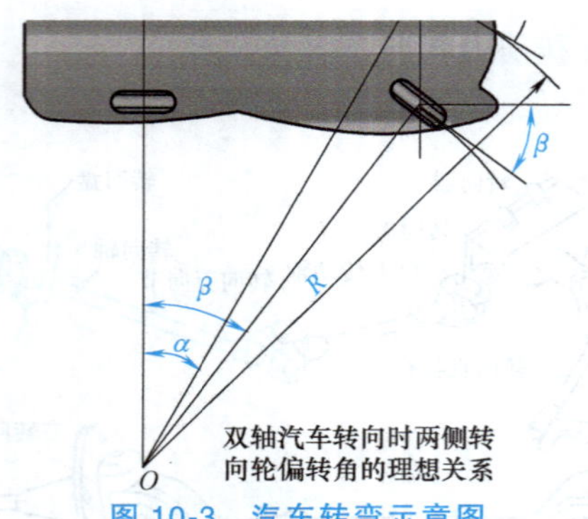

图 10-3　汽车转弯示意图

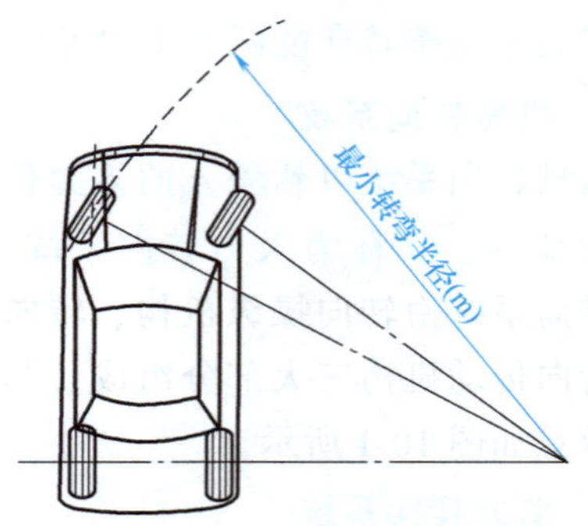

图 10-4　最小转弯半径

最小转弯半径是指当转向盘转到极限位置，汽车以最低稳定车速转向行驶时，外侧转向轮的中心平面在支承平面上滚过的轨迹圆半径。它在很大程度上表征了汽车能够通过狭窄弯曲地带或绕过不可越过的障碍物的能力。转弯半径越小，汽车的机动性能越好。

2. 转向系统角传动比

(1) 转向器角传动比　转向器角传动比（$i_{\omega1}$）$=\dfrac{\text{转向盘摆角}}{\text{转向摇臂摆角}}$，一般货车 $i_{\omega1}$ 为 16～32，轿车 $i_{\omega1}$ 为 12～22。

(2) 转向传动机构角传动比　转向传动机构角传动比（$i_{\omega2}$）$=\dfrac{\text{转向摇臂摆角}}{\text{同侧转向节偏转角}}$，$i_{\omega2}$ 一般为 1 左右。

(3) 转向系统角传动比　转向系统角传动比 $i_{\omega}=\dfrac{i_{\omega1}}{i_{\omega2}}$，即为转向盘转角增量与同侧转向节相应转角增量之比。

转向系统角传动比 i_{ω} 主要取决于转向器角传动比 $i_{\omega1}$。转向器的传动比 i_{ω} 越大，转动转向盘所需要的操纵力就越小。但 i_{ω} 过大，将导致转向操纵不够灵敏，为了得到一定的转向节偏转角所需的转向盘转角就会过大。所以，选取 i_{ω} 时应适当兼顾转向省力和转向灵敏的要求。

汽车转向操纵性能并不完全取决于转向系统，还与行驶系统有关。汽车在直线行驶中，转向轮会受到偶然出现的地面侧向反力的作用而发生偏转，因而使汽车意外地转向。为了使汽车能稳定地保持直行方向，要求转向轮偶然发生偏转后能立即自动回复到直线行驶的中立位置。

3. 转向特性

(1) 中性转向特性　当汽车以一定的车速转弯行驶，转向盘的转角保持不变时，汽车行驶的圆周半径也是不变的。这时，如果让汽车逐渐加速，将会出现几种特性：有的会偏离圆周运动轨迹，向内、外跑偏；有的会保持原来的圆周运动轨迹，不跑偏。

转向加速时仍保持原有圆周运动轨迹的转向特性，叫作中性转向，如图 10-5 所示。

中性转向特性的汽车在本身和外界条件变化时，容易转变为过多转向，难以操纵。

(2) 过度转向特性　转向加速时向内跑偏，减小圆周运动半径的转向特性叫作过多转向，或过度转向，如图 10-6 所示。

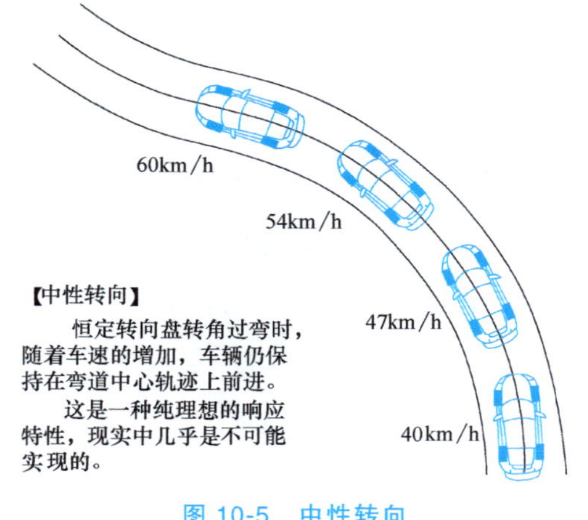

图 10-5　中性转向

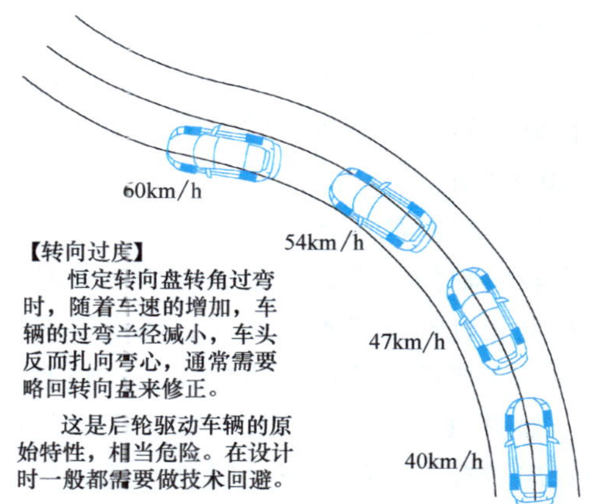

图 10-6　过度转向

有过多转向特性的汽车，操纵稳定性不好。当车速较高时，还可能发生转向半径急剧减小的“激转”现象，汽车完全失去操纵而导致严重事故。因此，这种汽车很难操纵，只有一些运动轿车才具有过多转向特性。

(3) 不足转向特性　转向加速时向外跑偏，加大圆周运动半径的转向特性，叫作不足转向。有适度不足转向的汽车，具有良好的操纵稳定性，如图 10-7 所示。

它具有自动恢复直线行驶的良好的操纵稳定性。所以，我国标准规定，汽车应具有适度的不足转向特性。

4. 转向盘的自由行程

转向盘空转阶段的角行程，称为转向盘的自由行程，如图 10-8 所示。

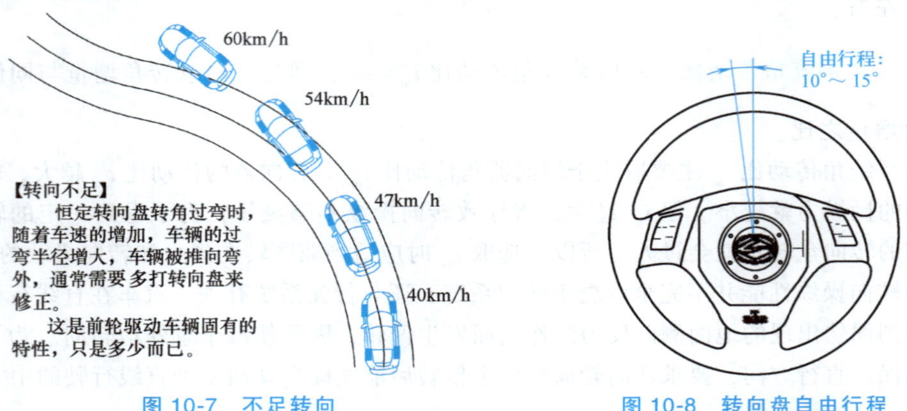

60km/h
54km/h
47km/h
40km/h
【转向不足】
恒定转向盘转角过弯时，随着车速的增加，车辆的过弯半径增大，车辆被推向弯外，通常需要多打转向盘来修正。
这是前轮驱动车辆固有的特性，只是多少而已。
自由行程：
10°～15°

图 10-7　不足转向　　　图 10-8　转向盘自由行程

(1) 产生原因　转向系统统中传动件之间存在安装间隙。在转向开始阶段，所施加的转向力矩很小，用来克服转向系统内部摩擦，使整个传动件开始运动直到间隙完全消除。

(2) 作用　可以缓和路面冲击，避免驾驶人过分的紧张和疲劳；但过大转向盘自由行程会降低转向灵敏度。转向盘自由行程比较理想的情况是不超过 10°~15°。当零部件磨损使转向盘自由行程超过 25°时必须进行调整。

三、机械转向系统

1. 转向操纵机构

转向操纵机构主要由转向盘、转向柱管、转向轴、转向传动轴、转向万向节等组成，如图 10-9 所示。

(1) 转向盘　转向盘一般用花键和螺母安装在转向轴的上端，其上装有喇叭的按钮。转向盘上装有安全气囊的车型，还安装有安全气囊的一些部件。转向盘由轮缘、轮辐和轮毂组成，如图 10-10 所示。当汽车发生碰撞时，转向盘应能有一定的变形，吸收一部分能量以减轻驾驶人的受伤程度。

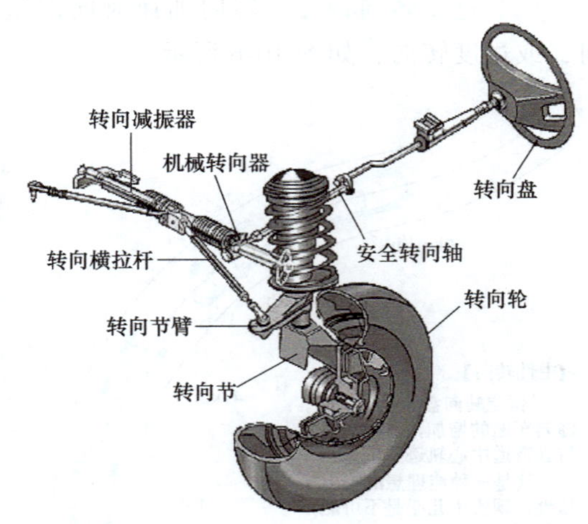

图 10-9　转向操纵机构

(2) 转向轴、转向柱管　转向柱管固定在车身上，支承着转向盘。转向轴是连接转向盘和转向器的传动件，转向轴从转向柱管中穿过，支承在柱管内的轴承和衬套上，如图 10-11 所示。

(3) 防伤安全措施　当汽车发生正面碰撞事故时，由于车身和车架的变形会导致转向轴

和转向盘后移，而人体在惯性力的作用下又要往前冲，在这种情况下驾驶人的胸部和头部会碰撞到转向盘而受伤。现代汽车除在转向盘处安装安全气囊外，还在转向操纵系统如转向盘、转向轴和转向柱管上采取防伤的被动安全措施。

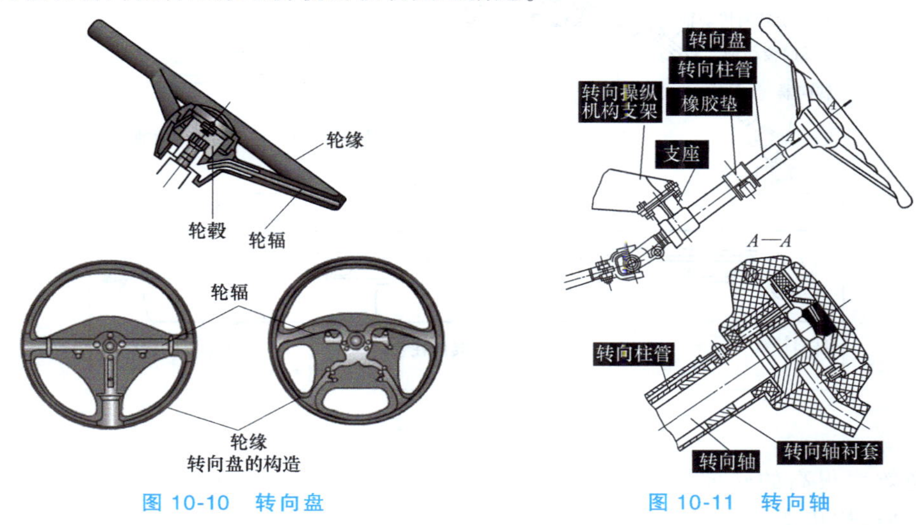

图 10-10 转向盘　　图 10-11 转向轴

1）转向轴错位缓冲。当发生猛烈撞车时，转向轴上的上、下凸缘盘的销子与销孔脱开，缓和冲击，吸收冲击能量，如图 10-12 所示。

2）转向轴错位和支架变形缓冲。转向传动轴分为上、下两段，下转向传动轴装在上转向传动轴的孔中，发生碰撞时，转向器向后移动，下转向传动轴插入上转向传动轴的孔中，上转向传动轴被压扁，吸收冲击能量。

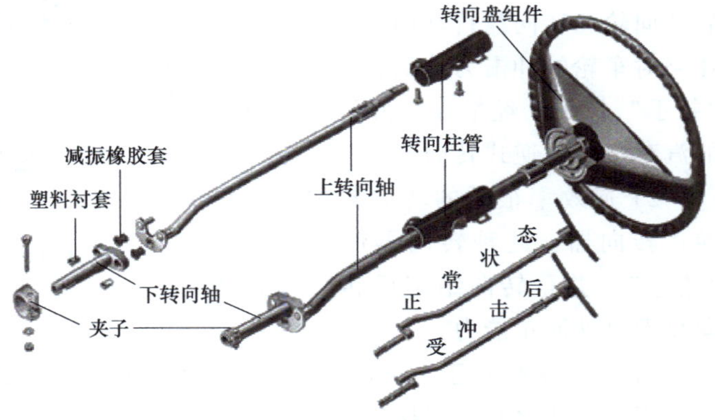

图 10-12 转向轴错位缓冲

转向柱管通过支架和 U 形金属板固定在仪表板上。当驾驶人身体撞击转向盘后，转向柱管和支架将从仪表板上脱离下来向前移动。这时，一端固定在仪表板上而另一端固定在支架上的 U 形金属板就会产生扭曲变形并吸收冲击能量，如图 10-13 所示。

3）转向柱管变形吸收冲击能量并缓冲。当发生猛烈撞车导致人体冲撞转向盘时，网格部分或波纹管部分将被压缩产生塑性变形，吸收冲击能量，如图 10-14 所示。

2. 转向器

转向器的作用是把来自转向盘的转向力矩和转向角进行适当的变换（主要是减速增矩），再输出给转向拉杆机构，从而使汽车转向。

（1）转向器的传动效率　转向器的输出功率与输入功率之比称为转向器的传动效率。在功率由转向轴输入，由转向摇臂输出的情况下求得的传动效率称为正效率，而在传动方向与此相反时求得的效率则称为逆效率。

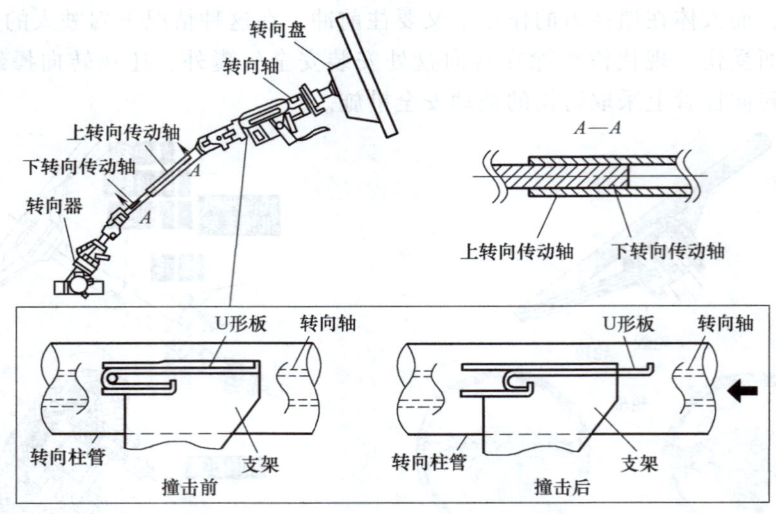

图 10-13　转向轴错位和支架变形缓冲

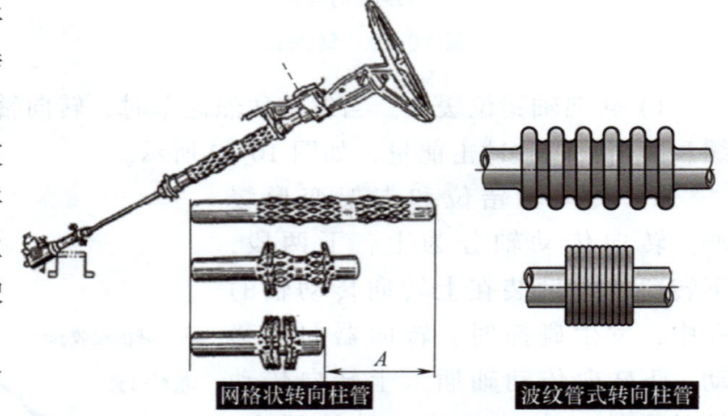

图 10-14　转向柱管变形吸收冲击能量并缓冲

1）逆效率很高的转向器很容易将经转向传动机构传来的路面反力传到转向轴和转向盘上，故称为可逆式转向器。可逆式转向器有利于汽车转向结束后转向轮和转向盘自动回正，但也能将坏路对车轮的冲击力传到转向盘，发生“打手”情况，经常在良好路面上行驶的汽车多用可逆式转向器。

2）逆效率很低的转向器称为不可逆式转向器，此种转向器使驾驶人无“路感”，并且转向结束后转向轮和转向盘无自动回正能力。

3）逆效率略高于不可逆式的转向器称为极限可逆式转向器。其反向传力性能介于可逆式和不可逆式之间，而接近于不可逆式。采用这种转向器时，驾驶人能有一定的路感，转向轮自动回正也可实现，而且路面冲击力只有在其量很大时，才能部分地传到转向盘。极限可逆式转向器多用于中型以上越野汽车和工矿用自卸汽车。

（2）转向器的类型　转向器是转向系统中减速增矩的传动装置，其功用是增大转向盘传到转向节的力，并改变力的传动方向。目前，应用广泛的是齿轮齿条式、蜗杆曲柄指销式和循环球式转向器。

1）齿轮齿条式转向器。齿轮齿条式转向器的转向齿轮为主动件、转向齿条为从动件，齿轮和齿条上的齿可以是直齿也可以是斜齿。转向齿轮通过轴承支承在壳体内，转向齿轮的一端与转向轴连接，将驾驶人的转向操纵力输入，另一端与转向齿条直接啮合，形成一对传动副，并通过转向齿条传动，带动横拉杆，使转向节转动，如图 10-15 所示。

为保证齿轮齿条无间隙啮合，补偿弹簧产生的压紧力通过压板将转向齿轮和转向齿条压靠在一起。弹簧的预紧力可以通过调整螺钉进行调整。

由于齿轮齿条式转向器属于可逆式转向器，其正效率与逆效率都很高，自动回正能力强，同时结构简单、加工方便、工作可靠、使用寿命长、不需要调整齿轮齿条的间隙，因而得到了广泛的应用。但其逆效率较高，汽车在不平路面上行驶时，发生在转向轮与路面之间的冲击力的大部分能传至转向盘，造成驾驶人精神紧张，并难以准确控制汽车行驶方向，转向盘突然转动又会造成打手，同时对驾驶人造成伤害。

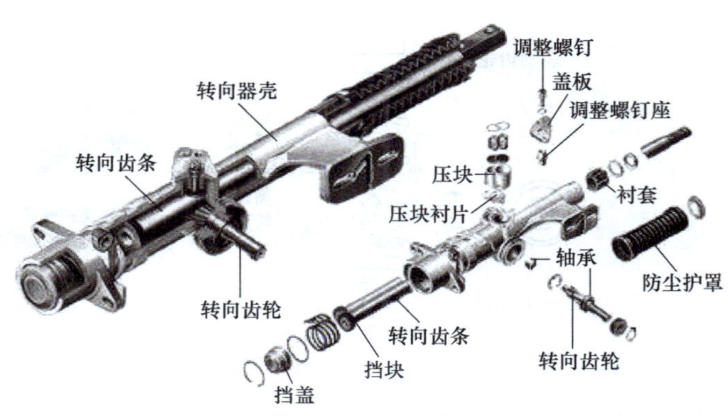

图 10-15 齿轮齿条式转向器的结构

2）蜗杆曲柄指销式转向器。蜗杆曲柄指销式转向器的传动副以转向蜗杆为主动件，其从动件是装在摇臂轴曲柄端部的指销。转向蜗杆转动时，与之啮合的指销即绕摇臂轴轴线沿圆弧运动，并带动摇臂轴转动，如图 10-16 所示。

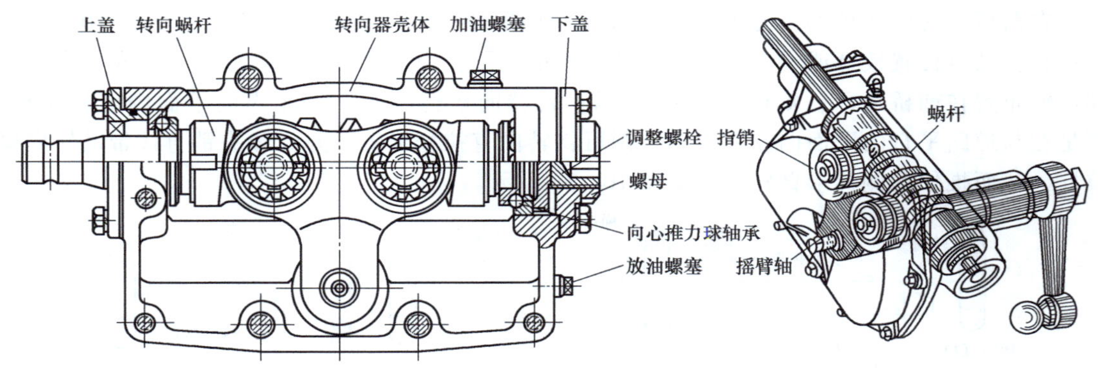

图 10-16 蜗杆曲柄销式转向器的结构

3）循环球式转向器。循环球式转向器中一般有两级传动副，第一级是螺杆螺母传动副，第二级是齿条齿扇传动副。常用于各种轻型和中型货车，也用于部分轻型越野汽车，如图 10-17 所示。

为了减少转向螺杆和转向螺母之间的摩擦，两者的螺纹并不直接接触，其间装有许多钢球，以实现滚动摩擦。转向螺母的内径大于转向螺杆的外径，故能松套在螺杆上。转向螺母外有两根钢球导管，每根导管的两端分别插入螺母侧面的一对通孔中，导管内装满了钢球。这样，两根导管和螺母内的螺旋管状通道组合成两条各自独立的封闭的钢球“流道”。

转向螺杆转动时，通过钢球将力传给转向螺母，螺母即沿轴向移动。同时，在螺杆与螺母两者和钢球间的摩擦力偶作用下，所有钢球便在螺旋管状通道内滚动，形成“球流”。循环球式转向器的正传动效率很高（最高可达 90%~95%），故操纵轻便、使用寿命长。但其逆效率也很高，容易将路面冲击力传到转向盘。

3. 转向传动机构

从转向器到转向节之间的所有传动杆件（不含转向节）总称为转向传动机构。转向传

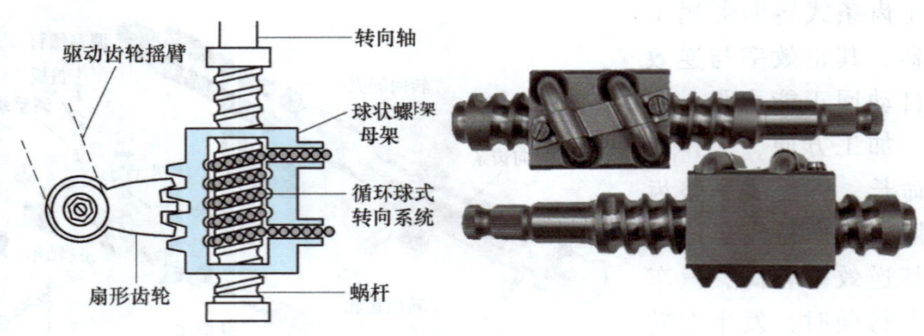

图 10-17 循环球式转向器的结构

动机构的组成和结构因转向器位置和转向轮悬架类型而异。转向传动机构的功用是将转向器输出的力和运动传到转向桥两侧的转向节，使两侧转向轮偏转，且使两转向轮偏转角按一定关系变化，以保证汽车转向时车轮与地面的相对滑动尽可能小。

(1) 与非独立悬架配用的转向传动机构

1) 结构形式。由转向摇臂、转向直拉杆、转向节臂和转向梯形等零部件组成，其中转向梯形由梯形臂、转向横拉杆和前梁构成。

在前桥仅为转向桥的情况下，左、右转向梯形臂一般布置在前桥之后，如图 10-18a 所示；在发动机位置较低或转向桥兼充驱动桥的情况下，为避免运动干涉，往往将左、右转向梯形臂布置在前桥之前，如图 10-18b 所示；若转向摇臂不是在汽车纵向平面内前后摆动，而是在与道路平行的平面向左右摆动，则可将转向直拉杆横置，并借球头销直接带动转向横拉杆，从而推使两侧梯形臂转动，如图 10-18c 所示。

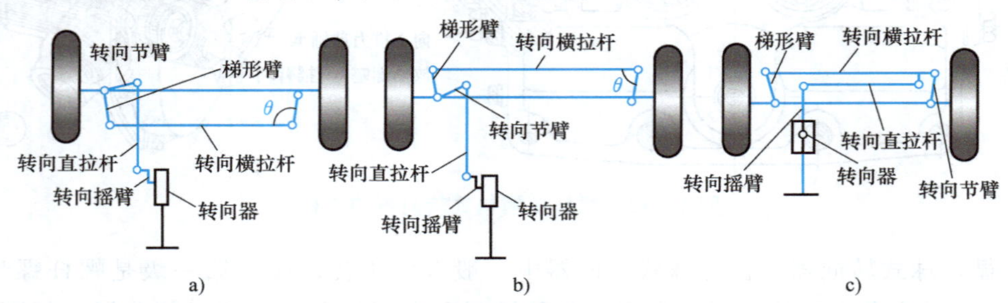

图 10-18 转向传动机构的结构形式

a) 后置式 b) 前置式 c) 转向直拉杆横向布置

2) 转向摇臂。转向摇臂的作用是把转向器输出的力和运动传给直拉杆或横拉杆，进而推动转向轮偏转。

3) 转向直拉杆。在转向轮偏转而且因悬架弹性变形而相对于车架跳动时，转向直拉杆与转向摇臂及转向节臂的相对运动都是空间运动。因此，为了不发生运动干涉，三者之间的连接件都是球形铰链。直拉杆是一段两端扩大的钢管。

4) 转向横拉杆。转向横拉杆连接转向直拉杆和左、右转向梯形臂。左、右转向梯形臂用螺栓与转向节相连。

5) 转向减振器。随着车速的提高，现代汽车的转向轮有时会产生摆振（转向轮绕主销轴线往复摆动，甚至引起整车车身的振动），这不仅影响汽车的稳定性，而且还影响汽车的舒适性、加剧前轮轮胎的磨损。

在转向传动机构中设置转向减振器是克服转向轮摆振的有效措施。转向减振器的一端与车身（或前桥）铰接，另一端与转向直拉杆（或转向器）铰接，如图 10-19 所示。当车轮撞到路面不平处时，冲击从转向轮传到转向盘，转向减振器吸收一部分冲击，并阻止其传到转向盘。

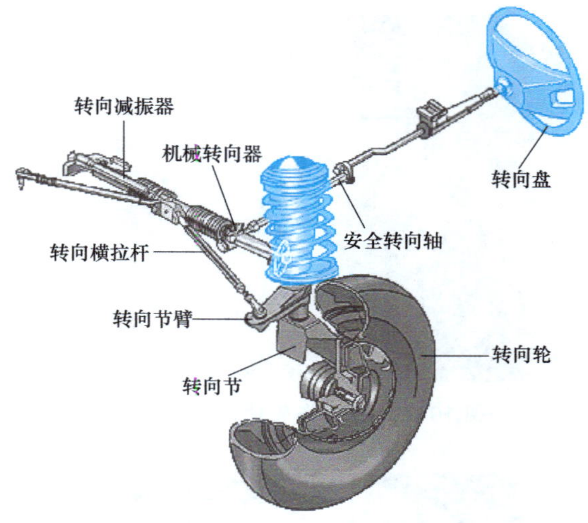

图 10-19 转向减振器

（2）与独立悬架配用的转向传动机构

转向传动机构的组成与结构形式：每个转向轮都需要相对于车架做独立运动，因而转向桥必须是断开式的。与此相应，转向传动机构中的转向梯形也必须是断开式的，如图 10-20 所示。

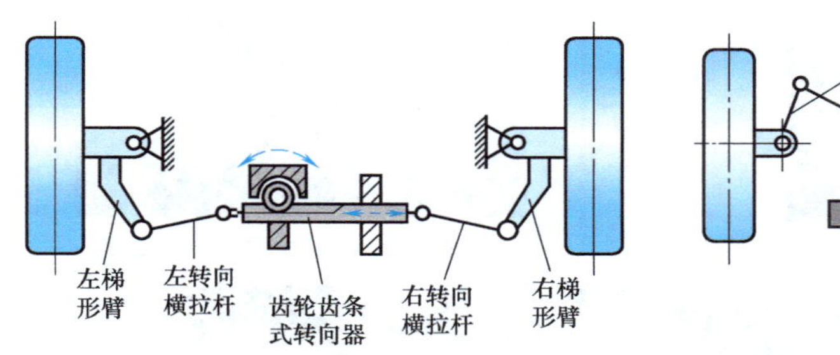

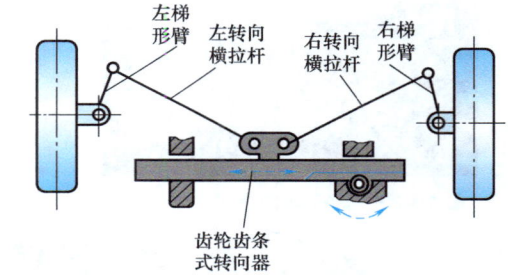

图 10-20 与独立悬架配用的转向传动机构

【任务实施】

一、准备工作

1）整车，要求车辆的发动机运转正常。

2）底盘展示台架，通过该设备，学生可以学会汽车底盘的基本知识。

3）电脑、投影仪。

二、实施步骤

1. 齿轮齿条式转向器的分解步骤

1）松开车轮锁紧螺母、转向横拉杆球头销螺母（17 套筒），如图 10-21 所示。

2）断开球头销的连接处（17 梅花扳手），如图 10-22 所示。

3）撬开转向盘的喇叭开关，如图 10-23 所示。

4）松开并拆下转向盘固定螺母（22 号套筒）、拔开点火开关及转向等线速插头，如图 10-24 所示。

5）松开并拆下转向柱固定螺杆（内 6 方），脱开转向柱与转向器连接处，如图 10-25 所示。

图 10-21　松开车轮锁紧螺母

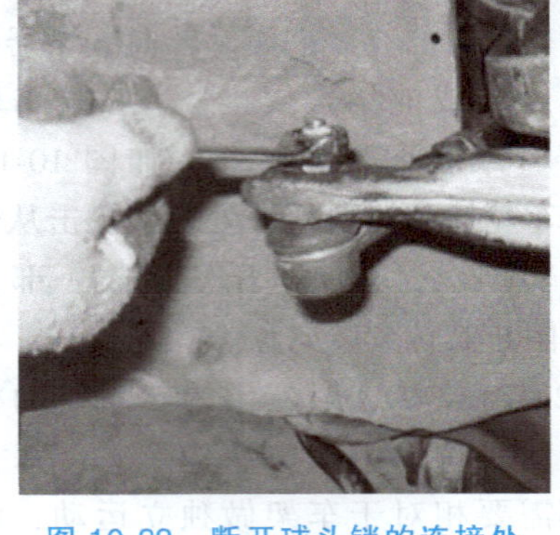

图 10-22　断开球头销的连接处

图 10-23　撬开转向盘的喇叭开关

图 10-24　拆下转向盘固定螺母

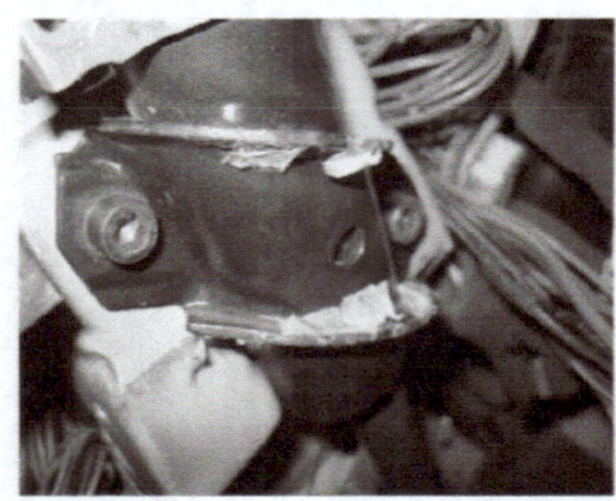

图 10-25　拆下转向柱固定螺杆，脱开转向柱与转向器连接处

6）松开转向器与车架固定螺母（13 号梅花扳手），如图 10-26 所示。

图 10-26　松开转向器与车架固定螺母

7）取下转向器总成、分解转向器间隙自调机构，如图 10-27 所示。

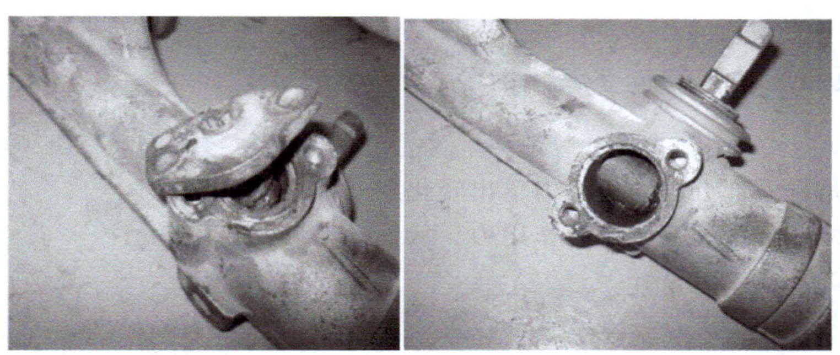

图 10-27　分解转向器间隙自调机构

8）齿轮齿条式转向器的装配按与拆卸相反顺序装配。

2. 注意事项

1）在拆卸安全气囊前，必须了解安全气囊的功能，否则可能引起安全气囊意外张开，导致安全气囊不必要的修理或人身伤害。

2）当维修装有安全气囊的汽车或处理安全气囊时，应戴安全眼镜。

3）若该车装有安全气囊，断开蓄电池负极至少 1min 以上。让备用电源的能量消耗掉，如果有巡航系统，拔下巡航控制开关。

4）不要用锤子敲击转向轴来拆卸转向盘，这样将使转向轴损坏，导致转向盘无法取出。

【任务评价】

机械转向系统的结构拆装训练评价表

学生姓名					
测评日期		测评地点			
测评内容	机械转向系统的拆装				
考评标准	内容	分值	自评	互评	师评
	零部件的认知是否正确	30			
	转向器的拆装是否正确	40			
	工具的使用是否正确	30			
合　　计		100			
最终得分(自评 30%+互评 30%+师评 40%)					
说明:测评满分为 100 分,60~74 分为及格,75~84 分为良好,85 分以上为优秀。60 分以下的学生,重新进行知识学习、任务训练,直到任务完成达到合格为止					

任务 2　动力转向系统的结构与拆装

动力转向系统中普及率较高的有机械液压助力转向（HPS）、电控液压助力转向（EHPS）和电动助力转向（EPS）。

【知识准备】

一、机械液压助力转向系统（HPS）

机械液压助力转向系统主要由液压泵、油管、压力流体控制阀、V 带、储油罐等组成。这种助力方式是将一部分发动机动力输出转化成液压泵压力，对转向系统施加辅助作用力，从而使轮胎转向，如图 10-28 所示。

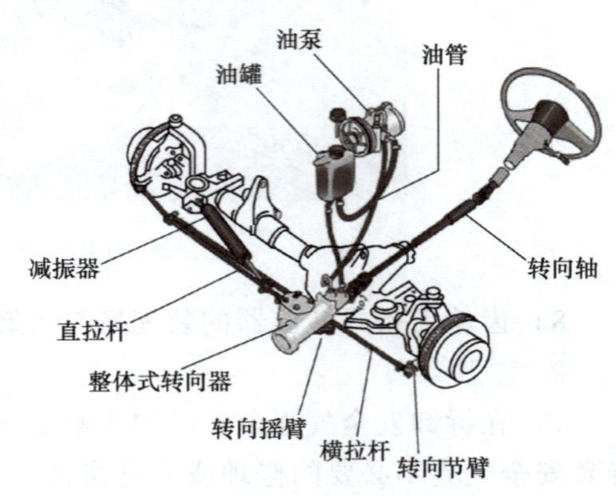

图 10-28　机械液压助力转向系统

根据系统内液流方式的不同可以分为常压式液压助力和常流式液压助力。

1. 常压式

常压式液压助力转向系统的特点是无论转向盘处于正中还是转向、转向盘保持静止还是在转动，系统管路中的油液总是保持高压状态。不转向时，转向控制阀处于关闭状态；只要转向，系统就给转向动力缸提供压力，反应迅速。

优点是系统中有蓄能器积蓄液压能，可以使用流量较小的转向液压泵，而且在转向液压泵不运转的情况下有保持一定的动力转向的能力。但系统工作压力高，易泄漏，发动机功率消耗较大，目前，只有少数重型汽车采用此种动力转向系统，如图 10-29 所示。

2. 常流式

常流式液压助力转向系统的转向液压泵始终处于工作状态，但不转向时，转向控制阀保持开启，转向液压泵基本处于空转状态，系统中压力很小；转向时，动力缸的工作腔与液压泵相通，建立压力。常流式液压助力转向系统结构简单，液压泵寿命长，泄漏较少，消耗功率也较少，因此广泛应用于各种汽车，如图 10-30 所示。

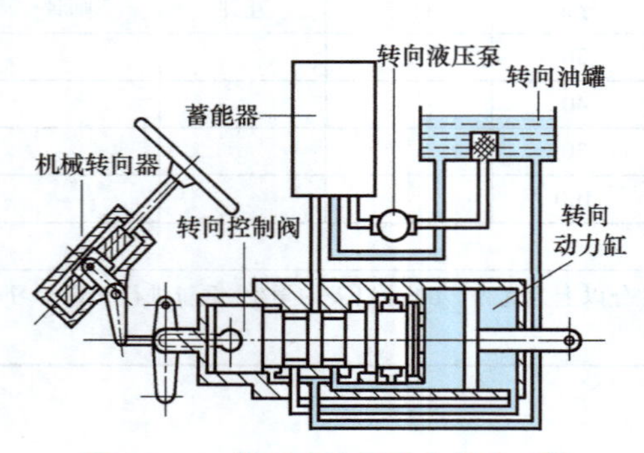

图 10-29　常压式液压助力转向系统

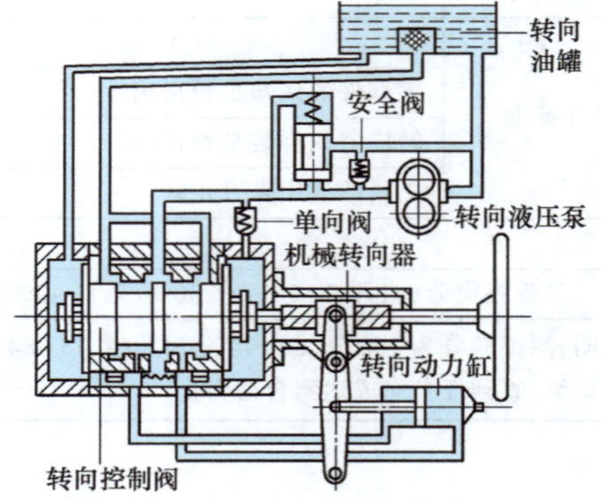

图 10-30　常流式液压助力转向系统

3. 常流式液压助力转向系统的工作原理

当汽车直线行驶时，转向控制阀处于图 10-31 位置，使得转向动力缸的活塞两侧都和低压油路及转向油罐相通，压力相等，转向动力缸不动，液压泵空转，油液处于低压流动状态。

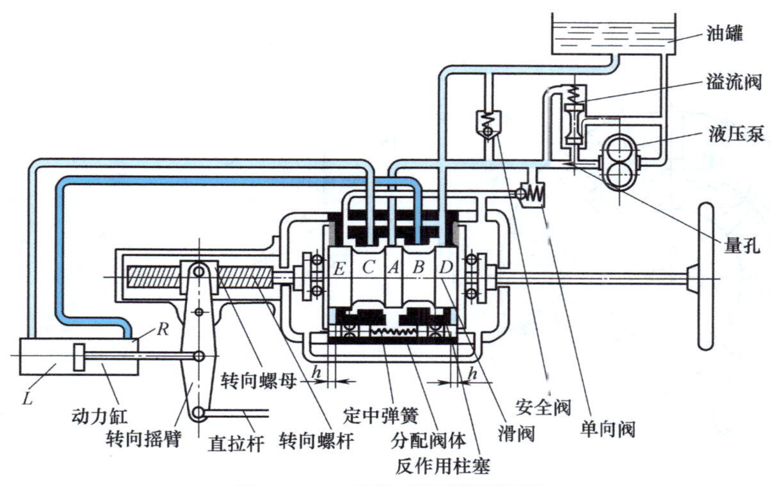

图 10-31　直行时控制阀位置

4. 转向控制阀

转向控制阀按结构分为滑阀式转向控制阀和转阀式转向控制阀。

(1) 滑阀式转向控制阀　阀体沿轴向移动来控制油液流量的转向控制阀，简称滑阀，如图 10-32 所示。

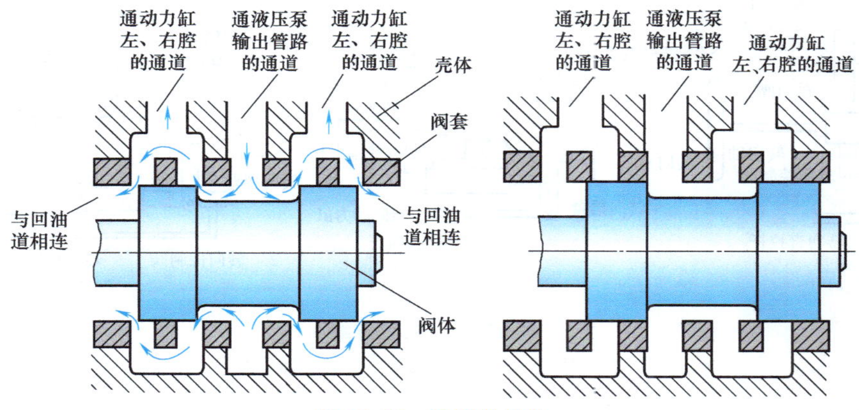

图 10-32　滑阀的结构

(2) 转阀式转向控制阀　阀体绕其轴线转动来控制油液流量的转向控制阀，简称转阀。

转阀结构：4 个连通的进油通道 *A*；4 个通道 *B*、*C* 与动力缸的左右腔相连；4 个回油道 *D*；中空阀体与储油罐相连，如图 10-33 所示。

(3) 转向控制阀的特点

1) 滑阀式转向控制阀的特点：滑阀式转向控制阀靠阀体的移动控制油液流量。结构简单，工艺性好，布置方便，需要较大的轴向安装和运动空间。

2) 转阀式转向控制阀的特点：转阀式转向控制阀靠阀体的转动控制油液流量。灵敏度高，密封件少，体积小，结构更先进，加工要求精度高，目前得到广泛应用。

5. 常流式液压助力转向系统的结构布置方案

常流式液压助力转向系统按机械转向器、转向控制阀、转向动力缸三者的组合及相对位置，分为整体式、半整体式和转向加力器 3 种，如图 10-34 所示。

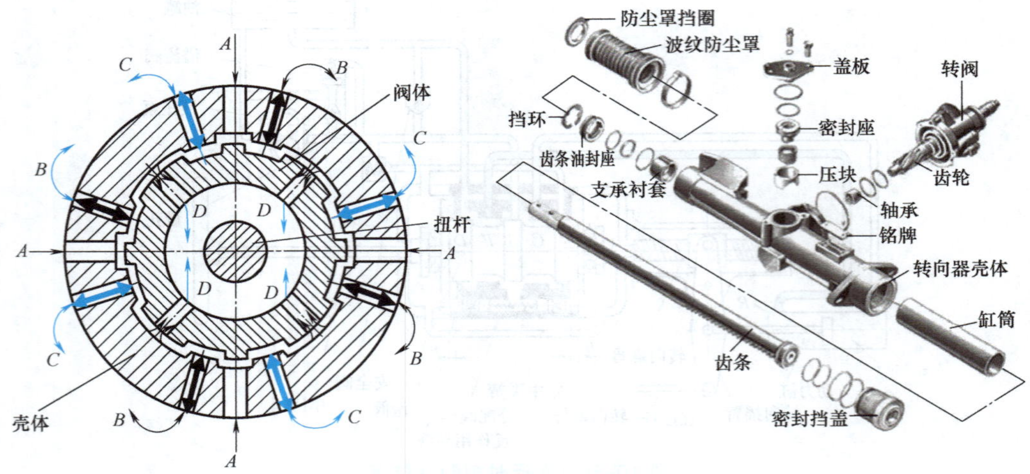

图 10-33　转阀的结构

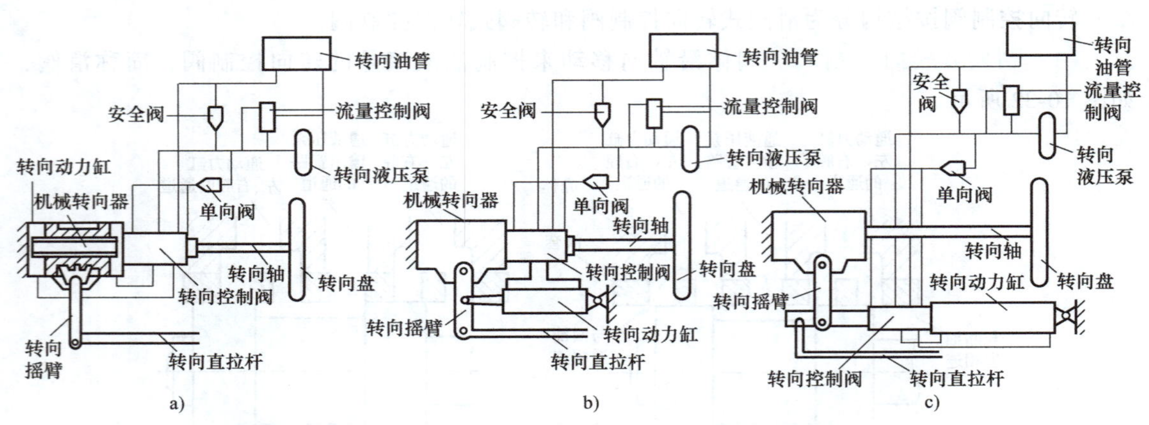

图 10-34　布置方案

a）整体式　b）半整体式　c）转向加力器

(1) 整体式动力转向系统　整体式动力转向系统是目前大多数车型都采用的动力转向系统。它是将动力缸、控制阀和机械转向器三者组装在一个壳体内。

图 10-35 为轿车常用的齿轮齿条式整体式动力转向系统。活塞安装在转向齿条上，转向

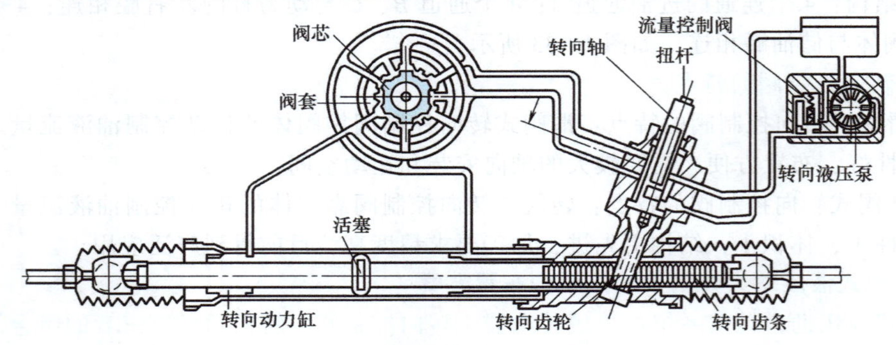

图 10-35　整体式动力转向系统的工作原理

齿条的壳体相当于动力缸，动力缸活塞是齿条的一部分，齿条活塞两边的齿条套管被密封形成两个油液腔，连接左、右转向回路。控制阀安装在转向齿轮壳体内。转动转向盘时，旋转阀改变油液流量，在转向齿条两端形成压力差，使得齿条向压力低的方向移动。齿条相当于动力缸的推杆，从而减轻驾驶人加在转向盘上的力。

（2）半整体式动力转向系统　将转向控制阀和机械转向器组合成一个部件，该部件称为半整体式动力转向器。动力缸单独布置。此种动力转向系统在重型车上有所应用。

（3）转向加力器　将机械转向器单独布置，转向控制阀和动力缸组合成一个部件，该部件称为转向加力器。转向加力器由转向动力缸和转向控制阀组成。当转动转向盘时，机械转向器带动转向摇臂摆动，一方面由转向控制阀的球铰链带动转向直拉杆，另一方面也带动动力转向控制阀中的滑阀，使转向动力缸在液压作用下与转向摇臂共同对转向直拉杆施力。

二、电控液压助力转向系统（EHPS）

电控液压动力转向系统（EHPS）是在液压动力转向系统中增加电子控制和执行元件，将车速引入到系统中，实现助力大小随车速变化，如图 10-36 所示。

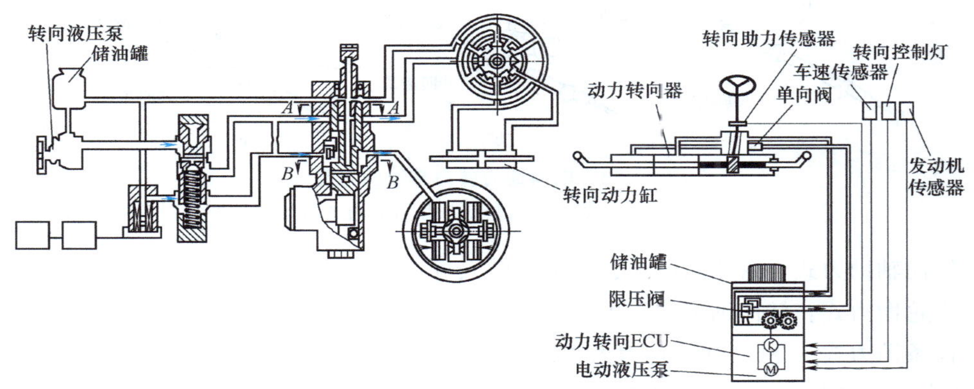

图 10-36　电控液压助力转向系统

电控液压动力转向系统主要通过车速传感器将车速传递给 ECU，控制电液转换装置改变动力转向的助力特性，助力将会随着车速的增加而减小，从而增加了高速行驶时的路感，较好地兼顾了低速转向的轻便性和高速转向时的路感。

系统转向液压泵不再由发动机直接驱动，而是由电动机驱动，并且在之前的基础上加装了电控系统，使得转向辅助力的大小不只与转向角度有关，还与车速相关。机械结构上增加了液压反应装置和液流分配阀，新增的电控系统包括车速传感器、电磁阀、转向 ECU 等。

电控液压助力的原理与机械液压助力基本相同，不同的是液压泵由电动机驱动，同时助力力度可变。车速传感器监控车速，ECU 获取数据后通过控制转向控制阀的开启程度改变油液压力，从而实现转向助力力度的大小调节。

电控液压助力拥有机械液压助力的大部分优点，同时还降低了能耗，反应也更加灵敏，转向助力大小也能根据转角、车速等参数自行调节，更加人性化。不过由于引入很多电子单元，使其制造、维修成本相应增加，使用稳定性也不如机械液压式的牢靠，但随着技术的不断成熟，这些缺点正在被逐渐克服，电控液压助力已经成为很多家用车型的选择。

三、电动助力转向系统（EPS）

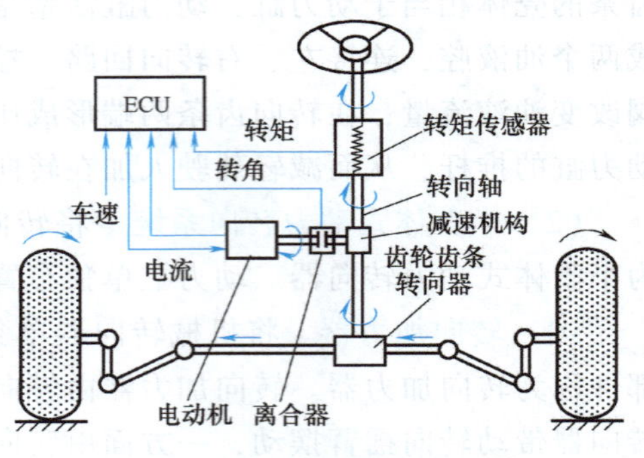

图 10-37 电动助力转向系统

电动助力转向系统如图 10-37 所示。

电动助力转向系统主要组件有 ECU、车速传感器、转矩传感器、电动机等，传感器把采集到的车速、转角信息输送给 ECU，ECU 决定电动机的旋转方向和助力电流大小，把指令传递给电动机，电动机将辅助动力施加到转向系统中，使实时调整的转向助力得以实现。

根据电动机位置的不同，电动助力转向系统可以分为三类，如图 10-38 所示。

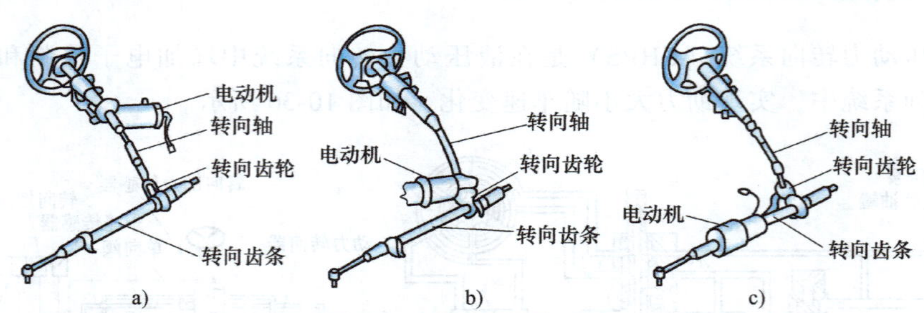

图 10-38 电动助力转向系统的类型

a）转向轴助力式 b）齿轮助力式 c）齿条助力式

1）转向轴助力式：占用空间少，距离驾驶人近，振动噪声大。

2）齿轮助力式：转向助力比较大。

3）齿条助力式：刚度好，传力大，适用于前轴负荷大的汽车。

从结构、原理上看，电动助力转向系统的优点是显而易见的：系统结构精简，质量小，占用空间少；只消耗电力，能耗低；电子系统反应灵敏，动作直接、迅速。不过电动机直接驱动转向机构，只能提供有限的辅助力度，难以在大型车辆上使用；同时电子部件较多，系统稳定性、可靠性都不如机械式部件；路感信息匮乏，实际驾驶中的操控乐趣大大减少，同时成本也较高，这些都是电动助力转向系统的劣势所在。

【任务实施】

一、准备工作

1）循环球式转向器。

2）维修专用工具若干套。

二、实施步骤

1. 从车上拆下转向器

松开转向摇臂轴紧固螺母，在转向摇臂和摇臂轴间做好装配记号，然后用拉拔器从转向

摇臂轴上拉下摇臂，如图 10-39 所示。

2. 分解循环球式转向器

1）拆下放油螺塞，放出转向器内的机油。

2）转动转向螺杆，使转向螺母处于转向螺杆的中间位置，然后拧下转向器侧盖上的紧固螺栓，用橡胶锤（或铜棒）轻轻敲击转向摇臂轴外端，拆下侧盖和转向摇臂轴总成。

3）拧下转向器底盖上的紧固螺栓，用橡胶锤（或铜棒）轻轻敲击转向螺杆上端，拆下底盖和调整垫片，如图 10-40 所示。

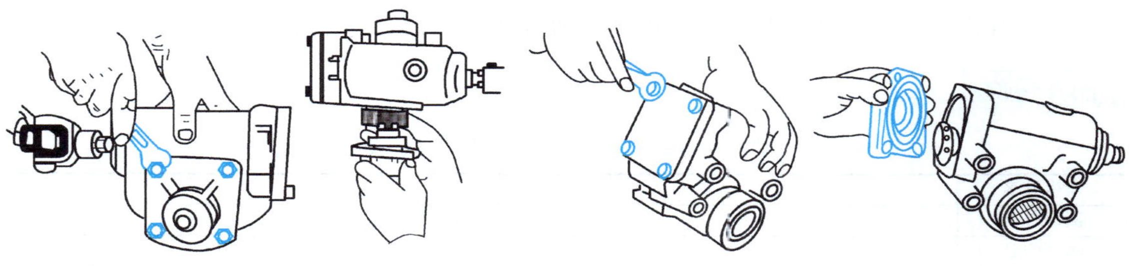

图 10-39　拆卸转向摇臂　　图 10-40　拆下底盖和调整垫片

4）从壳体中取出转向螺杆和转向螺母总成，如图 10-41 所示。

5）转向螺杆与转向螺母总成符合技术要求，无异常情况，尽量不解体转向螺杆与螺母总成。如必须解体时，先拆下导管夹，取下钢球导管，最后握住螺母，慢慢地转动螺杆，取出全部钢球，如图 10-42 所示。

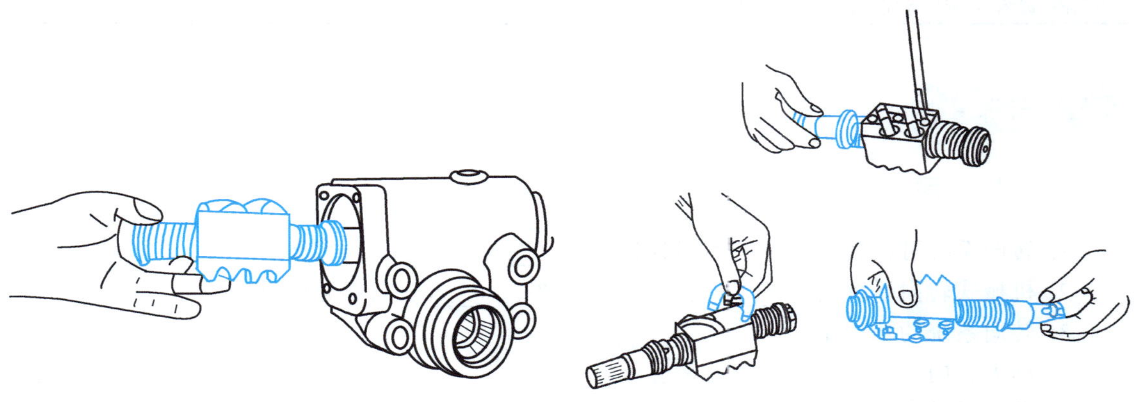

图 10-41　取出转向螺杆和转向螺母总成　　图 10-42　拆下导管夹

3. 循环球式转向器的装配和调整

装配的过程与拆卸的过程相反。

（1）转向螺杆及螺母总成的装复

1）将转向螺母套在螺杆上，并置于螺杆的一端。

2）将钢球放入螺母的滚道孔中，边转动螺杆边放入钢球。

要求：插入导管时，只能使用木槌敲打导管。

3）用螺钉固定导管。检查螺母转动是否灵活。

（2）把装有轴承内圈的转向螺杆及转向螺母总成放入装有轴承外圈的壳体中，再将底盖装到壳体上

1）检查并调整轴承预紧度。

2）涂密封胶，固定底盖。

（3）转向摇臂轴总成的装复

1）把螺母转到中间位置，装入摇臂轴总成，并对称拧紧螺钉。

2）用专用工具装入转向螺杆油封和转向摇臂轴油封。

3）调整齿条和齿扇的啮合间隙。调整螺钉顺时针转动，啮合间隙减小；反之则增大。调整合适后，拧紧调整螺母的锁紧螺母。

（4）加齿轮油　从加油孔加入 0.9L 新的 80W/90 中等负荷齿轮油。

【任务评价】

动力转向系统的结构与拆装训练评价表

学生姓名					
测评日期		测评地点			
测评内容	循环球式转向器的拆装				
考评标准	内容	分值	自评	互评	师评
	循环球式转向器的拆装步骤是否正确	40			
	零部件的认知是否正确	30			
	工具的使用是否正确	30			
合　计		100			
最终得分(自评 30%+互评 30%+师评 40%)					
说明:测评满分为 100 分,60~74 分为及格,75~84 分为良好,85 分以上为优秀。60 分以下的学生,需重新进行知识学习、任务训练,直到任务完成达到合格为止					

【思考与练习】

一、填空题

1. 转向系统可按转向能源的不同分为________和________两大类。
2. 机械式转向系统由________、________和________三大部分组成。
3. 转向系统的功用是____________________。
4. 动力转向系统中，转向加力装置由________、________、________和________组成。
5. 循环球式转向器中一般有两级传动副，第一级是________传动副，第二级是________传动副。
6. 齿轮齿条式转向器传动副的主动件是________，从动件是________。
7. 转向传动机构主要包括________、________、________和________。

二、简答题

1. 转向器有什么作用？目前应用较广泛的有哪几种？
2. 什么是转向盘的自由行程？它有什么作用？过大有什么危害？
3. 简述动力转向系统转向沉重的原因有哪些。
4. 简述机械转向系统的组成及工作原理。

项目11

制动系统

制动系统是汽车中最重要的主动安全系统，紧急事件时，制动系统是否灵敏和车内乘员的生命安全有着直接关系。汽车制动系统的作用是根据需要使汽车减速或在最短距离内停车，以确保行车安全，并在停车后保持良好的驻车性能，尤其是在规定的坡面上停车时不发生滑溜。

【学习目标】

知识目标：

1. 掌握制动系统的组成。
2. 理解制动器的工作原理。
3. 了解制动防滑系统。

技能目标：

1. 通过学习能进行制动器的拆装。
2. 通过学习会识读汽车参数表。

任务1　液压制动系统的认知

【知识准备】

一、制动系统的组成与分类

1. 制动系统的组成

汽车制动系统主要由供能装置、控制装置、传动装置和制动器4部分组成。

1）供能装置：包括供给、调节制动所需能量以及改善传动介质状态的各种部件。

2）控制装置：产生制动动作和控制制动效果的各种部件，如制动踏板。

3）传动装置：包括将制动能量传输到制动器的各个部件，如制动主缸、轮缸。

4）制动器：产生阻碍车辆运动或运动趋势的部件。

此外，经常在山区行驶的汽车以及某些特殊用途的汽车，为了提高行车的安全性和减轻行车制动系统性能的衰退及制动器的磨损，还应装备辅助制动系统，用以在下坡时稳定车速。

2. 制动系统的分类

（1）按制动系统的作用不同　可分为行车制动系统、驻车制动系统、应急制动系统及辅助制动系统等。

用以使行驶中的车辆降低速度甚至停车的制动系统称为行车制动系统；用以使已停驶的车辆驻留原地不动的制动系统称为驻车制动系统；在行车制动系统失效的情况下，保证车辆仍能实现减速或停车的制动系统称为应急制动系统；在行车过程中，能够降低车速或保持车速稳定，但不能将车辆紧急制停的制动系统称为辅助制动系统。上述各制动系统中，行车制动系统和驻车制动系统是每个车辆都必须具备的。

（2）按制动操纵能源不同　可分为人力制动系统、动力制动系统和伺服制动系统等。

以驾驶人的肌体作为唯一制动能源的制动系统称为人力制动系统；完全靠由发动机的动力转化而成的气压或液压形式的势能进行制动的系统称为动力制动系统；兼用人力和发动机动力进行制动的制动系统称为伺服制动系统或助力制动系统。

（3）按制动能量的传输方式不同　可分为机械式、液压式、气压式、电磁式等。同时采用两种以上传输方式的制动系统称为组合式制动系统。

（4）按制动回路的数量不同　可分为单回路制动系统和双回路制动系统。

单回路制动系统的传动装置采用单一的气压或液压回路，当制动系统中有一处漏气（油）时，整个制动系统失效；双回路制动系统的所有行车制动器属于两个彼此隔绝的回路，当其中一个回路失效，还能利用另一回路获得一定的制动力，从而提高汽车制动的可靠性和安全性。

二、制动系统的工作原理

图 11-1 为一种简单的液压制动系统的工作原理示意图。

1. 车轮制动器

车轮制动器主要由旋转部分、固定部分和张开机构组成。旋转部分是制动鼓，它固定在车轮轮毂上，随车轮一起旋转，它的工作面是内圆柱面。固定部分包括制动蹄和制动底板等。制动底板用螺栓与转向节凸缘（前轮）或桥壳凸缘（后轮）固定在一起。在固定不动的制动底板上，有两个支承销，支承着两个弧形制动蹄的下端。制动蹄的外圆面上装有摩擦片，上端用制动蹄复位弹簧拉紧压靠在轮缸活塞上。制动蹄可用液压轮缸（或凸轮）等张开机构使其张开。液压轮缸也安装在制动底板上。

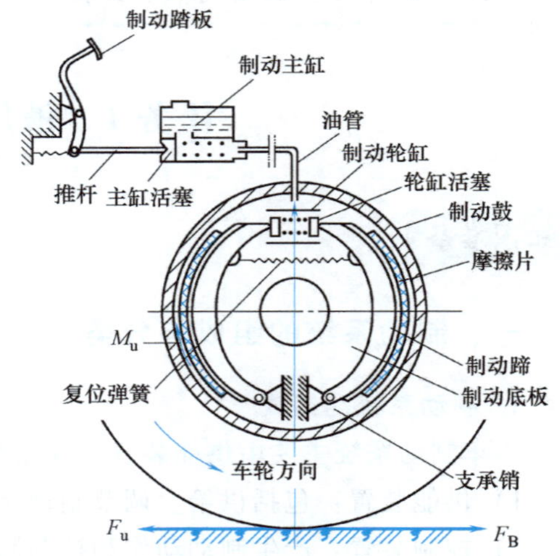

图 11-1　液压制动系统的工作原理示意图

2. 操纵机构

操纵机构主要是制动踏板。

3. 传动机构

传动机构主要由推杆、制动主缸、制动轮缸和油管等组成。装在车架上的制动主缸用油管与制动轮缸相连通。主缸活塞可由驾驶人通过制动踏板来操纵。

4. 制动过程

制动系统不工作时，制动鼓的内圆面与制动蹄摩擦片的外圆面之间保留有一定的间隙，

使制动鼓可以随车轮自由旋转。

5. 工作原理

制动时，踩下制动踏板，推杆便推动主缸活塞，使主缸中的油液以一定压力流入制动轮缸，通过轮缸活塞使两制动蹄的上端向外张开，从而使摩擦片压紧在制动鼓的内圆面上。这样，不旋转的制动蹄就对旋转着的制动鼓产生一个摩擦力矩 M_μ，其作用方向与车轮旋转方向相反，摩擦力矩大小取决于轮缸的张力、摩擦因数和制动鼓及制动蹄的尺寸等。

制动鼓将该力矩 M_μ 传到车轮后，由于车轮与路面间的附着作用，车轮即对路面作用一个向前的周缘力 F_μ，与此同时，路面给车轮作用一个向后的反作用力 F_B，即制动力。制动力 F_B 由车轮经车桥和悬架传递给车架和车身，迫使整个汽车产生一定的减速度。

制动力越大，减速度也越大。当松开制动踏板时，制动蹄复位弹簧即将制动蹄拉回原位，摩擦力矩 M_μ 和制动力 F_B 消失，制动作用即行解除。

制动时车轮上的制动力 F_B 不仅取决于制动力矩 M_μ，还取决于轮胎与路面间的附着条件。如果完全丧失附着，就不会产生制动效果，即车轮停止了转动而被抱死，汽车仍然向前滑移。

6. 对制动系统的要求

1）制动性能好（制动距离小）。评价汽车制动性能的主要指标是制动距离、制动减速度、制动力和制动时间。

小知识

实际使用中，常以制动距离来间接衡量整车的制动性能。如在水平良好路面上车速为30km/h时制动，要求满载轿车和轻型货车的制动距离不大于7m，中型货车不大于8m，重型货车不大于12m。室内测试以汽车制动力的大小来判断汽车的制动性能。

2）制动稳定性好。汽车的前、后轴制动力分配合理，左右轮上制动力矩基本相等，制动时不跑偏和侧滑。

3）操纵轻便。即操纵制动系统所需的力不应过大。对于人力液压制动系统，最大踏板力不大于500N（轿车）和700N（货车）。踏板行程货车不大于150mm，轿车不大于120mm。

4）制动可靠性好。制动系统各零部件工作可靠，应采用双回路系统。制动系统应设有必要的安全设备和报警装置。

5）制动热稳定性好。制动器摩擦片的抗热衰退性能力要高，受热恢复快。

6）制动水稳定性好。摩擦片浸水后恢复摩擦系数的能力要好。

7）对挂车的制动。要求挂车的制动作用略早于主车，挂车自动脱挂时能自动进行应急制动。

三、制动器

制动系统的作用就是让行驶中的汽车按驾驶人的意愿进行减速甚至停车。工作原理就是将汽车的动能通过摩擦转换成热能，常见的制动器主要有鼓式制动器和盘式制动器。

1. 鼓式制动器

鼓式制动器也叫块式制动器，是靠制动块在制动轮上压紧来实现制动的，如图11-2所示。

鼓式制动器按制动蹄的受力情况不同，可分为领从蹄式、双领蹄式（单向作用、双向作用)、双从蹄式、自增力式（单向作用、双向作用）等类型。

将自行增力的一侧制动蹄称为领蹄（与车轮转向相同），自行减力的一侧制动蹄称为从蹄（与车轮转向相反），领蹄的摩擦力矩是从蹄的2~2.5倍，两制动蹄摩擦衬片的磨损程度也就不一样。

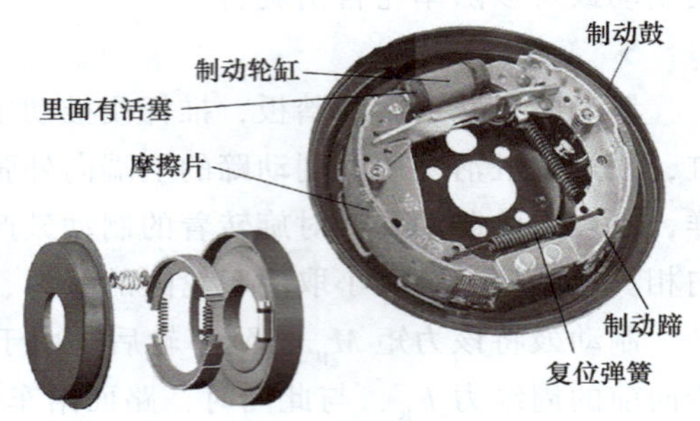

图 11-2　鼓式制动器的结构

(1) 领从蹄式制动器　领从蹄式制动器的结构如图 11-3 所示。

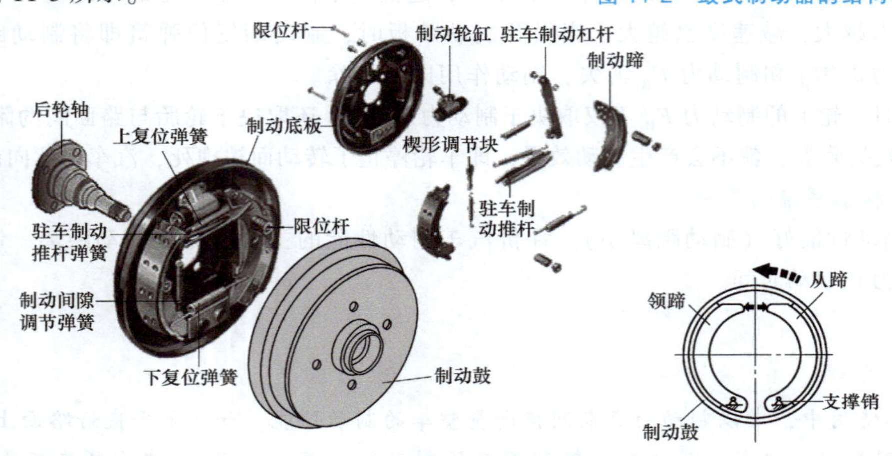

图 11-3　领从蹄式制动器的结构

制动底板固定在后桥壳或前桥转向节凸缘上，在制动底板的下部装有两个偏心的调整螺钉，两个制动蹄的下端有孔，套装在偏心调整螺钉上，并用锁止螺母锁止。制动底板的中部装有两制动蹄托架，以限制制动蹄的轴向位置。制动蹄上端用复位弹簧拉靠在制动轮缸的顶块上。制动蹄的外圆面上，用埋头螺钉铆接着摩擦片。作为制动蹄促动装置的制动轮缸也用螺钉固装在制动底板上。制动鼓固装在车轮轮毂的凸缘上，随车轮一起转动。

领从蹄式制动器制动效能比较稳定，结构简单可靠，便于安装，广泛用作货车的前、后轮制动器和轿车的后轮制动器。

(2) 双领蹄式制动器、双向双领蹄式制动器

1）双领蹄式制动器。汽车前进时两个制动蹄均为领蹄的制动器称为双领蹄式制动器。双领蹄式制动器的结构特点是，每一制动蹄都用一个单活塞制动轮缸促动，固定元件的结构布置是中心对称式，如图 11-4 所示。

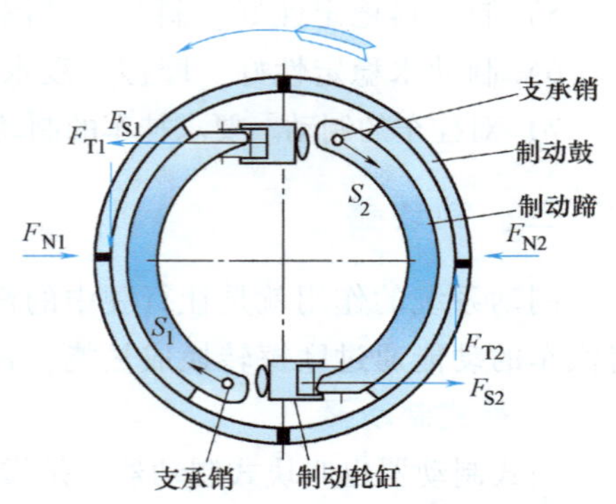

图 11-4　双领蹄式制动器的结构

两制动蹄各用一个单活塞式制动轮缸促动，且两套制动蹄、制动轮缸、支承销等在制动底板上的布置是中心对称的，以代替领从蹄式制动器中的轴对称布置。

等直径的两个制动轮缸可借油管连通，使其中油压相等。这样，在汽车前进时，两制动蹄均为领蹄；

但在倒车时，两制动蹄均变为从蹄。

由此可见，这种双领蹄式制动器具有单向作用，在前进时制动效能好，倒车时制动效能大大下降，且不便安装驻车制动器，故一般不用作后轮制动器；但两制动蹄片受力相同，磨损均匀，且制动蹄片作用于制动鼓的力量是平衡的，即单向作用双领蹄制动器属于平衡式制动器。

若将装有双领蹄式制动器的汽车左、右两侧车轮制动器对调安装，便成为在制动鼓正向旋转时两制动蹄均为从蹄的双从蹄式制动器。显然，双从蹄式制动器前进时制动效能低于领从蹄式制动器和双领蹄式制动器，但其制动效能对摩擦因数变化的敏感程度较小，即具有良好的制动效能稳定性，只在少数保证制动可靠性的高级轿车上采用。

2）双向双领蹄式制动器。双向双领蹄式制动器使用了两个双活塞轮缸，无论汽车前进还是倒车，都是双领蹄式制动器，如图 11-5 所示。

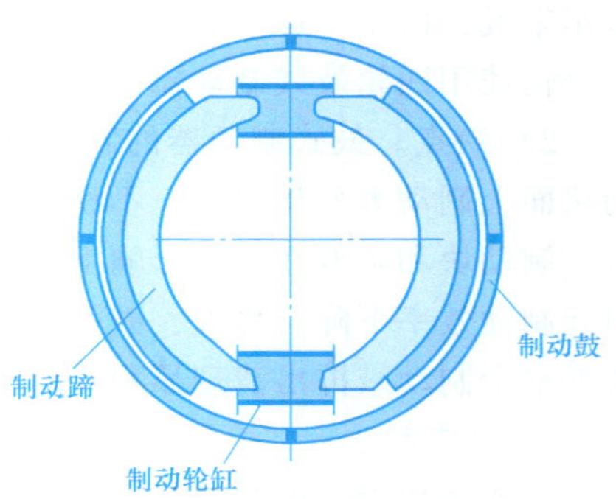

图 11-5　双向双领蹄式制动器的结构

（3）自增力式制动器　自增力式制动器可分为单向自增力式和双向自增力式两种，在结构上只是制动轮缸中的活塞数目不同而已。单向自增力式制动器只在汽车前进时起自增力作用，使用单活塞制动轮缸；双向自增力式制动器在汽车前进或倒车制动时都能起自增力作用，使用双活塞制动轮缸。

自增力式制动器的增力原理是利用可调顶杆体浮动铰接的制动蹄来代替固定的偏心销式制动蹄，利用前蹄的助势推动后蹄，使总的摩擦力矩得以增大，起到自动增力的作用。

1）图 11-6 所示为单向自增力式制动器的结构。第一制动蹄和第二制动蹄的上端被各自的制动蹄复位弹簧拉拢，并以铆于腹板上端两侧的夹板的内凹弧面支靠着支承销。两制动蹄下端以凹入的平面分别浮动支承在可调顶杆体两端的直槽底面上，并用拉紧弹簧拉紧。

2）图 11-7 所示为双向自增力式制动器的结构。制动蹄的上端两侧铆有夹板，用前后蹄复位弹簧将夹板拉靠在支承销上，两制动蹄的下端由拉紧弹簧拉靠在可调顶杆体两端直槽的底平面上，可调顶杆体是浮动的。制动轮缸处于支承销稍下的位置。

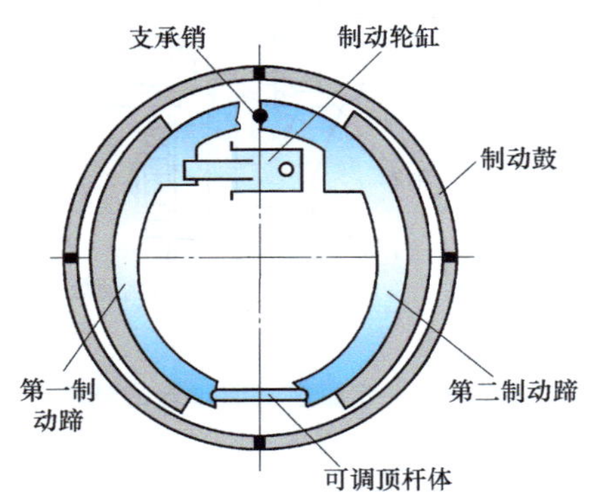

图 11-6　单向自增力式制动器的结构

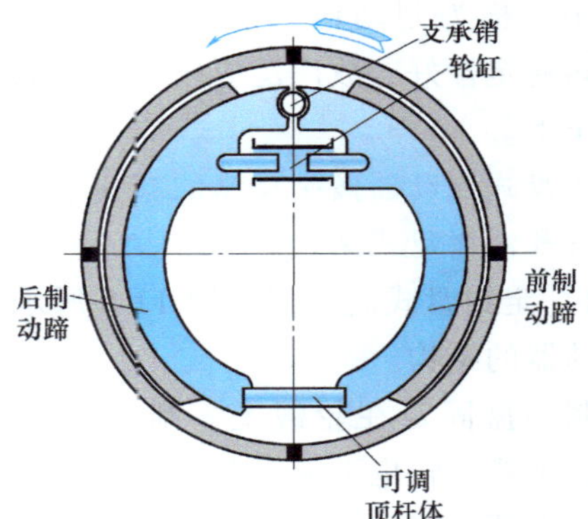

图 11-7　双向自增力式制动器的结构

在基本结构参数和制动轮缸工作压力相同的条件下，自增力式制动器由于对摩擦助势作用的利用，制动效能最好，但其制动效能对摩擦因数的依赖性最大，因而其稳定性最差。

此外，在制动过程中自增力式制动器制动力矩的增长在某些情况下显得过于急速。因此，单向自增力式制动器只用于中、轻型汽车的前轮，而双向自增力式制动器由于可兼作驻车制动器而广泛用于轿车后轮。

几种鼓式制动器制动效能比较，自增力式>双领蹄式>领从蹄式，制动稳定性相反。

(4) 鼓式制动器的优缺点

1) 优点。鼓式制动器造价便宜，而且符合传统设计。四轮轿车在制动过程中，由于惯性的作用，前轮的负荷通常占汽车全部负荷的70%~80%，前轮制动力要比后轮大，后轮起辅助制动作用，因此轿车生产厂家为了节省成本，就采用前盘后鼓的制动方式。不过对于重型车来说，由于车速一般不是很高，制动蹄的耐用程度也比盘式制动器高，因此许多重型车至今仍使用四轮鼓式制动器的设计。

2) 缺点。鼓式制动器的制动效能和散热性较差，鼓式制动器的制动力稳定性差，在不同路面上制动力变化很大，不易于掌控。而由于散热性能差，在制动过程中会聚集大量的热量。制动块和轮鼓在高温影响下较易发生极为复杂的变形，容易产生制动衰退和振抖现象，引起制动效率下降。另外，鼓式制动器在使用一段时间后，要定期调校制动蹄的空隙，甚至要把整个制动鼓拆出清理累积在内的制动粉。

2. 盘式制动器

盘式制动器是由摩擦衬块从两侧夹紧与车轮共同旋转的制动器后而产生制动效能。制动器的旋转元件是金属盘，称为制动盘。固定元件则有多种结构形式，大体上可将盘式制动器分为钳盘式和全盘式两类。

盘式制动器散热快、重量轻、构造简单、调整方便。特别是高负载时耐高温性能好，制动效果稳定，而且不怕泥水侵袭。盘式制动器已广泛应用于轿车，现在大部分轿车用于全部车轮，少数轿车只用作前轮制动器，与后轮的鼓式制动器配合，以使汽车有较高的制动时的方向稳定性。在商用车中，目前盘式制动器在新车型及高端车型中逐渐被采用。

(1) 钳盘式制动器　在钳盘式制动器中，由工作面积不大的制动块与其金属背板组成制动块。每个制动器中一般有2~4块。这些制动块及其促动装置都装在横跨制动盘两侧的夹钳形支架中，称为制动钳。钳盘式制动器散热能力强，热稳定性好，故广泛应用于大多数轿车和轻型货车上。

钳盘式制动器按制动钳的结构形式可分为定钳盘式和浮钳盘式两种。

1) 定钳盘式制动器。图11-8所示为定钳盘式制动器的结构。

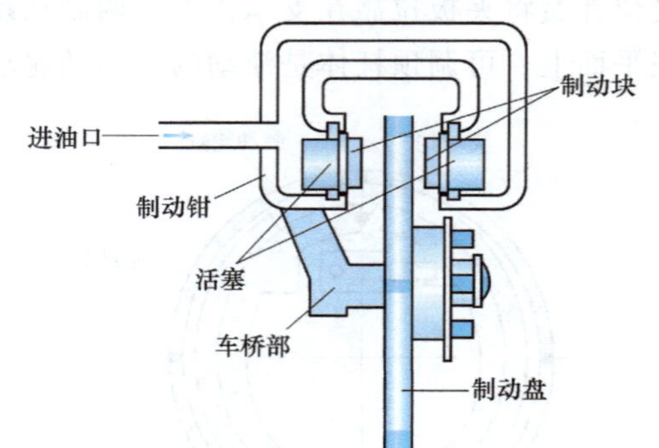

图11-8　定钳盘式制动器的结构

制动盘固定在轮毂上，制动钳固定在车桥上，既不能旋转也不能沿制动盘轴向移动。制动钳内装有两个制动轮缸活塞，分别压住制动盘两侧的制动块。

当驾驶人踩下制动踏板使汽车制动时，来自制动主缸的制动液被压入制动轮缸，制动轮缸的液压上升，两轮缸活塞在液压作用下移向制动盘，将制动块压靠到制动盘上，制动块夹紧制动盘，产生阻止车轮转动的摩擦力矩，实现制动，如图11-9所示。

2）浮钳盘式制动器。浮钳盘式制动器的制动钳是浮动的，可以相对于制动盘轴向移动，如图 11-10 所示。

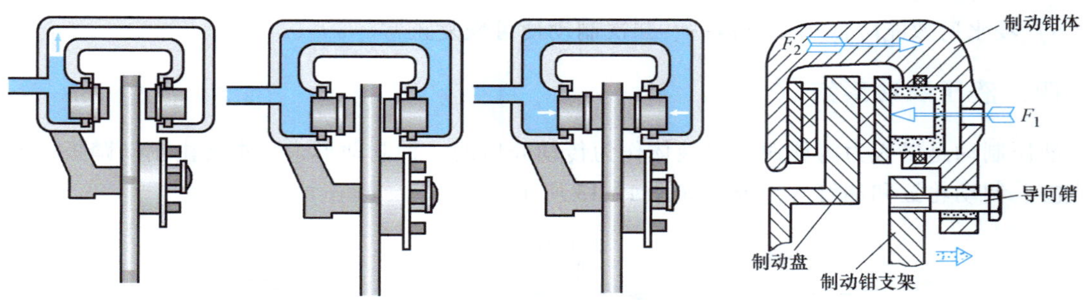

图 11-9 定钳盘式制动器的工作原理

图 11-10 浮钳盘式制动器的结构

制动钳一般设计成可以相对于制动盘轴向移动。在制动盘的内侧设有液压油缸，外侧的固定制动块附装在钳体上。

制动时，制动液被压入油缸中，在液压作用下活塞向左移动，推动活动制动块也向左移动并压靠到制动盘上，于是制动盘给活塞一个向右的反作用力，使活塞连同制动钳体整体沿导向销向右移动，直到制动盘左侧的固定制动块也压到制动盘上。这时两侧制动块都压在制动盘上，制动块夹紧制动盘，产生阻止车轮转动的摩擦力矩，实现制动，如图 11-11 所示。

（2）全盘式制动器 在重型载货汽车上，要求有更大的制动力，为此采用全盘式制动器。全盘式制动器摩擦副的固定元件和旋转元件都是圆盘形的，分别称为固定盘和旋转盘。制动盘的全部工作面可同时与摩擦片接触，其结构原理与摩擦离合器相似，如图 11-12 所示。

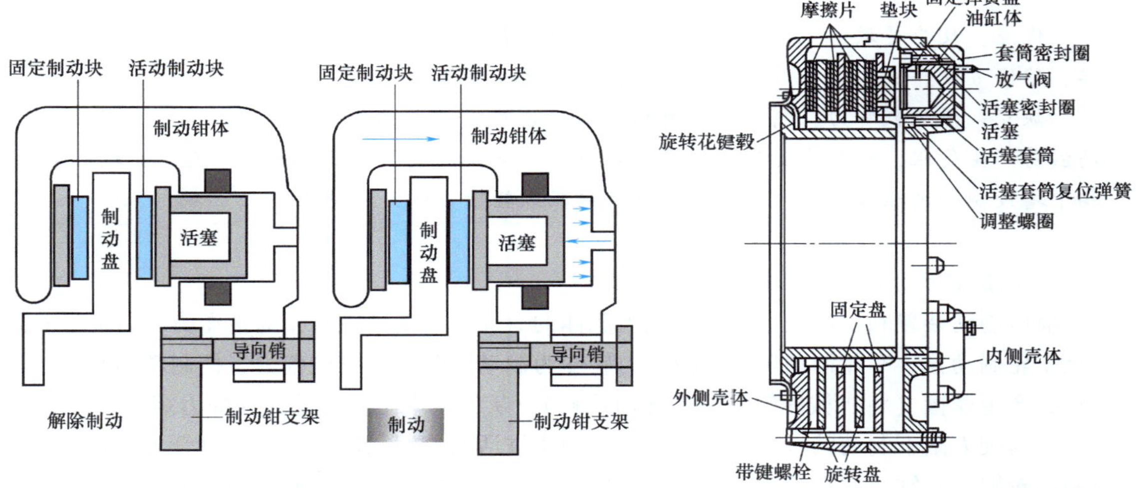

图 11-11 浮钳盘式制动器的工作原理

图 11-12 全盘式制动器的工作原理

3. 盘式制动器的优点

1）盘式制动器工作表面为平面且两面传热，圆盘旋转容易冷却，不易发生较大变形。

2）无助势作用，制动器效能受摩擦系数影响小，制动性能较为稳定。

3）制动盘沿厚度方向热膨胀量小，即使长时间使用后制动盘因高温膨胀，也会使制动作用增强。

4）尺寸和质量小。

5）容易实现自动调整间隙，维修简便。

6）浸水后效能降低小，只需一、二次制动便可恢复正常。

四、液压制动系统

液压制动是以人力为能源，以液体作为传动介质的一种制动形式。主要由制动踏板、制动主缸、制动轮缸和油管等组成，如图 11-13 所示。

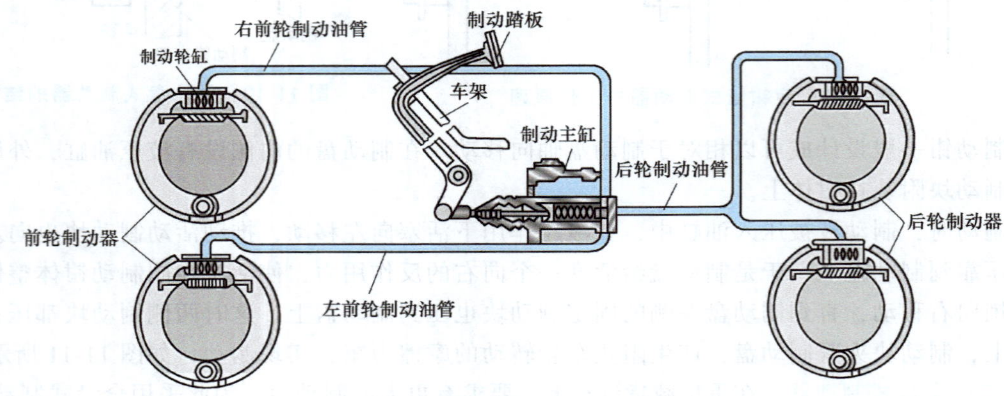

图 11-13　液压制动系统的组成

小知识

优点：反应灵敏，基本无滞后，随动性好；制动柔和，行驶平稳；节约能源；结构简单、维修方便、成本低；非簧载质量轻，行驶舒适性好、使用方便。

缺点：操纵较费力，制动力矩有限，不适合载重量大的车辆；液压油低温流动性差，高温易产生气阻，如有空气侵入或漏油会降低制动效能甚至失效；通常在液压制动传动机构中增设制动增压或助力装置，使制动系统操纵轻便并增大制动力。

1. 液压制动系统的工作原理

液压制动装置利用液压油，将驾驶人肌体的力通过制动踏板转换为液压力，再通过管路传至车轮制动器，车轮制动器再将液压力转变为制动蹄张开的机械推力，使制动蹄摩擦片与制动鼓产生摩擦（将机械能转换成热能而消耗），从而产生阻止车轮转动的力矩。

当驾驶人踏下制动踏板时，推杆推动制动主缸活塞使制动液升压，通过管道将液压力传至制动轮缸，轮缸活塞在制动液挤压的作用下将制动蹄摩擦片压紧制动鼓形成制动，根据驾驶人施加于踏板力矩的大小，使车轮减速或停车。

当驾驶人放开踏板，制动蹄和分泵活塞在复位弹簧的作用下回位，制动液压回到总泵，制动解除。

2. 液压制动回路的类型

（1）单回路液压制动　单管路是利用一个制动主缸，通过一套相互连通的管路，控制全车制动器。若传动装置中一处漏油，会使整个制动系统失效。目前，一般汽车上已很少采

用，如图 11-14 所示。

(2) 双回路液压制动　双回路液压制动系统利用相互独立的双腔制动主缸，通过两套独立管路，分别控制两桥的制动器。其特点是若其中一套管路发生故障而失效时，另一套管路仍能继续起制动作用，从而提高了汽车制动的可靠性和行车安全性。

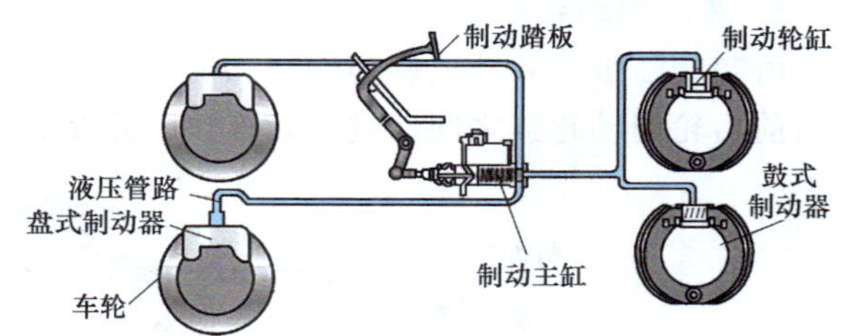

图 11-14　单回路液压制动系统的组成

1) 两桥制动器独立制动。由双腔主缸通过两套（一轴对一轴）独立管路分别控制车轮制动器，如图 11-15 所示。它主要用于对后轮制动依赖性较大的发动机后置后轮驱动的汽车。

当一套管路失效时，另一套管路仍能保持一定的制动效能，制动效能低于正常时的 50%。

制动时，踩下制动踏板，推杆推动双腔制动主缸的主缸前、后活塞前移，使主缸前、后腔油压升高，制动液分别同时流至前、后车轮制动轮缸。轮缸的活塞在制动液压力的作用下，向外移动，进而推动制动蹄张开压向制动鼓产生制动效能。

当松开制动踏板时，制动蹄和轮缸活塞在复位弹簧作用下，各自回位，并将制动液压回制动主缸，从而解除制动。

2) 前后制动器对角独立制动。该装置由双腔制动主缸，两套独立（交叉）管路分别控制车轮制动器，如图 11-16 和图 11-17 所示，它主要用于对前轮制动力依赖性较大的发动机前置前轮驱动的汽车。

当一套管路失效时，另一套管路使对角制动器保持一定的制动效能，为正常时的 50%。

当制动系统中任一回路失效，剩余制动力仍能保持正常总制动力的 50%。当汽车在高速状态不被制动时，均能保证后轮不抱死或者前轮比后轮先抱死，避免制动时后轮失去侧向附着力，造成汽车失控，确保行车安全。

3) 同一制动器两个轮缸独立制动。当一套管路失效时，另一套管路仍能使前、后制动器保持一定的制动效能，为正常时的 50%，如图 11-18 所示。

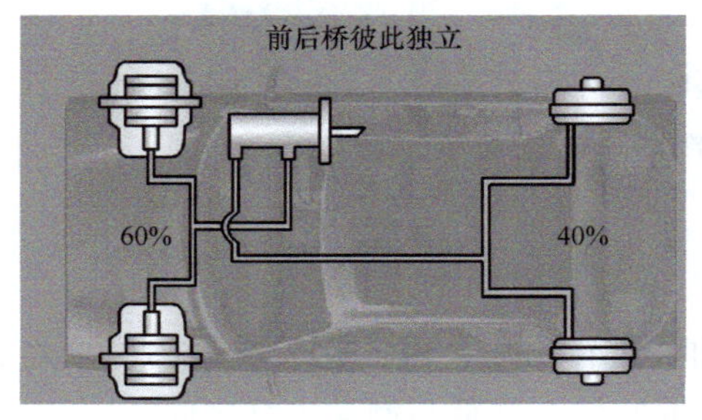

图 11-15　两桥制动器独立制动

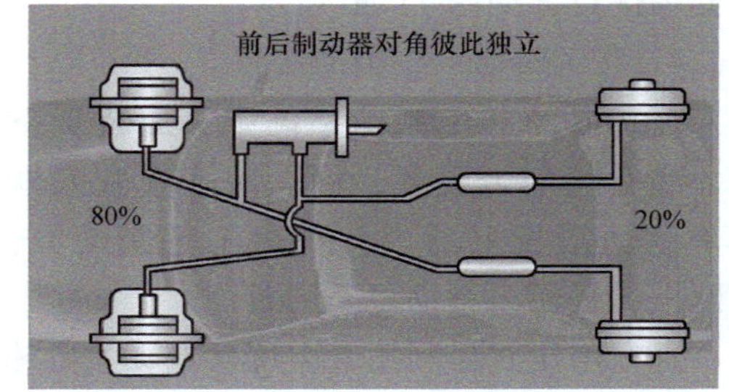

图 11-16　前后制动器对角独立制动

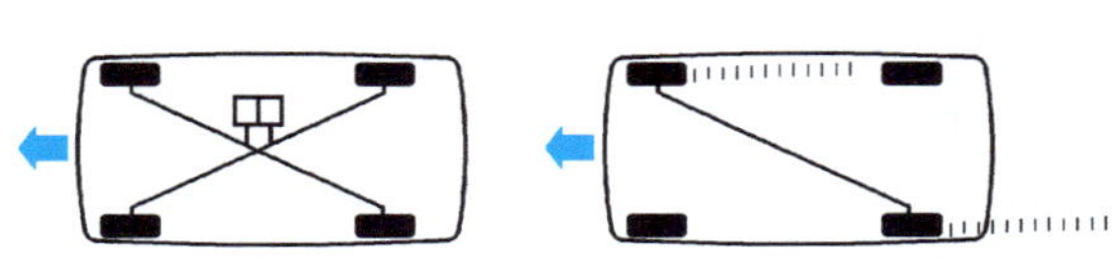

图 11-17　交叉式管路制动系统，一管路制动失效

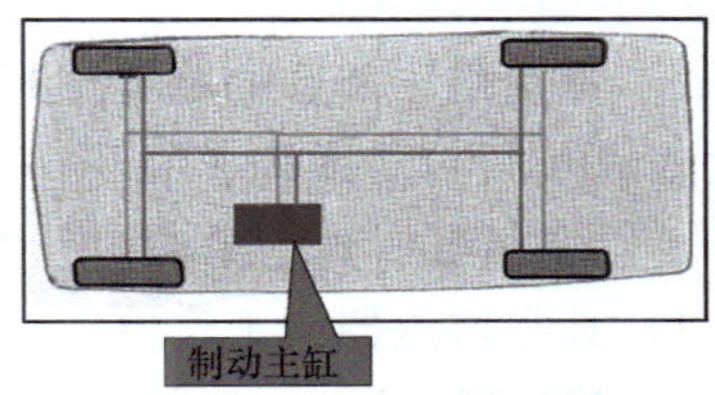

图 11-18　同一制动器两个轮缸独立制动

3. 液压制动系统的组成

由制动踏板、双腔式制动主缸和前后车轮制动器以及油管等组成。制动主缸的前后腔分别与前后轮制动轮缸之间通过油管连接，并充满液压油，如图 11-19 所示。

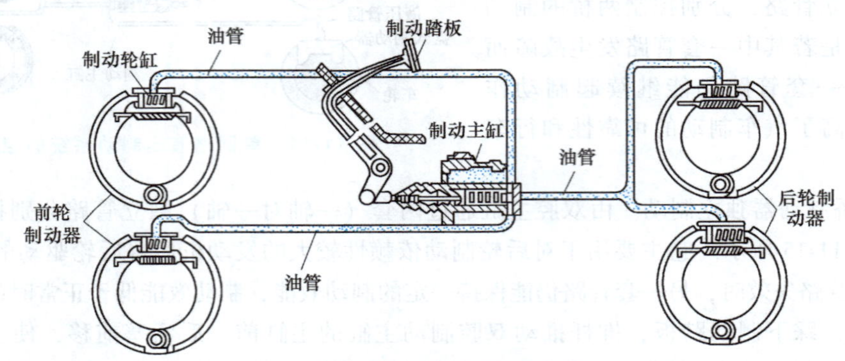

图 11-19　液压制动系统的组成

1）制动主缸。制动主缸的作用是将制动踏板机械能转换成液压能。双管路液压制动传动装置中的制动主缸一般采用串联双腔制动主缸。

2）鼓式制动器制动轮缸。鼓式制动器制动轮缸的作用是将主缸传来的液压力转变为使制动蹄张开的机械推力。

3）盘式制动器分泵。盘式制动器分泵按活塞数量分有单活塞式、双活塞式和四活塞式；按制动器形式分有单面活塞式和双面活塞式，单面活塞用于浮钳式制动器，双面活塞用于定钳式制动器。

盘式制动器都有间隙自调功能，也有另外设置自调装置的。盘式制动器分泵具有结构简单、紧凑、安装、维修方便和导热低等优点，如图 11-20 所示。

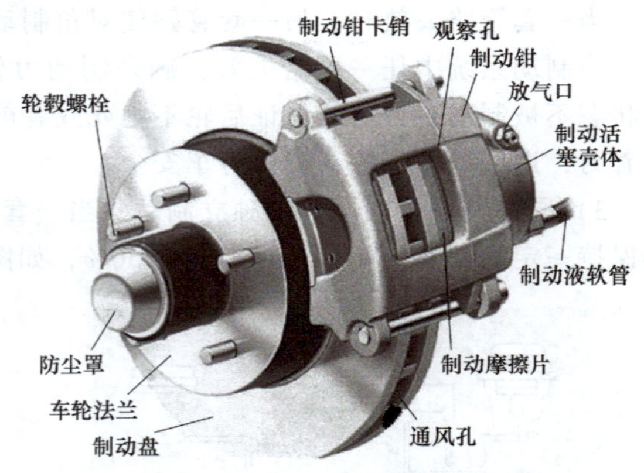

图 11-20　盘式制动器

4. 液压制动系统辅助装置

在普通的液压制动系统中，加装真空加力或空气加力装置，可以减轻驾驶人施加于制动踏板上的力，增加车轮制动力，达到操纵轻便、制动可靠的目的。

真空增压式是利用真空度对制动主缸输出的油液进行增压，因此它装在制动主缸之后；真空助力式是利用真空度对制动踏板进行助力，因此它装在踏板与制动主缸之间。

（1）真空增压器

1）真空增压装置的基本组成和布置。图 11-21 所示为一种真空增压式液压制动系统。它比普通液压制动系统多装了一套真空增压系统，其中包括：辅助缸、控制阀、进气滤清器、真空增压器、真空单向阀、真空罐和真空管道等装置。

2）真空增压器的工作原理。真空增压器的作用是把发动机进气产生的真空度与大气压力差转变为机械推力，将制动主缸输出的油液进行增压后输入轮缸，增大制动力，减轻了操

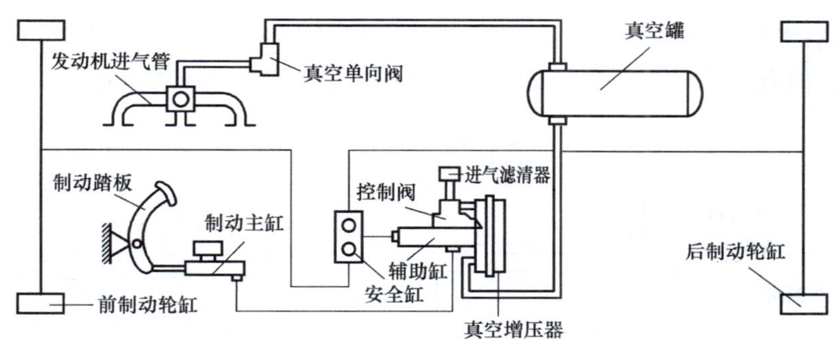

图 11-21 真空增压式液压制动系统

纵力。真空增压器主要由辅助缸、控制阀、加气室三部分组成。真空增压器的工作原理如图 11-22 所示。

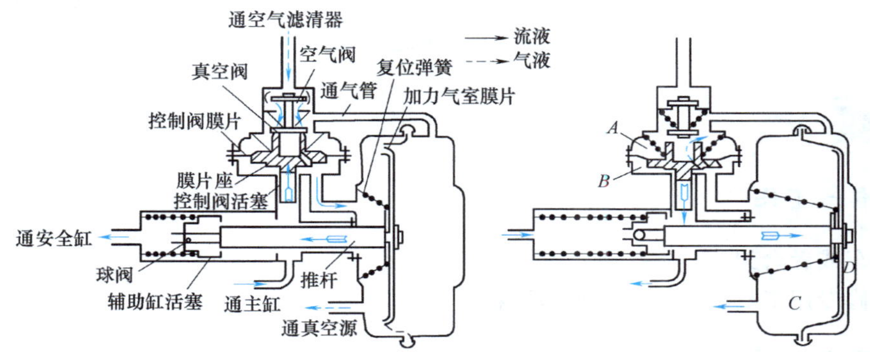

图 11-22 真空增压器的工作原理

(2) 真空助力器 真空助力器是利用真空能（负气压能）对制动踏板进行助力的装置，对其控制是利用踏板机构直接操纵的。真空助力式液压制动传动装置主要由伺服气室、主缸推杆、控制阀、控制阀推杆等组成。

真空助力器的工作原理：踏下制动踏板，推杆复位弹簧被压缩，控制阀推杆前移。当控制阀膜片座与真空阀座相接触时，真空阀口关闭，如图 11-23 所示。

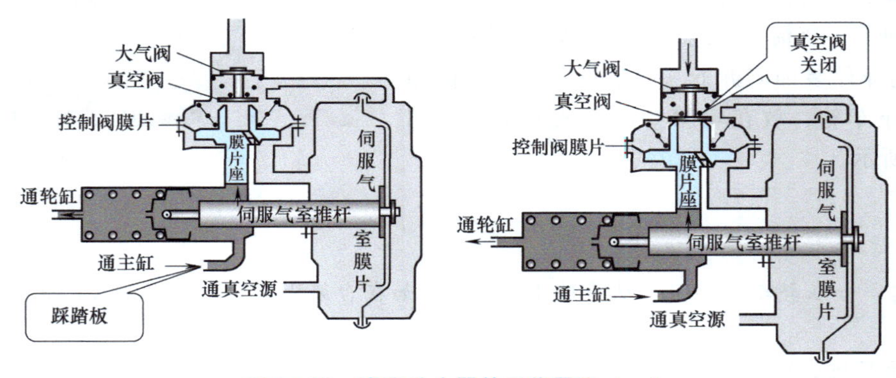

图 11-23 真空助力器的工作原理（一）

控制阀推杆继续前移，大气阀将开启。外界空气经滤气后通过打开的空气阀进入助力器的应用气室（右气室），伺服力产生。当达到最大伺服力时，即应用气室真空度为零（一个标准大气压），伺服力将成为一个常量，不再发生变化，如图 11-24 所示。

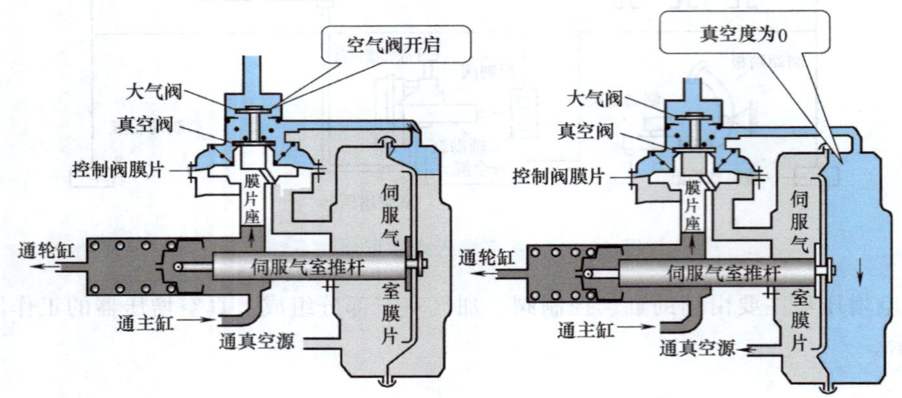

图 11-24　真空助力器的工作原理（二）

【任务实施】

一、准备工作

1）整车或者台架。

2）维修专用工具若干套、多媒体资料。

二、实施步骤

盘式制动器的拆装如下。

1）车辆进入工位前，学生将工位卫生清理干净，排除障碍物，准备好相关的工具、物品、耗材等。

2）将车辆停放在举升机的中央位置，拉紧驻车制动装置，并将变速器置于空档，分别将转向盘套、变速杆套、座椅套、地板垫进行安装、铺设。

3）将车轮装饰罩拆下，用车轮专用套筒拆卸螺母，取下车轮，放在轮胎专用车或架子上，如图 11-25 所示。

图 11-25　拆卸车轮

小提示

注意：如在整车上学习，从步骤 1）开始，如在台架上实习，从步骤 4）开始。

4）拆下制动蹄上、下防振弹簧（保持弹簧），并放好。

5）用接头和棘轮扳手拆下制动分泵定位螺栓，如图 11-26 所示，取下制动钳分泵，并挂好。

6）从支架上拆下两制动蹄，注意做好记号，放好。

7）把制动钳活塞压回到制动钳壳体内。在压回活塞之前，应先将储油罐中的制动液抽出一部分，以免活塞回压时，引起制动液外溢，损坏车身油漆（或者用撬具插入制动蹄与制动盘的缝隙中，撬动制动蹄，使之离开制动盘）。

8）拆下制动钳固定支架及制动盘与轮毂的固定螺栓，如图 11-27 所示，取下制动钳固定支架和制动盘。

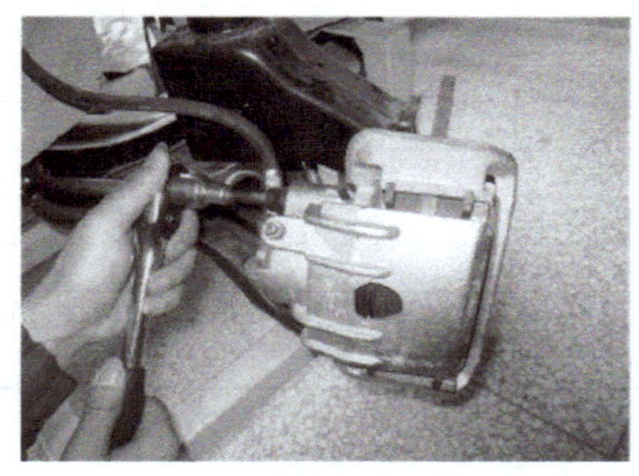

图 11-26　拆下制动分泵定位螺栓

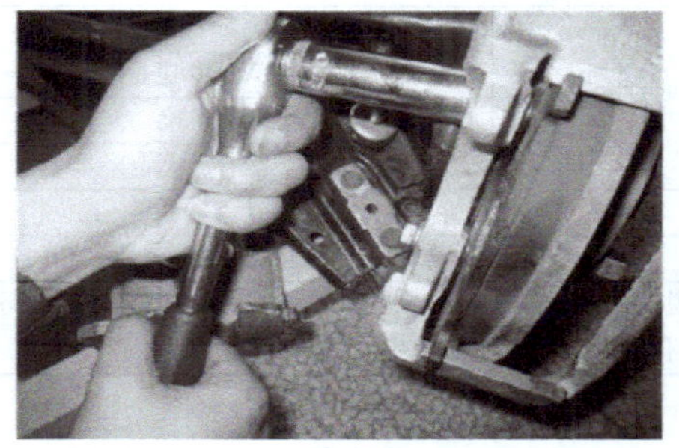

图 11-27　拆卸制动钳固定支架固定螺栓

9）检查制动盘外观是否有裂纹、不平现象（端面圆跳动不超过 0. 06mm，制动盘正常厚度为 20mm，极限为 17. 8mm）；检查摩擦片厚度（如厚度小于 7mm，必须更换），检查制动活塞和缸筒间隙（如间隙大于 0. 15mm 时必须更换制动钳总成）。

10）前轮制动器的清洁：用抹布清洁所有零部件表面，如图 11-28 所示。

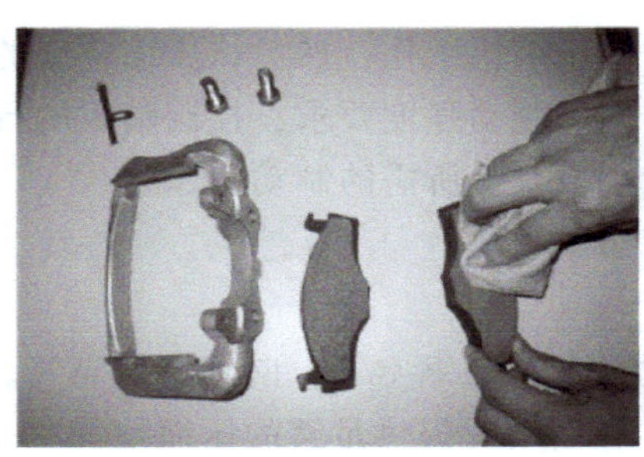

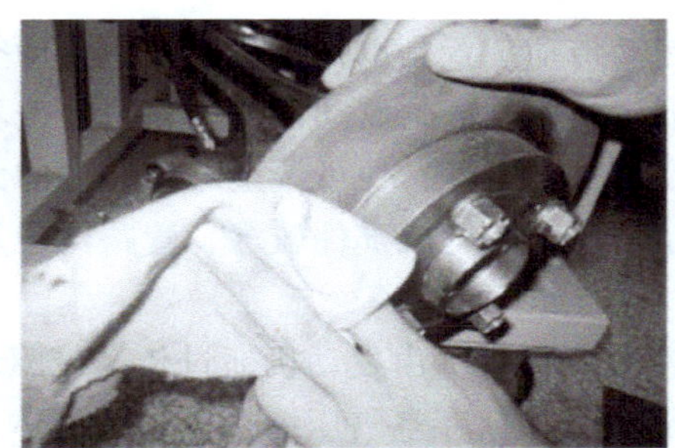

图 11-28　清洁零部件表面

11）用细砂纸打磨摩擦表面，如图 11-29 所示。

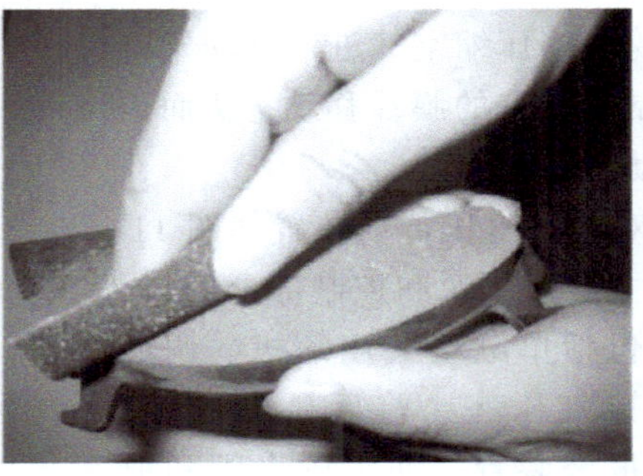

图 11-29　用细砂纸打磨

12）各零部件如没有损伤（检修可参见相应的内容），按拆卸的相反顺序进行安装。

【任务评价】

液压制动系统的认知训练评价表

学生姓名					
测评日期		测评地点			
测评内容	盘式制动器的拆装				
考评标准	内容	分值	自评	互评	师评
	盘式制动器的拆装步骤是否正确	40			
	零部件的认知是否正确	30			
	工具的使用是否正确	30			
合　计		100			
最终得分(自评 30%+互评 30%+师评 40%)					
说明:测评满分为 100 分,60~74 分为及格,75~84 分为良好,85 分以上为优秀。60 分以下的学生,需重新进行知识学习、任务训练,直到任务完成达到合格为止					

任务 2　气压制动及驻车制动系统的认知

【知识准备】

一、气压制动系统

气压制动传动装置是以发动机的动力驱动空气压缩机工作，然后将压缩空气的压力转变为机械推力，使车轮产生制动。驾驶人只需按不同的制动强度要求，控制踏板的行程，释放出不同数量的压缩空气，便可调整气体压力的大小来获得所需的制动力。

气压制动系统的组成部件较多，管路比较复杂，主要由空气压缩机、储气筒、制动控制阀和制动气室等组成。

(1) 空气压缩机　由发动机通过传送带驱动，产生压缩空气，向储气筒充气。

(2) 储气筒　储存空气压缩机产生的气体，在制动时提供足够的压缩空气。

(3) 制动控制阀　在气压制动中，驾驶人踩制动踏板时控制的是制动控制阀，由制动控制阀控制进入制动气室的气压。

(4) 制动气室　制动气室安装在车轮制动器旁，当压缩空气进入制动气室时，推动制动气室的膜片移动，从而控制车轮制动器实现制动。

汽车双回路气压传动装置如图 11-30 所示，主要由气源和控制部分组成，气源部分包括单缸空气压缩机、调压装置、双针气压表、前后桥储气筒、气压过低报警装置、油水放出阀和取气阀、安全阀等部件。控制装置包括制动踏板、拉杆、并列双腔制动阀等。

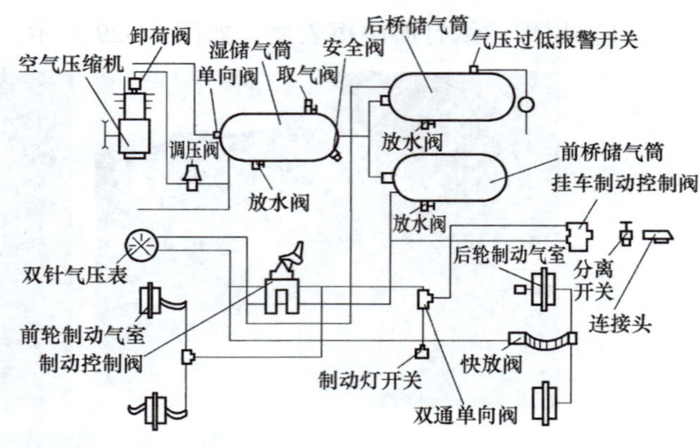

图 11-30　汽车双回路气压传动装置

二、空气压缩机及调压阀

1. 空气压缩机

空气压缩机的作用是产生压缩空气，是整个制动系统的动力源。最常见的结构是空气冷却往复活塞式空气压缩机，它与往复活塞式发动机结构相似。空气压缩机按其气缸的数量可分为单缸和双缸两种。空气压缩机固定在发动机一侧的支架上，由曲轴带轮通过 V 带驱动，如图 11-31 所示。

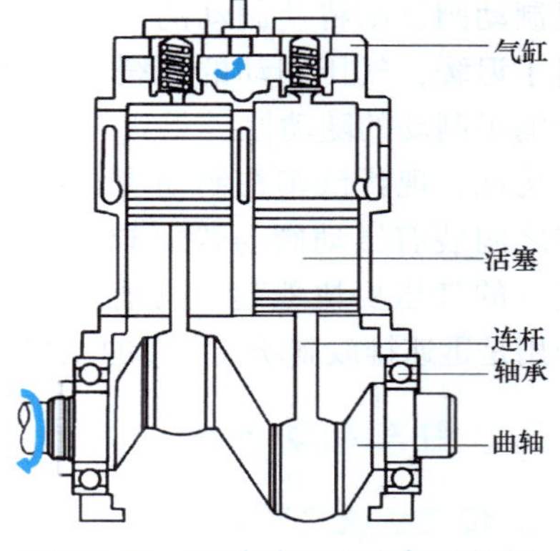

图 11-31　风冷式双缸空气压缩机

发动机运转时，空气压缩机随之运转。当活塞下行时，吸开进气阀门，外界空气进入气缸。活塞上行时，进气阀关闭，气缸内空气被压缩并顶开出气阀门，压缩空气经出气口和气管送到湿储气筒。储气筒内的气压达到 700~740kPa 时，卸荷柱塞顶开进气阀，使空气压缩机气缸与大气相通不再泵气，卸掉活塞上的载荷，减少了发动机的功率损失。

2. 调压器

调压器的作用是使储气筒保持在规定的气压范围内，并在超过规定气压后，实现空气压缩机的卸荷空转，以减少发动机的功率消耗，如图 11-32 所示。

调压器在回路中的连接方法有两种。

1）将调压器与空气压缩机和储气筒并联，当系统内的压力达到规定值时，调压器将空气压缩机的进气阀开启，卸荷空转。

2）将调压器串联在空气压缩机和储气筒之间，当系统的空气压力达到规定值时，调压器将多余的压缩空气直接排入大气，使空气压缩机卸荷空转。这种方式浪费发动机功率，采用较少。

图 11-32　调压器的工作情况

3. 油水分离器

油水分离器的作用是将压缩空气中所含的水分和机油分离开来，以免腐蚀气筒及回路中的橡胶件。

4. 双腔制动控制阀

双腔制动控制阀的作用是控制制动气室的工作气压，使车速在驾驶人的控制范围，确保制动的稳定、可靠、安全。

踩下制动踏板时，储气筒内的压缩空气经制动阀制动气室，制动蹄压向制动鼓，产生制动作用。

三、制动气室

制动气室的作用是把储气筒经过控制阀送来的压缩空气的压力转变为转动凸轮的机械力，使车轮制动器产生摩擦力矩，制动气室分为膜片式（图 11-33）和活塞式两种。

四、继动阀和快放阀

反应迟缓是气压制动的一大弱点，如果制动气室的充气与放气都要经过制动阀，则将使制动的产生与解除过于迟缓，气压制动的迟缓性更严重影响了制动的随动性。

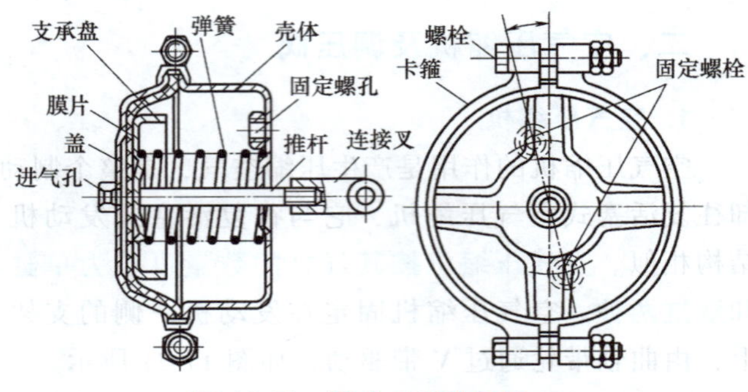

图 11-33　膜片式制动气室

为此，现代汽车在制动阀与制动气室之间装有继动阀与快放阀，使制动气室的气压更快地建立与消除。它的作用是迅速排放制动气室中的压缩空气，以便迅速解除制动。

五、驻车制动系统

1. 传统机械式驻车制动

传统机械式驻车制动由制动杆、拉索、制动机构和复位弹簧等组成，作用于传动轴或者后轮制动，达到稳定车辆的目的，如图 11-34 所示。传统机械式驻车制动采用钢丝拉索来控制制动器，这种制动原理有点类似于自行车制动，只不过汽车上的机械式驻车制动的拉索要先控制液压和气压系统，再控制制动蹄。

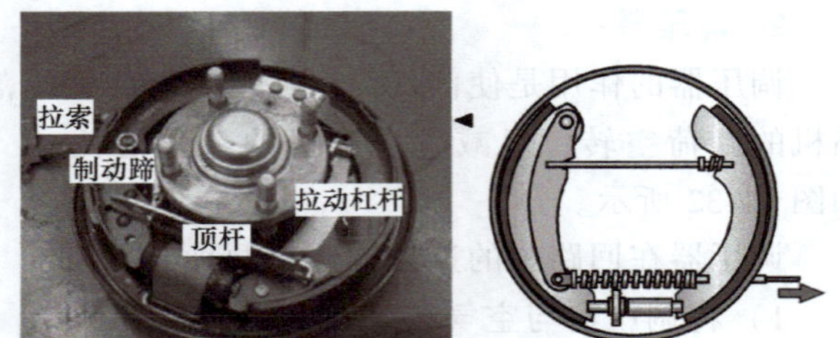

图 11-34　驻车制动系统鼓式制动器

机械式驻车制动是一种最为直接的驻车制动形式，优点是技术成熟、成本低廉、容易操作，同时在保证安全驾驶的前提下，也能适当增加驾驶乐趣。但同时缺点也非常明显，由于采用拉索来进行控制，所以长期使用会使拉索有一定程度的松动和变形，需要经常维护。部分车型的驻车制动比较紧，力量较小的女士不易操作。

2. 脚踏板制动

脚踏板制动和驻车制动本质上是一样的，左脚将踏板踩到底便可完成驻车，再踩一下松开即可释放。用脚踏板来控制，比较常见的是出现在 B 级车型上，如图 11-35 所示。

现在大多数乘用车都采用四轮盘式制动器，其驻车制动机构就集成在后轮盘式制动器上，如图 11-36 所示。

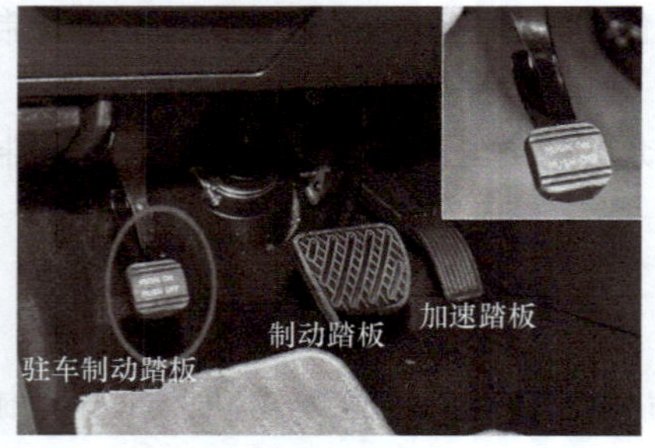

图 11-35　脚制动

图 11-36　盘式制动器驻车制动

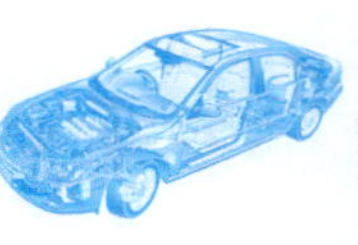

有些超级跑车的后制动盘上有两个卡钳，行车制动器和驻车制动器是分开的，因此有两个制动卡钳，两个卡钳共用一个制动盘，各自独立作用，如图 11-37 所示。

3. 电子驻车制动（EPB）

现在共有两种类型电子驻车制动。其中一种电子驻车制动是通过一个开关控制一个电动机带动卷线器，通过拉紧拉索来锁紧后轮。这与传统机械式驻车制动的原理基本相同，只是将机械手柄换成了电子按钮，而且后轮无论是卡钳驻车还是鼓式驻车都同样适用，还容易布置，但缺点是功能过于单一，如今已基本被淘汰或应用在一些低端车型上。

还有一种电子驻车制动是采用集成式卡钳，即将电动机直接集成在制动卡钳上，不再用拉索机构，常规行车制动时采用液压制动，而驻车制动时采用电动机制动。从原理上来看，这种形式需要有一套电子线路来介入后轮制动系统，结构相对复杂，但十分好用，如图 11-38 所示。

图 11-37　独立制动

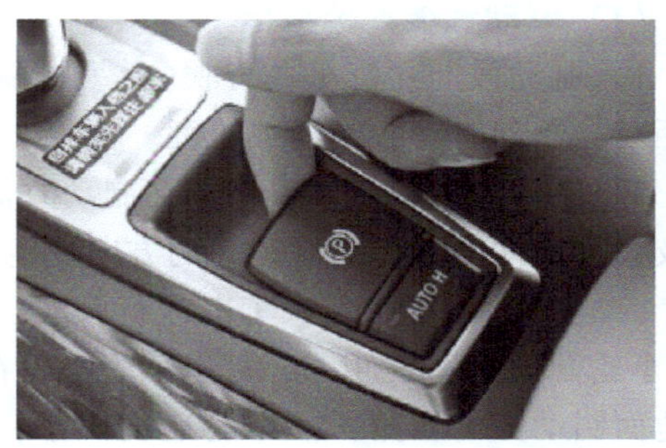

图 11-38　电子驻车制动（EPB）

集成式卡钳由直流电动机、减速机构、丝杠螺母机构和盘式制动器组成。驻车制动时，电动机收到来自 ECU 的信号后起动，输出力矩，力矩通过减速机构减速增矩后，再传到丝杠螺母机构，从而推动制动活塞压紧制动盘，完成驻车制动。

4. 电子驻车（AUTO HOLD）

电子驻车的作用就是在走走停停的路段来进行临时驻车，如图 11-39 所示。

图 11-39　电子驻车（AUTO HOLD）

电子驻车除了使用方便之外，还能防止溜坡，因为电子驻车功能是通过 ESP 模块开发的，在驻车过程中，ECU 会通过安装在车上的传感器来判断车身的水平度和车轮制动所需要的转矩，从而决策是否需要采取制动防止溜车。

电子驻车对车轮施加的制动力不会很大，刚好阻止车轮移动，以便在踩加速踏板前行时，车辆不会向前蹿。但在车辆驻车超过一定时限后，电子驻车就会打开电子驻车制动，当车辆再次前行时，电子系统会根据加速踏板踩踏力度以及手动档车型离合器踏板的行程，来判断是否解除制动。

在极端情况下，如制动踏板断裂、驾驶人失去意识等情况下，一旦拉起电子驻车制动，高速情况下 ESP 控制单元就会以略小于全力制动的力道对全部四个车轮进行液压制动，从而起到紧急制动的效果。在中高速情况下，传统机械式驻车制动提供的制动力是远远不够的，而且还只是对后轮制动，车辆很容易失控。

【任务实施】

一、准备工作

1）ABS/ESP 示教板。

2）多媒体资料。

二、教师利用多媒体资源，讲解 ABS、ESP 的工作原理

1. ABS 理论基础

（1）制动性能评价指标

1）制动效能：汽车在行驶中，强制减速以至停车的能力称为制动效能。评价指标有制动距离、制动时间、制动减速度。

2）制动方向稳定性：汽车在制动时仍能按指定方向的轨迹行驶，即不发生跑偏、侧滑以及失去转向能力称为制动时的方向稳定性。

（2）车轮滑移率 汽车正常行驶时，车速 v（即车轮中心的纵向速度）与车轮速度 v_w（即车轮圆周速度）相同，可以认为车轮在路面上做纯滚动。当驾驶人踏下制动踏板时，由于地面制动力的作用，使车轮速度减小，随着制动系统压力的增加，车轮滚动成分越来越小，滑移成分越来越大。当车轮制动器抱死时，车轮已不再转动，而是在地面完全滑动。

为了表征滑移成分所占比例的多少，常用滑移率 S 表示，则：

$$S=\frac{v-v_{\omega}}{v}\times100\%=\frac{v-r\omega}{v}\times100\%$$

式中 S——车轮滑移率；

v——车速（车轮中心纵向速度，m/s）；

v_{ω}——车轮速度（车轮瞬时圆周速度，$v_{\omega}=r\omega$，m/s）；

r——车轮半径（m）；

ω——车轮转动角速度（rad/s）。

车轮在路面上纯滚动时，$v=v_{\omega}$，车轮滑移率 $S=0$；车轮抱死在地面上纯滑动时，$v_{\omega}=0$，车轮滑移率 $S=100\%$；车轮在路面上边滚动边滑动时，$v>v_{\omega}$，车轮滑移率 $0<S<100\%$。车轮滑移率越大，说明车轮在运动中滑动的成分所占的比例越大。

车轮滑移率的大小对车轮与地面间附着系数有很大影响。通常，当滑移率 S 由 0~10% 增大时，纵向附着系数 φ_x 迅速增大。

当滑移率处于 10%~30% 的范围内时，附着系数有最大值（图 11-40 中显示滑移率在 20%时，纵向附着系数最大），该最大值称为峰值附着系数。

由图中可以看出，当滑移率继续增大时，附着系数逐渐减小。当车轮抱死时，即完全滑动时的附着系数，一般称为滑动附着系数，用 φ_s 表示。车轮抱死时的滑动附着系数 φ_s 一般总是小于峰值附着系数 φ_p。

图 11-40 同时给出了车轮的横向（侧向）附着系数 φ_y 的变化趋势。横向附着系数是研究汽车行驶稳定性的重要参数之一。横向附着系数越大，汽车制动时方向稳定性和保持转向

控制能力越强。从图中可以看出，当滑移率 $S=0$ 时，横向附着系数最大；随着滑移率的增加，横向附着系数越来越小。

当车轮抱死时，横向附着系数几乎为零，此时导致横向附着力几乎为零，其危害是很大的，主要体现为以下两方面：

1）方向稳定性差。由于横向附着力很小，汽车失去抵抗横向外力的能力，后轮很容易产生横向滑移和使汽车发生甩尾、调头等危害，使汽车失去方向稳定性。

2）失去转向控制能力。在汽车进行转向行驶时，尽管驾驶人此时操纵转向盘，但由于前轮维持汽车转弯运动能力的横向附着力已丧失，汽车仍将按原来的惯性行驶方向滑动，汽车就可能冲入其他车道或冲出路面，汽车不能按驾驶人的意志行驶，使汽车失去转向控制能力。

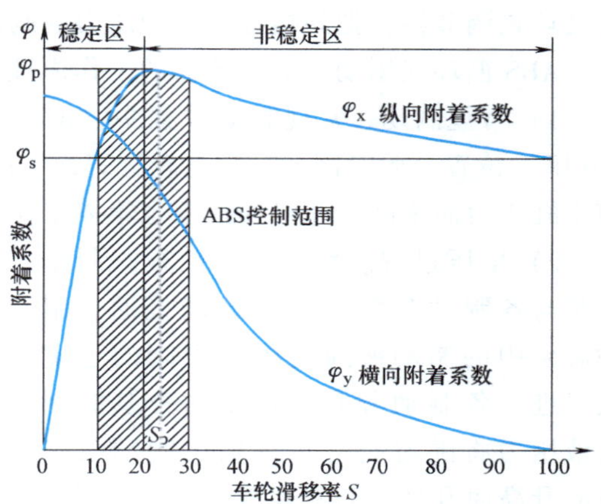

图 11-40　干燥硬实路面上附着系数与滑移率的一般关系

φ—附着系数　φ_x—纵向附着系数　φ_y—横向附着系数　S—车轮滑移率　φ_p—峰值附着系数　S_p—峰值附着系数时的滑移率　φ_s—车轮抱死时纵向滑动附着系数

由图 11-40 可以看出，当滑移率在 10%～30%时，纵向附着系数 φ_x 和横向附着系数 φ_y 都很大，在此区间制动时，既可以获得较大的制动力，得到良好的制动效能，又能保证汽车具有良好的操纵性能。ABS 的功用就是在汽车制动时，自动地将滑移率控制在该区域内。

ABS

2. ABS

（1）ABS 的组成　防抱死制动系统（Anti-lock Brake System，ABS）的作用就是在汽车制动时，自动控制制动器制动力的大小，使车轮不被抱死，处于边滚边滑（滑移率在 20%左右）的状态，以保证车轮与地面的附着力在最大值。

ABS 主要由传感器、ECU 和执行器三部分组成，如图 11-41 所示。制动过程中，ECU 不断从车速传感器获取车轮的速度信号，并加以处理，进而判断车轮是否即将被抱死。如判断车轮没有抱死，制动压力调节装置不参加工作，制动力将继续增大；如判断出某个车轮即将抱死，ECU 向制动压力调节装置发出指令，关闭制动缸与制动轮缸的通道，使制动轮的压力不再增大；如判断出车轮出现抱死拖滑状态，即向制动压力调节装置发出指令，使制动轮缸的油压降低，减少制动力。

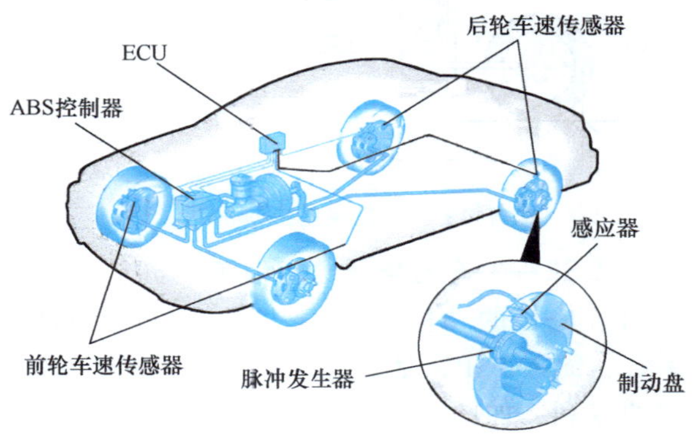

图 11-41　ABS 组成

（2）ABS 的工作过程　制动压力调节器串接在制动主缸与轮缸之间，通过电磁阀直接或间接地控制轮缸的制动压力。通常，把电磁阀直接控制轮缸制动压力的制动压力调节器称作循环式调节器，把间接控制制动压力的制动压力调节器称作可变容积式调节器。

ABS 循环式制动压力调节器的工作原理如下：

1）常规制动。常规制动过程中，ABS 不工作。电磁线圈中无电流通过，电磁阀处于“升压”位置，此时制动主缸与轮缸直通，由制动主缸来的制动液直接进入轮缸，轮缸压力随主缸压力而增减。此时回油泵也不需工作，如图 11-42 所示。

2）增压过程。踏下制动踏板，制动总泵与各制动分泵之间的通路接通，制动总泵中的制动液通过各电磁阀的进出液口进入各制动分泵，各制动分泵的制动液压力将随着制动总泵输出制动液压力的升高而升高，与常规制动状态相同。

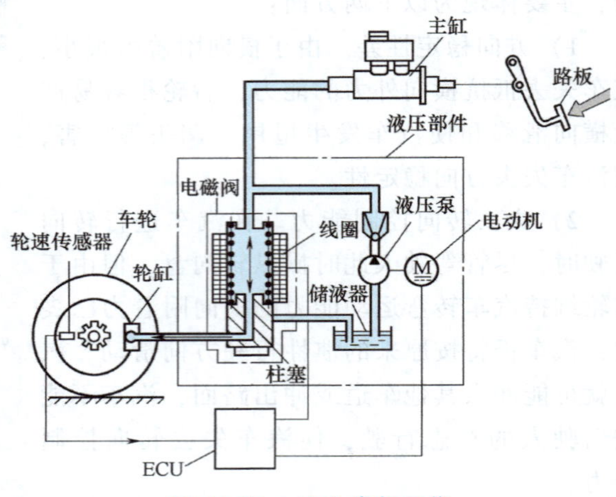

图 11-42　ABS 常规工作

3）保压过程。当某车轮制动中，滑移率接近于 20% 时，ECU 输出指令，控制电磁阀线圈通过较小电流（约 2A），使电磁阀的进液阀关闭（回液阀仍关闭），保证该控制通道中的制动分泵制动压力保持不变，如图 11-43 所示。

4）减压过程。如果在“保持压力”命令发出后，仍有车轮抱死信号，ECU 输出指令，控制电磁阀线圈通过较大电流（约 5A），使电磁阀的进液阀关闭回液阀开启，制动分泵中的制动液将通过回液阀流入储液器，使制动压力减小，如图 11-44 所示。

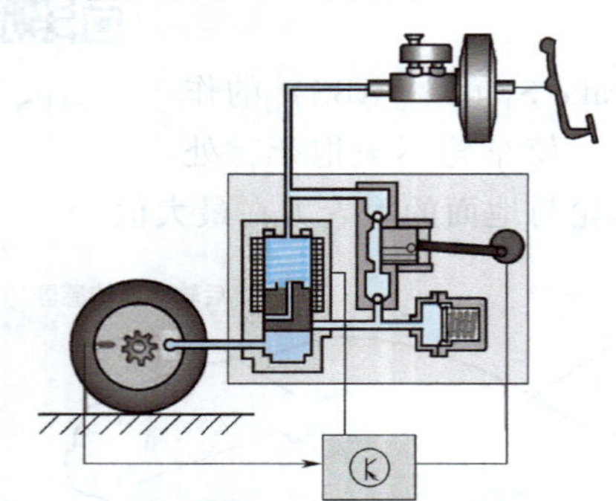
图 11-43　ABS 保压工作

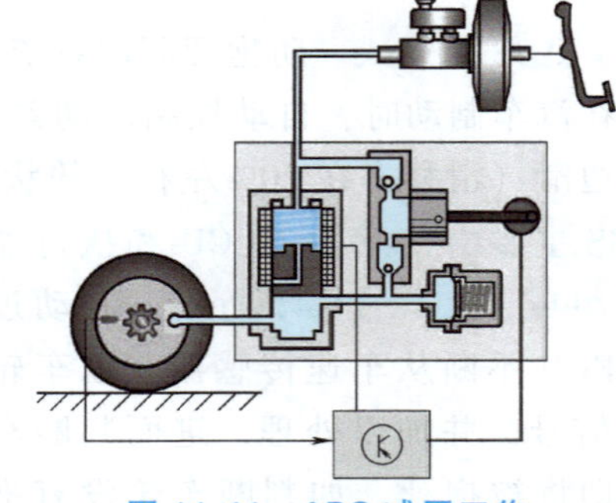
图 11-44　ABS 减压工作

3. ESP——车身电子稳定系统

（1）ESP 的功能　车身电子稳定系统，简称 ESP，是博世（Bosch）公司的专利，如图 11-45 所示。其他公司也有研发出类似的系统，如宝马的 DSC、丰田的 VSC 等。

ESP 其实是 ABS 和 ASR（驱动轮防滑系统）功能上的延伸，可以说是当前汽车防滑装置的最高形式。

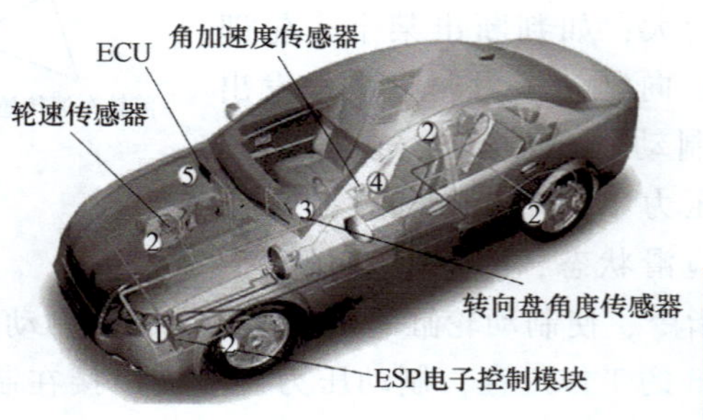

图 11-45　ESP 结构

ESP

ESP主要由控制总成及转向传感器（监测转向盘的转向角度）、车轮传感器（监测各个车轮的速度转动）、侧滑传感器（监测车体绕纵轴线转动的状态）、横向加速度传感器（监测汽车转弯时的离心力）等组成。ECU通过这些传感器的信号对车辆的运行状态进行判断，进而发出控制指令。

（2）ESP的工作原理　当车辆前面突然出现障碍物时，驾驶人必须快速向左转弯，此时转向传感器将此信号传递到ESP控制总成，侧滑传感器和横向加速度传感器发出汽车转向不足的信号，这就意味着汽车将会直接冲向障碍物。此时ESP会瞬间将后轮紧急制动，这样就能产生转向需要的反作用力，使汽车按照转向意图行驶，如图11-46所示。

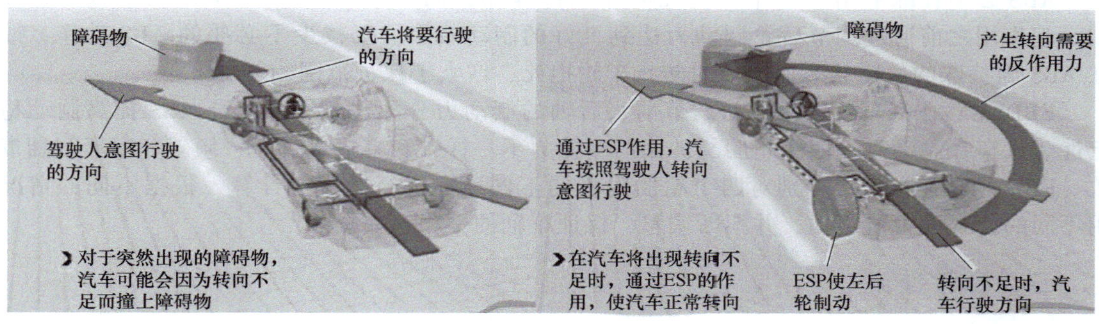

图11-46　ESP防止转向不足

如果在汽车转向后行驶的左车道上反向转向时，汽车会有转向过度的危险，向右的转矩过大，以至于车尾甩向左侧。这时ESP系统会将左前轮制动，转矩就会减小，使得汽车顺利转向，如图11-47所示。

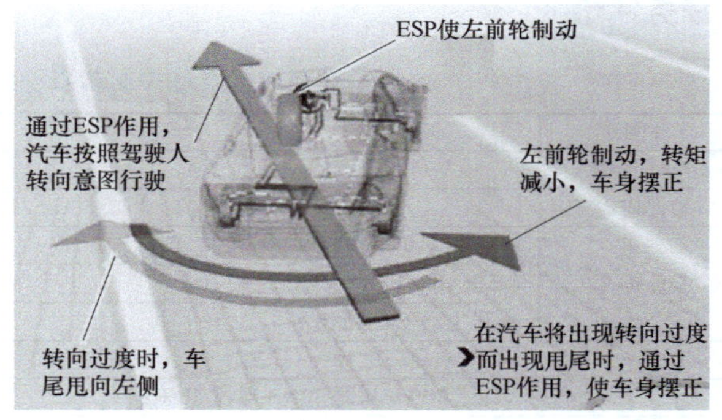

图11-47　ESP防止转向过度

4. TCS——牵引力控制系统（TCS/ASR/TRC/ATC）

（1）TCS的作用　TCS的作用是使汽车在各种行驶状况下都能获得最佳的牵引力。TCS依靠电子传感器探测到从动轮速度低于驱动轮时（这是打滑的特征），就会发出一个信号，调节点火时间、减小节气门开度、减小加速踏板、降档或制动车轮，从而使车轮不再打滑。TCS可以提高汽车行驶稳定性，提高加速性，提高爬坡能力。

TCS如果和ABS相互配合使用，将进一步增强汽车的安全性能。TCS和ABS可共用车轴上的轮速传感器，并与行车电脑连接，不断监视各轮转速，当在低速发现打滑时，TCS会立刻通知ABS动作来减低此车轮的打滑。若在高速发现打滑时，TCS立即向行车电脑发出指令，指挥发动机降速或变速器降档，使打滑车轮不再打滑，防止车辆失控甩尾。

（2）TCS与ABS的区别　ABS利用传感器来检测轮胎何时要被抱死，再减少制动器制动压力，它会快速地改变制动压力，以保持该轮在即将被抱死的边缘，而TCS主要是使用发动机点火的时间、变速器档位和供油系统来控制驱动轮打滑。

TCS对汽车的稳定性有很大的帮助，当汽车行驶在易滑的路面上时，没有TCS的汽车，在加速时驱动轮容易打滑，如果是后轮，将会造成甩尾，如果是前轮，车子方向就容易失控，导致车子向一侧偏移，而有了 TCS，汽车在加速时就能够避免或减轻这种现象，保持车子沿正确方向行驶。

ASR：驱动防滑系统（ASR）也叫牵引力控制系统，功能与 TCS 相同，同样是为了防止车辆在起步、再加速时驱动轮打滑，维持车辆行驶方向稳定性的系统，只是叫法不同，通常多在大众等德系车型上看到这个缩写。

TRC：TRC 功能与 TCS 相同，此种叫法多出现于丰田、雷克萨斯等日系车型上。

ATC：功能与 TCS 相同，自动牵引力控制，又称为牵引力控制。

5. EBD——制动力分配装置

ABS 必须在踩下制动至车轮抱死时才发挥作用，而 EBD 可以在踩下制动踏板后、在 ABS 起作用之前通过调节后轮制动力达到良好的制动效果，以减少不必要的 ABS 动作，或在 ABS 因特殊的故障状态而失效时防止车轮抱死，增大了保护范围。

EBD 能够在汽车制动时自动调节前、后轴的制动力分配比例，并配合 ABS 提高制动稳定性。汽车在制动时，四个轮胎与地面的摩擦力不一样，容易造成打滑、倾斜和车辆侧翻事故。EBD 用高速计算机分别对四个轮胎附着的不同地面进行感应与计算，根据不同的情况用不同的方式和力量制动，并不断调整，保证车辆的平稳、安全。

三、示教操作

动态演示 ABS、ESP 工作时，对车轮的制动过程。

【任务评价】

气压制动及驻车制动系统的认知训练评价表

学生姓名					
测评日期		测评地点			
测评内容	ABS/ESP 的工作原理				
考评标准	内容	分值	自评	互评	师评
	叙述 ABS/ESP 的工作过程	50			
	查阅主动安全新技术	50			
合　计		100			
最终得分(自评 30%+互评 30%+师评 40%)					
说明:测评满分为 100 分,60~74 分为及格,75~84 分为良好,85 分以上为优秀。60 分以下的学生,需重新进行知识学习、任务训练,直到任务完成达到合格为止					

【思考与练习】

1. 简述汽车制动系统的功用。
2. 汽车制动系统主要由哪几部分组成？各部分的功用是什么？
3. 常用制动器有哪几种类型？
4. 简述液压制动系统的组成与工作原理。
5. 简述气压制动系统的组成与工作原理。
6. 防抱死制动系统的作用是什么？主要由哪几部分组成？

项目12

汽车车身与附属设备

车身指的是车辆用来载人装货的部分，也指车辆整体。有的车辆的车身既是驾驶人的工作场所，又是容纳乘客和货物的场所。车身造型结构是车辆的形体语言，其设计好坏将直接影响到车辆的性能。

【学习目标】

知识目标：

1. 掌握车身结构。
2. 理解空调系统的工作原理。
3. 了解附属设备结构。

技能目标：

1. 通过学习能认识仪表指示灯的含义。
2. 通过学习会识读汽车参数表。

任务1　车身结构的认知

车身的造型有厢形、鱼形、船形、流线形及楔形等几种，结构形式分单厢、两厢和三厢等类型。

【知识准备】

一、车身类型

1. 车身的功用

1）为驾驶人提供良好的操作条件和舒适的工作场所。

2）由于车身可以隔离汽车行驶时的振动、噪声、废气以及恶劣气候的影响，所以车身可以为乘员提供舒适的乘坐条件。

3）保证完好无损地运载货物且装卸方便。

4）车身结构和设备可以保证行车安全和减轻事故后果。

5）车身合理的外部形状可以在汽车行驶时有效地引导周围的气流，提高汽车的动力性、燃料经济性和行驶稳定性，改善发动机的冷却条件和驾驶室内的通风。

2. 车身的组成

车身主要由车窗、车门、驾驶舱、乘客舱、发动机舱和行李舱等组成，如图12-1所示。

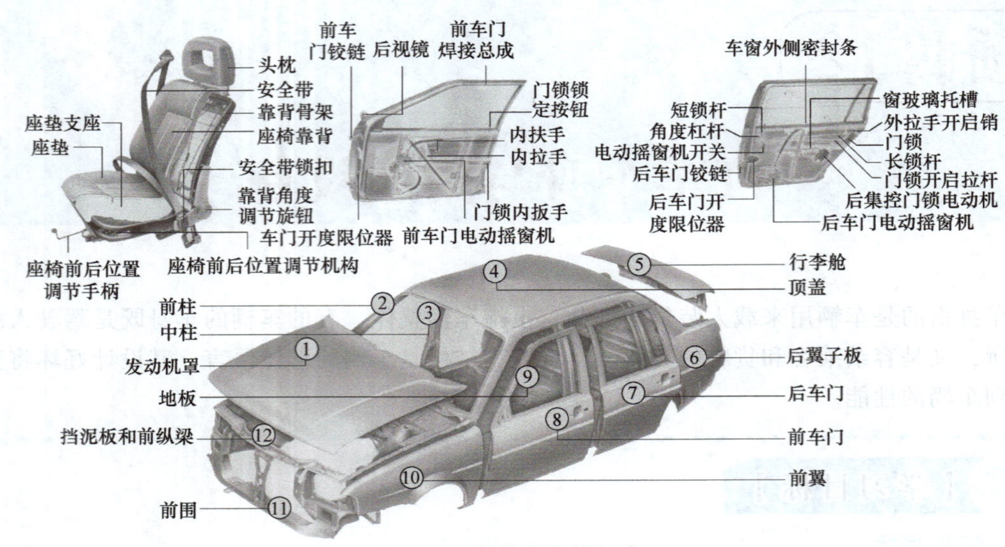

图 12-1　轿车车身的组成

3. 车身的类型

汽车车身结构从形式上说，主要分为非承载式和承载式两种。

(1) 非承载式　非承载式车身的汽车有刚性车架，又称底盘大梁架，能获得良好的刚性和驾驶室的有效空间。车身本体悬置于车架上，用弹性元件联接。车架的振动通过弹性元件传到车身上，大部分振动被减弱或消除，发生碰撞时车架能吸收大部分冲击力，在坏路行驶时对车身起到保护作用，因此车厢变形小、平稳性和安全性好，而且车厢内噪声低。

非承载式车身与车架能分开制造，工艺简单。其间装有防振元件，乘坐舒适，多用于高级轿车，中级轿车也有采用。缺点是车身比较笨重，质量大，汽车质心高，高速行驶稳定性较差，如图 12-2 所示。

(2) 承载式车身　承载式车身没有刚性车架，只是加强了车头、侧围、车尾、底板等部位，车身和底架共同组成了车身本体的刚性空间结构。承载式车身除了其固有的乘载功能外，还要直接承受各种负荷。

承载式车身具有较大的抗弯曲和抗扭转的刚度，质量小，高度低，汽车质心低，装配简单，高速行驶稳定性较好。但由于道路负载会通过悬架装置直接传给车身本体，因此噪声和振动较大，使乘坐舒适性较差，且车身损坏后不易修复。适用于大多数中级、普通级、微型轿车的车身，如图 12-3 所示。

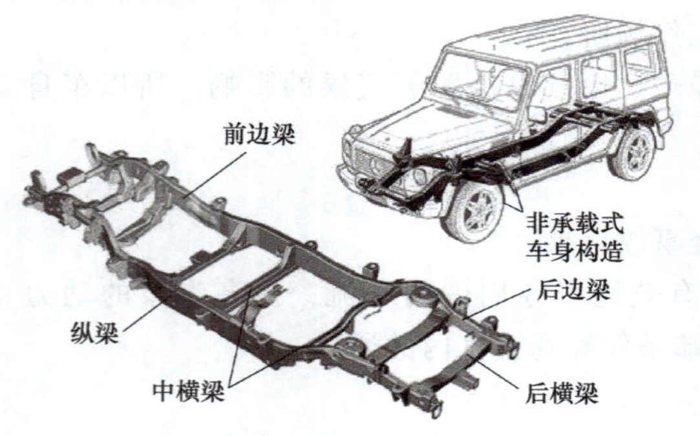

图 12-2　非承载式车身

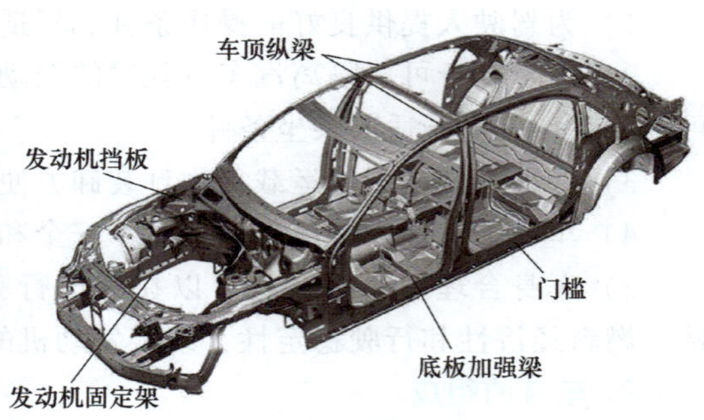

图 12-3　承载式车身

二、轿车车身

为了省去笨重的车架而使汽车轻量化，绝大多数轿车车身都采用承载式结构，如图 12-4 所示。该车身没有明显的骨架，是由外部覆盖件和内部钣件焊合而成的空间结构。

其车身壳体的承力构件主要有纵梁、门槛、地板通道、边梁、横梁、后围板、A 柱、B 柱和 C 柱等。车身主要钣件有前挡泥板、前地板、后地板、前围板、顶盖、后轮罩和后翼子板等。这些构件和钣件利用搭接、翻边等连接方式按先后顺序点焊组装成后地板总成、左右侧围总成、前地板与前围总成、顶盖等，最后拼焊成整个车身壳体。

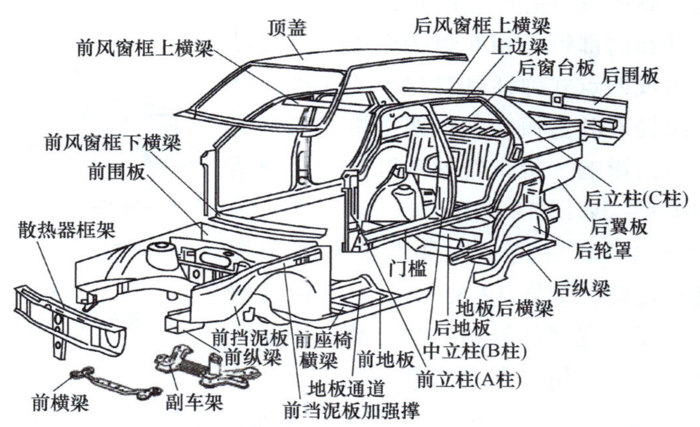

图 12-4　捷达轿车车身壳体

现代轿车的承载式车身壳体前部都有副车架。在其上安装发动机、传动系统、前悬架和前轮，组合成便于装配和维修的整体。副车架与承载式车身前部的下面用弹性橡胶垫连接，以减轻振动和冲击，提高车身的乘坐舒适性。

三、客车车身

客车车身具有规则的厢式形状，一般都有完整的骨架。现在常用的是半承载式客车车身结构和承载式客车车身结构。

半承载式客车车身结构如图 12-5 所示，通常在客车专用底盘（其车架由两根前后直通的车架纵梁与若干车架横梁等组成）上将车架用若干车架悬臂梁加宽并与车身侧壁刚性连接，使车身骨架也分担车架的一部分载荷。许多国产大、中型客车车身均采用这种结构形式。

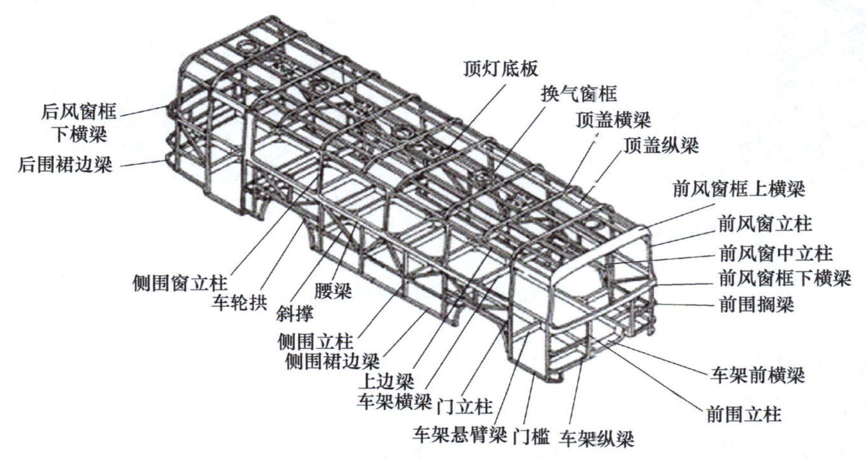

图 12-5　半承载式客车车身

四、货车驾驶室和车厢

1. 货车驾驶室

货车驾驶室只占货车长度的一小部分，不宜采用承载式结构，绝大多数都是非承载式结构。驾驶室没有明显的骨架，由外部覆盖件和内部钣件相互焊接而成，再通过三点或四点式弹性悬置与车架连接，可以减轻驾驶室振动和车架歪扭变形对驾驶室的影响。货车驾驶室可分为 3 种结构类型，如图 12-6 所示。

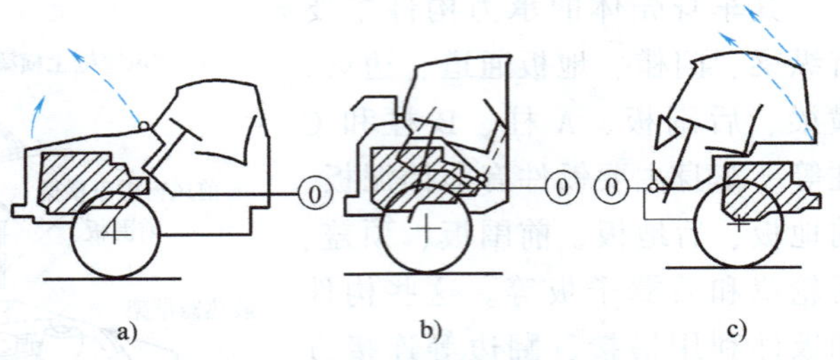

图 12-6　货车驾驶室的结构类型

a）长头式　b）平头式　c）发动机位于座位之下的平头式

（1）长头式　这种驾驶室处于发动机之后，如图 12-6a 所示。这种驾驶室高度、宽度都较小，结构紧凑，刚性好，一般采用三点式支承。

（2）平头式　发动机处于两侧座位之间，如图 12-6b 所示。这种驾驶室宽度比长头式大，但是中间的发动机高出底板，占用了一定空间，结构紧凑性与刚性较差，一般采用四点式支承。

（3）发动机位于座位之下的平头式　如图 12-6c 所示，这种驾驶室比上平头式驾驶室结构完整，刚性较好，内部空间大，但是驾驶室高度也较大，一般采用三点式或四点式支承，适用于向前倾翻的驾驶室。

2. 货车车厢

货车通常采用普通栏板式车厢，一般有 4 块 300～500mm 高的栏板和一块底板，如图 12-7 所示。

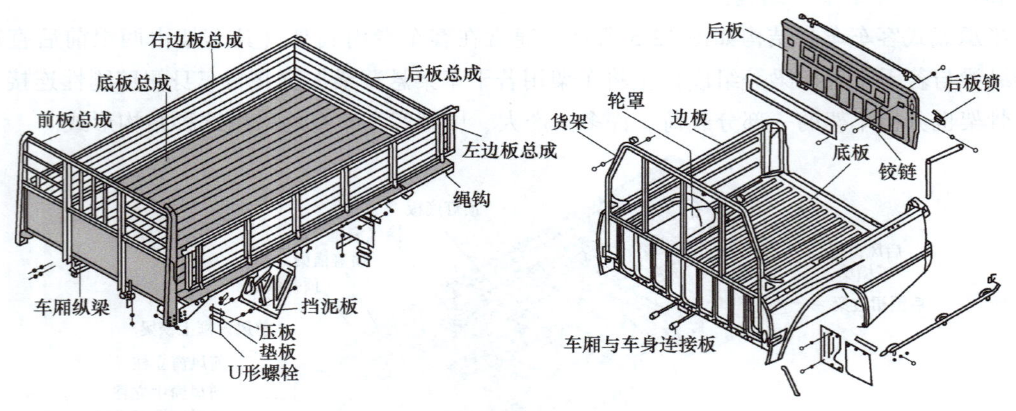

图 12-7　货车车厢的结构

底板通过横梁支承于下面的纵梁上。栏板分为三面开和一面开两种类型。三面开车厢的左右边板和后板用多个铰链安装在底板上并用枪杆和栓钩互相扣紧。一面开车厢又称低底板车厢，其底板离底高度小，仅后板可打开，一般用于轻型货车。普通栏板式车厢一般在前面装有保险架，其作用是可运载少量超长货物并可减轻翻车事故的后果。

五、车门、车窗及附件

1. 车门

车门是车身上重要的部件之一，按其开启方法可分为顺开式、逆开式、水平滑移式、上掀式、折叠式等，如图 12-8 所示。

图 12-8 车门的开启方式

逆开式车门在汽车行驶时若关闭不严就可能被迎面气流冲开，故很少采用；顺开式车门即使在汽车行驶时仍可借气流的压力关上，比较安全，故被广泛采用；水平滑移式车门在车身侧壁与障碍物距离很小时仍能全部开启；上掀式车门广泛用于轿车及轻型客车的背门，有时也用于低矮的汽车；折叠式车门广泛应用于大、中型客车。

轿车门由门外板、门内板、门窗框、门玻璃导槽、门铰链、门锁及门窗附件等组成。内板装有玻璃升降器、门锁等附件，为了装配牢固，内板局部还要加强。为了增强安全性，外板内侧一般安装了防撞杆。内板与外板通过翻边、黏合、滚焊等方式接合，针对承受力不同，要求外板质量轻而内板刚性要强，能够承受较大的冲击力，如图 12-9 所示。

2. 车窗及附件（图 12-10）

汽车的前、后车窗通常采用有利于视野而又美观的曲面玻璃。多数现代轿车采用专门的黏合剂将前后车窗粘贴在窗框上，使之与车身壳体表面形成光顺连续的曲面以减小空气阻力。为便于自然通风，在车门上通常有通风三角窗、能升降的车窗玻璃及其导轨，还有玻璃升降器及其手柄或电动玻璃升降器。

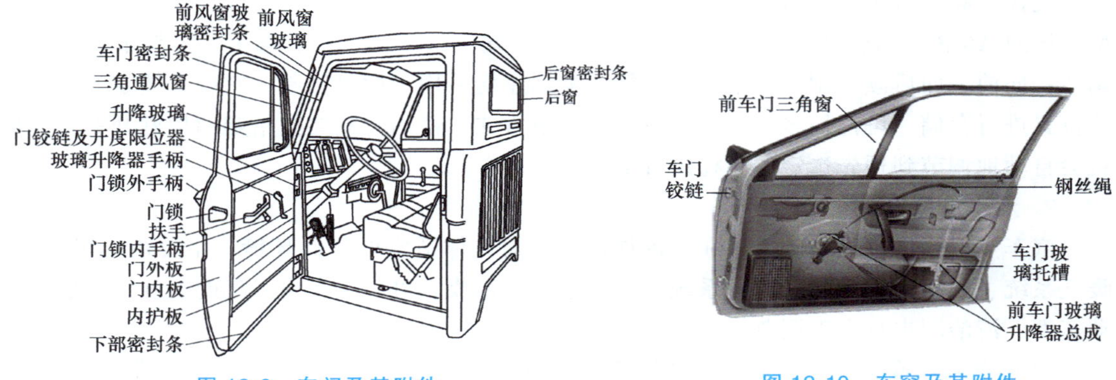

图 12-9 车门及其附件

图 12-10 车窗及其附件

六、汽车内饰

汽车内饰主要包括仪表板系统、副仪表板系统、门内护板系统、顶棚系统、座椅系统、立柱护板系统、其余驾驶室内装件系统、驾驶室空气循环系统、行李舱内装件系统、发动机舱内装件系统、地毯、安全带、安全气囊、转向盘以及车内照明、车内声学系统等。

1. 汽车座椅

座椅是车身内部的重要装置。座椅的作用是支承人体，使驾驶操作方便和乘坐舒适。座椅由骨架、坐垫、靠背和调节机构等部分组成。

座椅骨架一般用轧制型材或冲压成形的钢板焊接而成。坐垫和靠背的尺寸和形状应按人体工程学进行设计，与人体结构特点相适应，以使人体与座椅接触的压力合理分布，保证乘坐舒适。为避免人体在汽车行驶时左右摇晃而引起疲劳，坐垫和靠背中部略为凹陷（有些座椅设计成簸箕形）并在其表面制成凹入的格线以提高人体的附着性能且改善透气性。

座椅调节机构的作用是改变座椅与驾驶操纵机构的相对位置以适应不同身材的驾驶人的需要，如图12-11 所示。

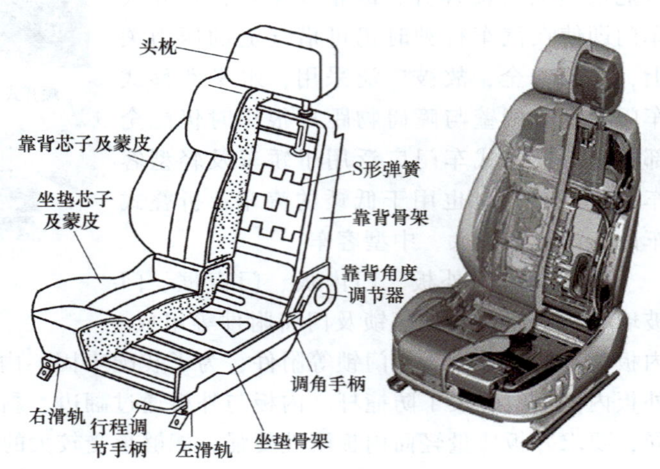

图 12-11　汽车座椅的结构

最基本的两种调节方式是座椅行程调节和靠背角度调节。行程调节装置可使座椅在左右两根滑轨上前后移动。拉起行程调节手柄可使移动的卡爪与固定的齿条脱开；行程调节手柄放松时，卡爪在复位弹簧作用下重新与齿条某个齿扣紧。

靠背角度调节器的内部有发条状弹簧、齿轮、卡爪等。发条状弹簧两端分别与坐垫和靠背相连，使靠背有向前倾翻的趋势，装在靠背上的齿轮也随之翻转过相同的角度。调角手柄就可操纵装在坐垫上的卡爪扣住齿轮某个齿从而使靠背定位。

现代中高级轿车的座椅调节机构用微型电动机驱动。电动机的数量取决于电动座椅的类型。奥迪 A6 轿车驾驶席座椅有 8 种可调方式：前端上、下调节；后端上、下调节；前、后调节；向前、向后倾斜调节。带存储功能的电动座椅采用了微机控制，它能将选定的座椅调节位置进行存储，可记忆多个驾驶人所需的调节方式，使用时只要按指定的按键开关，座椅就会自动地调节到预先选定的座椅位置上。

2. 汽车空调系统

汽车空调是通过人为的方式在车内创造一个对人体适宜的气候环境，主要由通风系统、暖气系统、制冷系统、空气净化系统、控制系统等组成，可以对车内空气的温度、湿度、流动速度、清洁度进行人工调节。

（1）空调制冷系统的组成　空调制冷装置包括空调压缩机、冷凝器、冷凝器散热风扇、膨胀阀、蒸发器和鼓风机及相关的空调管路，如图 12-12 所示。图 12-13 为主要部件实物图。

1）在封闭的系统内充注着制冷剂，制冷剂在压缩机的作用下循环流动，在发动机舱的冷凝器由气态液化为液态，放出热量；而在车内由液态蒸发为气态，吸收热量，从而降低车内的温度。

2）压缩机的功用是提高制冷剂的压力，促使其在冷凝器中液化放热，并且作为动力源，促使制冷剂在系统内循环流动。它是空调系统的心脏。

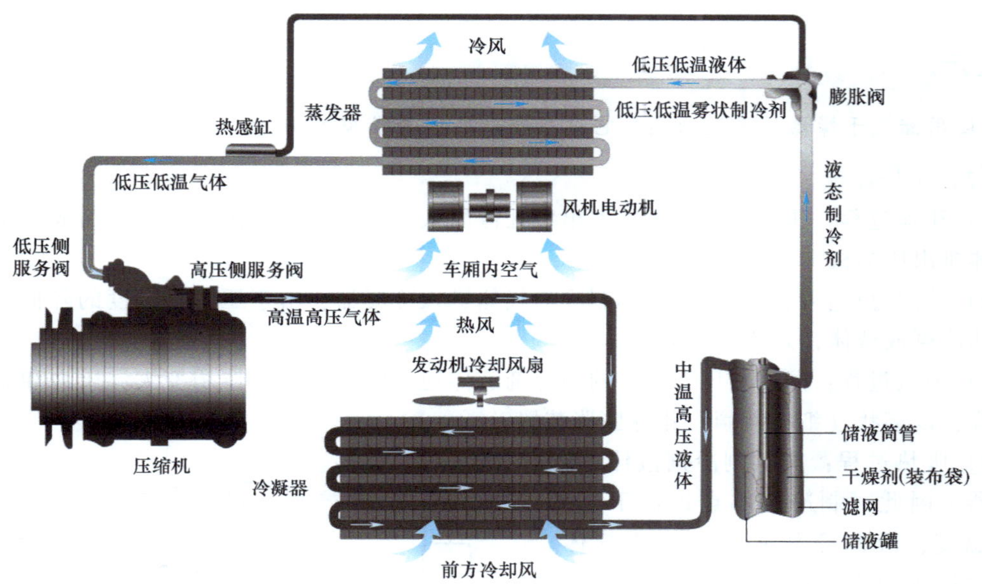

图 12-12　空调制冷系统

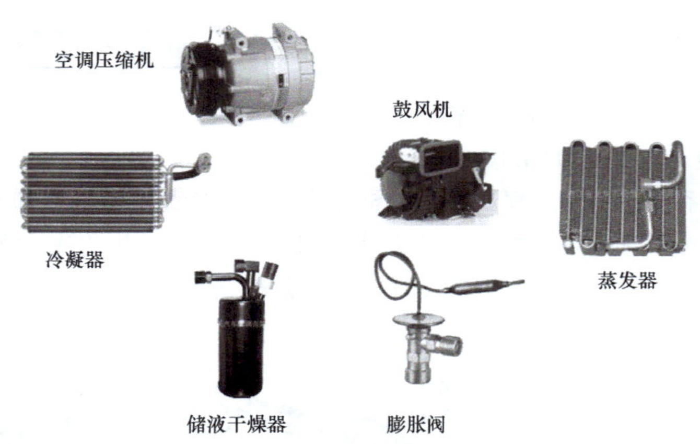

图 12-13　空调制冷系统主要部件实物图

3）冷凝器的功用是将高温高压气态制冷剂冷却为高温高压液态制冷剂。

4）储液干燥器的功用是过滤制冷剂中的水分和杂质，储存制冷剂，保障制冷剂不间断地输送到膨胀阀。

5）膨胀阀的功用是通过节流将高温高压液态制冷剂变为低温低压液态制冷剂。

6）低温低压液态制冷剂在蒸发器里吸热，进行热交换，变成低温低压的气态制冷剂。鼓风机将冷却后的空气不断地吹入车厢。

各部件由以下三种管路连成空调系统：

1）高压管路：连接压缩机和冷凝器。

2）液体管路：连接冷凝器和蒸发器。

3）回气管路：连接蒸发器和压缩机。

小提示

使用储液干燥器的系统必须把它放在冷凝器和膨胀阀之间。

(2) 工作原理

1) 压缩过程：压缩机吸入蒸发器出口处低温低压的制冷剂气体，把它压缩成高温高压的气体排出压缩机。

2) 放热过程：高温高压的过热制冷剂气体进入冷凝器，由于压力及温度的降低，制冷剂气体冷凝成液体，并放出大量的热。

3) 节流过程：温度和压力较高的制冷剂液体通过膨胀装置后体积变大，压力和温度急剧下降，以雾状（细小液滴）排除膨胀装置。

4) 吸热过程：雾状制冷剂液体进入蒸发器，因此时制冷剂沸点远低于蒸发器内温度，故制冷剂液体蒸发成气体。在蒸发过程中大量吸收周围的热量，而后低温低压的制冷剂蒸气又进入压缩机。上述过程周而复始的进行下去，便可达到降低蒸发器周围空气温度的目的，如图 12-14 所示。

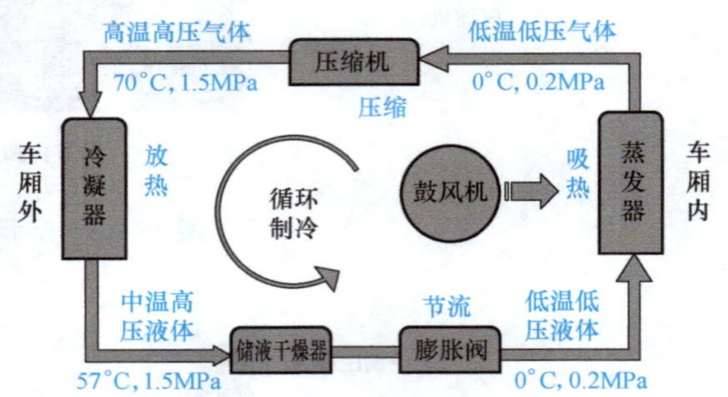

图 12-14 空调制冷系统的工作原理

(3) 空调暖风系统 汽车暖风系统的主要作用是供暖、除霜、调节温度与湿度。水暖式暖风系统的工作原理如图 12-15 所示。以水冷式发动机冷却系统中的冷却液为热源。将冷却液引入车内的热交换器（加热器）中，同时鼓风机将车内的循环空气或外部空气吹向加热器，冷空气与加热器中的冷却液进行热交换，变成热空气后被导入车内，调控车内的温度。

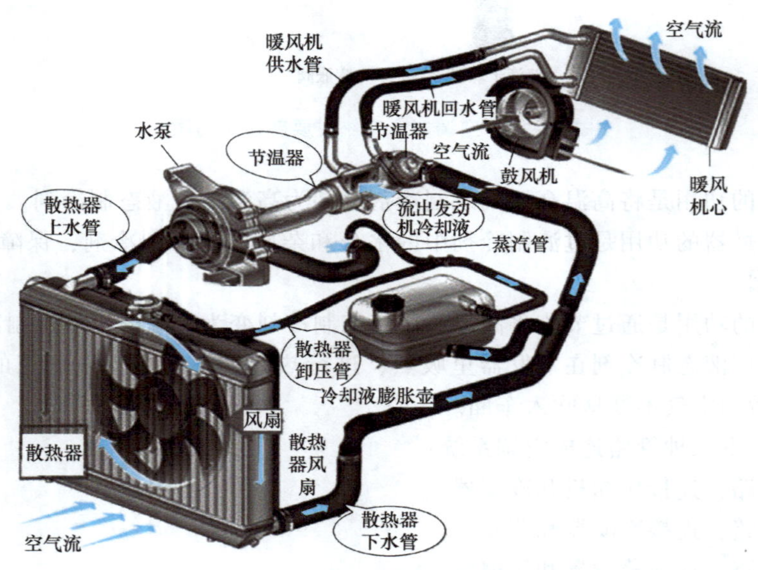

图 12-15 水暖式暖风系统的工作原理

【任务实施】

一、准备工作

1）实训车辆一辆。

2）内六角扳手。

二、更换空调滤芯的实施步骤

1）打开发动机舱盖，图中红圈标注的位置，有 4 颗螺钉，拆下 4 颗螺钉，掰开两侧的卡扣，如图 12-16 所示。

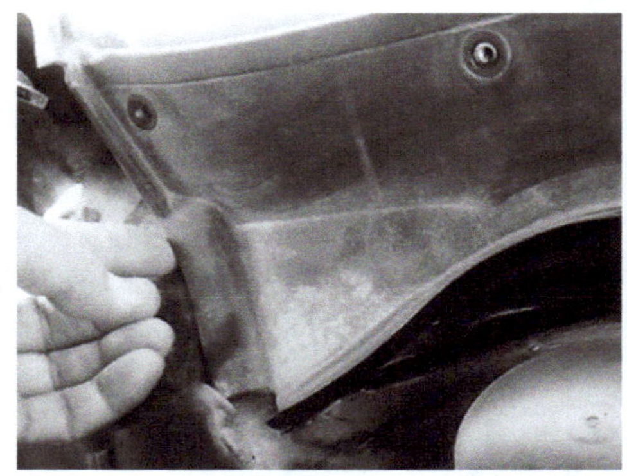

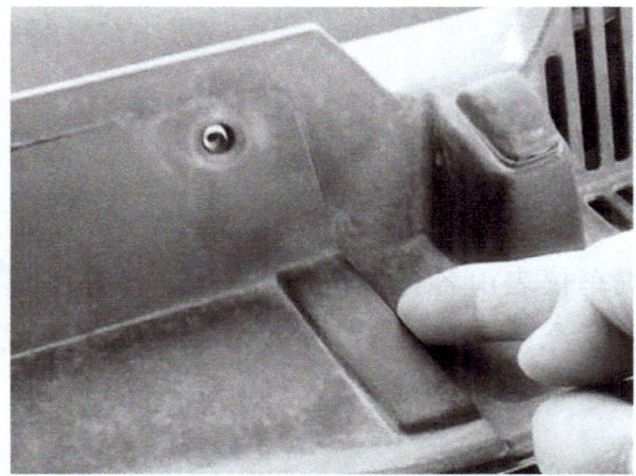

图 12-16　拆下 4 颗螺钉，掰开两侧的卡扣

2）拆卸空调滤芯，如图 12-17 所示。

图 12-17　拆卸空调滤芯

3）更换空调滤芯。

【任务评价】

车身结构的认知训练评价表

学生姓名					
测评日期		测评地点			
测评内容	空调滤芯的更换				
考评标准	内容	分值	自评	互评	师评
	空调滤芯的更换是否正确	50			
	整车零部件的认知	50			
合　计		100			
最终得分(自评 30%+互评 30%+师评 40%)					
说明:测评满分为 100 分,60~74 分为及格,75~84 分为良好,85 分以上为优秀。60 分以下的学生,需重新进行知识学习、任务训练,直到任务完成达到合格为止					

任务2　汽车仪表、照明系统的认知

【知识准备】

一、汽车仪表

汽车仪表由各种仪表、指示器（车速里程表、转速表、机油压力表、冷却液温度表、燃油表、充电表等）、驾驶人用警告灯等组成，为驾驶人提供所需的汽车运行参数信息，如图 12-18 所示。

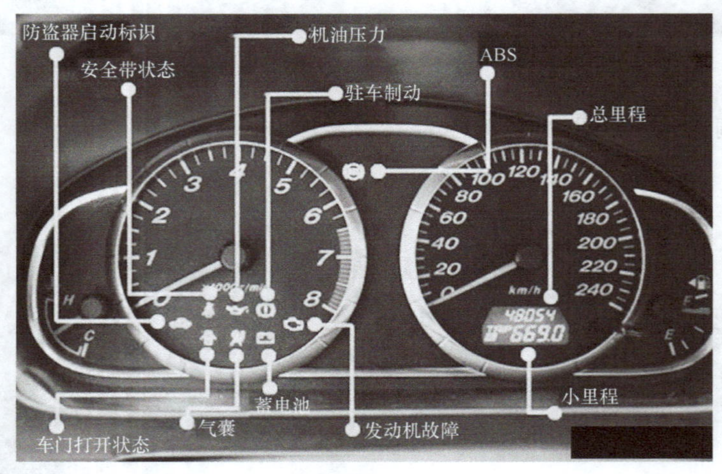

图 12-18　仪表盘实物图

仪表板为驾驶室中安装各种指示仪表和点火开关等的一个总成。它装在仪表嵌板上，或者作为附件装在转向柱管上；既有技术的功能又有艺术的功能，是整车风格的代表之一。

一般汽车的常规仪表有车速里程表、转速表、机油压力表、冷却液温度表、燃油表、充电表等。

二、照明装置

汽车照明系统是汽车安全行驶的必备系统之一。它主要包括“外部照明灯具、内部照明灯具、外部信号灯具、内部信号灯具等，如图 12-19 所示。

1. 装在车身外部的照明装置

（1）前照灯　装于汽车头部两侧，用于夜间行车道路的照明。

1）远光：保证车前 100m 或更远的路上得到明亮而均匀的照明。

2）近光：会车时和市区明亮的道路使用。

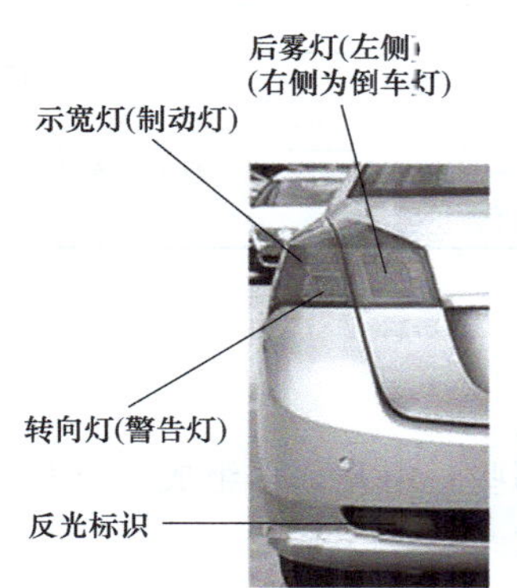

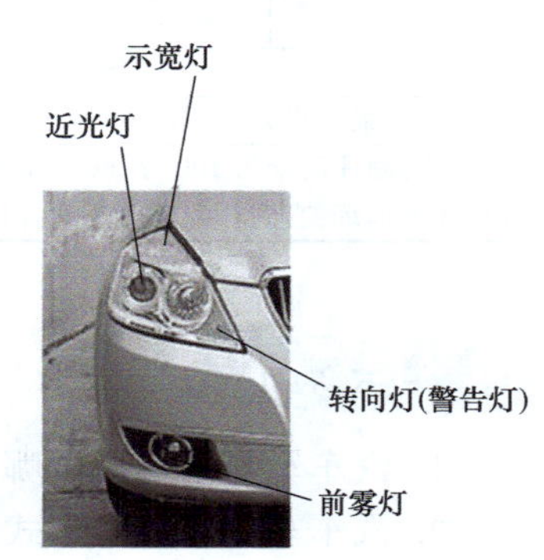

图 12-19　外部照明

（2）位灯

1）前位灯（示宽灯）：一般为黄色和白色，帮助对方判断本车的外廓宽度。

2）后位灯（尾灯）：一般为红色，帮助后车驾驶人判断前车的位置。

（3）雾灯　用来在有雾、雨、雪或风沙天气下，改善路面照明或提醒后车驾驶人注意保持车距。

2. 装在车身内部的照明装置

驾驶室顶灯、车门灯、行李舱灯、仪表及开关照明灯等。

【任务实施】

一、准备工作

实训车辆一台。

二、实施步骤

1）学生对仪表板指示灯含义进行说明。

2）学生进行车灯开启操作，如图 12-20 所示。

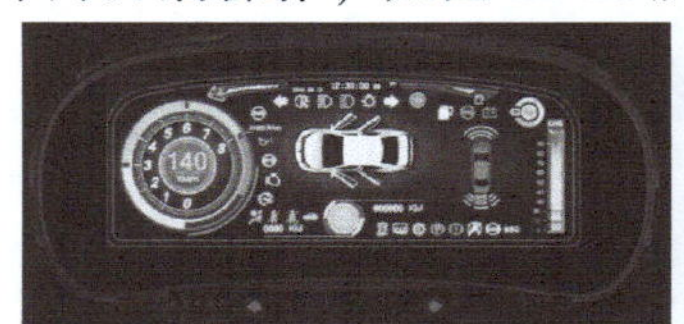

图 12-20　指示灯的操作

【任务评价】

汽车仪表、照明系统的认知训练评价表

学生姓名					
测评日期		测评地点			
测评内容	仪表的认知练习				
考评标准	内容	分值	自评	互评	师评
	仪表的认知是否正确	50			
	车灯的操作是否正确	50			
合　计		100			
最终得分(自评 30%+互评 30%+师评 40%)					
说明:测评满分为 100 分,60~74 分为及格,75~84 分为良好,85 分以上为优秀。60 分以下的学生,需重新进行知识学习、任务训练,直到任务完成达到合格为止					

【思考与练习】

1. 汽车车身的功用有哪些？由几部分组成？有几种形式？
2. 汽车车门有哪些形式？
3. 汽车车身结构有哪些形式？

参考文献

[1] 陈家端. 汽车构造：上册［M］. 3版. 北京：机械工业出版社，2009.
[2] 陈家端. 汽车构造：下册［M］. 3版. 北京：机械工业出版社，2009.
[3] 臧杰，阎岩. 汽车构造：上册［M］. 3版. 北京：机械工业出版社，2017.
[4] 臧杰，阎岩. 汽车构造：下册［M］. 3版. 北京：机械工业出版社，2018.
[5] 李春明，王景晟. 汽车构造［M］. 北京：机械工业出版社，2012.